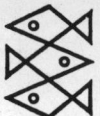

Über dieses Buch Daß es Träume gibt und den Zustand des Träumens, ist eine Herausforderung an das menschliche Selbstverständnis seit dem Beginn aller Kultur. Jens Heises Pionierarbeit demonstriert an zentralen Texten des abendländischen Denkens – von der antiken bis zur psychoanalytischen Traumdeutung –, wie die Reflexion über den Menschen auf ihren Stufen fortschreitender Aufklärung dieser Herausforderung begegnet. Die Tatsache, daß der Traum völlig unserer Kontrolle entzogen ist und daß wir, solange wir träumen, jeden ›Unsinn‹ für real nehmen, erweist sich dabei als fortwährende, produktive Störung des philosophischen Denkens wie auch des psychologischen und metapsychologischen Selbstbilds: Wirklichkeit, Vernunft und Bewußtsein verlieren gleichermaßen ihre klaren Konturen. Heises Gegenstand ist die Geschichte dieser ›Störung‹, die, wie er zu zeigen vermag, bis in den Strukturalismus und die gegenwärtige Freud-Kritik fortwirkt. Der Traum ist ›das Andere‹, von dem das westliche Denken nicht loskommt.

Der Autor Jens Heise (geb. 1949) ist Lehrbeauftragter für Philosophie und Japanologie an der Universität Hamburg.

Er ist heute Professor an der Haumbold-Universität, in Berlin.

Jens Heise

Traumdiskurse

Die Träume der Philosophie
und die Psychologie des Traums

Mit einem Vorwort von
Herbert Schnädelbach

Fischer Taschenbuch Verlag

Originalausgabe
Veröffentlicht im Fischer Taschenbuch Verlag GmbH,
Frankfurt am Main, Oktober 1989
© 1989 Fischer Taschenbuch Verlag GmbH, Frankfurt am Main
Umschlaggestaltung: Buchholz / Hinsch / Hensinger
unter Verwendung einer Radierung von Francisco Goya:
›Contra el bien general‹ mit freundlicher Genehmigung
des Städelschen Kunstinstituts, Frankfurt am Main
Umschlagfoto: Ursula Edelmann, Frankfurt am Main
Gesamtherstellung: Clausen & Bosse, Leck
Printed in Germany
ISBN 3-596-26585-1

Inhalt

II. Die Träume der Philosophie

III. Die Träume der Romantik
Novalis, *Heinrich von Ofterdingen*

IV. Die Metapsychologie der Träume
Freud, *Die Traumdeutung*

Anhang

Einst träumte Dschuang Dschou, daß er ein Schmetterling sei, ein flatternder Schmetterling, der sich wohl und glücklich fühlte und nichts wußte von Dschuang Dschou. Plötzlich wachte er auf: da war er wieder wirklich und wahrhaftig Dschuang Dschou. Nun weiß ich nicht, ob Dschuang Dschou geträumt hat, daß er ein Schmetterling sei, oder ob der Schmetterling geträumt hat, daß er Dschuang Dschou sei, obwohl doch zwischen Dschuang Dschou und dem Schmetterling sicher ein Unterschied ist. So ist es mit der Wandlung der Dinge.

Tschuang-Tse, Das wahre Buch
vom südlichen Blütenland, 21

Vorwort

Die Unterscheidung zwischen Wachen und Träumen müssen wir in sehr früher Kindheit gelernt haben, denn niemand kann sich an die Zeit erinnern, in der sie ihm nicht geläufig war. Offenbar ist das, was wir für unser Ich zu halten gewohnt sind, so tief mit der sicheren Überzeugung verwoben, nicht zu träumen, daß wir selbst im Traum sicher sind, wach zu sein; stellen sich Zweifel ein, ob wir nicht doch bloß träumen, sind wir in der Regel kurz vor dem Erwachen. Und doch scheinen wir bei jedem Auftauchen aus der Traumwelt jenen Unterschied erneut lernen zu müssen; immer wieder wachen wir – traurig oder erleichtert – mit dem Satz auf: »Es war ja nur ein Traum.« Genau dies haben einmal unsere Eltern gesagt, als wir uns vor dem Geträumten fürchteten oder ihm nachtrauerten. Das »nur« ist das Entscheidende: ob es nun Bedauern oder Beruhigung ausdrückt – es setzt die Realität wieder in ihre alten Rechte ein, mit denen die der Traumwelten nicht konkurrieren können. Ganz rechtlos waren die nie; man hatte immer Erklärungen und Entschuldigungen für sie parat, seien es mythische, poetische oder psychohygienische. Trotzdem bleiben die Träume Phänomene minderen Rechts, denn *sie* haben sich vor der Instanz »Wirklichkeit« zu rechtfertigen und nicht umgekehrt; wo kämen wir hin, wenn sich das Wirkliche vor unseren Träumen zu legitimieren hätte? Wir würden zu gefährlichen Träumern und gefährdeten Traumtänzern.

An dieser ungleichen Verteilung der Beweislasten wird deutlich, daß die stabile und anscheinend keiner Begründung bedürftige Realität des Wachseins Grenzen hat, und schon das ist irritierend genug. Ist denn das Reale nicht das, was »es gibt«, oder »alles, was der Fall ist«? Was sollte es denn sonst noch geben? Und doch erinnert uns jeder Traum daran, daß auch das Irreale real ist, was freilich wie ein Widerspruch klingt. Die Paradoxie der Realität des Irrealen gehört selbst in den Bereich des Wachbewußtseins und wird nur hier zum Problem, denn wir wissen: Wer darüber nachdenkt, ob das gerade Geträumte real ist oder nicht, träumt bereits nicht mehr, sondern wacht gerade auf. Die Differenz zwischen Wachen und Träumen, Wirklichkeit und Phantasie fällt somit ins Wachsein, wird hier getroffen; wir sind immer schon auf beiden Seiten der Grenze zwischen beidem, die wir selbst gezogen haben und immer wieder ziehen müssen, um wach zu bleiben. Jedesmal, wenn wir aus Träumen erwachen, ziehen wir sie erneut, und die Mühe, die es uns meist kostet, uns an das Geträumte zu erinnern, deutet auf die psychische Anstrengung hin, die uns das Wachsein abverlangt. Das Wachsein ist anstrengend, weil das Ausgegrenzte das zugleich Schreckende und Verlockende ist, das sich in jedem Traum wieder in Erinnerung bringt und in jedem Erwachen erneut aus den Grenzen des Wachseins ausgeschlossen werden muß. Das Irritierende der Träume besteht in der ständigen Irritation genau dieser Grenzen, die selbst etwas Irritierendes haben und ihre Selbstverständlichkeit verlieren, wenn wir uns im Ernst auf unser Träumen einlassen; die Grenzen des Wachseins irritieren den Wachen, weil der bemerkt, daß sie nur durch ständige Ausgrenzung des Irritierenden aufrechterhalten werden können und dadurch dessen Existenz ständig bezeugen.

So lehren uns die Träume, daß wir über die Grenzen, die wir selber ziehen, immer auch schon hinaus sind, denn sonst könnten wir ihrer gar nicht gewahr werden; umgekehrt scheinen wir der Realität nur dann wirklich gewachsen zu sein, wenn wir vergessen, daß sie Grenzen hat, die wir immer wieder ziehen müssen. Von Grenzen zugleich irritiert und fasziniert zu sein – das ist wohl die Basis der Nachdenklichkeit, die man Philosophie nennt. So ist es nicht verwunderlich, daß das philosophische Denken seit seinen Anfängen immer auch ein Nachdenken über die Träume war; man könnte die gesamte Philosophiegeschichte in dieser Perspektive neu schreiben, ohne daß allzuviel verlorenginge. Natürlich haben die Träume auch andere interessiert: die Traumdeuter aller Zeiten und Gegenden von den Mantikern bis zu unseren Psychoanalytikern, die Dichter und Seher – Richard Wagner läßt Hans Sachs singen: »... all Dichtkunst und Poeterei ist nichts als Wahrtraum-Deuterei« – und schließlich auch die ganz prosaischen Psychologen und Physiologen, die die Träume nicht deutend verstehen, sondern als bloße Ereignisse erklären wollen. In der Philosophie hingegen sind nicht die Träume selbst das Thema, wenn sie in ihr thematisch werden, sondern das, was ihre bloße Existenz anzeigt: wie wenig selbstverständlich nämlich das vermeintlich Selbstverständliche ist, und daß es seine Selbstverständlichkeit nur dadurch gewinnt und behält, daß wir es durch überlegte Selbstverständigung immer wieder in legitimierbare Grenzen einschließen. Eingrenzen aber heißt Ausgrenzen; das ist der Preis der Selbstverständlichkeit und zugleich der Grund ihrer ständigen Gefährdung. Die Philosophierenden wissen, daß wir wach sein müssen, denn das Leben ist kein Traum, aber von den Träumen können sie zweierlei lernen: daß wir im Eingegrenzten zu leben und doch immer mit dem Ausgegrenzten zu rechnen haben.

Die Philosophie als die nachdenkliche Reaktion auf Grenzerfahrungen nahm von Anbeginn an die Träume nur zum Anlaß, nicht aber zum Gegenstand des Nachdenkens, weil sie in unserer abendländischen Tradition auf dem bestand, was in Wahrheit ist – dem wahren Sein. Ihm ist nur die wache Vernunft gewachsen, und darum kann das mythische Verständnis der Träume, das sie für das Einfallstor höherer Wahrheiten hält, nur auf mythischem Irrtum beruhen. Die Nacht, der Schlaf, der Traum – sie vergehen in dem Licht der Idee, das Platons Sonnengleichnis beschwört, und das auch noch als Licht der Vernunft der Aufklärung den Namen gab. Das Geträumte ist bloßer Schatten im Schein dieses Lichts, und deswegen bloßer Schein. Die Tradition der Metaphysik nimmt seit Heraklit und Parmenides die Träume als Hinweis darauf, daß die erste Aufgabe des Denkens in der Grenzziehung zwischen Sein und Nichtsein, Sein und Schein, Realität und Fiktion besteht, denn ohne sie gibt es keine wahre Erkenntnis. Wichtig ist, daß bei allen Abgrenzungsversuchen das aus dem Wahren Ausgegrenzte negativ bestimmt ist: das Irreale bemißt sich am Realen und nicht umgekehrt. Der Grund dafür ist in der Tatsache zu suchen, daß das metaphysische Denken das wahre Seiende zum Maßstab der wahren Erkenntnis nimmt; also kann das sich am Nichtseienden orientierende Denken überhaupt nichts Wahres erfassen. Dem widerspricht nicht, daß Platon im Unterschied zu Parmenides auch noch die Realität des eigentlich Irrealen, oder das Sein des Scheins zu erklären versucht, denn der Erklärungsgrund ist auch hier das wahre Sein der Idee. So ist es bis in die Neuzeit geblieben; die Differenz ›Wachen / Träumen‹ stand für die zwischen dem Realen und dem Irrealen. Bei Descartes wendet sich das Blatt; nicht mehr das Irreale, sondern das Irrationale der Träume ist der fundamentale Denkanstoß. Vereinfacht gesagt: für Platon sind die Träume irrational, weil sie irreal sind; für Descartes sind sie irreal, weil sie irrational sind, d. h. dem subjektiven Wahrheitskriterium der *clara et distincta perceptio* widerstreiten. Platons Traumargumente dienen der Vergewisserung der wahren Realität in der Idee; ihre Wiederholung bei Descartes dient der Selbstvergewisserung von Rationalität im reinen *cogito*. Erstaunlich ist es zu sehen, wie die klassische und die neuzeitliche Metaphysik schließlich von ihren eigenen Traumargumenten eingeholt wird und in den Verdacht gerät, selbst bloßes Träumen zu sein. Platons übersinnliche, nur durch das reine Denken erfaßbare Ideen und Descartes' eingeborene, die Handschrift des göttlichen Schöpfers bezeugende Ideen wurden von der Skepsis, die auf der sinnlichen Realität besteht, immer wieder als Ausgeburten träumerischer Phantasie »entlarvt«. Wenn das, was Platon und Descartes mit guten Gründen für das Allerrealste gehalten hatten, bloße Fiktion ist – was ist dann real und was fiktiv? Könnte es nicht sein, daß das, was wir für die Realität halten, selbst Fiktion ist? Und wenn dies zutrifft – was ist dann real, wenn es nicht die Fiktion ist, die wir für die Realität halten?

Nietzsche zog diese Konsequenz, als er die Wahrheit für die Illusion erklärte, ohne die bestimmte Lebewesen nicht existieren könnten; damit waren nicht nur die Wahrheiten der Metaphysik, sondern auch die des ganz alltäglichen Realismus zu Fiktionen geworden. Daß es nach Nietzsche keine Fakten, sondern bloß Interpretationen gibt, heißt auch: Es gibt die Grenze zwischen dem Realen und dem Irrealen nicht; wo wir sie einfach vorzufinden glauben, waren wir es, die sie zogen. Damit ist metaphysikgeschichtlich der Boden bereitet für das, was Jens Heise als Basis seinen Untersuchungen zugrunde legt: Freuds kopernikanische Wende in der Traumtheorie. Im Umkreis seiner *Traumdeutung* gewinnt Freud seine später ausformulierte Einsicht, daß die Grenze zwischen dem Realen und dem Irrealen eine Leistung des Ich ist, die sie im Dienste des Realitätsprinzips immer wieder vollbringen muß, um den psychischen »Apparat« lebenstüchtig zu erhalten. Die Träume, und was mit ihnen im Wachbewußtsein geschieht, zeugen von den Anstrengungen und Kosten, die die ständige Neudefinition der Grenze zwischen Realität und Fiktion dem Ich abverlangt. Freud wiederholt im Kontext der entstehenden psychoanalytischen Theorie eine Einsicht Kants, dem die ›kopernikanische Wende‹ der Metaphysik zu verdanken ist: daß nämlich der skeptische Verdacht der Irrealität des Realen unabweisbar ist, wenn wir glauben, einfach feststellen zu können, was real ist und was nicht; wirklich ist das, was wir an Erlebtem mit Gründen in die Grenzen einschließen, die für uns das Wirkliche vom Unwirklichen sondern, und die wir nicht zuletzt angesichts des Geträumten immer wieder bestätigen müssen. Auch in diesem Sinne können wir von Freuds »Übersetzung der Metaphysik in Metapsychologie« sprechen.

Daß das metapsychologische Bewußtsein der Träume auf diese Weise zugleich diesseits und jenseits der Grenze zwischen dem Realen und dem Irrealen operiert, macht es zum Austragungsort der Dialektik, in der sich die Paradoxie der Realität des Irrealen und der Irrealität des Realen entfaltet. Freuds Theorie übergreift aber auch die die neuzeitliche Philosophie vor allem irritierende und faszinierende Grenze zwischen dem Rationalen und Irrationalen. Nicht daß die Rationalität Grenzen hat, ist das Neue – wer wüßte das nicht –, sondern die Einsicht, daß sich nicht nur das Reale, sondern auch das Rationale einer Grenzziehung als psychischer Leistung verdankt, die stets erneut erbracht werden muß. Wieder läßt sich von Nietzsche lernen, daß die Skepsis unabweisbar wird, wenn man Grenzen sucht, statt sie selbst zu ziehen; der Vernunftskepsis unserer Tage, unserem Rationalitätsdefaitismus, kann nur mit Freudschen Einsichten entgegengetreten werden. Seine *Traumdeutung* ist der epochemachende Versuch, das Rationale von seinem Anderen her zu denken, was nur möglich ist, wenn man sich vom Irrationalen nicht schrecken läßt und seiner Rationalität nachspürt. Jens Heise zeigt, daß Freud dies durch kritische Anknüpfung an eine Tradition gelingt, die die realitäts- und rationalitätsfixierte Metaphysik aus sich ausgeschlossen hatte: die der Traumdeutung. Freud rehabilitiert nicht die Mantik und auch nicht die Romantik mit ihrer poetischen Nachtschwärmerei, aber er folgt ihrer Verständlichkeitsunterstellung, was die Trauminhalte betrifft. Die problematische Grenze zwischen dem Rationalen und dem Irrationalen wird so in die zwischen dem Verständlichen und dem Unverständlichen umgedeutet. Freuds Hermeneutik der Träume operiert nicht mehr auf mythischer oder metaphysischer Grundlage, sondern sie bringt durch ihre Konzentration auf die psychischen Verarbeitungsweisen des Geträumten eine Theorie auf den Weg, die es ermöglichen soll, die keineswegs selbstverständlichen Bedingungen dessen zu rekonstruieren, was uns als das Selbstverständlichste erscheint: Realität, Rationalität, Verständlichkeit.

Freuds *Traumdeutung* markiert den Übergang von der Psychopathologie zur Tiefenpsychologie und von der Psychoanalyse zur Metapsychologie; indem sie dem Sinn des vermeintlichen Unsinns der Träume nachspürt, gelangt sie zu einem bis heute schockierenden Ergebnis: der Dezentrierung des Bewußten. Freud selbst hat dies in der berühmten Sentenz ausgedrückt: »... daß das Ich nicht Herr sei im eigenen Haus.« Zunächst einmal bedeutete dies die Einsicht, daß das Feld des Psychischen weiter ist als das des Bewußtseins, weil das Unbewußte nicht aufs Physische reduzierbar ist. Noch in den dreißiger Jahren argumentierten Philosophen mit einem schlichten Sinnlosigkeitsverdacht gegen die Existenz des Unbewußten, weil sie es mit der Tradition für analytisch-wahr und damit für trivial hielten, daß das Psychische eben das Bewußte sei; mußte da nicht das Bewußtsein davon, daß es unbewußtes Psychisches gibt, wie ein einfacher Widersinn erscheinen? Die Dezentrierung des Bewußten bedeutet zunächst: wir befinden uns diesseits und jenseits der Grenze des Bewußtseins; die Grenze zwischen dem Bewußten und dem Unbewußten fällt in uns; das Jenseits dieser Grenze gehört auch zu uns. Die Dialektik der Grenze zwischen dem Realen und dem Irrealen, dem Rationalen und dem Irrationalen, wiederholt sich hier als »Logik« des Verhältnisses von Bewußtem und Unbewußtem, »Ich« und »Es« in Freuds Sprache. Diese Logik spürte er zuerst in den Regeln der Traumarbeit auf, d. h. in den Formen des Umgangs unseres Wachbewußtseins mit dem Geträumten, in denen bei jedem Erwachen die Prinzipien der Realität und der Rationalität erneut bestätigt werden. Die Dezentrierung des Bewußten oder des Ich wird aber erst wirklich durch die Erkenntnis vollzogen, daß das Ich etwas Abkünftiges ist, eine Genese hat und stets im Dienste seiner Herkunft steht: als Agent des Es. Erst dies bedeutet die dritte narzißtische Kränkung der Menschheit nach der kopernikanischen und der darwinschen; was wir für unseren Wesenskern halten, steht weder im Zentrum des Universums, noch ist es die Krone der Schöpfung, und nun – nach Freud – ist es noch nicht einmal der Mittelpunkt unserer selbst. Natürlich hatte Schopenhauer das alles vorbereitet, aber es ist eben ein Unterschied, ob die Dezentrierungsthese im Medium philosophischer Spekulation entwickelt wird oder im Anschluß an die geduldige Analyse und Auslegung von Phänomenen, die uns allen vertraut sind. Freuds kopernikanische Wende in der Traumdeutung war der Anfang der Revolution unserer Selbstdeutung, die mit seinem Namen verbunden ist; von ihrer Gewalt zeugen bis heute die Widerstände, die sich hinter dem Vorwurf der Unwissenschaftlichkeit zu verbergen pflegen.

Die Dezentrierung aber ist heute in aller Munde; in zahlreichen Variationen wird sie vor allem von den Strukturalisten und Poststrukturalisten der Nietzsche- und Heidegger-Nachfolge verkündet: als Krise der Vernunft, Ende des Logozentrismus, Tod des Subjekts, Verschwinden des Menschen. Vielleicht wird sich das Bündel der Erfahrungen, das sich hinter dem Wort ›Dezentrierung‹ verbirgt, einmal als die Quintessenz der philosophischen Einsicht unseres Jahrhunderts herausstellen. Was Jens Heise vorlegt, ist ein philosophisches und ein aktuelles Buch, weil es die Aufgabe, im Banne der Dezentrierungsthese die Grenze des Rationalen neu zu bedenken, auch zu seiner Aufgabe macht. Als philosophisches Buch versucht es nicht, den Wissenschaften Konkurrenz zu machen, die sich mit den Träumen unmittelbar beschäftigen; seinen Gegenstand bilden Traumdiskurse, d. h. Arten und Weisen, über Träume zu reden und ihre Existenz und ihren Gehalt kognitiv zu bewältigen. Die Untersuchungen gruppieren sich um vier Schwerpunkte: Mantik, Metaphysik, romantische Poetik und Psychoanalyse. Aber es wäre ein Mißverständnis, das Vorgelegte für bloße »Metatheorie« zu halten. Die Traumdiskurse sollen nach dem methodischen Vorbild von Freuds *Traumdeutung* selbst metapsychologisch entschlüsselt werden, um den deutenden Blick freizugeben auf die Dialektik der Grenze, die sie implizit dokumentieren, und auf das in ihnen und durch sie jeweils Ausgegrenzte; das wiederum wirft Licht auf das, was innerhalb der Grenzen das Vertraute und Selbstverständliche ist. Freuds kopernikanische Wende der Traumdeutung ist dabei selbstverständlich vorausgesetzt, aber auch ihr folgt Jens Heise nicht unmittelbar, sondern in einer durch den Strukturalismus transformierten Gestalt. Die durch Lévi-Strauss, Lacan und Derrida angeleitete Freud-Lektüre gestattet es, Freuds Traumdiskurs als eine Theorie des »wilden Denkens« zu entschlüsseln und sie damit aus dem beschränkten Rahmen psychoanalytischer Theoriebildung herauszulösen. Auf diese Weise werden alle behandelten Traumdiskurse transparent auf eine heute überfällige neue Theorie der Rationalität, die die Dezentrierungserfahrung in sich aufgenommen hat und versucht, auch jenseits der Rationalitätsgrenzen rational zu operieren. Heute muß die Vernunft die Dialektik ihrer eigenen Grenze selbst austragen; was manchen wie Irrationalismus erscheinen mag, bedeutet in Wahrheit erhöhte Vernunftanstrengung. Erinnern wir uns noch einmal an unsere Traumerfahrungen: daran, wie schwer es ist, die von uns selbst beim Erwachen gezogenen Grenzen des Realen und Vernünftigen zu durchbrechen und ohne Selbstaufgabe etwas von der besonderen Wirklichkeit und dem Eigensinn des Geträumten in unser Wachbewußtsein herüberzunehmen. Wir würden dadurch nicht unvernünftiger, sondern reicher. »Den Träumen ihre Rationalität zurückzugeben, das heißt immer auch, der Rationalität ihre Träume zurückzugeben.« (Heise) Nur die Vernunft, die so wieder zu träumen gelernt hat, wird im Traum nicht nur Ungeheuer erzeugen. Die Träume sind einmal die Hüter der Seele genannt worden; vielleicht sind sie auch die Hüter der Vernunft.

Hamburg, im Februar 1989   *Herbert Schnädelbach*

Einleitung

Der antike Sinn der Träume

Unter den Fragmenten Heraklits findet sich eine Sentenz, in der es heißt, die Schlafenden würden das allen Gemeinsame verlassen und eine Welt für sich allein betreten. Die Trennung in einen lichtvollen Tag des Bewußtseins und eine dunkle Nacht der Träume gehört zu den ständigen Figuren, in denen sich das Wissen im Abendland konstituiert hat. Aber schon bei Heraklit wird deutlich, daß es nicht die Trennungen sind, die das Wissen beunruhigen, sondern die Gemeinsamkeiten, in denen der Traum dem wachen Bewußtsein nahe ist: Ihre sinnliche Qualität bringt die Träume in die Nähe von Wahrnehmungen; daß sie sich mit sprachlichen Zeichen verknüpfen lassen, öffnet ihnen den Zugang zum Gedächtnis. Immer wieder hat man im bloß Eigenen, im Eigentümlichen der Träume, dem »ídios kósmos«, wie es bei Heraklit heißt, das Besondere einer authentischen Erfahrung oder eines privilegierten Wissens gesehen. Die Zurückweisung der Träume ans Private gehört ebenso wie die Vermutung eines außerordentlichen Sinns zu den Merkmalen eines eigenartigen Diskurses, der das abendländische Wissen durchzieht. Gegenstand und Index all dieser »Traumdiskurse« ist von Anfang an die Frage, welche Rolle der ídios kósmos der Träume in der Selbstinterpretation des Menschen spielt. Diese Frage ist in der Geschichte des Wissens auf verschiedene Weise beantwortet worden. In der Ordnung der Traumdiskurse lassen sich jedoch zwei Bezugspunkte angeben: die antike Mantik und die *Traumdeutung* Freuds.

Hier wie dort wird der Traum als Artikulation eines Sinns genommen und in einer Technik der Deutung gesichert. Dennoch ist der eigentliche Gegenstand unterschiedlich bestimmt: Botschaften Gottes in der Mantik; Spuren einer psychischen Produktion in der Psychoanalyse. Schließlich kann man von diesen beiden Verfahren einer Hermeneutik der Träume solche Diskurse unterscheiden, die ohne Bezug auf eine Technik der Deutung von den Träumen reden. Das betrifft vor allem die Philosophie, dort erscheinen die Träume in der Selbstbegründung der Erkenntnis. Ein solches Tableau der Traumdiskurse setzt die *Traumdeutung* Freuds voraus. Sie stellt die Bedingungen zur Verfügung, die es erlauben, in den Reden über die Träume ein konstantes Thema wahrzunehmen und zu analysieren. Freud hat in den Träumen eine besondere Form der Sprache und des Denkens entdeckt: Es war niemals etwas anderes als dieses »wilde Denken«, das die Menschen veranlaßt hat, die Träume zu deuten und sich in ihnen zu interpretieren.

Die *Traumdeutung* ist die eigentliche Geburtsstätte der Metapsychologie und zugleich die kopernikanische Wende in der Geschichte der Traumdeutung. Freud nimmt für die *Traumdeutung* in Anspruch, daß sie das Rätsel der Träume endgültig gelöst habe.

»Wenn der Traum so gebaut ist wie ein Symptom, wenn seine Erklärung die nämlichen Annahmen erfordert, die der Verdrängung von Triebregungen, der Ersatz- und Kompromißbildung, der verschiedenen psychischen Systeme zur Unterbringung des Bewußten und Unbewußten, dann ist die Psychoanalyse nicht mehr eine Hilfswissenschaft der Psychopathologie, dann ist sie vielmehr der Ansatz zu einer neuen und gründlicheren Seelenkunde, die auch für das Verständnis des Normalen unentbehrlich wird. Man darf ihre Voraussetzungen und Ergebnisse auf andere Gebiete des seelischen und geistigen Geschehens übertragen; der Weg ins Weite, zum Weltinteresse, ist ihr eröffnet.« (Freud, *Selbstdarstellung*, 75. Zur Zitierweise vgl. die Anmerkung zum Literaturverzeichnis.)

Für die *Traumdeutung* gibt es nur den antiken und den metapsychologischen Sinn der Träume; alle Traumdiskurse des Abendlands bisher sind im Zustand ihrer antiken Gestalt eingefroren. Wenn man die Bedingungen, unter denen diese Traumdiskurse funktionieren, das »Antike Traumfeld« nennt, wird zugleich das Mißverständnis deutlich zwischen der Menge an Literatur über den Traum, die Freud bearbeitet hat, und der Rolle, die diese Literatur für die Genese der *Traumdeutung* spielt. Sie erschöpft sich wesentlich darin, die Restriktion im Wissen über den Traum darzustellen, gegen die sich die *Traumdeutung* in ihrer epochalen Leistung wendet.

»Das wissenschaftliche Verständnis des Traumes ist nämlich trotz mehrtausendjähriger Bemühung sehr wenig weit gediehen [...]. In den Schriften, deren Verzeichnis ich zum Schlusse meiner Arbeit anfüge, finden sich viele anregende Bemerkungen und reichlich interessantes Material zu unserem Thema, aber nichts oder wenig, was das Wesen des Traumes träfe oder eines seiner Rätsel löste. Noch weniger ist natürlich in das Wissen der gebildeten Laien übergegangen.« (*Die Traumdeutung*, 29; im folgenden ›TD‹. Die Seitenangaben beziehen sich auf Bd. II der Studienausgabe)

Man kann dieses Verzeichnis der Schriften, die in die *Traumdeutung* eingegangen sind, in zwei Klassen unterteilen: Mantik und Naturwissenschaften. Beide nimmt Freud zweifellos als restringierte Reden über den Traum, und doch in verschiedener Weise.

Die Mantik hat den Traum als Artikulation eines Sinns verstanden und diesen Sinn in einer Technik der Deutung zu sichern versucht. Diese Intention will Freud erhalten und ihr wissenschaftliche Geltung verschaffen. Dagegen verfügt die Mantik über keine Theorie der psychischen Produktion, die Seele ist ihr ein leeres Blatt, auf das Gott die Traumbotschaften schreibt. Die medizinischen oder psychologischen Traumdiskurse haben versucht, den Traum als psychischen Vorgang zu rekonstruieren, sei es im Modell der antiken Pneumatik oder der modernen Gehirnanatomie. Sie haben aber nach den Voraussetzungen ihrer Modelle den Traum somatisiert, ihn zu bloßen Zuckungen des Körpers nach dem Vorbild der Amentia gemacht, wie es bei Freud heißt, und ihn darin von der Möglichkeit abgekoppelt, Artikulation eines Sinns zu sein, der sich in die Sprache des wachen Bewußtseins übersetzen ließe. Man muß in diesem Unterschied von Technik der Deutung und Theorie der psychischen Produktion eine prinzipielle Spaltung des historischen Traumfeldes sehen, in der beide Seiten immer auf verschiedene Diskurse verteilt sind. Sie kann innerhalb des Antiken Traumfeldes nicht aufgehoben werden. Gegen die beiden Aspekte, unter denen die Wissenschaft den Traum bestimmt hat, ist die *Traumdeutung* gerichtet: Gegen die Somatisierung besteht Freud auf der Autonomie einer psychischen Funktion, die weder im Bewußtsein noch im Körper lokalisiert ist; gegen die Zurückweisung des Sinns auf einer Technik der Deutung. Man versteht aber, daß Freud in der Ablehnung der Wissenschaft für die Begründung der *Traumdeutung* eine Ausnahme machen konnte, für den großen Fechner«, wie er mit Bewunderung für dessen *Psychophysik* sagt. Dort hat sich Fechner gegen die Somatisierung der Träume gewandt und davon gesprochen, daß die Träume auf einem anderen Schauplatz spielten als das wache Seelenleben. Dem, was bei Fechner eher Andeutung geblieben war, entnimmt Freud die konstruktive Idee der *Traumdeutung*: die Idee einer psychischen Lokalität, die dann zu einer topologischen Theorie des Psychischen führt, in der Freud die antike Spaltung der Träume aufheben kann.

Wunsch und Unsinn

»Zwischen ›es träumte mir‹ und ›ich träumte‹ liegen die Weltalter. Aber was ist wahrer? So wenig die Geister den Traum senden, so wenig ist es das Ich, das träumt.« (Adorno, *Minima Moralia*, 252)

»Der Traum ist eine Wunscherfüllung«, lautet die Formel, in der Freud das Rätsel der Träume löst. Sie erlaubt es, den Traum als psychischen

Akt zu verstehen, ihn jedesmal nachzukonstruieren und ihn als Artikulation eines Sinns zu nehmen. In dem Maße, wie Freud die Träume vom Charakter ihres Unsinns und ihrer Fremdartigkeit löst, der ja immer aus dem Unterschied zum wachen Seelenleben hervorgegangen ist, verschiebt er den »alten Gegensatz von Bewußtleben und Traumleben«:

>»Wenn der alte Gegensatz von Bewußtleben und Traumleben durch die Einsetzung des unbewußten Psychischen in die ihm gebührende Stellung entwertet ist, so werden eine Reihe von Traumproblemen abgestreift, welche frühere Autoren noch eingehend beschäftigt haben. So manche Leistungen, über deren Vollziehung im Traume man sich wundern konnte, sind nun nicht mehr dem Traum anzurechnen, sondern dem auch bei Tage arbeitenden unbewußten Denken.« (*TD*, 580)

Man muß den Skandal, den die *Traumdeutung* ausgelöst hat, vor allem in der Intellektualisierung der Träume sehen; und der Sexualität, denn zweifellos war es der gleiche Mechanismus der Abwehr, der sich einige Jahre nach Erscheinen der *Traumdeutung* gegen die *Drei Abhandlungen zur Sexualtheorie* gerichtet hat. Die Theorie der Sexualität nicht weniger als die Theorie der Träume bestreitet dem Bewußtsein, einziger Ort des Denkens zu sein. Darin ist schon das Thema der *Traumdeutung* formuliert: die Auseinandersetzung zwischen einem wilden oder primären Denken (wie wir hier noch unterschiedslos sagen können) und einem sekundären, im Bewußtsein zentrierten Denken. Und wenn Freud davon gesprochen hat, die *Traumdeutung* sei der Anwendung auf die Geisteswissenschaften fähig, dann gilt das in ganz besonderem Maß für die historischen Traumdiskurse selbst, denn sie haben nichts anderes zum Thema als die Stellung des Vernünftigen zum Wilden. Aber Freud gibt dieser Auseinandersetzung eine grundsätzlich andere Dimension, wenn er das wilde Denken als Funktion des Psychischen nimmt und nicht als Vorstufe des bewußten Denkens. Die *Traumdeutung* entwertet nicht nur den alten Gegensatz zwischen Traumleben und Bewußtleben, wie es in der zitierten Stelle heißt, sondern auch das Bewußte selbst. Aus dem Unsinn, als den das Bewußtsein die Träume genommen hat, geht für Freud der mangelhafte Sinn des Bewußtseins hervor, weil es die Realität nur unvollständig erfaßt; aber schließlich kann Freud aus dem Nicht-Sinn des Bewußten den Sinn des Unbewußten machen und den Unsinn der Träume als Verhältnis von primärem und sekundärem Denken bestimmen: Daß der Traum dem wachen Bewußtsein als Unsinn erscheint, ist ebenso Resultat des sekundären wie des primären Denkens. Der Traum wird daher auf beide Funktionsweisen des Psychischen zugleich beziehbar. Es ist ebenso das wache Denken, das den Traum hervorbringt, indem es ihn bezeichnet und auf sich selbst bezieht, wie der Primärprozeß, der den manifesten Traum hervorgebracht hat. In all diesen Momenten überspringt Freud die doppelte Trennung, die für das Antike Traumfeld wesentlich ist: in bedeutend und unbedeutend, in Tag und Nacht.

Der manifeste Unsinn der Träume ist in den einzelnen Traumtheorien nicht von gleichem Wert. Man hat darin entweder, wie die Mantik oder auf andere Weise die Romantik, einen privilegierten Sinn gesehen oder einen defizienten Zustand der Seele, und sogar nur »Zuckungen des Körpers« (Freud), das Verdampfen der wachen Aktivitäten des Körpers, wie die pneumatischen Theorien der Antike. Unberührt von den Graden an Bedeutung bleibt in allen Traumdiskursen die Funktion des wachen Bewußtseins selbst, sofern es dem Tag zugeordnet wird, wie die Nacht dem Traum. Aber jenseits dieser prinzipiellen Bindung der Träume an die Nacht steigt der Anteil der Nachtseite in den Träumen proportional zum Wert der Träume, und zwar in beiden Richtungen, positiv und negativ: Um die Träume abzulehnen, verweist man sie in die Nacht; ebenso aber auch, wenn man in ihnen eine geheime Botschaft Gottes oder einen prophetischen Sinn sucht. Erst die Philosophie nimmt den Traum aus seinen Extremen und kann so den Abstand sowohl im Wert der Träume als auch im Verhältnis von Tag und Nacht verringern: Und im Maße dieser Indifferenz den Träumen, aber auch der Ordnung von Tag und Nacht gegenüber, kann sie die Träume auf die Innerlichkeit des Subjekts beziehen und zum Problem der Erkenntnis machen. Im Traumargument der Philosophie ist das Verhältnis von Tag und Nacht für einen Augenblick zur absoluten Indifferenz geworden, so daß sich in den Träumen ein anderes Denken abzeichnen kann. Im Licht von Erkenntnis und Selbsterkenntnis verschwinden die Träume jedoch ebenso schnell, wie sie im Wissen aufgetaucht waren.

Alle Traumdiskurse bisher haben die Differenz von Träumen und Wachen aufgehoben, indem sie die Träume in den verbalen Diskurs des bewußten Subjekts, der ihnen vorausgegangen war und wieder auf sie folgt, integriert haben. Dagegen hält die kopernikanische Wende das Moment einer Dialektik der Aufklärung fest, indem sie auf dem Unsinn der Träume besteht. Diesem Unsinn der Träume gegenüber verschwinden die Unterschiede der einzelnen Traumdiskurse in der Gemeinsamkeit, mit der sie den Traum als spezifische Erfahrung ablehnen.

»Man muß auch von anderen Trennungen sprechen. In der lichtvollen Einheit der Erscheinungswelt, der absoluten Trennung des Traums, den der Mensch auf seine eigene Wahrheit hin zu befragen sich nicht versagen kann – sei es die seines

Schicksals oder die seines Herzens –, die er aber nur jenseits einer wesentlichen Ablehnung befragt, die ihn konstituiert und in die Lächerlichkeit der Traumdeutung zurückdrängt. Man muß auch die Geschichte, und zwar nicht nur in ethnologischen Termini, der sexuellen Verbote schreiben.« (Foucault, *Wahnsinn*, 10)

Der Unsinn der Träume ist, wie Freud es schon vorher an der Hysterie entdeckt hatte, nicht der Mangel eines Sinns, denn im Gegenteil verfügen die Träume immer über ein Zuviel an Bezeichnungen, artikulieren sie sich in einem signifikativen Überschuß, den wir auf den verbalen Diskurs des bewußten Subjekts nie vollständig verteilen können. Aus dem Nicht-Sinn des Bewußten, dem der Traum in den historischen Traumdiskursen korrespondieren sollte, um seinen Unsinn aufzufangen, macht Freud daher den Sinn des Unbewußten. Der signifikative Überschuß der Träume begründet eine Topologie des Sinns, in der das Bewußte und das Unbewußte zwei Orte sind. In der Topologie des Traums, deren Ausarbeitung das gesamte VII. Kapitel der *Traumdeutung* gewidmet ist, verlaufen sich die einfachen Linien der Traumdiskurse, auf denen sie die fremde Erfahrung der Nacht im natürlichen Wechsel von Tag und Nacht abgebildet haben, um sie in dieser einfachen Dialektik in die Sicherheit und Konsistenz des Bewußten zurückzuholen; um ihnen dort, wie Benjamin es im Anschluß an *Jenseits des Lustprinzips* für die Schockabwehr formuliert, eine exakte Zeitstelle anzuweisen (vgl. Benjamin, Bd. II, 615).

Der Traum der Vernunft

Im Capricho 43 stellt Goya die Spannungen und Brüche innerhalb des Antiken Traumfeldes dar; schon selbst am Rande des antiken Sinns der Träume, gibt uns dieses Capricho eine Einführung in die Probleme, vor die der Traum das Denken gestellt hat. Man muß das Traumbild in eine Reihe von Blicken umsetzen, um dieses Moment zu erfassen, das zurückbleibt und sich in der Wahrnehmung nicht auflöst: um zu verstehen, daß der Traum und seine Darstellung ineinander übergehen. Darin muß man das Monströse sehen, von dem die Traumsentenz auf der Tafel spricht, und weniger in diesem »zweideutigen Geflügel der Nacht«, wie es im *Tasso* heißt. Die Vögel stehen seit der Antike für das Ambivalente (z. B. die Fledermaus, die zum Reich der Toten gehört und die man zugleich für klug hält, weil sie im Dunkeln fliegen kann; vgl. Hofmann, in: Goya, Katalog, 62 f.). Man versteht, daß diese Topoi – sofern sie die Träume bezeichnen – in der Tradition zur einen oder zur anderen Seite hin verschoben worden sind, um die Träume zu privilegieren oder um sie abzulehnen: Auf beiden Seiten aber war die Abwesenheit der Vernunft vorausgesetzt, um darin eine geheime Botschaft zu sehen oder die Rückkehr der Seele zu ihrer Natürlichkeit. Für Goya geht diese Rechnung nicht mehr auf, denn er führt das Monströse im Traum nicht auf die Abwesenheit der Vernunft zurück, wie man das Capricho 43 sogleich mißverstanden hat; vielmehr zeigt uns dieses Capricho, welchen Anteil die Vernunft selbst am Zustandekommen des Monströsen, welchen Anteil der Traum an der Vernunft hat.

Goyas Traum geht nicht im Blick des Träumenden auf, sondern verweist auf seine Wiederkehr in anderen Caprichos der Serie von insgesamt 80 Bildern. Der serielle Blick setzt den Übergang von Traum und Realität zugleich voraus und außer Kraft. Auf diese Weise kann Goya die Gleichzeitigkeit der bildlichen Darstellung von manifestem Traum und Träumer in den Übergang von Tag und Nacht auflösen; darin schließlich verliert auch der Blick des Betrachters seine Eindeutigkeit. »El sueño de la razon produce monstruos«, lautet die Inschrift auf einer Tafel am linken unteren Rand des Bildes, die direkt in die Bildkomposition einbezogen ist, als Teil des Tisches, auf den der Träumer seinen Kopf gestützt hat, vor sich Feder und Papier. In keinem anderen Capricho ist die Schrift so sehr in das Bild integriert, auch wenn Goya gelegentlich die Titel der Caprichos in den Bildraum selbst geschrieben hat: In diesem Capricho ist es von besonderer Bedeutung, daß die Schrift ins Bild gerückt ist. Durch die Schrift werden wir selbst, die Betrachter, in das Bild hineingezogen. Wir können wohl mit einem Blick die Schrifttafel, den Körper des Träumenden und die Bilder seines Traums erfassen, dennoch erlaubt uns dieser Blick nicht, die Grenzen des Traums festzulegen, so daß sich unsere Wahrnehmung mit der Wahrnehmung des Träumenden zu überkreuzen beginnt. Wir wissen nicht, ob er wie wir die Traumsentenz wahrnimmt; und wir können innerhalb des Bildes keinen Ort markieren, der die Wahrnehmung der Tiere repräsentierte; sie träumen nicht, sondern blicken mit offenen Augen auf den Träumer. Ja, wir können – wenn wir uns daran erinnern, daß wir den Ungeheuern in anderen Caprichos wiederbegegnen werden – nicht einmal ausschließen, daß sie ebenso real sind wie der Träumer; daß der manifeste Traum dann in der Traumsentenz selbst bestehen würde. Aber man muß noch einen Schritt weiter gehen und nach der Realität des Träumers fragen, was die Vorstudie zum Capricho 43 um so mehr nahelegt, als Goya dort den Kopf des Träumers (den man im übrigen eindeutig als Selbstportrait erkennen kann) als Traum gesetzt hat, wobei das Motto dasselbe war. Wir können nicht einmal ausschließen, daß sich der Träumer in den Monstren selbst träumt. »Der Traum der Vernunft erzeugt Ungeheuer«: Vielleicht kann man darin, wie Hofmann in seinen Beiträgen gelegentlich andeutet (vgl. Goya, Katalog, 19,58), schon die Momente einer »Dialektik der Aufklärung« sehen. Für unsere Traumanalyse aber ist es wichtig, zu verstehen, daß das Capricho 43 das Antike Traumfeld überschreitet, indem es die Träume nicht nur einer Produktionskraft der Seele zurechnet, die auch außerhalb der Träume gilt, sondern ebenso den Unsinn der Träume auf die Vernunft selbst bezieht. Denn das Monströse geht aus dem Verhältnis von Traum und Vernunft hervor, es ist der Rest, der im Erwachen zurückbleibt und in keinem neuen Traum aufgeht. Das Monströse hat die Konvention seines Ausdrucks verlassen, es ist selbst Ausdruck dafür geworden, daß der Traum, von dem in der Sentenz die Rede ist, weder im natürlichen Traum noch in der Vernunft ausreichend bestimmt ist, sondern ein anderes Denken bezeichnet. Goya hatte zunächst die Absicht, das Capricho 43 an den Anfang der Serie zu stellen. Vielleicht hat er schon geahnt, daß man dann allzu schnell das Monströse dem natürlichen Traum oder der Konvention der Träume zugerechnet hätte. So hat sich Goya selbst an die Stelle der »Träume der Vernunft« gesetzt, mit Zylinder und wachem Blick, »verdrossen und spottlustig«, wie es in einem der Prado-Kommentare heißt. Man muß in diesen beiden Caprichos die Knotenpunkte der ganzen Serie sehen, in denen sich der wache und der träumende Blick überkreuzen. Nichts macht deutlicher, wie sehr das Interesse an den Träumen mit der Geschichte von Innerlichkeit und Rationalität korrespondiert und welcher Anstrengungen es bedurfte, den Träumen ihre Rationalität zurückzugeben. Zugleich bleibt dieser Traum im strengen Sinn innerhalb des Antiken Traumfeldes, weil Goya die Träume in ihrem manifesten Ausdruck beläßt. Denn es ist umgekehrt zu den Daten unserer kurzen Traumanalyse gerade das Festhalten am manifesten Traum, in der sich die Privilegierung der Träume durchsetzt. Es ist nicht mehr wie in der Mantik der prophetische Sinn, den Gott dem Träumer sendet, sondern es ist schon der Übergang zum romantischen Traum, den das künstlerische Subjekt sich aneignet, um ihn zum Gegenstand der Einbildungskraft zu machen. Aber so sehr auch Goyas Traum noch am antiken Sinn der Träume teilhat, so ist er doch für die Metapsychologie relevant als Beitrag zur Krise der Vernunft, zur Auseinandersetzung zwischen wildem und zivilisiertem Denken, zur Dezentrierung des Bewußten: Thema der Metapsychologie der Träume. Wie sehr die Deutung der Träume mit der Selbstdeutung des Träumers verknüpft war, auch das illustriert das Capricho 43.

Traum und Metaphysik

Wie sehr man auch die Mantik und die Wissenschaft in der Rolle, die sie für die Genese der *Traumdeutung* gespielt haben, anerkennen muß, so reichen diese Beziehungen dennoch nicht aus, um die Geltung der *Traumdeutung* im Feld der Humanwissenschaften zu bestimmen. Tatsächlich hat die *Traumdeutung* keine neue Mantik begründet, denn Freud läßt keinen Zweifel daran, daß die Mantik an die antike Lebenswelt gebunden bleibt und daß schon in der Antike ihre kulturelle Wertschätzung zu zerfallen beginnt. Man muß im Gegenteil davon sprechen, daß die wissenschaftliche Rekonstruktion der Träume durch die *Traumdeutung* jeder mantischen Traumpraxis endgültig den Boden entzogen hat, daß die Psychoanalyse keineswegs eine allgemeine Praxis der Traumdeutung begründet, sondern die Träume an die Klinik verwiesen hat. Dagegen ist es nicht der klinische Raum, aus dem die *Traumdeutung* die Struktur der Träume gewinnt; in dem Maße, wie der Traum kein pathologisches Phänomen ist, stellt die *Traumdeutung* selbst den Übergang von der Psychopathologie zur Tiefenpsychologie dar, während in diesem Übergang zugleich der Unterschied von Psychoanalyse und Metapsychologie gegeben ist, als Möglichkeit einer allgemeinen Theorie des Seelenlebens. Die Bedingungen, unter denen Freud zum Traumdeuter der Moderne wird, können durch den Rückbezug auf Mantik und Wissenschaft nicht hinreichend verständlich werden. Und umgekehrt muß man sich vor Augen halten, daß das Wissen über die Träume immer schon – um einen Ausdruck Freuds aufzugreifen – vom »Weltinteresse« geleitet war, das nie in einem privaten, okkulten oder nächtlichen Wissen aufgegangen ist, sondern stets nach dem Verhältnis von Traum und Realität gefragt hat und darin nach der Realität des Denkens selbst; daß die Frage nach dem Traum immer die Frage nach dem Träumer einschließt. In der Provokation, die der manifeste Unsinn der Träume für das bewußte Denken dargestellt hat, muß man den philosophischen Kern aller Traumdiskurse sehen. Was Freud zum Traumdeuter der Moderne werden läßt, geht in den Traditionen, die er in die *Traumdeutung* eingeführt hat, nicht auf. Denn von dem Augenblick an, in dem Freud in den Träumen das Unbewußte entdeckt hat, korrespondiert die *Traumdeutung* mit der Geschichte der abendländischen Metaphysik: formiert sich die Traumdeutung als Metapsychologie. »Ich werde Dich übrigens ernsthaft fragen, ob ich für meine hinter das Bewußtsein führende Psychologie den Namen Metapsychologie gebrauchen darf«, heißt es im Brief vom 10.3.98 an Fließ (*Anfänge*, 211). Aber die Metapsychologie soll nicht nur hinter die Tatsachen des Bewußtseins zurückführen, sie muß die Zentrierung aufs Bewußtsein zurücknehmen und aus dem Nicht-Sinn des Bewußten einen Sinn des Unbewußten machen. Wenn Freud daher die Parole ausgibt, zu »lernen, uns von der Bedeutung des Symptoms ›Bewußtheit‹ zu emanzipieren« (Bd. III, 151), muß man unter dieser Emanzipation gerade verstehen, daß die Metapsychologie das Bewußtsein so weit auflöst, daß es als »Symptom« zurückkehren kann, hinter dem sich ein anderer Sinn verbirgt. Auf diese Weise erhält die Zentrierung aufs Bewußtsein selbst einen Sinn, und die Metaphysik, der Text dieser Zentrierung, kann zum Gegenstand der Metapsychologie werden. Man sieht, daß für die Metapsychologie – anders als für den Positivismus – die Metaphysik nicht als Unsinn erscheint, sondern als Struktur, in der sich das Psychische bezeichnet hat, wie überhaupt die Kategorie des Unsinns nicht zu den metapsychologischen Grundbegriffen zählt, denn für die Metapsychologie gibt es im psychischen Leben immer nur ein Zuviel an Sinn, signifikative Überschüsse. Für die Metapsychologie ist das Verkennen der Träume in der Metaphysik selbst bedeutsam. Indem Freud den Traum als Rede des Unbewußten rekonstruieren kann, erscheinen die historischen Reden über den Traum beredt gerade in dem, was sie nicht sagen. Wenn der Metaphysik der Traum als Nicht-Sinn des Bewußten erscheinen mußte, so macht doch die *Traumdeutung* die Metaphysik der Träume nicht zum Unsinn: So wenig geht die *Traumdeutung* im positiven Kern ihrer Wissenschaftlichkeit auf, so sehr bleibt sie an die Metaphysik gewandt. In der *Psychopathologie* verdichtet sich die ursprüngliche Frage Freuds zum programmatischen Entwurf einer Rückverwandlung von Metaphysik in Metapsychologie.

»Die dunkle Erkenntnis (sozusagen endopsychische Wahrnehmung) psychischer Faktoren und Verhältnisse des Unbewußten spiegelt sich – es ist schwer, es anders zu sagen, die Analogie mit der Paranoia muß hier zu Hilfe genommen werden – in der Konstruktion einer *übersinnlichen* Realität, welche von der Wissenschaft in *Psychologie* des *Unbewußten* zurückverwandelt werden soll.« (*Psychopathologie*, 203)

Ich ist ein anderer

Freud hat als erster der Herausforderung standgehalten, die der Traum für das Bewußtsein dargestellt hat. Und er hat in der Theorie des Unbewußten diese Provokation an die Philosophie weitergegeben.

»Die Psychoanalyse wurde aber durch das Studium der pathogenen Verdrängungen und anderer noch zu erwähnender Phänomene gezwungen, den Begriff des ›Unbewußten‹ ernst zu nehmen. Für sie war alles Psychische zunächst unbewußt, die Bewußtseinsqualität konnte dann dazu kommen oder wegbleiben. Dabei stieß man freilich mit dem Widerspruch der Philosophen zusammen, für die ›bewußt‹ und ›psychisch‹ identisch war und die beteuerten, sie konnten sich so ein Unding wie das ›unbewußte Seelische‹ nicht vorstellen. Es half aber nichts, man mußte sich achselzuckend über diese Idiosynkrasie der Philosophen hinaussetzen.« (*Selbstdarstellung*, 61)

Dennoch war es neben der Kunst gerade die Philosophie, die mehr noch als Mantik und Naturwissenschaften sich dem Unsinn der Träume ausgesetzt hat. In dem Maße, wie Freud vom bewußten oder, wie es in der *Traumdeutung* heißt, vom sekundären Denken absieht, kommt ein anderes Denken in den Blick, ein primäres Denken. Und es zeigt sich, daß mit diesem anderen Denken zugleich auch ein anderes als das Ich erscheint, das sich in der Transparenz des Bewußtseins gegenwärtig ist; es zeigt sich, daß in diesem anderen Denken, das nicht in der Struktur des Bewußtseins und der Reflexion verankert ist, das Ich des Bewußten als Gedachtes anwesend ist. Dafür steht die Formel Rimbauds, »das Ich ist ein anderer«, die Lacan in die Metapsychologie eingesetzt hat. Solange das Unbewußte als Form des Denkens ausgeschlossen bleibt, erscheint es entweder als Reales oder als Imaginäres. Zwischen diesen beiden Modi sind die Bilder des Traums hin- und hergeschoben worden, und zwar unabhängig davon, ob man in ihnen einen privilegierten Sinn vermutete oder sie zum defizienten Wissen gemacht hat. Freud nimmt den Traum aus diesem Spiel, in dem die Traumdiskurse die Träume in der Serie ihrer Allegorien immer aufs neue erfunden haben, wenn er fordert, daß den Träumen eine eigene Realität zukommen soll, die er das Psychische nennt. Wir müssen, heißt es in der Leseanweisung, die das VI. Kapitel der *Traumdeutung* einleitet, den Traum in seiner Zeichenbeziehung nehmen und nicht in seinem Bildwert. Und Lacan präzisiert diese Leseanweisung, wenn er davon spricht, daß die Bilder des Traums ausschließlich in ihren Signifikantenwert zu lesen sind:

»Freud führt auf unterschiedliche Weise vor, daß dieser Signifikantenwert des Bildes nichts zu tun hat mit seiner Bedeutung, und beruft sich dabei auf die ägyptischen Hieroglyphen, wo es lächerlich wäre, aus der Häufigkeit des Geiers oder des Kükens, die den Buchstaben Alef und den Buchstaben Waw darstellen, womit eine Form des Verbs ›sein‹ und dessen Plurale ausgedrückt werden, abzuleiten, der Text habe auch nur im geringsten etwas mit diesen Vogelarten zu tun.« (Lacan, *Schriften* II, 35)

Die Träume der *Traumdeutung* kündigen also keinen realen Sachverhalt der Welt an, mit diesem Realismus bricht Freud, er setzt an die

Stelle des externen Orts der Traumbedeutungen den internen Raum, in dem sich die Traumelemente bezeichnen in einer signifikativen Bewegung, das ist die Topologie des Traums. Wenn wir nicht in die Irre gehen wollen wie alle Traumdeuter bisher, heißt es ebenso in der Leseanweisung des VI. Kapitels, können wir uns nicht länger mit der Alternative aufhalten, die Traumzeichen entweder nach ihrem Bildwert zu lesen oder sie für bedeutungslos zu erklären. Wir müssen sie statt dessen nach der Beziehung lesen, die sie miteinander eingehen. Das ist der relationale Aspekt, der zugleich auf den topologischen als zweiten Aspekt dieser Traumlektüre verweist, die Freud vorschlägt. Die Relationen der Traumzeichen sind nicht die der aktuellen Beziehung auf der syntagmatischen Achse des manifesten Trauminhalts, unter den manifesten Traumzeichen gibt es horizontal ebenso wenig einen einfachen Übergang von einem zum anderen wie vertikal zu einem Signifikat. Zwischen den manifesten Traum und seiner Latenz legt Freud den Raum der Topologie. Es handelt sich nicht um einen realen Raum, aber auch nicht um einen imaginären; er entsteht als Extension der intensiven, wie Freud sagt, verdichteten Zeichen und korrespondiert ihrem Überschuß an Sinn, den wir auf der syntagmatischen Ebene nicht repräsentieren können. In ihrer Überdetermination sind die Zeichen Effekt der Traumarbeit, die den relationalen mit dem topischen Aspekt der Traumlektüre vermittelt. Von den Träumen aus, wie sie in die Traumdiskurse eingegangen sind, läßt sich ihr Sinn nicht erschließen, relevanter ist das, was sie verdecken. Für die historischen Reden über den Traum gilt ebenso wie für die individuellen der Patienten, daß der Sinn ihrer Reden nicht auf der manifesten Ebene dieses verbalen Diskurses liegt. Für die *Traumdeutung* heißt das, an die Stelle des wachen Ich den Träumer selbst zu setzen; ihn reden zu lassen. Die Deutung als Konstruktion der Traumrede verlängert den Traum in den Tag und nimmt das erwachte Ich aus seiner Stelle als Zentrum des Sinns. Erst in dieser Verschiebung, in der Freud zu den Quellen selbst zurückkehrt und seine eigenen Träume zu analysieren beginnt, wird er zum Traumdeuter der Moderne. Jetzt tritt der Träumer selbst an diese Stelle der mantischen Traumbücher. Aus seinen Träumen aufgewacht, soll er dennoch seinem bewußten Diskurs nicht folgen, sondern einen zweiten, künstlichen Traum träumen. In diesem Verzicht ist die Traumdeutung immer zugleich Selbstanalyse, die das Ich mit einer doppelten Differenz konfrontiert: Differenz zum manifesten Traum und Differenz zum assoziativen Material, das der Träumer hervorbringt. In dieser doppelten Differenz erzeugt die Traumdeutung ein pathologisches Moment, wenn der Träumer fortlaufend Signifikanten hervorbringt, die er seiner bewußten Rede nicht einordnen kann.

Die Deutung ist darum immer Dezentrierung des bewußten Subjekts, an das Freuds Ermahnung geht:

»Du benimmst dich wie ein absoluter Herrscher, der es sich an den Informationen seiner obersten Hofämter genügen läßt und nicht zum Volk herabsteigt, um dessen Stimme zu hören. Geh in dich, in deine Tiefen und lerne dich erst kennen, dann wirst du verstehen, warum du krank werden mußt, und vielleicht vermeiden, krank zu werden.« (Freud, *Darstellungen*, 137)

Dezentrierung heißt Freuds Entdeckung

»Die Psychoanalyse [...] kann dem Ich endlich sagen: [...] Du vertraust darauf, daß du alles erfährst, was in seiner Seele vorgeht, wenn es nur wichtig genug ist, weil dein Bewußtsein es dir dann meldet. Und wenn du von etwas in deiner Seele keine Nachricht bekommen hast, nimmst du zuversichtlich an, es sei nicht in ihr enthalten. Ja, du gehst so weit, daß du ›seelisch‹ für identisch hälst mit ›bewußt‹, d. h. dir bekannt, trotz der augenscheinlichen Beweise, daß in deinem Seelenleben beständig viel mehr vor sich gehen muß, als deinem Bewußtsein bekannt werden kann. Laß dich doch in diesem einen Punkt belehren! [...] So wollte die Psychoanalyse das Ich belehren. Aber die beiden Aufklärungen, daß das Triebleben der Sexualität in uns nicht voll zu bändigen ist, und daß die seelischen Vorgänge an sich unbewußt sind und nur durch eine unvollständige und unzuverlässige Wahrnehmung dem Ich zugänglich und ihm unterworfen werden, kommen der Behauptung gleich, daß das *Ich nicht Herr sei in seinem eigenen Haus*.« (Freud, *Darstellungen*, 136f.)

Als dritte Kränkung der Eigenliebe löst die Psychoanalyse das Ich als Zentrum der Seele auf, so wie zuvor Kopernikus die Erde als Zentrum des Universums und Darwin den Menschen als Zentrum der Lebewesen aufgelöst haben (vgl. *Darstellungen*, 133f.). Daß es Darwin und Kopernikus sind, zu denen Freud sein Werk in Beziehung setzt, zeugt noch von seinem Interesse, sich als Naturforscher zu verstehen. Heute – nach Freud –, nachdem sich gezeigt hat, daß die Psychoanalyse in der Geschichte und Theorie der Naturwissenschaften nicht aufgeht, kann man sich andere Reihen vorstellen, die man mit Eigennamen aus der Geschichte der Metaphysik oder der Humanwissenschaften belegen könnte. All diese Reihen, die man bilden könnte, um die historische Dimension dieser dritten kopernikanischen Wende zu bezeichnen, kämen zustande gemäß dem Anteil, den sie an den Epochen »historischer Dislokation« hätten, wie es bei Derrida heißt, »wenn wir des Ortes vertrieben werden« (*Die Schrift*, 14). Man muß vielleicht, um den gewissen theologischen Effekt dieses Ausdrucks aufzufangen, deutlicher sagen, daß kopernikanische Wende der Psychoanalyse heißt, das Ich oder das Bewußte als Orte zu denken in einer Serie von Orten, als

Element in einem Netz von Beziehungen: in einer Topologie. So besteht die Vertreibung des Ich aus einem Zentrum gerade darin, daß es zum topologischen Ort wird. Und es wird deutlich, daß es Freud in erster Linie darum geht, der Krise des Ich die Rolle einer konstitutiven Kraft im Konzept seiner Psychologie des Unbewußten zu geben. Wenn wir uns der Parole Pontalis' anschließen, »Dezentrierung heißt Freuds Entdeckung«, dann auch seiner Warnung davor, daß Unbewußte in die Privilegien des Bewußten einzusetzen.

Dezentrierung heißt Freuds Entdeckung; gleichwohl schafft sie die Privilegien des Bewußten nicht ab, substituiert diesem kein absolutes Subjekt, keinen alleinigen Verwalter wahrer Bedeutungen, welchen sie dann das Unbewußte nennen würde. Bezugspunkt des Verstehens ist keinesfalls die Reduktion des Manifesten auf eine ganz andere Realität. Was sie festhält, ist nicht Oktroyieren von Sinn, sondern Sinnerarbeitung, deren Vollzug sie (mit seinen Ursprüngen, Haltepunkten, Biegungen, seinem Hin und Her) darstellt. Damit wird aber keine Dämonologie ins Leben gerufen, sondern eine Art ›Radikalismus‹ angesteuert.« (Pontalis, *Nach Freud*, 43)

Dieser Radikalismus Freuds (ich lasse die Anführungszeichen weg) ist von der Idee einer Topologie nicht zu trennen; in dem Maße, wie Freud das Unbewußte als »psychische Lokalität« bestimmt (wie es in der *Traumdeutung* heißt), wird es zugleich möglich, das Unbewußte als Psychisches zu denken, »was verbietet, es mit Nicht-Psychischem zu identifizieren« (Althusser, *Ideologie*, 105). Erst von diesem Augenblick an, diesem topologischen Augenblick an, läßt sich das metapsychologische Konzept des Unbewußten von seinem philosophischen Gebrauch unterscheiden. Für Freud geht es in den Jahren nach dem *Entwurf* von 1895 darum, die Totalität des Psychischen denken zu können, das Unbewußte von allen Konzepten eines psychischen Realismus abzukoppeln und es als diese »besondere Existenzform« darstellen zu können, von der in der *Traumdeutung* die Rede ist. Auch heute – nach Freud – geht es immer noch darum, das Unbewußte nicht außerhalb dieser Realität sui generis, die Freud entdeckt hat, zu denken, es nicht zu reduzieren auf andere Weisen der Realität: »Das Freudsche Unbewußte ist etwas *Psychisches*, was verbietet, es mit Nicht-Psychischem oder einem abgeleiteten Effekt des Nicht-Psychischen zu identifizieren, wie es eine ganze mechanistisch-materialistische Richtung tendenziell tun würde.« (Althusser, a. a. O.). Erst wenn wir die Autonomie des Psychischen anerkannt haben, können wir uns an die Realitätsprüfung der unbewußten Produktionen machen, d. h. von der psychischen Realität zu anderen Realitäten übergehen. Freud hat das Unbewußte als Repräsentanz bestimmt und darin schon den Modus der Übersetzung der psychischen Realität festgelegt, man kann das Unbewußte weder auf eine materielle noch auf eine gesellschaftliche Realität reduzieren; insofern es aus Repräsentanzen besteht, ist es selbst ständige Übersetzung zwischen Trieb und Vorstellung.

»Ein Trieb kann nie Objekt des Bewußtseins werden, nur die Vorstellung, die ihn repräsentiert. Er kann aber auch im Unbewußten nicht anders als durch die Vorstellung repräsentiert sein. [...] Wenden wir uns nun von der biologischen Seite her der Betrachtung des Seelenlebens zu, so erscheint uns der ›Trieb‹ als ein Grenzbegriff zwischen Seelischem und Somatischem [...].« (*Studienausgabe*, Bd. III, 136)

Solange man das Unbewußte danach befragt, was es repräsentiert von dem, was immer schon – wenn auch anderswo – anwesend war, solange man in der Konvention nach Bedeutungen sucht, wird man entweder in der Leere des Unsinns, in einem leeren Unsinn landen oder man wird gezwungen sein, einen Sinn zu erfinden, wie die Geschichte der Traumdeutung zeigt.

Daß der Effekt der kopernikanischen Wende in den Naturwissenschaften nicht aufgeht, entspricht einer Bewegung im Innern von Freuds Werk: von der Psychopathologie zur Tiefenpsychologie. Das betrifft direkt die epistemologische Geltung der Krise des Ich. Nur wenige Zeilen vor der zitierten Stelle, in der es heißt, das Ich sei nicht mehr Herr im eigenen Hause, nimmt Freud die Pathologie in Anspruch, um uns den Augenblick, in dem das Ich seine Einheit verliert, in Ausdrükken der Krankheit darzustellen.

»In gewissen Krankheiten, allerdings gerade bei den von uns studierten Neurosen ist es anders. Das Ich fühlt sich unbehaglich, es stößt auf Grenzen seiner Macht in seinem eigenen Haus, der Seele. Es tauchen plötzlich Gedanken auf, von denen man nicht weiß, woher sie kommen; man kann auch nichts dazu tun, sie zu vertreiben. Diese fremden Gäste scheinen selbst mächtiger zu sein als die dem Ich unterworfenen; sie widerstehen allen sonst erprobten Machtmitteln des Willens, bleiben unbeirrt durch die logische Widerlegung, unangetastet durch die Gegenaussage der Realität.« (*Darstellungen*, 135)

Dagegen ist das, was die Psychoanalyse aufdeckt, daß das Ich nur ein Ort im Haus der Seele sei, nicht mehr im Kontext der Pathologie formuliert. Das setzt schon den Übergang von der Hysterie zum Traum voraus, der sich seit dem *Entwurf* anzukündigen beginnt. Der Traum ist die eigentliche Geburtsstätte der Metapsychologie, von da an, schreibt Freud in der *Selbstdarstellung*, sei der Weg ins Weite, zum Weltinteresse eröffnet. Daß sich die Metapsychologie als Diskurs über die Träume konstituiert, hat für ihre Geltung wichtige Konsequenzen.

Man kann aus all der Sympathie, mit der Freud sich auf den bunten und wilden Reichtum der Traumtheorien ebenso wie auf seine eigenen Träume einläßt, wohl erraten, daß er von Anfang an die Konvergenz gesehen hat, die sein metapsychologisches Interesse mit den Motiven, die alle Traumtheorien geleitet haben, eigentümlich verbindet: Jenseits der Unterscheidung von pathologisch und normal die Grenze zwischen Wildnis und Zivilisation zu denken: zu überschreiten oder zu sichern. Von dem Augenblick an, da sich die abendländische Vernunft zu formieren beginnt, gerät der Traum unabweisbar ins Blickfeld der Vernunft. Unter allen Formen des wilden Denkens kommt ihm eine privilegierte Stellung zu, sie geht hervor aus einer Reihe von Eigenschaften, die man unter dem Thema seiner minimalen Referenzialität zusammenfassen kann: Gewöhnlicher und zugleich außergewöhnlicher Zustand der Seele, der Krankheit so nahe und dennoch ganz und gar normal zu sein; flüchtig, nicht ohne Spuren zu hinterlassen, ist der Traum immer mehr als bloß nichts und doch zu wenig, um Gegenstand des Vernünftigen zu sein. Noch in der vorsokratischen Tradition hat Heraklit diese minimale Referenz mit einem Ausdruck belegt, der für die ganze Tradition der Traumdeutung hindurch Geltung behält:

»[Heraklitos sagt, daß] die Wachenden ein und dieselbe gemeinsame Welt haben, während sich von den Schlafenden ein jeder zu seiner eigenen abwende.«
(Zit. Capelle, *Die Vorsokratiker*, 132)

Und Kant hat gesehen, daß diese Bestimmung der Träume als ídios kósmos (die er offenbar bei Aristoteles aufgenommen hat) wesentlich in der Möglichkeit ihrer Umkehrung funktioniert:

»Mich dünkt, man sollte wohl den letzteren Satz umkehren und sagen können: wenn von verschiedenen Menschen ein jeder seine eigene Welt hat, so ist zu vermuten, daß sie träumen.« (Bd. I, 952)

Das ist schon der Modus, der es erlaubt, den Traum auf Zustände des Wachens zu übertragen, woraus die Serie der Metabolien des Traums hervorgeht, der Modus schließlich, nach dem die Vernunft den Traum erfinden kann, um das zu bezeichnen, »was der Übereinstimmung mit anderem Menschenverstande entgeht«, wie es bei Kant heißt. So evoziert der Traum immer schon die Dezentrierung des Ich im Augenblick des Erwachens, wenn wir dem fremden Traumtext gegenüberstehen; theoretisch läßt sich diese Erfahrung immer wieder überspringen, solange sie nicht hinreichend bestimmbar ist. Es ist Freud, der diesen Augenblick festhält und ihn zum theoretischen Gegenstand macht, indem er den natürlichen Traum mit dem künstlichen Träumen der Vernunft zusammenschließt, dem Traum einen Sinn gibt, der weder in seiner Natürlichkeit noch in seiner Künstlichkeit aufgeht.

Das wilde Denken

Von dem aus, was in der *Traumdeutung* als primäres Denken erscheint, kann man zu dem übergehen, was Lévi-Strauss das wilde Denken genannt hat, und diese Form des Denkens aus den Gesellschaften, in denen Lévi-Strauss es aufgenommen hat, in den Bedingungen der abendländischen Tradition reformulieren. Das kann zweifellos nicht heißen, das wilde Denken als irgendeine Spielart des Irrationalismus auszugeben. So, wie Freud dem Traum, hat Lévi-Strauss dem wilden Denken Rationalität zurückgegeben. Seitdem hat die Unterscheidung in rational und irrational noch einmal mehr von ihrem epistemologischen Wert eingebüßt, das Denken zu gliedern; seitdem ist es möglich geworden, den Rationalismus – den antiken ebenso wie den neuzeitlichen – auf seine wilden Momente zu befragen und das, was »bloß ein Traum war«, wie man gesagt hat, das Ungedachte, auf seine rationalen Momente: Darin kann man die Aufgabe der Metapsychologie sehen.

Dabei bleibt die Unterscheidung in ›primär‹ und ›wild‹ konstitutiv, denn für die Metapsychologie ist das wilde Denken, das wie der Traum auf Signifikanz beruht, ohne auf die natürlichen Bedingungen des Schlafs angewiesen zu sein (wie es der Traum ist), keine defiziente Stufe des Sekundären, sondern Form des Denkens selbst. Hier haben wir es mit einem Denken zu tun, das – wie es bei Lévi-Strauss heißt – mit »Zeichen« arbeitet. Die Zeichen stehen zwischen Bild und Begriff: Sie sind austauschbar wie Begriffe, jedoch nicht universell; den Bildern bleiben sie nahe, weil sie etwas von ihrer Präsenz behalten, weil sie angewiesen sind auf die Koexistenz mit anderen Zeichen, aus denen sie erst ihren Sinn beziehen. Die »Traumbilder« bei Freud, die »Zeichen« bei Lévi-Strauss, die »Signifikanten« bei Lacan: alle diese Elemente unterscheiden sich von den Symbolen der diskursiven Sprache, mit denen sie jedoch verknüpfbar sind. »Wild« nennen wir mit Lévi–Strauss ein Denken in Zeichen; ein nicht diskursives Denken. Über das Verhältnis zwischen Symbolen unterschiedlicher Modalität könnte nur eine allgemeine Theorie des Symbolischen Auskunft geben. Für die Deutung der Traumdiskurse erlaubt es Lévi-Strauss' Theorie des wilden Denkens, die Geltung dessen, was Freud «primäres Denken« nennt, auch außerhalb der Träume zu analysieren.

Im strengen Sinn ist das wilde Denken aber auch kein primäres Denken, denn es ist nicht an die Lebenswelt des Träumers gebunden, sondern immer schon institutionalisiert als Moment kollektiver Bedeutungssysteme. Auch erzeugt das wilde Denken keine neuen Träume, es ist vielmehr wie der Traum schon Antwort auf die intellektuelle Bedingung des Menschen, wie es bei Lévi-Strauss heißt, »daß nämlich der Mensch von seinem Ursprung her über eine Gesamtheit von Signifikanten verfügt, die er nur mit Mühe einem, wenn auch gegebenen, so doch nicht erkannten Signifikat zuordnen kann [...]. In seinem Bemühen, die Welt zu verstehen, verfügt der Mensch also immer über einen Überschuß an Sinn [...].« (*Einleitung*, 39) Dennoch sind Traum und wildes Denken unterschiedliche Antworten auf dieselbe Situation. In dem Maße, wie der Traum an die natürlichen Bedingungen des Schlafs gebunden bleibt, an die Lebenswelt des einzelnen und sogar an seinen Narzißmus, bringt der (manifeste) Traum erneut einen Überschuß an Sinn für das wache Bewußtsein hervor, der jedesmal durch die Analyse rückgängig gemacht werden muß. Tatsächlich läßt sich eine Homologie zwischen Traum und wildem Denken nicht auf der Ebene der manifesten Äußerungen oder des Vokabulars begründen, sondern ausschließlich auf der Ebene der Formen oder der Struktur. Man kann sicher sagen, daß die Rekonstruktion des wilden Denkens durch Lévi-Strauss die *Traumdeutung* voraussetzt, daß die Theorie des Unbewußten notwendige, wenn auch nicht hinreichende Bedingung für die Strukturale Anthropologie ist. Auch für die Theorie des wilden Denkens gilt, daß wir es mit Elementen zu tun haben, deren Sinn erst aus ihrer jeweiligen Kombination hervorgeht. »Der Sinn ist immer auf etwas zurückzuführen. Anders gesagt, gibt es hinter jedem Sinn einen Unsinn, und das Gegenteil ist nicht wahr«, heißt es bei Lévi-Strauss (*Mythos*, 86). Das ist auch Freuds Perspektive, wenn er fordert, das Abbilddenken, den Realismus der Träume zu überwinden: die Träume nicht in ihrem Bildwert, sondern in ihrer Zeichenbeziehung zu analysieren.

Das metaphysische Traumfeld

In dem Maße, wie Freud in den Träumen das Unbewußte entdeckt, korrespondiert die Metapsychologie der Träume mit der Metaphysik, gewinnt die *Traumdeutung* philosophische Dimensionen. Man muß also den antiken Sinn der Träume, wie er in der *Traumdeutung* erscheint, zur Metaphysik der Träume ergänzen, was es erforderlich macht, die *Traumdeutung* in anderen Kontexten zu entfalten. Diese Ergänzungen berühren die epochale Leistung der *Traumdeutung* nicht, die vielmehr in jedem Augenblick vorausgesetzt bleibt. Die *Traumdeutung* erlaubt es jedoch, auch die Reden über die Träume selbst zu befragen. Auf diese Weise zeigt sich, daß die Träume zu deuten immer schon hieß, sich selbst zu deuten. Die *Traumdeutung* markiert einen Wechsel in der Geschichte der Traumdiskurse. Für Freud gibt es vor der *Traumdeutung* nur den antiken Sinn der Träume, den er an eine Metaphysik gebunden sieht. Die *Traumdeutung* soll dagegen ihrer theoretischen Qualität nach metapsychologisch, ihrer Bedeutung nach modern sein. Insofern ist auch die *Traumdeutung* auf die Idee einer Rückverwandlung von Metaphysik in Metapsychologie verpflichtet; darin liegt auch heute noch ihre Aktualität. Um das kenntlich zu machen, was man vielleicht den hermeneutischen Kern der *Traumdeutung* nennen kann – die Verschränkung von Traum- und Selbstdeutung –, muß man die Deutung der Träume zur Interpretation von Reden über die Träume ergänzen. Daraus ergibt sich ein Programm für die *Traumdiskurse*: auf der Folie der *Traumdeutung* eine Reihe von Reden über die Träume zu analysieren und schließlich die *Traumdeutung* selbst als historischen Traumdiskurs zu lesen. Was wir seit der *Traumdeutung* über die Träume wissen, hat zugleich unser Wissen über uns selbst entscheidend geprägt.

Übersetzung von Metaphysik in Metapsychologie erschöpft sich keineswegs darin, die Träume oder das wilde Denken an die Stelle des Rationalen zu setzen, das Unbewußte an die Stelle des Bewußten; es geht keineswegs darum, die Metaphysik durch das, was unterdrückt war, zu ersetzen. Die Aufgabe der Metapsychologie muß vielmehr darin bestehen, das abendländische Projekt der Rationalität zu verschieben in den Bahnen, die das Werk Freuds vorgezeichnet hat.

»[...] *es ist sinnlos*, auf die Begriffe der Metaphysik zu verzichten, wenn man die Metaphysik erschüttern will. Wir verfügen über keine Sprache – über keine Syntax und keine Lexik – die nicht an dieser Geschichte beteiligt wäre.« (Derrida, *Die Schrift*, 425)

Die Fragen, die Freud an die Geschichte der Innerlichkeit, der Reflexion, des Bewußtseins oder der Subjektivität gestellt hat, lassen sich mit den Mitteln der klassischen Bewußtseinsphilosophie nicht mehr beantworten. Dennoch hat auch Freud die Fragen, die sein Werk an die Metaphysik stellt, kaum beantwortet, und sogar die Fragen selbst sind bisweilen durch die klinische Erfahrung eher verdeckt. Man muß also auch damit beginnen, die Klinik der Psychoanalyse zur Metapsychologie hin zu öffnen; für die *Traumdeutung* trifft das allerdings noch am wenigsten zu, denn sie liegt selbst jenseits des Unterschieds von pathologisch und normal: Psychosen ihrer Struktur nach, gehören die Träume doch dem normalen Seelenleben an. Und es sind diese Eigenschaften der Träume, der Krankheit so nahe und doch nicht pathologisch zu sein, in der Wahrnehmung gegeben zu sein, und doch im Bewußtsein nicht den Grund ihrer Gegenständlichkeit zu haben, in denen sich Metaphysik und Metapsychologie aufeinander beziehen lassen. Es war der Traum, in der die Metaphysik einen hyperbolischen Augenblick lang – wie er sich im klassischen Traumargument darstellt – ein Außerhalb des Bewußten hat denken können. Man muß durch diese Traumstrukturen hindurch, um dann Äquivalente der Träume auch in solchen Texten benennen zu können, in denen sie nicht zum Thema geworden sind. Erst durch die Bedeutung, die der Traum für die Metapsychologie gewonnen hat, wird es möglich, auch die Träume der Metaphysik freizulegen und ihnen den Wert von philosophischen Gegenständen zurückzugeben. Man kann im Sinn einer immanenten Traumdeutung der Metaphysik nicht erwarten, außerhalb der *Traumdeutung* das Rätsel der Träume gelöst zu finden. Ebenso wenig geht es darum, eine Geschichte der wissenschaftlichen Erkenntnis der Traumprobleme zu schreiben, deren Möglichkeit Freud ausgeschlossen hatte, »weil in dieser Erkenntnis, so wertvoll sie an einzelnen Stellen auch sein mag, ein Fortschritt längs gewisser Richtungen nicht zu bemerken ist [...] jeder neue Autor faßt die nämlichen Probleme von neuem und wie vom Ursprung her wieder an.« (*TD*, 32 f.) Daher stellt auch die Metaphysik der Träume keine Vorgeschichte der *Traumdeutung* dar. Vielmehr ermöglicht es die gelungene wissenschaftliche Rekonstruktion der Träume in der *Traumdeutung*, die Metaphysik der Träume nach der Bedeutung zu befragen, die der Traum in den historischen Traumdiskursen hat, um in den phantastischen Reden über den Traum die Fragen wiederzufinden, die sie der Selbstinterpretation des Menschen gestellt haben. Für die *Traumdiskurse* ergibt sich – wie für die *Traumdeutung* selbst – noch einmal das Problem der Auswahl. Das gilt für den ersten Text, den ich vorschlage, noch am wenigsten:

1. Artimedorus von Daldis, *Das Traumbuch*. – Dieser Text gehört ausdrücklich zu den Bezugspunkten der *Traumdeutung*. Freud stellt das *Traumbuch* in seinen wichtigsten Momenten vor, um insbesondere die Dechiffriermethode der technischen Traummantik zu erläutern. Alles, was in der *Traumdeutung* an Mantik erscheint, läßt sich im wesentlichen auf das *Traumbuch* beziehen. Dennoch analysiert Freud diesen Text nicht. Er befragt ihn weder auf seine theoretischen Voraussetzungen, die in der stoischen Philosophie liegen, noch auf die immanente Funktion der Träume. Tatsächlich gibt es nur einen einzigen Satz in der *Traumdeutung*, den man einer Analyse der Mantik zurechnen kann: »Die vorwissenschaftliche Traumauffassung der Alten stand sicherlich im vollsten Einklange mit ihrer gesamten Weltanschauung, welche als

Realität in die Außenwelt zu projizieren pflegte, was nur innerhalb des Seelenlebens Realität hatte.« (*TD*, 32)

Für die Analyse der Mantik ist es unerläßlich, auf Ergebnisse der Strukturalen Anthropologie zurückzugreifen. Die Mantik betreibt das, was Lévi-Strauss die »Theorie des wilden Denkens« genannt hat.

2. Platon, *Theätet*. – Angesichts der Bedeutung, die Freud dem antiken Sinn der Träume gibt, ist es wünschenswert, einen antiken Text der Philosophie heranzuziehen. Außerhalb der Stoa, die als Philosophie der Mantik ohnehin hier Thema ist, findet sich bei Platon eine Auseinandersetzung mit der Mantik und an prominenter Stelle ein Traumdiskurs. Wenn man sich entschließt, den Traum im *Theätet* aus seiner sophistischen Verkleidung zu lösen und den erkenntnistheoretischen Kern des Traumarguments freizulegen, zeigt sich, daß die Kritik an der Mantik sogar für die Theorie der Maieutik bedeutend ist, die ihrerseits aufs engste mit dem Traumproblem verbunden ist. Trotzdem ist es nötig, einen Blick auf den *Phaidros* zu werfen, und Parallelen zwischen Traumkritik und der Kritik an der apollinischen Mantik festzuhalten. Wie sehr die Träume auch auf der erkenntnistheoretischen Ebene des *Theätet* als bloß defizientes Wissen erscheinen, so bleibt die Metaphysik Platons doch zugleich offen für die Zeichen jenseits der diskursiven Logik. Das sichert den Träumen ein philosophisches Interesse.

3. Descartes, *Meditationes de prima philosophia*. – Für den Strukturalismus bildet der Rationalismus Descartes' den Gegenstand einer ständigen Auseinandersetzung. Das Wort vom »Supra-Rationalismus«, das Lévi-Strauss geprägt hat, bleibt ebenso auf Descartes bezogen wie das Projekt Foucaults, das Wissen zwischen Wahnsinn und Vernunft zu befragen. Und es war schließlich Lacan, der die rationalistischen Momente bei Freud hervorgehoben und zugleich das Cogito als den Brennpunkt der metaphysischen Verkennung genommen hat. Foucault hat in *Wahnsinn und Geschichte* eine neue Bewertung der Ökonomie des Zweifels in den Momenten von Sinnlichkeit, Traum und Wahnsinn vorgeschlagen, die ganz im Sinn unserer Traumanalyse liegt. Derrida hat diesen Vorschlag in *Cogito und Geschichte des Wahnsinns* aufgenommen, worauf seinerseits Foucault in *Mon corps, ce papier, ce feu* geantwortet hat. Der strukturalistische Kommentar zu Descartes legt den Akzent auf die Genese des Cogito. Er nimmt die Meditation als Tathandlung ernst und stellt die Frage nach den Brüchen zwischen der Genesis des Cogito und seiner Geltung. Entscheidend ist hier, daß die Rede über den Traum an die Praxis der Meditation gebunden und im Kontext dieser Praxis rekonstruiert wird: als »Traumspiele«, wie es bei

Descartes heißt; als Sprachspiele, wie man mit Freud oder Lacan sagen könnte.

Auch für die *Meditationes* gilt, daß man den Sinn der Träume nicht auf der Oberfläche des erkenntnistheoretischen Diskurses finden wird, sondern nur auf der Ebene eines immanenten Systems der Bedeutung, in dem sowohl das Cogito als auch der Traum Rollen einnehmen können, die sich mit den Mitteln, die Descartes selbst zur Verfügung stellt, nicht erfassen lassen. So kann man versuchen, das, was außerhalb rationaler Erkenntnis, aber innerhalb der cartesianischen Metaphysik liegt und sich als Traum bezeichnet, auf die Rationalität der Träume zu beziehen, auf eine Rationalität, die Freud oder Lacan dem Traum zurückgegeben haben. Die wichtigste dieser Beziehungen ist zweifellos die von Rationalität und Signifikanz selbst: »Zunächst existierte jenseits des Rationalen eine wichtigere und gültigere Kategorie, die des Bezeichnenden; sie ist die höchste Seinsform des Rationalen, aber unsere Professoren [...] sprachen nicht einmal ihren Namen aus.« (Lévi-Strauss, *Traurige Tropen*, 48)

4. Novalis, *Heinrich von Ofterdingen*. – Heute scheint es eher verwunderlich, daß Freud sich nicht als Adressat der romantischen Traumtheorien verstanden hat. Tatsächlich kommen Novalis oder auch Schelling in der *Traumdeutung* nur in Nebenbemerkungen vor. Nirgendwo sonst hat man von den Träumen soviel erwartet wie in der Romantik (oder später im Surrealismus); nirgendwo sonst ist das Programm einer Innerlichkeit, die bereits die Möglichkeiten der Bewußtseinsphilosophie überschreitet, so sehr zum Thema gemacht worden. Dennoch behält Freud insofern recht, als auch die Romantik vom manifesten Traum ausgegangen ist und keine Technik der Deutung hervorgebracht hat. Auf der anderen Seite ist die Romantik der Mantik um vieles näher als die *Traumdeutung*, die doch der Mantik theoretische Geltung verschaffen wollte. Man kann dieses Verhältnis (wie Marquard vorgeschlagen hat) an der Beziehung von Ästhetik und Therapeutik festmachen: Wo die Psychoanalyse den Traum in der Klinik hat verschwinden lassen, geht er in die »Gemütserregungskunst« ein, um die natürlichen Ausdrücke der Seele mit den Formen der Kunst zu verbinden. Aber nicht nur für eine Praxis der Träume ist die Romantik metapsychologisch relevant, im Eingriff in die Transzendentalphilosophie beginnen sich die theoretischen Mittel abzuzeichnen, den Traum in einem System differentieller Artikulation theoretisch zu erfassen: als Sprache. Zweifellos ist in den frühromantischen Entwürfen die Theorie der Sprache und der Wahrnehmung weiter fortgeschritten und enger mit den Problemen der Träume verbunden als in der *Traumdeutung*. Es

kommt für die Lektüre des *Heinrich* darauf an, die Momente zu bestimmen, in denen die frühromantische Theorie die Metaphysik des Bewußten, aber auch die Metapsychologie der Sprache bereits überschritten hat.

Nach Freud

Aber man muß die *Traumdeutung* nicht nur auf die vormetapsychologischen Traumdiskurse hin öffnen, sondern sie selbst an die theoretische Entwicklung nach Freud anschließen. Die Notwendigkeit solcher Fortschreibung bezieht sich immer auch darauf, die theoretischen Momente zu ergänzen, die Freud unbestimmt gelassen hat. Das betrifft insbesondere die Theorie der Sprache und die Ausdifferenzierung des topologischen Standpunkts bei Freud. Dieser Arbeit hat sich Lacan gewidmet. Man muß von vornherein davon ausgehen, daß sich Lacan zum Ziel gesetzt hat, die Metapsychologie in ihrer Eigenständigkeit zu rekonstruieren und mit der theoretischen Entwicklung nach Freud zu verbinden. Sicher macht das die eigenartige Spannung der Reden aus, die Lacan führt (und tatsächlich besteht sein Werk, wie es heute vorliegt, im wesentlichen aus Reden): das Psychische in seiner Eigenständigkeit zu betonen und einen Diskurs zu erfinden, der es erlaubt, das Psychische als Unbewußtes zu bestimmen. Man muß aber auch umgekehrt dem Diskurs Lacans zugestehen, daß er seiner Idee nach metapsychologisch ist. Erst auf diese Weise läßt sich das rhetorische Arsenal, mit dem Lacan spielt und das uns von den Träumen so vertraut ist, auf seinen theoretischen Kern zurückbeziehen, der durch alle Verschiebungen des theoretischen Ausdrucks hindurch metapsychologisch ist. Es kommt nicht darauf an, Freud nachträglich in die Galerie der Väter des Strukturalismus einzureihen, denn zweifellos kann auch das Werk Lacans nur so weit strukturalistisch sein, wie es die Metapsychologie ist; was besagt, daß man den strukturalen Gehalt seiner Theorie erst dann definieren könnte, wenn man das metapsychologische Feld durchlaufen hat. Ähnliches gilt für Lévi-Strauss, auch dort ist es nötig, die Ergebnisse der Strukturalen Anthropologie in den Bedingungen der abendländischen Tradition zu reformulieren. Diese Aufgabe wird man nicht ohne Rekurs auf das Werk Freuds bewältigen können: abendländisch bis in ihre letzten Momente, steht die Metapsychologie doch ganz an den Rändern des abendländischen Denkens selbst, stellt sie Fragen, die sich mit den Mitteln der klassischen Philosophie zwar noch formulieren, kaum aber mehr ausreichend beantworten lassen. Nach Lacan: Das heißt dann auch, damit zu beginnen, seinen Diskurs vom Werk Freuds zu lösen, auf die Geschichte der Metaphysik zu öffnen und auf die Praxis einer Psychoanalyse, die nicht auf die Klinik beschränkt ist. Nach Freud: Das bezeichnet ein ganzes Ensemble von Problemen, die das Werk Freuds der klinischen Praxis stellt, vor allem aber dem theoretischen Denken.

Es gibt in der Rezeption der Psychoanalyse die Tendenz, ihr einen eigenen theoretischen Gegenstand abzusprechen und ihre Geltung an die klinische Erfahrung zu binden. Erst durch den Rückgriff auf die Philosophie oder die Sozialwissenschaften soll der Psychoanalyse dann ein theoretischer Status zukommen. Der Privilegierung der Therapie entsprechend ist die Metapsychologie Inbegriff eines »szientistischen Mißverständnisses« (Habermas) oder »Resultat solipsistischer Stilisierung« (Dahmer). Dagegen haben Lévi-Strauss, Lacan oder Althusser in ihrer Freud-Lektüre gezeigt, daß die Metapsychologie über einen genuinen Gegenstand verfügt, der sich mit ihren Mitteln konstituieren läßt und der auf nichts außerhalb seiner theoretischen Genese reduziert werden kann: das Psychische, diese »besondere Existenzform«, wie es bei Freud heißt.

»Das Freudsche Unbewußte ist etwas *Psychisches*, was verbietet, es mit *Nicht-Psychischem* oder mit einem abgeleiteten Effekt des Nicht-Psychischen zu identifizieren, wie es eine ganze mechanistisch-materialistische Richtung tendenziell tun würde. Das Freudsche Unbewußte ist somit weder eine materielle Realität (der Körper, das Gehirn, das ›Biologische‹, das ›Psychophysiologische‹) noch eine gesellschaftliche Realität (die sozialen Verhältnisse, die Marx als die Individuen *unabhängig von ihrem Bewußtsein* determinierend definiert hat), die vom Bewußtsein und also vom psychischen Apparat unterschieden wäre. D. h. nicht, daß Freud jemals die Existenz einer Beziehung zwischen dem Unbewußten einerseits und dem Biologischen und dem Gesellschaftlichen andererseits geleugnet hätte.« (Althusser, *Ideologie*, 105)

Ich nehme die Metapsychologie dort auf, wo sie sich konstituiert hat, in der *Traumdeutung* selbst. Die Ebene, auf der Freud die Tradition der Traumdeutung oder das Antike Traumfeld überschreitet, auf der sein Anspruch sich formuliert, das Rätsel der Träume gelöst zu haben, ist im strengen Sinn nicht die Psychoanalyse, sondern die Metapsychologie. Der Übergang von der Psychoanalyse zur Metapsychologie oder entsprechend von der Neurose zum Traum impliziert keine metábasis eîs állo génos, er bleibt konstitutiv für das Ganze des Diskurses, den Freud begründet hat. Die *Traumdeutung* ist die historische Stelle dieses Übergangs, der es seinerseits erlaubt, das Antike Traumfeld zur Metaphysik der Träume zu ergänzen. Man muß noch einmal an die Worte Pontalis' erinnern, daß die Radikalität Freuds nicht das Unbewußte zum absoluten Subjekt macht, sondern das Manifeste auflöst. Die Träume sind nicht wahrer als die Inhalte, über die das Bewußtsein verfügt, sie sind vor allem nicht ursprünglicher, sie bilden die Natur nicht ab, sondern artikulieren sie. Freud hat das Unbewußte nicht zur Stätte einer neuen Unschuld gemacht. Daß die frühkindliche Sexualität unbewußt sei, war weniger skandalös als daß sie intelligent sei: fähig, das Konkrete zu besetzen, es auszutauschen, zwischen den Dingen Beziehungen herzustellen und mit ihnen zu spielen. Und immer noch besteht das skándalon der Psychoanalyse vielleicht darin, die Auflösung der Unmittelbarkeit bis in ihre letzten Residuen zu treiben, bis in den ídios kósmos der konkreten Individualität selbst. Von dieser topologischen Radikalität ist auch der Strukturalismus motiviert.

Das topologische Interesse: Strukturalismus und Metapsychologie

Man sollte vielleicht dem Vorschlag der ›Tel Quel-Gruppe‹ folgen und unter ›Strukturalismus‹ immer schon die Abkürzung für ›Poststrukturalismus‹ verstehen, wenn man vom Pariser Strukturalismus spricht: um deutlich zu machen, daß der Poststrukturalismus seine Gegenstände nicht außerhalb der metaphysischen Tradition sucht wie der Positivismus; weder jenseits des Subjektiven noch des Rationalen, sondern vielmehr – wie insbesondere Lacan – die Subjektivität durch ihre Strukturalität hindurch denken und das Rationale nicht überspringen, sondern es verschieben will. Denn der Strukturalismus setzt sich in ganz anderem Maße als jede Spielart des Positivismus der Krise der Vernunft aus; das ist hier das eigentliche Thema. Der Strukturalismus überwindet diese Krise nicht durch irgendeine Form des Irrationalismus, wie man sogleich vermutet hat (vgl. z. B. Schmidt, *Der strukturalistische Angriff*). Er setzt die Struktur keineswegs an die Stelle dessen, was die Vernunft nicht erfaßt, das betrifft sowohl sie selbst als auch das, was sie als unvernünftig ausschließt. Der Strukturalismus versteht sich selbst als Ausdruck der Krise der Vernunft; als »Ereignis« in der Geschichte des Wissens, das aus der Notwendigkeit hervorging, wie Derrida sagt, die »Strukturalität« der Struktur selbst zu denken.

»Die Struktur oder vielmehr die Strukturalität der Struktur wurde, obgleich sie immer schon am Werk war, bis zu dem Ereignis, das ich festhalten möchte, immer wieder neutralisiert, reduziert; und zwar durch einen Gestus, der der Struktur ein Zentrum geben und sie auf einen Punkt der Präsenz, auf einen festen Ursprung beziehen wollte. Dieses Zentrum hatte nicht nur die Aufgabe, die Struktur zu orientieren, ins Gleichgewicht zu bringen und zu organisieren –

es läßt sich in der Tat keine unorganisierte Struktur denken –, sondern es sollte vor allem dafür Sorge tragen, daß das Organisationsprinzip der Struktur dasjenige in Grenzen hielt, was wir das Spiel der Struktur nennen könnten. Indem das Zentrum einer Struktur die Kohärenz des Systems orientiert und organisiert, erlaubt es das Spiel der Elemente im Innern der Formtotalität. Und noch heute stellt eine Struktur, der jegliches Zentrum fehlt, das Undenkbare selbst dar.« (Derrida, *Die Schrift*, 422)

Freud hat dieses »Ereignis«, von dem Derrida spricht, auf die Formel gebracht, das Ich sei nicht mehr Herr im eigenen Haus (der Seele); die Psychoanalyse hat Freud zu den kopernikanischen Wenden in der Neuzeit gerechnet, die dem Ich vorgeführt haben, daß es mit seiner Autonomie nicht weit her ist. Hinter der Ich-Schwäche, wie sie unzählige Male für die Moderne beschrieben worden ist, zeichnet sich für Freud das Unbewußte als andere Ordnung ab. Das Unbewußte hat nicht nur Zugang zum Körper, sondern auch zur Bedeutung. »Dezentrierung« heißt hier für das Ich anzuerkennen, daß es neben dem Sinn des Bewußten noch einen anderen Sinn gibt; daß es neben der verbalen Sprache noch andere Sprachen gibt, »symbolische Formen« (Cassirer), die nicht auf die Instrumentalität einer diskursiven Logik gestützt sind. Hier hat die kopernikanische Wende Anteil an einem Wechsel in der Auffassung von Sprache im Formalismus, in der Phänomenologie, der Linguistik oder der Symboltheorie. Wie sehr sich die einzelnen Programme auch voneinander unterscheiden, so haben sie doch ein gemeinsames Motiv darin, die »Abbildtheorien« der Sprache zu überwinden. Für den Strukturalismus hat vor allem die Linguistik Saussures diese Bedeutung. Die Sprache ist nicht Repräsentation eines Realen, sondern Artikulation differentieller Elemente, die selbst nicht bedeutungtragend sind. »Sinn« entsteht darum erst aus der sprachlichen Kombination dieser Elemente. Saussure hat sich im wesentlichen auf die Analyse der verbalen Sprache beschränkt und eine allgemeine Semiologie in Aussicht gestellt, in der alle Klassen von Zeichen berücksichtigt sein sollten. Das strukturalistische Interesse liegt genau dort, wo unter »Sprache« (langue) nicht mehr nur die diskursive Sprache verstanden wird; das läuft auf eine allgemeine Theorie des Symbolischen hinaus. Für ein solches Projekt gehört die *Traumdeutung* zu den grundlegenden Texten.

»Vor allem aber müssen wir hier Freuds gedenken, der als erster seine volle Aufmerksamkeit jener Arbeit widmete, von der wir sagen, sie konstituiere Bedeutung; die dem Sinnprodukt und / oder dem abbildenden Diskurs noch vorausliegt – wir meinen den Traummechanismus. [...] Damit wird ›Traumarbeit‹ zu einem theoretischen Konzept, das eine neue Forschungsdisziplin in Gang bringt: die Forschung, die zu der prä-repräsentativen, d. h. noch-nicht-(ab)bildenden Produktion und zum ›Denken‹ unterhalb des Denkens vorstößt.« (Kristeva, in: *Textsemiotik*, 46 f.)

In der strukturalistischen Diskussion über die Sprache oder das Symbolische liegen die Momente, in denen die Analyse der Traumdiskurse über die *Traumdeutung* hinausgeht. Gerade hier zeigt sich aber auch, wie wenig der Strukturalismus als einheitliche Theorie auftritt. Lacan verdankt seine entscheidende Einsicht, das Unbewußte funktioniere wie eine Sprache, der strukturalen Anthropologie Lévi-Strauss'. Zugleich weist Lacan dessen Symboltheorie zurück, weil er darin das alte logozentrische Programm einer Instrumentalisierung von Sprache sieht, das einseitig an der Naturwissenschaft orientiert sei. Foucault schließlich hat die Dominanz des Signifikanten in Lacans Theorie des Unbewußten kritisiert. Im Blick auf eine Philosophie des Symbolischen ist sowohl Lévi-Strauss' Rückzug in eine Physiologie des Geistes problematisch wie Lacans Verzicht auf eine Typologie von Modalitäten des Symbolischen, die seine Polemik gegen den »Diskurs des Bewußten« aussagekräftiger machen könnte. Jenseits einer allgemeinen Theorie der Symbolischen Funktion ist es jedoch der interne Zusammenhang einer Theorie der Sprache, in dem die Konzepte des Signifikanten und des wilden Denkens mit den Traumdiskursen verbunden sind. Die Leseanweisung, in der Freud sich gegen alle Traumdeutungen bisher abzugrenzen versucht, kann man dem »Ereignis« zurechnen, von dem Derrida spricht. Daß die kopernikanische Wende, die unser Selbstbildnis verändert hat, immer auch Effekt einer veränderten Auffassung von Sprache war, das ließe sich als Minimal-Konsens des Strukturalismus formulieren. Darin stimmt er mit der Psychoanalyse überein.

»Strukturalist sein heißt, als erstes der Organisierung des Sinns, der Autonomie und dem eigentlichen Gleichgewicht, der gelungenen Herausbildung jeden Moments und jeder Form Aufmerksamkeit zu schenken; und die Erniedrigung all dessen zum Rang eines abweichenden Zufalls zurückzuweisen, was durch eine ideale Grundform nicht verstanden werden kann. Das Pathologische sogar ist nicht bloße Abwesenheit von Struktur. Es läßt sich nicht als Mangel, Abfall oder Zersetzung einer schönen idealen Totalität verstehen. Es ist keine einfache Niederlage des telos.« (Derrida, *Die Schrift*, 46)

Es handelt sich um eine Entscheidung prinzipieller Art, die Geschichte keineswegs ausschließt, sondern das Thema der Geschichte als Produktionsfaktor von Sinn neu stellt. Lévi-Strauss hat die Entstehung der Ethnologie auf den historischen Stand des Imperialismus und die Geschichte des abendländischen Denkens bezogen und sie als Kritik des Ethnozentrismus eingeführt; er hat ausdrücklich zwischen »kalten«

und »warmen« Gesellschaften unterschieden (vgl. *Das wilde Denken*, 270). Während die kalten Gesellschaften Gegenstand seiner empirischen Forschung sind («das Ziel der kalten Gesellschaften ist es, so zu verfahren, daß die Ordnung der zeitlichen Aufeinanderfolge den Inhalt jedes einzelnen Elements so wenig wie möglich beeinflußt«, ebd.), hat er doch nirgendwo einen Zweifel daran gelassen, daß unsere Gesellschaften zu den warmen gehören (»die entschlossen das historische Wissen interiorisieren, um es zum Motor ihrer Entwicklung zu machen«, ebd.). Vielleicht nähert sich der Strukturalismus bei Lévi-Strauss, wenn er das wilde Denken in einer kalten Gesellschaft untersucht, am ehesten einer Taxonomie des gesellschaftlichen Austausches an (bis zu dem Maße, in dem der Ethnologe selbst außerhalb der taxonomischen Ordnung bleibt), während wir, wie Lévi-Strauss betont hat, eine Taxonomie komplexer Gesellschaften nicht erwarten können. Und er hat gelegentlich von der Schwierigkeit gesprochen, die entsteht, wenn wir die strukturale Ethnologie auf die Gesellschaften anwenden wollen, aus der sie hervorgegangen ist.

Wenn Foucault – so oft es geht – betont, er sei kein Strukturalist, kann man das vielleicht dieser Schwierigkeit zurechnen, die er nicht ohne weiteres auf sich nehmen will; denn andererseits kann er für sich in Anspruch nehmen, gerade die Veränderung innerhalb diskursiver Formationen zum Thema gemacht zu haben. Aber dem Spiel »wer ist Strukturalist?«, an dem sich ja auch Lévi-Strauss beteiligt, wenn er von Barthes und Lacan sagt, sei seien keine Strukturalisten, dafür aber Dürer und Goethe für den Strukturalismus reklamiert (*Mythos*, 299 f., 256 f.), läßt sich doch entnehmen, wie sehr der funktionelle und historische Aspekt des Strukturalismus aufeinander verweisen und sich von dem, was wir mit Derrida und Pontalis »Dezentrierung« genannt haben, nicht trennen lassen. Der Strukturalismus bleibt auf die Geschichte der Metaphysik bezogen auch dann, wenn er diese Geschichte als Struktur denken will, das ist sein eigentlich historischer Ort am Ende der Metaphysik in der Krise der Vernunft: »Es ist sinnlos, auf die Begriffe der Metaphysik zu verzichten, wenn man die Metaphysik erschüttern will.« *(Derrida)*

Die Träume der Patienten und der Schmetterlingstraum

Diesseits und jenseits der *Traumdeutung*: Das heißt auch, festzustellen, daß die *Traumdeutung* weder eine neue Mantik hervorgebracht hat, noch an das romantische Projekt einer universellen Traumpraxis hat anschließen können. Vielmehr sind die Träume, sobald sie die

Psychoanalyse wissenschaftlich rekonstruiert hatte, in der Klinik verschwunden. Die Konjunktion von Traumdeutung und Therapie in der Praxis der Psychoanalyse behandelt die Differenz von Traum und Ich unter dem Primat der Pathologie, der Träumer ist Patient. Aber er ist es nicht seiner Träume wegen, sie liefern nur das Material, in dem die Momente, die seinem Ich entglitten sind, aufgehoben werden sollen. In den *Bruchstücken einer Hysterieanalyse*, die theoretisch und zeitlich der *Traumdeutung* eng verbunden sind, hat Freud die Grenzen der Deutung am zweiten von Doras Träumen wohl gespürt. Im Nachwort spricht er davon, daß er einen technischen Fehler beging, als er die homosexuelle Fixierung Doras übersehen habe; er erklärt, daß dieser Fehler in seinen mangelnden Kenntnissen über die homosexuellen Momente der Psychoneurose begründet sei (Bd. VI., 184). Aber vielleicht ist das eher der Versuch einer Rationalisierung, in der Freud sich zugleich die Gründe verdeckt, aus denen Dora die Analyse abbricht. Denn indem er die homosexuelle Fixierung an Frau K. übersieht, versteht er auch nicht, daß der Traum den Abbruch der Analyse ankündigt; auf der Suche nach dem symbolischen Ausdruck der Krankheit übersieht er die Entscheidung, die Dora für sich getroffen hat.

»Pour nous, la défaut réel de l'analyse freudienne, c'est d'avoir vu là une des significations possibles du rêve et d'avoir voulu l'analyser parmi les autres comme l'une de ses multiples virtualités sémantiques. Une méthode de ce type suppose une objectivation radicale du sujet rêvant qui viendrait jouer son rôle parmi d'autres personnages et dans un décor où il prendrait une figure symbolique.« (Foucault, *Préface*, 78 f.)

Unter dem Primat der Therapie werden die Träume nicht als spezifische Erfahrung auf die »Existenz« bezogen, wie Foucault im Anschluß an Binswanger sagt, sondern auf die Krankheit. In der Therapie geht es nicht darum, in den Träumen zu lesen, wie das Subjekt sich in der nächtlichen Umschrift der Dinge bedeutet.

»Le sujet du rêve, au sens de Freud, est toujours une moindre subjectivité, déléguée pour ainsi dire, projetée et demeurée intermédiaire entre le jeu de l'autre, suspendue quelque part entre le rêveur et ce dont il rêve.« (A. a. O., 79)

Ein solcher Gebrauch der Traumdeutung würde die Rolle des Patienten in Frage stellen; vielleicht ist es der Dominanz der Pathologie zuzuschreiben, daß die analytische Traumtherapie die Differenz von manifest und latent ihrem metapsychologischen Ausdruck gegenüber verkürzt. Nach Freud: Das heißt auch, die Träume aus ihrer klinischen Zentrierung zu lösen, wie für Tschuang-Tse die Träume deuten hieß, sich selbst in der Ordnung der Träume zu denken.

»Tschuang-Tse kann, nachdem er aufgewacht ist, sich fragen, ob nicht der Schmetterling träume, Tschuang-Tse zu sein. Er hat recht, und zwar in doppelter Hinsicht, denn erstens beweist das, daß er nicht verrückt ist, er hält sich nicht für absolut mit Tschuang-Tse identisch und zweitens, weil er sich nicht bewußt ist, daß er mit seiner Aussage so genau ins Schwarze trifft. In der Tat, als er eben Schmetterling war, erfaßte er sich an einer Wurzel seiner Identität – war er und ist er in seinem Wesen dieser Schmetterling, der sich in seinen eigenen Farben malt – und deshalb ist er im letzten Grunde Tschuang-Tse. Er wird nämlich, träumend, Schmetterling zu sein, mit Sicherheit später bezeugen müssen, daß er sich als Schmetterling vorstellte, daß heißt aber nicht, daß er vom Schmetterling gefangen ist – er ist erbeuteter Schmetterling, aber Beute von nichts, denn im Traum ist er niemandes Schmetterling. Aufgewacht, ist er Tschuang-Tse für die anderen und ist in deren Schmetterlingsnetz gefangen.« (Lacan, *Buch XI*, 82 f.)

Tschuang-Tses Text und der Kommentar Lacans lassen das Thema der Traumdiskurse auf unterschiedliche Weise erscheinen: die Vernunft der Träume – die Träume der Vernunft.

I
Die Träume der Mantik

Artemidorus von Daldis, *Das Traumbuch*

An vielen Stellen der *Traumdeutung* ist Freuds Sympathie für die Mantik unverkennbar. So lassen sich mit ihren Mitteln die Vorurteile von der Mantik nehmen, denen sie über die Jahrhunderte ausgesetzt war und die sich in der Behauptung wiederholt haben, die Mantik setze zwischen den Zeichen und dem zukünftigen Ereignis eine Kausalbeziehung voraus. Um zu verstehen, was sich in der mantischen Operation abspielt, nehmen wir die Strukturale Anthropologie in Anspruch. Denn gerade die Ähnlichkeit zwischen der Traumarbeit und der mantischen Technik macht es notwendig, vom primären zum wilden Denken überzugehen. Lévi-Strauss' Theorem, daß wir immer über einen Überschuß an Sinn verfügten, wenn wir die Welt verstehen wollen, findet im metapsychologischen Begriff der Überdetermination ihr Korrelat. Auf diese Weise läßt sich die Mantik als Strategie rationaler Bewältigung von Überschüssen an Sinn verstehen. Als Beispiel einer vollständig überlieferten Traummantik aus der Antike steht uns heute einzig das *Traumbuch* von Artemidorus zur Verfügung. So läßt sich zeigen, daß die mantische Operation nicht auf Kausalität, sondern auf Signifikanz beruht; daß sie kein Wissen über eine Zukunft erzeugt, sondern Sinn, einen Sinn, den sie allerdings im »prophetischen Raum« der Zukunft abgebildet hat, in dem allein sich das antike Denken die Merkwürdigkeiten der Träume vergegenwärtigen konnte.

Gegen den Einspruch der gestrengen Wissenschaft

Vor der Analyse des mantischen Traumdiskurses ist es nötig, noch einmal auf die Bedeutung zurückzukommen, die Mantik und Naturwissenschaft für die Traumdeutung gespielt haben: um die positive Rolle der Mantik in der Genese der Metapsychologie zu verstehen, um aber auch den Abstand zwischen *Traumbuch* und *Traumdeutung* zu ermessen. Wie sehr die *Traumdeutung* es auch ermöglicht, die Mantik aus den rationalistischen Vorurteilen zu befreien und sie als Hermeneutik der Vorzeichen zu nehmen, so setzt doch die Metapsychologie der Träume die mantische Praxis nicht fort. Dieses Doppelte muß man im Auge behalten, wenn man sich der Mantik von der Metapsychologie aus nähert. Im Konflikt von Mantik und Wissenschaft der Träume schlägt Freud sich auf die Seite der Mantik und des Aberglaubens, reiht er die *Traumdeutung* ein in eine bunte Koalition der Traumdiskurse, sehr wohl in der Absicht, eine wissenschaftliche Theorie der Träume zu begründen.

»Die Wissenschaft und die Mehrzahl der Gebildeten lächeln, wenn man ihnen die Aufgabe einer Traumdeutung stellt; nur das am Aberglauben hängende Volk, das hierin die Überzeugungen des Altertums forsetzt, will von der Deutbarkeit der Träume nicht ablassen, und der Verfasser der ›Traumdeutung‹ hat es gewagt, gegen den Einspruch der gestrengen Wissenschaft Partei für die Alten und für den Aberglauben zu nehmen.« (Bd. X, 13)

Im Rückgriff auf die antike Mantik und im Entschluß, die Deutung der eigenen Träume als Selbstanalyse zu organisieren, äußert sich Freuds theoretische Einsamkeit der Jahre zwischen dem *Entwurf* und der *Traumdeutung*, von der Althusser spricht[1]: mit der Mantik und den eigenen Träumen gegen die Wissenschaft, für eine wissenschaftliche Theorie der Träume. Aber die Rolle der Mantik erschöpft sich nicht darin, Bündnispartner gegen die Wissenschaft zu sein, im Anspruch, ihrerseits als Wissenschaft der Träume aufzutreten, wiederholt die *Traumdeutung* den Konflikt von Mantik und Wissenschaft noch einmal, und erst in dem Maße, wie Freud diesen Konflikt auflöst, kann er das Antike Traumfeld überschreiten, konstituiert sich die Metapsychologie der Träume. Die ersten sechs Kapitel der *Traumdeutung* verdanken der Mantik mehr, als es Freud lieb sein konnte; dort löst er das mantische Postulat vollständig ein, daß die Träume einen Sinn haben und daß wir diesen Sinn in einer Technik sichern können. Der Deutung von ›Irmas Traum‹ im II. Kapitel folgt Deutung um Deutung, während sich die Theorie der Träume komplementär zur Reihe der einzelnen Traumbeispiele Stück für Stück entfaltet, als Theorie des Sinns. Auch wenn Freud von Anfang an Ausdrücke einsetzt wie Verschiebung oder Verdichtung, wenn er uns die Deutung von ›Irmas Traum‹ als »Analyse« vorführt, die er sich stets nach dem Vorbild der Naturwissenschaften gedacht hat, nämlich der Chemie (wie er uns in *Wege der psychoanalytischen Therapie* mitteilt), erfüllt sich die Absicht der Wunschtheorie, zugleich Theorie des Sinns und der Kraft zu sein, bis zum VII. Kapitel nicht; solange Freud über die Theorie der psychischen Produktion nicht verfügt. Das soll erst nachträglich, nachdem schon alle Träume gedeutet sind, das VII. Kapitel leisten. Am ›Traum vom brennenden Kind‹, mit dem er dieses Kapitel einleitet, demonstriert uns Freud, was noch zu tun ist, um die antike Spaltung der Träume aufzuheben.[2]

»Wir haben uns bisher vorwiegend darum gekümmert, worin der geheime Sinn der Träume besteht, auf welchem Weg derselbe gefunden wird und welcher Mittel sich die Traumarbeit bedient hat, ihn zu verbergen. Die Aufgaben der Traumdeutung standen bis jetzt im Mittelpunkte unseres Blickfeldes. Und nun stoßen wir auf diesen Traum, welcher der Deutung keine Aufgabe stellt, dessen Sinn unverhüllt gegeben ist, und werden aufmerksam, daß dieser Traum noch immer die wesentlichen Charaktere bewahrt, durch die ein Traum auffällig von unserem wachen Denken abweicht und unser Bedürfnis nach Erklärung rege macht. Nach der Beseitigung all dessen, was die Deutungsarbeit angeht, können wir erst merken, wie unvollständig unsere Psychologie des Traums geblieben ist.« (*TD*, 489)

Mit dieser Aufgabe, den Traum als Produktionsform zu rekonstruieren, nähert sich die *Traumdeutung* den wissenschaftlichen Traumtheorien an. Schon in der Antike kritisieren die wissenschaftlichen Traumtheorien die Mantik, und allerdings liegt eine solche Kritik auf der Hand. Ihren Anspruch, Aussagen über die Zukunft zu machen, kann die Mantik niemals einlösen, das Verifikationsverfahren bleibt ganz außer Kontrolle, die Wahrscheinlichkeit, daß die Vorhersagen nicht eintreffen, ist allzu hoch und allzu offenkundig. Aber die wissenschaftliche Kritik am unzureichenden Dechiffrierverfahren und den theologischen Voraussetzungen der Mantik nimmt dem Traum damit zugleich alle Qualitäten einer Sprache, und er wird darum für die alte Wissenschaft des Traums zur Tatsache des Unsinns. Sie können den Traum in der rationalen Kategorie der Arbeit nur dann abbilden, wenn sie das Produkt der Arbeit für nicht rational halten, weil sonst der positivistisch genommene Unsinn der Träume die logischen Grundlagen ihrer Modelle in Frage stellen würde. Die wissenschaftlichen Traumtheorien antworten auf den manifesten Unsinn mit der Somatisierung der Träume. Der Idee vom eingefrorenen Stand der Traumdeutungen gemäß gilt das für die antiken Theorien ebenso wie für die wissenschaftlichen Theorien des 19. Jahrhunderts. Die Bindung des Traums an einen körperlichen Vorgang ermöglicht seine Objektivierung in wissenschaftlichen Modellen, sei es der antiken Pneumatik oder der modernen Gehirnanatomie, und löst ihn damit aus jeder Beziehung zu einer Bedeutung außerhalb des funktionellen Zusammenhangs. Das Prinzip der Somatisierung impliziert eine Hierarchisierung der körperlichen Vorgänge untereinander und regelt den Abstand der Träume von der Seele. Je strenger die Träume somatisiert werden, desto geringer ist ihr Rang unter den körperlichen Vorgängen, und zwar proportional zu ihrem Unsinn, an dessen Ende die Träume zu Exkrementen werden. Die »herrschende Theorie« (Freud) denkt den Traum vom wachen Körper her und daher als defizienten Zustand nach dem Vorbild des Schwachsinns, der Amentia oder der Psychose.

»Der Schlaf erstreckt sich weit über die Seele, er besteht nicht bloß in einer Absperrung der Seele von der Außenwelt, er dringt vielmehr in ihren Mechanismus ein und macht ihn zeitweilig unbrauchbar. Wenn ich einen Vergleich mit psychiatrischem Material heranziehen darf, so möchte ich sagen, die ersteren Theorien konstruieren den Traum wie eine Paranoia, die zweiterwähnten machen ihn zum Vorbilde des Schwachsinns oder einer Amentia. Die Theorie, daß im Traumleben nur ein Bruchteil der durch den Schlaf lahmgelegten Seelentätigkeit zum Ausdruck komme, ist die bei ärztlichen Schriftstellern und in der wissenschaftlichen Welt überhaupt weit bevorzugte. Soweit ein allgemeineres Interesse für Traumerklärung vorauszusetzen ist, darf man sie wohl als die *herrschende* Theorie des Traumes bezeichnen.« (*TD*, 98)

Solange der Unsinn bloß funktionell abgebildet werden kann, schlägt er direkt in die Metaphorik solcher Traumtheorien durch, zwischen »Ganglienphantastik«, wie Freud sagt, und Ausscheidungsrealismus, wie wir hinzufügen können.

Die wissenschaftlichen Traumtheorien schließen den Traum von seiner Deutbarkeit aus, die Mantik thematisiert den Traum nicht als psychische Leistung. Für Freud liegen sprachliche Artikulation und psychische Leistung auf einer Ebene, die darum auch in einer einheitlichen Theorie abgebildet werden können. Gegen den Ausschluß der signifikativen Funktion der Träume durch die wissenschaftlichen Traumdiskurse kann Freud die Ergebnisse der Hysterie-Studien ins Feld führen. Die hysterischen Gesten haben Bedeutung, sie können in einer Theorie der somatischen Artikulation analysiert werden. Das erlaubt es Freud, in die wissenschaftlichen Diskurse die Möglichkeit der Deutung einzuführen und so das Schema der Somatisierung der Traumproduktion auch immanent zu sprengen. Daß die Gesten des Körpers auf einen Sinn beziehbar sind, hebt die Trennungen auf, in denen das Verhältnis von Psychischem und Somatischem geregelt ist. Der *Entwurf* ist Freuds früher Versuch, im naturwissenschaftlichen Modell der Gehirnanatomie gegen den wissenschaftlichen Ausschluß der Artikulation des Somatischen zu denken und eine neurologische Hermeneutik zu konzipieren. Der metapsychologische Kern des *Entwurfs* ist schon wesentlich von den herrschenden Theorien unterschieden durch die Annahme der Artikulationsfähigkeit der Neuronen. Das Psychische ist nicht mehr im Bewußtsein zentriert, sondern es hat seinen genuinen Ort in der Differenz der Neuronenbahnungen, der selbst nichts Somatisches mehr entspricht. Die Theorie der Verspätung der Sexualität und des (sekundären) Denkens führt bereits die Idee ein, daß die Primärvorgänge auf das Bewußtsein nicht angewiesen sind, um sich zu artikulieren. Das ist im Kern eine Theorie der psychischen Repräsentanz, die nicht mehr darauf setzt, daß in den Träumen Realität abgebildet werde.

Dem Unsinn eine Zukunft geben

Zwar hatte Freud die Spaltung der Träume auf der Ebene der Wunschtheorie bereits verschoben, wenn uns die *Traumdeutung* sagt, daß nicht nur solche Träume bedeutend seien, in denen sich ein Wunsch als erfüllt dargestellt habe, sondern daß jeder Traum bedeutend, weil jeder eine Wunscherfüllung ist. So läßt sich jeder Traum auf einen Sinn beziehen, aber der Sinn des Träumens selbst bleibt noch vollständig außerhalb der Traumtheorie und sie ihrerseits hinter der Mantik zurück, die ja den Vorgang des Träumens innerhalb der Struktur der Prophetie hat bezeichnen können. Erst wenn wir verstehen, warum die Träume auf die Aneignung des Realen zielen und zugleich die Realität so tief verkennen, ist es möglich, die Wunschtheorie vollständig vom Realismus der mantischen Prophetie abzulösen. Solange die psychoanalytische Traumtheorie nicht erklären kann, warum der Vater im Traumbeispiel für einen Augenblick das Erwachen aufschieben konnte, obwohl er doch im Traum denselben Schluß gezogen hat, den er auch bei wachem Bewußtsein gezogen hätte, bleibt der Ort der Träume, den in der Mantik Gott oder in ihrer stoischen Aneignung der lógos einnahm, als Wunsch wohl bezeichnet, theoretisch aber leer. Die Mantik hat den Träumen Sinn verschafft, und die *Traumdeutung* ist mantisch, indem sie an dieser Intention festhält; dagegen versucht Freud seit der Auflösung von ›Irmas Traum‹ im II. Kapitel der *Traumdeutung* sich den mantischen

Ausdruck »Sinn der Träume« anzueignen, indem er die Träume als Darstellung von Wünschen bestimmt. Die Wunschtheorie hat von Anfang an die Aufgabe, den »Sinn der Träume« gegen Mantik und Wissenschaft zu erhalten und zugleich aus seiner prophetischen Struktur zu lösen, in der allein das antike Denken die Träume für bedeutsam halten konnte.

Aber auch die Metapsychologie konvergiert noch mit der Mantik im gemeinsamen Interesse am Unsinn. Der Unsinn der Träume ist, wie Freud es schon vorher an der Hysterie entdeckt hatte, niemals ein Mangel an Sinn, im Gegenteil verfügen die Träume immer über ein Zuviel an Bezeichnungen, artikulieren sie sich in einem signifikativen Überschuß. Die Metapsychologie antwortet auf diesen Überschuß mit der Theorie der Überdetermination des Sinns. Daß dieser Überschuß als Unsinn erscheint, ist ihm wesentlich: Er ist gerade in dem Maße signifikant, wie er von einer stabilen oder konventionellen Beziehung zu einem Signifikat entfernt ist, darum kann man ihn nicht vom Ort seines Auftretens trennen; anders gesagt, kommt dem Unsinn auf diese Weise der Charakter eines spezifischen Ereignisses zu. Aber dieses »Ereignis« hat im metapsychologischen Sinn nichts von der Würde und Authentizität, die z. B. Heidegger diesem Ausdruck verleiht, denn seine Rolle besteht darin, eine Signifikanz zu garantieren, die aber keinen Ursprung hervorbringt.

Freud hat gesehen, daß die Leistung der Mantik, die für das Antike Traumfeld uneingeholt bleibt, darin besteht, diesen Überschuß zu organisieren, ihn nicht als defiziente Stufe des Bewußten zu nehmen. Freud hat die Mantik als Hermeneutik der Vorzeichen bestimmt. Die Mantik hat den Träumen weder im Realen noch im Imaginären Referenzen verschafft, sondern in einem eigenartigen Raum und einer spezifischen Zeit, die sie beide als Prophetisches ausgelegt hat. Für das Prophetische ist der Unsinn ebenso konstitutiv wie für die Metapsychologie oder den Strukturalismus.

»Es gibt zuinnerst einen Un-Sinn des Sinns, aus dem der Sinn selbst resultiert. Man kehrt damit keineswegs zu dem zurück, was die Philosophie des Absurden genannt wurde. Denn für die Philosophie ist das Fehlen eines Sinns wesentlich. Für den Strukturalismus dagegen gibt es immer zuviel Sinn, eine Überproduktion, eine Überdetermination des Sinns, der immer im Übermaß durch die Kombination von Orten in der Struktur hervorgebracht wird [...] Der Strukturalismus verdankt Albert Camus nichts, Lewis Carrol jedoch viel.«[3] (Deleuze, *Strukturalismus*, 276)

Wir nehmen das mantische Futur als Ort einer Bedeutung, als Raum einer Transformation der Traumzeichen in einen Sinn, den der Träumer auf seinen konkreten Lebenszusammenhang zurückbeziehen muß. Es war immer dieser Überschuß, gegen den sich das rationalistische Vorurteil über der Mantik gerichtet hat, in der die Metapher des Außerrationalen fundiert ist, mit der man die Mantik belegt hat.

»Mantik im weitesten Sinne umfaßt für den Bereich der Antike all jene Praktiken, durch die der Mensch in außerrationaler Weise versucht, ein Wissen über bevorstehende oder zukünftige Ereignisse zu erlangen und dann auch Weisung für sein eigenes Verhalten zu erhalten. Der moderne Mensch versucht mit Hilfe der Wissenschaft, die Gesetze ihm nicht völlig durchsichtiger Phänomene zu ergründen und so ein begründetes Wissen zu erreichen [...].« (Pfeffer, *Mantik*, 1)

Die Romantik und dann Freud haben verstanden, daß die mantische Tätigkeit nicht darin besteht, Wissen über zukünftige Ereignisse zu erzeugen, d. h. zwischen den prophetischen Zeichen der göttlichen Voraussage (prónoia) und der Realität das Verhältnis einer Kausalität zu setzen, sondern in einem Willen zur Signifikanz gründet, der das mantische Verfahren selbst den Träumen so sehr anverwandelt; dort hat Freud diesen Willen »Wunsch« genannt.

Wenn wir für die Traummantik davon ausgehen, daß das, was sie den Träumenden, ihren Klienten gibt, nicht die Form von praktischem Wissen über ihre Zukunft hat, sondern von Bedeutungen, brauchen wir die Metapher der »Außerrationalität« nicht in Anspruch zu nehmen, denn sie folgt dem gesetzten Primat des Wissens; zugleich verändert sich darin auch der positivistische Anspruch des mantischen Verifikationsverfahrens selbst. Die Möglichkeit seines Scheiterns liegt dann auf der Ebene einer »therapeutischen Verifikation«, dort, wo der Therapeut das Ende der Analyse bestimmen muß, was zu tiefgreifenden Schwierigkeiten führt, die nicht nur das Ende, sondern den Charakter der Therapie betreffen, wie Freud sie uns in dem kleinen Aufsatz *Die endliche und die unendliche Analyse* vorführt. In dem Maße, wie wir das Prophetische der Mantik als Sprache nehmen, können wir auch damit beginnen, das Verhältnis von Rationalem und Irrationalem dieser Topologie zuzuordnen.

Der Traum ist immer schon die Erfahrung der Differenz von Gedächtnis und Bewußtsein; der Eindruck des Unsinns, den er zurückläßt und die Notwendigkeit seiner Deutung sind darin wesentlich begründet; er stellt diese Erfahrung aber in dem, was bei Freud topologische Regression heißt, auf eine Weise dar, die zugleich Erfahrung der Indifferenz von Bewußtsein und Gedächtnis ist. Daraus geht die Schwierigkeit der Repräsentation der Träume hervor, deren paradoxe und sophistische Eigenschaften, die wir mit Freud ihre halluzinatorische Qualität nennen: Einheit von Wahrnehmung und Gedächtnis im Traum, während für das erwachte Bewußtsein, in dem der Traum sich erhalten hat, weder Wahrnehmung noch Gedächtnis dem Traum Sinn verschaffen können. Goya hat diesem Verhältnis von Differenz und Indifferenz, zwischen Gedächtnis und Bewußtsein, im Capricho 43 dadurch Ausdruck verschafft, daß er uns, die Betrachter, die Rolle des Erwachenden einnehmen läßt: Die Bilder des Traums sind Erinnerungsspuren, die der Träumer unter der Bedingung der Regression für Wahrnehmungen hält. Darin unterscheiden wir, die Betrachter, uns nicht von ihm; aber auch er, wenn er aus seinen Träumen erwacht, unterscheidet sich nicht von uns, denn die Traumwahrnehmung ist in die Erinnerung übergegangen, ohne doch dem Gedächtnis anzugehören. In der Überkreuzung unserer Wahrnehmung mit der des Träumers ist implizit die Frage nach dem Verhältnis von Träumen und Wachen gestellt. Die Mantik stellt diese Frage nicht, genauer gesagt, sie klammert sie ein. Darum ist das Verfahren, das sie vorschlägt, auch als Antwort auf diese Frage zu lesen, denn die Gesamtheit der Fragen des aus den Träumen Erwachten gehört der Struktur der Differenz von Bewußtsein und Gedächtnis an; ihr setzt sich der mantische Träumer aus, und auch die Deutung nimmt diese Differenz in Anspruch. Es ist diese Differenz, der Freud die Notwendigkeit einer topologischen Repräsentation entnimmt. Die »Idee der psychischen Lokalität«, wie es in der *Traumdeutung* heißt, gehört zu den folgenreichsten im Konzept der Psychoanalyse, vorformuliert im *Entwurf* (vgl. Teil I, Abschnitt 3) hat sie als Skizze, die Freud dem Brief 52 an Fließ beifügt, soviel theoretisches Gewicht, daß sie ohne wesentliche Abänderungen in das metapsychologische Schema des VII. Kapitels der *Traumdeutung* eingehen kann.

Es ist diese Differenz, die schon als Unterschied von Bewußtsein und Gedächtnis ausgedrückt war, in der sich das Unbewußte darstellen läßt; es ist schließlich diese Differenz, die wir »signifikativen Überschuß« genannt haben. So kann deutlich werden, daß das, was Freud mit Überdetermination meint, sich nicht primär auf die technische Seite der Deutung bezieht, sondern darauf, daß der manifeste Traum weder im Gedächtnis noch im Bewußtsein ausreichend determiniert ist; es handelt sich in erster Linie um einen funktionellen Ausdruck. Die Leistung der Mantik besteht darin, auf die eigentümliche Situation, vor die uns die Produktionen des Unbewußten stellen, eine in sich geschlossene Antwort gegeben zu haben, die so rational ist, wie es die Träume sind. Die Mantik hat den überdeterminierten als prophetischen Sinn bezeichnet und darin das Verhältnis von Träumen und Wachen selbst schon als Überdeterminiertes, das, um sich zu bestimmen, durch den prophetischen Raum des Futurs hindurchgehen muß. Allerdings verfügt die Mantik wie alle Traumdiskurse des Antiken Traumfeldes über keine Theorie der Überdetermination, die erst die Metapsychologie zur Verfügung stellt.

Die Teilung der Träume

Wie jede Traumdeutung ist die Mantik fundiert im Verhältnis des erwachten Träumers zum manifesten Traum. In dieser Relation ist ausgedrückt, daß der Erwachende Bilder in seinem Gedächtnis zurückbehalten hat, die er seinem bewußten Diskurs nicht integrieren kann. Dennoch begründet diese Differenz für sich noch nicht den Gegenstand der Traumdeutung, die Mantik wiederholt innerhalb des Prinzips, daß die Träume bedeutend seien, selbst noch einmal die grundlegende Dichotomie des Antiken Traumfeldes von ›bedeutend / unbedeutend‹. Sie bietet daher dem Träumer nicht nur die Deutung seiner Träume an, sondern regelt zugleich den Umgang mit den Träumen, mit diesem nächtlichen überschüssigen Sinn überhaupt, indem sie sogar den Träumen, die sie aus der Deutung ausschließt, noch einen bestimmten Platz in der Ökonomie der Seele zuweist. In den *Oneirokritika*, dem einzigen vollständig überlieferten Traumbuch aus der Antike, auf das auch Freud sich bezieht, teilt Artemidorus die Träume in enhýpnion (insomnium) und óneiros (somnium) und verbindet diese Zweiteilung zugleich mit der traditionsreichen Einteilung in fünf Traumarten.[4]

»Die Unterscheidung zwischen dem Traum (enhýpnion) und dem Traumgesicht (óneiros) ist von grundlegender Wichtigkeit, und ich habe darüber auch in anderen Büchern geschrieben [...]. Das Traumgesicht unterscheidet sich vom Traum dadurch, daß jenes die Zukunft, dieser Zustände der Gegenwart enthüllt.« (Artemidorus, *Das Traumbuch*, 9; im folgenden ›OK‹)

Aber auch die bedeutenden Träume werden nicht gleichermaßen zum Gegenstand einer Deutung:

»Von den Traumgesichten sind ferner die einen theorematisch, die anderen allegorisch. Theorematisch heißen diejenigen, welche ihrem Erscheinungsbild vollkommen entsprechen. So träumte z. B. jemand, der auf See war, er erleide Schiffbruch und tatsächlich geriet er in diese schlimme Lage. Denn als er aus dem Schlaf erwachte, sank das Schiff und ging unter, er selbst aber wurde nur mit Mühe und Not mit wenigen Begleitern gerettet.« (*OK*, 11)

Als Mitteilungen über eine Zukunft, die unmittelbar bevorsteht und die in der Regel jemand von Bedeutung macht (Eltern, Lehrer, Gott), bedürfen die theorematischen Träume der Auslegung nicht, weil der

Träumer sie ohne weiteres in seinen eigenen Diskurs einordnen kann, oder aber das unmittelbare Eintreten der dargestellten Ereignisse hat ohnehin die Deutung schon überholt. Es ist endlich der allegorische Traum als letzter in der Reihe der fünf Traumarten, der gedeutet werden muß. Der Übergang von den unbedeutenden zu den bedeutenden Träumen impliziert einen doppelten Wechsel von innen nach außen und von unten (Körper) nach oben (Gott). Die beiden unbedeutenden Träume sind an körperliche Vorgänge gebunden, sie wären nach dem Ausdruck Freuds nur Zuckungen des schlafenden Körpers.

»Du kannst dir die Sache folgendermaßen vorstellen: Es gibt gewisse Affekte, die so geartet sind, daß sie im Schlaf wieder emporsteigen, sich der Seele wieder darbieten und Träume hervorrufen. So träumt z. B. der Liebhaber zwangsläufig von seinem Zusammensein mit seinem Lieblingsknaben, der von Angst Geplagte vom Gegenstand seiner Angst [...].« (*OK*, 9)

Dagegen werden die bedeutenden Träume nicht im Innern der Seele oder des Körpers erzeugt, sondern von Gott gesandt.

»Denn die Gottheit ist es, die der Seele des Schauenden, die von Natur eine seherische Kraft besitzt – oder wenn irgendetwas anderes Ursache des Träumens ist –, im Hinblick auf die kommenden Ereignisse Traumgesichte sendet.« (*OK*, 258)

So braucht der Träumer der Darstellung seiner Begierden im Traum keine Bedeutung zu schenken; die theorematischen Träume wird er als bedeutungsvolle Botschaften zur Kenntnis nehmen, so als hätte der Traum sich im Wachen ereignet; nur für den allegorischen Traum muß er den Deuter aufsuchen. Er wird diesen Traum als wunderbares Vorzeichen wie ein prodigium (téras) nehmen, das nicht in der Welt erschienen ist, sondern in ihm selbst, um diese verschwenderische Signifikanz, wie man »prodigium« übersetzen könnte, in eine Bedeutung einlösen zu lassen, seine Überdetermination in einen Ausdruck der Konvention. Artemidorus selbst weist darauf hin, daß die Traummantik wie die anderen Disziplinen der Mantik wesentlich Teratoskopie sei: Stets hat es die Mantik mit Überraschungen zu tun.[5]

»Von guter Vorbedeutung ist es, viele Mäuse daheim zu sehen; sie zeigen große Lebensfreude und Zuwachs an Haussklaven an. Nimmt man etwas Ungewöhnliches bei den Mäusen wahr, so kann man für die Auslegungen die Schriften des Melampus zu Rate ziehen, und zwar sein Buch über Wunder- und Vorzeichen; man halte sich dabei vor Augen, daß das, was im Wachzustand geschieht, sich in keiner Weise vom Traumgeschehen unterscheidet; denn beidem kommt dieselbe Voraussage zu, eine Tatsache, die mir durch die Erfahrung bestätigt wurde.« (*OK*, 221)

Solange wir im Verhältnis von erwachtem Träumer und seinem Traum, diesen Traum nicht als allegorischen setzen, handelt es sich um eine Art vormantischer Heuristik. Auf diese Weise ist gesichert, daß die Frage, ob die Träume bedeutsam seien oder nicht, sich nicht auf die Wahrnehmung verschiebt, während in dieser Verschiebung, in der ja der Träumer selbst zum Gegenstand der Traumdeutung würde, der mantische in einen philosophischen Traumdiskurs übergeht. Durch die interne Trennung der Träume in bedeutend/unbedeutend greift die Mantik über sich als Technik der Deutung hinaus, sie deutet die Träume nicht nur, sondern bezeichnet zugleich diejenigen, die sie nicht deutet. Die bedeutenden Träume kommen von oben aus der Luft und finden Eingang in die Seele; die unbedeutenden steigen von unten herauf, von der Erde und verbleiben in der Schwere des Körpers. Ganz unten in dieser Traumpyramide stehen die unbedeutenden Träume, in denen sich die Vorgänge des Körpers darstellen oder die Begierden, die sich an den Körper wenden. Es folgen die beiden theorematisch-bedeutenden Träume, die Botschaften für die Existenz des Träumers enthalten, aber strictu sensu in der Sprache des Wachens; ganz oben steht der allegorisch-bedeutende Traum: verschlüsselte Botschaft, deren Erzeuger oder Überbringer in der Regel nicht selbst erscheint. Wenn wir in diesen Teilungen schon das Element einer Philosophie des Traums vermuten, so nehmen doch die beiden Termini »bedeutend« und »unbedeutend« niemals die Position eines prinzipiellen Zweifels über den Realitätsgehalt der Träume ein. Durch die Privilegierung des allegorisch-bedeutsamen Traums, der Luft, in der sich die Götter bewegen, und durch den Ausschluß aller anderen Traumarten von der Deutung spaltet die Mantik den Sinn der Traumdeutung: Alle Träume sind bezeichnet als Elemente des mantischen Traumfeldes, dem gegenüber ihre Eigenschaft, bedeutend oder unbedeutend zu sein, sekundär ist; nur für einen einzigen Traum gilt, daß seine Eigenschaft, Element des Traumfeldes und bedeutend zu sein, von gleichrangigem Wert ist, so daß seine Bedeutung durch die Deutung erst eingeholt werden muß. Nur für diesen Fall, den allegorisch-bedeutsamen Traum, sieht die Mantik ein Jenseits der Bedeutung vor, das aber die Deutung selbst jedesmal vollständig aufhebt.

Die Einteilung in bedeutend/unbedeutend läßt den Träumer, solange er potentieller Klient der Mantik ist, nicht darüber zweifeln, ob er seinen Träumen Bedeutung geben soll oder nicht. Die Pyramide der Träume erlaubt es ihm, auf drei verschiedene Weisen den Traum zu bezeichnen:

1. *Somatisierung*. Er kann ihn auf den Körper und seine Begierden beziehen und ihm deswegen seine Aufmerksamkeit entziehen.

2. *Theorematisierung.* Er kann den Traum seinem Gedächtnis einschreiben und ihm eine Bedeutung geben, die immer schon Element seines bewußten Diskurses hätte sein können.

3. *Deutung.* Er kann ihn schließlich für einen Traum halten, den Gott gesandt hat und ihn deuten lassen.

Den Überschuß an Sinn verteilen

Erst wenn wir den Traum als allegorischen Traum setzen, erscheint eine Beziehung zwischen Autor und Deuter der Träume: Jede Traumdeutung verlangt, den manifesten Unsinn der Träume als Überschuß und nicht als Mangel an Sinn zu nehmen. In der Rückerstattung dieses Überschusses an den konkreten Lebenszusammenhang des Träumers bestimmen wir das Ziel der mantischen Technik. Daß diese Rückerstattung die Form eines Wissens über die Zukunft annimmt, ist seine spezifische Gestalt, in der das antike Denken der Deutung der Träume eine eigene Lösung gibt.

Auch aus den Träumen, die weder somatisiert noch therorem, tisiert werden können, geht für die Mantik niemals irgendeine Art von Zweifel an der Realität des Wahrgenommenen oder an den Leistungen des Bewußtseins hervor, während die Mantik nach ihrer stoischen Aneignung wesentlich ihre Funktion als Technik der Deutung verliert. Dann schmilzt das Verhältnis von Klient und Deuter zusammen auf die eine Person des Weisen, der aber, was seine Träume betrifft, gerade insofern weise ist, als ihm seine Träume keine Rätsel mehr aufgeben, so daß die Träume des Weisen überhaupt nur noch theorematisch wären. Auch Artemidorus, Traumdeuter von Beruf, macht die für sein Selbstverständnis als Techniker der Träume interessante Bemerkung (die man analog zum Problem der psychoanalytischen Lehranalyse lesen sollte), daß diejenigen, die Träume deuten können, selbst nur theorematisch zu träumen pflegen, während »die große Menge nicht dieselben Träume hat wie jene, die sie zu deuten vermögen«. (*OK,* 250) Das ist ganz im Sinn der Stoa gedacht, die in den Vorzeichen Botschaften gesehen hat, die sich zwar an den einzelnen wenden, deren Bedeutung sich aber erst aus der Stellung ergibt, die der einzelne in der Welt einnimmt. Im Kontext der Stoa kann die Mantik als reflexive Hermeneutik auftreten, darüber verliert sie jedoch ihren technischen Charakter als Praxis der Deutung nicht. Die Mantik nimmt es auf sich, den signifikativen Überschuß an den konkreten Lebenszusammenhang des Träumers zurückzuerstatten. In jedem Augenblick ist die Mantik gegen Heraklits frühes Verdikt, gegen sein Wort vom ídios kósmos der Träume gerichtet.

»[Heraklitos sagt, daß] die Wachenden ein und dieselbe gemeinsame Welt haben, während sich von den Schlafenden ein jeder zu seiner eigenen abwende.«
(Capelle, *Die Vorsokratiker*, 132)

An diesen ídios kósmos wendet sich die Mantik, die Träume deuten, das heißt, den ídios kósmos, sofern er das inkompatible Einzelne darstellt, in den ídios kósmos der privaten Existenz zu transformieren, während das Allgemeine der Transformation selbst absolut vorausgeht. Es ist gerade dieser Spielraum in der heraklitischen Bestimmung der Träume als ídios kósmos zwischen der privaten Existenz des Träumers und den Momenten seiner Inkompatibilität mit den vorhandenen Ausdrücken der Gesellschaft, in dem sich die Deutung organisiert. Die mantische Dechiffrierung der Träume ist Verteilung des Überschusses im prophetischen Raum nach den folgenden drei Regeln der Verteilung:

1. *Verschiebung nach oben: das Subjekt der Träume.* Wenn die Mantik von der fremden Welt der Träume zur privaten Welt des Träumers übergeht, nimmt sie den Träumer selbst aus dem Prozeß der Deutung heraus und belegt ihn vollständig mit einer Amnesie[6]: An nichts sollen ihn die Traumzeichen erinnern. Der Träumer ist weder Produzent der Zeichen gewesen, noch wird er Produzent ihres Sinns sein; während der Nacht, als er träumte, während des Tages, wenn seine Träume gedeutet werden, ist er absolut auf der Seite der Konsumtion festgehalten, der Zeichen und ihrer Deutung. Die Seite der Produktion dagegen hat die Mantik für die allegorischen Träume nach oben verschoben, über den Körper und die Seele des Träumenden hinaus zu Gott. Er war es, der sich in der Nacht mit einer Botschaft an den Träumenden gewandt hat. In der Verlagerung der Traumproduktion zum Gott der Träume schließt die Mantik endgültig aus, daß die Beziehung von Traum und Träumer zum inversen Verhältnis werden könnte, in der die Träumer die fremden Zeichen mit den Inhalten ihres Gedächtnisses verbinden könnten. Der manifeste Traum wird darum nicht zur anderen Rede des Bewußten, sondern zur Rede eines anderen, und die Dechiffrierung muß die Zeichen Gottes in Zeichen der Konvention übersetzen.

2. *Die Konventionalisierung: das Vorzeichen.* Der Mangel an Sinn, wie er sich für den Träumer selbst dargestellt hatte, ist stets nur akzidentiell, denn wohl redet Gott anders, wie es die Etymologie von »allegoreîn« sagt, niemals aber ist seine Rede ohne Sinn.[7] Die Deutung ist ganz auf den manifesten Traum angewiesen. Freud unterscheidet zwischen zwei verschiedenen Verfahren der alten Traumdeutung: der symbolischen Traumdeutung, die den Trauminhalt als ganzes durch einen

anderen übersetzt, und der Dechiffriermethode, »in der jedes Zeichen nach einem feststehenden Schlüssel in ein anderes Zeichen von bekannter Bedeutung übersetzt wird«. (*TD*, 117f.) Dieses zweiten Verfahrens bedient sich Artemidorus, am Ende des Dritten Buches der *Oneirokritika* führt er uns die Dechiffriermethode exemplarisch vor.

»Wenn nun ein armer Mann, der einen reichen Vater hat, träumt, sein Kopf sei ihm von einem Löwen abgerissen worden und er komme dadurch zu Tode, so steht zu erwarten, daß sein Vater sterben und ihn als Erben einsetzen wird, und auf diese Weise dürfte er sorgenfrei und wohlhabend werden, weil er nicht länger seinen Vater als Last noch drückende Not zu ertragen hat. Es bedeutet nämlich der Kopf den Vater, das Abreißen des Kopfes den Verlust des Vaters, und der Löwe die Krankheit, an der der Vater stirbt; der Tod hingegen bezeichnet den Wechsel in den Lebensverhältnissen und die durch den Reichtum erworbene Unabhängigkeit. Auf diese Weise kann man bei allen vielschichtigen Traumgesichten die Deutungen herausfinden, indem man jedes einzelne Kernstück zu einem abgerundeten Ganzen fügt und verschmilzt. Man muß seine Auslegungen nach Art der Opferpriester geben, die einerseits genau wissen, wohin jedes einzelne Zeichen paßt, andererseits ihre Urteile ebensosehr aus jedem einzelnen als aus allen Zeichen zusammen schöpfen.« (*OK*, 242)

Der Mangel an Sinn läßt sich jedesmal im Korpus der Traumbedeutungen aufheben, die niedergelegt sind in den Traumbüchern, die der Deuter verwaltet. Die Auflösung der Traumzeichen liegt ganz auf der Seite des Deuters, die Dechiffrierung funktioniert ihrem Prinzip nach auch ohne Beteiligung des Träumers, während Artemidorus ausdrücklich die Einbeziehung der konkreten Lebensumstände fordert und immer wieder Beispiele dafür gibt, wie dasselbe Zeichen für verschiedene Personen anderes bedeuten kann, wodurch, wie Freud anmerkt, der Charakter dieser Technik »als rein mechanischer Übertragung einigermaßen korrigiert wird«. (*TD*, 119)[8] Dennoch verläuft auch bei Artemidorus die Deutung in einem Bogen um den Träumer herum, von einem unbestimmten Ort zu einer unbestimmten Zeit, die aber beide in der prophetischen Struktur bestimmbar sind. Nur darum, weil er den Träumer mit einer Amnesie belegt und die Traumzeichen von der Vorstellung der Klienten fernhält, kann er die Traumzeichen ganz in Realität übersetzen: auf einen Sachverhalt in der Welt sollen die Zeichen verweisen. Die Mantik setzt voraus, daß immer schon auf jeden Signifikanten ein Signifikat im Korpus der Traumbedeutungen wartet oder daß jedes Traumzeichen in einer Lexik determiniert ist. Dem akzidentiellen Mangel an Sinn korrespondiert die sinnvolle Fülle der göttlichen Rede und der Traumbücher; in der integralen Fülle, in der beide aufeinander bezogen sind, kann der Mangel an Sinn jederzeit aufgehoben werden.

3. *Die Futuralisierung: die Realität.* Die Konventionalisierung bewegt sich ganz auf der Seite des manifesten Trauminhalts, wie das für alle Traumdeutungen vor der *Traumdeutung* gilt.

»Nur wir allein stehen einem anderen Sachverhalt gegenüber; für uns schiebt sich zwischen den Trauminhalt und die Resultate unserer Betrachtung ein neues psychisches Material ein: der durch unser Verfahren gewonnene latente Trauminhalt oder die Traumgedanken. Aus diesen letzteren, nicht aus dem manifesten Traum entwickelten wir die Lösung des Traums.« (*TD*, 280)

Dennoch würde die bloße Konventionalisierung der Zeichen, ihre Rückführung auf den lexikalischen Bestand der Traumbedeutungen durch die Mantik, die eine Seite des ídios kósmos ganz auflösen, und die Mantik könnte ihr Ziel, den signifikativen Überschuß dem Träumer zu erstatten, nicht einlösen. Die konventionalisierten Zeichen müssen in der Lebenswelt des Klienten Bedeutung haben. Die Futuralisierung der Zeichen ermöglicht es erst, in Termini der eigenen Erfahrung vom Traum zu reden. Entgegen ihrem positivistischen Versprechen, die Traumzeichen in Realität übersetzen zu können, bleibt das mantische Verfahren gegen die Realität und gegen die Zukunft offen. Für die allegorischen Träume ist ausdrücklich bestimmt, das Ereignis, auf das der Traum verweisen soll, werde, im Gegensatz zu den theorematischen Träumen, »später oder viel später« eintreffen. Und in dem Maße, in dem sich die Träume nicht erfüllen werden, erfüllt ihre Deutung die Funktion, einen signifikativen Überschuß im Denken des wachen Träumers zu repräsentieren. Die Umverteilung des Überschusses findet zwischen den beiden Ausdrücken des Futurs statt, dem Futur I, in dem sich die mantische Aussage an die Erfahrung des Träumers wendet, und dem Futur II (das die griechische Sprache ja ebenso kennt wie die lateinische, wenn sie auch weniger Gebrauch davon macht), durch das die Zukunft mit der Erinnerung verbunden werden kann: Erinnerungen an die Zukunft. Im Futur II stellt sich nicht nur die Nachträglichkeit der Deutung gegenüber einem anderen Sinn dar (prophetische Rede Gottes), sondern auch die Nachträglichkeit gegenüber ihrer Voraussage. Man muß auf dieser doppelten Nachträglichkeit bestehen, um zu verstehen, daß die mantische Allegorese ein unbewußtes Zeichen, das der Wahrnehmung angehört, durch ein konventionelles ersetzt, das der Vorstellung angehört.

Der erfüllte Traum: futurale Texte

Die Verifikation der Voraussage liegt außerhalb des mantischen Verfahrens; dennoch haben sich Deuter immer wieder bemüht, in Erfüllung gegangene Träume zu dokumentieren. Die Traumgeschichten, die Artemidorus uns im fünften Buch der *Oneirokritika* vorlegt, lesen sich wie die kleinen Stücke der Erzählungen Kafkas: Was sich in ihrer literarischen Form erfüllt, ist vielmehr die Konsistenz eines Sinns, in dem Traum und Realität sich wechselseitig bezeichnen:

»Es träumte einer, er zünde eine Lampe am Mond an. Er erblindete. Denn er versuchte, von dort Licht zu nehmen, wo er unmöglich eins anzünden konnte. Außerdem sagt man, daß der Mond kein eigenes Licht habe.«

»Es träumte jemand, er habe im Hintern einen Mund, darin große schöne Zähne, spreche durch ihn, esse durch ihn und bediene sich seiner für alle Betätigungen, die sonst dem Mund zukommen. Der Mann mußte wegen frecher Reden die Heimat verlassen und in die Verbannung gehen. Ich erspare es mir, die Gründe anzuführen; denn was ihm widerfuhr, ist natürlich und hat seinen guten Grund.«

»Ein Mann träumte, er wolle eine Schulterhälfte sehen, bringe es aber nicht zustande. Er wurde einäugig und konnte auf diese Weise, da ihm auf der betreffenden Seite das Auge fehlte, die Schulter nicht sehen.«

»Es träumte jemand, er gehe mit der Sonne zugleich auf und halte mit dem Mond gleichen Schritt. Er wurde gehängt, und so sahen ihn Sonne und auch der Mond beim Aufgang hoch in der Luft baumeln.« (*OK*, 321, 337, 332, 323)

Man hat gelegentlich vom Traumhaften in den Texten Kafkas gesprochen und damit das Schwanken zwischen Signifikant und Signifikat gemeint, die dichte Signifikanz, die sich nicht auf ein Symbolverhältnis (im Sinne einer literarischen Tropik) reduzieren läßt und deswegen überraschende Bedeutungen hervorbringt, die an der Grenze des Realen liegen, ohne es zu überschreiten. Das läßt sich auf die Erzählungen der erfüllten Träume übertragen, ihre Wirkung liegt nicht im Symbolcharakter der Traumzeichen. In den mantischen Geschichten sind die Traumzeichen schon auf die erfüllte Realität bezogen und daher noch strenger determiniert als nur durch die lexikalische Konvention der Traumbücher. Sie müssen ein Mehr an Bedeutungen aufnehmen, um das Futurale nicht nur zu bezeichnen, sondern in ihm selbst noch zu gelten, und zwar für die konkreten Fälle der jeweiligen Deutung; sie müssen sich daher immer weiter von den Ausdrücken der natürlichen Sprache und von der Wahrnehmung entfernen, und in diesem Maße werden sie allegorischer. Die Mantik kann den Abgrund, der sich zwischen Traum und Realität auftut, nur schließen, indem sie ihn zum einen auf die Seite der Zeichen überträgt und die Bilder des Traums so weit von der Erfahrung trennt, daß sie sich gerade noch als sprachliche Zeichen erhalten können; zum anderen auf den Traumdeuter, der im Prinzip ohne Beteiligung des Träumers die ganze Arbeit des Sinns zu leisten hat.

Von allen Formen des literarischen Ausdrucks ist es die Allegorie, die dem Primärvorgang des Traums am nächsten ist, weil sie am wenigsten in ihrem Bildcharakter aufgeht, »kahl und frostig« ist, wie es in der *Ästhetik* bei Hegel heißt. Es ist diese Ferne von der sinnlichen Erfahrung, in der die Allegorie durch die Jahrhunderte hindurch ihre Ablehnung provoziert hat, bis Benjamin sie vom Ausdruck der Konvention zur Konvention des Ausdrucks gemacht und sie als genuine Möglichkeit der Sprache rehabilitiert hat.[9] Daß die mantische Operation nicht im Verhältnis von Traum und Realität funktioniert, sondern in der Sprache, davon zeugen die Geschichten der erfüllten Träume. Sie widerlegen das rationalistische Vorurteil gegen die Mantik, das auch Brachertz in seinem Nachwort zur Neuausgabe der *Oneirokritika* wiederholt, die Vorbedeutung werde zur Ursache des Vorbedeutenden (*OK*, 366 f.). Die erfüllten Träume zeigen, daß zwischen Voraussage und Realem kein Kausalitätsverhältnis besteht, sondern daß Traum und Realität so auf einer Ebene angeordnet sind, daß sie sich wechselseitig bezeichnen können. Zwischen dem (geträumten) Anzünden der Laterne am Mond und der (wirklichen) Erblindung aus dem ersten Beispiel stellt die Deutung eine Beziehung her, die nicht an der Grenze von Traum und Realität orientiert ist, sondern auf der Signifikanz aller Elemente beruht, hier in einer Allegorie des Augen-Lichts, die im »Mond« doppelt determiniert ist: Wer am Mond seine Laterne anzündet, bleibt ohne Licht; er ist selbst wie der Mond ohne eigenes Licht; immer schon blind, hat er Feuer und Licht verwechselt. Die Aufgabe des Deuters besteht schließlich darin, die göttliche Voraussage (prónoia) in eine Aussage zu übersetzen, während wir das Reale einzig in dieser Übersetzbarkeit selbst zu sehen haben. Gegen den offenen Sinn der Zukunft verlieren göttliche und prophetische Aussagen ihren Unterschied zur Realität, daher entspricht die literarische Form der Traum-Geschichten der prophetischen Struktur der Mantik.

Immer zu viele Signifikanten: pathologisch und normal

Die Mantik macht aus dem Traum – dem bedeutenden Traum – ein Fest der Signifikanz. Ihre eigentümliche Leistung, die bis zur metapsychologischen Traumdeutung uneinholbar bleibt, besteht darin, daß sie mit einem Typ sprachlicher Zeichen rechnet, die dort, wo sie erscheinen, im Bewußtsein, keine Referenz haben, die nicht der diskursiven Sprache angehören, und dennoch signifikant sind. Ihr stellt sich demgemäß die Aufgabe, diesen Zeichen Sinn zu verschaffen, der weder im Realen noch im Imaginären liegen kann. Das allein – in seiner Nähe zum psychoanalytischen Konzept – würde schon ausreichen, die Mantik aus dem rationalistischen Vorurteil zu lösen, das besagt: Die Mantik bringt auf außerrationale Weise ein praktisches Wissen über die Zukunft hervor, indem sie das Verhältnis einer Kausalität zwischen Zeichen und Realität setzt. Nach Freud ist dieses Vorurteil vollends unhaltbar geworden. Man hat davon gesprochen, Freud habe dem Traum seine Rationalität zurückgegeben, viel eher aber – denn das ist doch nur die halbe Wahrheit – hat die *Traumdeutung* den Reden über den Traum ihre Rationalität bestätigt: Immer schon war es Aufgabe der Traumdiskurse, ein Denken, das nicht in der Logik der diskursiven Sprache fundiert ist – ein wildes Denken –, mit den Formen der Erkennntnis zu verbinden.

Von der *Traumdeutung* aus können wir das Verhältnis von primärem und sekundärem Denken nicht bestimmen, ohne es auf ein Verhältnis von »pathologisch« und »normal« zu beziehen. Wie sehr die Traummantik der klinischen Erfahrung nahe ist, zeigt die Praxis des Heilschlafs, die, wie wir wissen, in Griechenland äußerst verbreitet war und sich unter allen Formen der Mantik am längsten gehalten hat, auch dann noch, als die Wertschätzung der anderen mantischen Disziplinen schon weitgehend verfallen war; umgekehrt mußte sich die antike Medizin im Rahmen einer medizinischen Semiologie für die Traummantik interessieren, wie insbesondere die hippokratische Schrift *Über die Träume* es tut. Auch Aristoteles' Beiträge zur Traumtheorie orientieren sich an dieser Schrift. Daß die Träume prinzipiell zwischen der mantischen und der wissenschaftlichen Seite ihrer Theorie gespalten bleiben, gehört zu den Bedingungen des Antiken Traumfelds, erst Freud konnte diese Spaltung aufheben. Aber die Analyse der apollinischen Traummantik macht deutlich, daß die Pathologie in ihr selbst anwesend ist; daß sie apollinisch ist in dem Maße, wie sie sich gegen den Wahn, den Rausch oder das Dionysische abgrenzt; die Träume von ihrer affektiven oder ökonomischen Seite abkoppelt. Die Mantik zieht diese Grenze, indem sie die Abwesenheit des Ich im Traum für die Zeit der Deutung wiederholt, den Träumer mit einer Amnesie belegt, die wir »futural« genannt haben, weil es dieser Modus der Zeit ist, nach der die gedeuteten Zeichen mit dem Gedächtnis verknüpft werden können. Auf diese Weise löst die Mantik die erinnerten Traumzeichen von ihren Affektbeträgen ab, d. h. von den Kontexten der Verschiebung ihrer psychischen Intensität, um so die Übertragung der intensiven Traumzeichen auf das

Bewußtsein des erwachten Träumers zu verhindern; auch zwischen dem Mantiker und seinem Klienten findet keine Übertragung statt. Aber die Abwesenheit der Affekte ist wohl organisiert, und ebenso ist die Abwesenheit des Pathologischen nicht Voraussetzung, sondern Ergebnis der mantischen Operation in der Kooperation zwischen den drei Instanzen Gott, Klient und Mantiker. Wie labil diese Konstellation ist, wie sehr die Affekte und das Pathologische von außen wirken, offenbart ein Blick auf die dionysische Gestalt der Mantik, wie wir sie im Orakel von Delphi, von Dodone oder in der Sybille finden (um nur die Orte anzuführen, die Platon im *Phaidros* erwähnt): Dort sind die Positionen von Mantiker und Klient zu einer Instanz zusammengeschmolzen, die von hoher Affektivität ist und sich als Wahn äußert.

Wenn wir die Mantik in dieser Weise nach therapeutischen Implikationen befragen, setzen wir damit kein manifest Pathologisches voraus, wohl aber, daß jedem Traumdiskurs das Thema des Wahnsinns immanent ist und er immer Anteil hat an der Aufgabe, Traum und Wahnsinn voneinander zu unterscheiden. Der Übergang von der Pathologie zur Tiefenpsychologie, in der die *Traumdeutung* begründet ist, setzt einen Begriff von Therapie voraus, der nicht auf der Unterscheidung von pathologisch und normal basiert, sondern innerhalb des Normalen selbst auf einem Gegensatz von Regression / Progression, von primärem / sekundärem Denken, von unbewußt / bewußt. Es ist dann möglich, die Mantik oder die Philosophie nach immanenten therapeutischen Prozessen zu befragen und umgekehrt die Therapie nach philosophischen Implikationen. Der Traum erfüllt, wie Freud gezeigt hat, den Begriff eines topologisch oder strukturell Pathologischen, die Träume sind wohl Psychosen, aber die Krankheit der Nacht ereignet sich ohne unser Ich, das in der Tiefe der (topischen) Regression nicht mehr oder doch nur als Rest vertreten ist. Das Ich des erwachten Träumers kann darum die pathologische Produktion der Nacht einklammern, weil sie ohne Folgen für seine Organisation geblieben ist.

Im Traum nimmt das Denken psychotische Gestalt an. Wenn wir diesen Wechsel vom normalen zum pathologischen Denken selbst der Normalität zurechnen, können wir auch die Ausdrücke pathologisch und normal strukturell definieren. Normal nennen wir dann den Übergang vom sekundären zum pathologischen Denken, während die Krankheit darin besteht, daß dieser Übergang gestört ist und sich das strukturell Pathologische zum Ereignis der Krankheit manifestiert, wie wir sagen wollen. Dieses Verhältnis von seiner Struktur nach Pathologischem und der Krankheit als Ereignis erlaubt es, überlieferte Modelle der Therapie auf ihre nicht-pathologischen Momente zurückzubeziehen und umgekehrt Techniken, die die Bewältigung oder Rationalisierung signifikativer Überschüsse zum Gegenstand haben wie die Mantik oder die Maieutik auf therapeutische Implikationen zu befragen; um schließlich die Differenz von pathologisch und normal für die Traumanalyse zugleich in Anspruch zu nehmen und ihre Geltung einzuschränken, wie es die Voraussetzung für die *Traumdeutung* selbst war.[10]

Lévi-Strauss hat dieses Verhältnis der beiden Momente des Denkens für seine Analyse des schamanischen Heilverfahrens zugrunde gelegt. Für uns kommt es darauf an, zu verstehen, daß die Therapie nur eine der Möglichkeiten ist, die sich der Struktur des Pathologischen zuordnen läßt; daß Verfahren, die nicht von einer manifest gewordenen Krankheit ausgehen, gleichfalls dieser Struktur angehören, seien sie institutionalisiert wie die Mantik oder in der Lebenswelt verankert wie die private Traumdeutung, die ganz im *ídios kósmos* verbleibt. Das normale Denken, heißt es bei Lévi-Strauss, verfüge immer über ein Zuviel an Signifikanten, wenn es die Welt bezeichnen und verstehen will, während der Mangel an Signifikaten immer aus diesem Überschuß hervorgehe.

»In jeder nicht-wissenschaftlichen Perspektive aber (und keine Gesellschaft kann sich rühmen, daran keinen Anteil zu haben) bilden pathologisches und normales Denken nicht nur keinen Gegensatz, sondern sie ergänzen sich. Angesichts einer Welt, die es begierig erfassen möchte, deren Mechanismus zu beherrschen ihm aber nicht gelingt, fragt das normale Denken immer von neuem nach dem Sinn der Dinge, die ihn indessen verweigern; das als pathologisch bezeichnete Denken dagegen strömt über von Interpretationen und affektiven Tönen, mit denen es immer eine weit ärmlichere Wirklichkeit zu überladen bereit ist. [...] In der Sprache der Linguisten können wir sagen, das normale Denken leide immer über einen Mangel an Signifikat, das sogenannte pathologische Denken verfüge (wenigstens in einigen seiner Äußerungen) über einen Überfluß an Signifikantem. Durch die kollektive Zusammenarbeit bei dem Heilverfahren des Schamanen stellt sich immer ein Ausgleich zwischen diesen beiden sich ergänzenden Situationen her.« (*Strukturale Anthropologie*, 200 f.)

Das Zuviel an Signifikanten gilt aber nicht nur im Hinblick auf das epistemologische Denken, das Lévi-Strauss im Auge hat, sondern auch für die Gesamtheit der psychischen Produktionen: es ist darum zugleich auf die innere und auf die äußere Welt bezogen. Das sekundäre Denken, das einer metapsychologischen Genealogie gemäß in seinem Verhältnis zum primären Denken nachträglich ist, kann den Mangel an Signifikaten, die aus dieser Nachträglichkeit hervorgeht, nicht aufheben, sondern immer nur in der Linearität des bewußten Diskurses ergänzen, supplementieren nach einem Ausdruck Derridas, mit dem er den Text von Lévi-Strauss kommentiert.[11]

Das pathologische Denken hebt keineswegs an sich schon – und man muß das vielleicht betonen – den Mangel des sekundären Denkens auf, sondern stellt nur die andere Seite der Überfülle an Signifikanz selbst dar, wie Freud es für den Primärvorgang beschrieben hat: Erzeugung neuer Kontexte des Bedeutens durch den Übertragungsmechanismus der Verschiebung, Erhöhung der Austauschrate des Signifikanten durch die Überdeterminierung der Verdichtung.[12] Für Lévi-Strauss bilden beide Aspekte des Denkens eine komplementäre Einheit, so daß sich aus der Störung oder Aufhebung dieser Komplexion Krankheit definieren läßt: Das dauernd von seinem pathologischen Aspekt isolierte Denken wird pathologisch; was ebenso für die Träume selbst gilt, ohne die wir, wie die empirische Traumforschung festgestellt hat, krank würden. In der schamanischen Situation stellt sich ein Jenseits der komplementären Beziehung der beiden Aspekte des Denkens dar, das strukturell Pathologische ist zur Aktualität der Krankheit geworden – die aber – im Gegensatz zum Psychoanalytiker – der Schamane auf sich nimmt, indem er seine pathologischen Qualitäten investiert. Er muß krank sein, um seinen Klienten zu heilen, der seinerseits ganz in der passiven Rolle seiner Krankheit bleibt. Aber die Pathologie des Schamanen ist in seiner Kompetenz aufgehoben, die Grenze von pathologisch und normal für sich offen zu halten und sie für die Klienten zu öffnen.

»Dank ihrer sich ergänzenden Unordnungen verkörpert das Paar Zauberer-Kranker für die Gruppe konkret und lebendig einen Antagonismus, der jedem Denken eigen ist, dessen normale Ausdrucksform aber vage und ungenau bleibt: der Kranke ist reine Passivität, Selbstentfremdung, so wie das Nichtformulierbare die Krankheit des Denkens ist; der Zauberer dagegen ist reine Aktivität, Selbstverströmung, so wie die Affektivität die Nährerin der Symbole ist. Das Heilverfahren setzt diese entgegengesetzten Pole miteinander in Verbindung, sichert den Übergang von einem zum anderen und bekundet in einer ganzheitlichen Erfahrung den Zusammenhang des psychischen Universums, das selbst eine Projektion des sozialen Universums ist.« (Lévi-Strauss, *Strukturale Anthropologie*, 201)

Das Verfahren des Traumdeuters nimmt innerhalb dieses therapeutischen Modells eine ganz besondere Stellung ein, es verbleibt nämlich auf der Linie der Komplementarität selbst, diesseits ihrer wesentlichen Störung, die die Krankheit ist. Der Deuter hat es mit dem bloß strukturell Pathologischen zu tun, das sich nicht als Ereignis der Krankheit manifestiert hatte und das der Träumer jetzt wie einen fremden Text zur Deutung trägt. Von dem Augenblick an aber, in dem er den Traum aufbewahrt und an seine geheimnisvolle Botschaft glaubt, muß er zugleich von der unbekannten Bedeutung, die ja gerade ihm gelten soll, befreit werden. Die Futuralisierung der Traumzeichen erzeugt eine neue Dimension der Bedeutung. Dort bezeichnen sie dann nicht das Ich, denn das wäre die Bedingung des Wahnsinns; erst nach ihrer Transformation in Hinweise nicht auf das Ich, sondern auf eine Realität, kann sich der Träumer seine Träume endgültig aneignen. Immer wird den Träumer sein Glaube an die Traumdeutung vor ihren Enttäuschungen bewahren, Nacht für Nacht in der Hoffnung auf die große und wichtige Botschaft, die sein Leben verändern wird. Man könnte sich vorstellen, daß dieses fortgesetzte Scheitern der Traumverifikation zwei Modifikationen bewirkt. Zum einen die Verlagerung der Bewertung der Träume von der Prophetie zu ihrer Repräsentanz: Wenn die Träume sich nicht in der Wirklichkeit erfüllen, dann ist die geträumte Wirklichkeit ihre Erfüllung. Die Dechiffrierverfahren der Mantik hätten es dann immer schon – wie später die *Traumdeutung* – mit Wünschen zu tun. Die zweite Verlagerung würde die Möglichkeit betreffen, die Dechiffrierung der Träume auf die halluzinatorischen Phänomene des Wachens zu übertragen, sie wie Träume zu behandeln und das Ich von ihnen zu befreien. Ohnehin können wir vermuten, daß es Übergänge zwischen dem Traum und der Ekstase gibt, dem anderen Gegenstand der intuitiven oder natürlichen Mantik. Ein solcher Gebrauch der Träume würde die Mantik bereits überschreiten, wobei gerade in dieser Überschreitung der kritische Traumdiskurs der Philosophie beginnt.

Die Träume fortsetzen: Verschiebung und Verdichtung

Die Leistung der Traummantik besteht darin, die Zeichen der individuellen Erfahrung in Zeichen der kollektiven Bedeutungssysteme zu übersetzen; das primäre Denken in eine wildes. Wie wir gesehen haben, bringt die Arbeit des Mantikers in den Signifikanten, die er dem manifesten Traum gegeben hat, wiederum signifikatives Material hervor, das prophetisch nicht deswegen ist, weil es ins Reale übergehen soll, sondern weil es das Reale bezeichnet. Es erfüllt sich nicht in der Zukunft, aber der Klient muß es mit Sinn erfüllen. So kehrt der Traum schließlich in die private Phantasie zurück, aus dem Traum der Nacht ist ein Tagtraum geworden, in dem sich das Ich erneut bezeichnen, darstellen und wahrnehmen kann. Dort ist schließlich die mantische Amnesie aufgehoben. Für unsere Analyse der Mantik ist es unerläßlich, zwischen primärem und wildem Denken zu unterscheiden, sowie zugleich zwischen primärem und sekundärem Denken als der metapsychologischen Grundlage dieses Unterschieds. Gegen das rationalistische Vorurteil über die Mantik zeigt sich, daß die Rationalität des mantischen Verfahrens in der Übersetzungsleistung des einen in einen anderen Modus des Denkens besteht. Die Notwendigkeit, einen Primärvorgang anzunehmen, folgt für Freud direkt aus dem Postulat der Determiniertheit allen psychischen Geschehens und kommt der Behauptung gleich, daß allen Vorstellungsabläufen in der Seele die Form des Denkens zukommt. Im Gegensatz zur mechanischen Assoziationstheorie geht Freud davon aus, daß die Prinzipien von Kontiguität und Similarität das Zustandekommen von Vorstellungsreihen nicht ausreichend erklären, sondern daß jeder Vorstellungsablauf durch eine Zielvorstellung determiniert ist[13]; und zwar unabhängig davon, ob diese Zielvorstellung bewußt oder unbewußt ist, während in diesem Unterschied das Verhältnis von primärem und sekundärem Denken wesentlich bestimmt ist: Für das sekundäre Denken gilt, daß alle Zielvorstellungen manifest und dem Bewußtsein zugänglich sein müssen. Das primäre Denken kann sich dagegen entlang der Latenz der Vorstellungen bewegen und die Affektbeträge, die daran gebunden sind, gegeneinander verschieben und aufeinander übertragen oder die Vorstellungen verdichten. Verschiebung und Verdichtung gelten sowohl als Produktionsregeln des Unbewußten als auch für die Bestimmung der Differenz von manifestem Traum und latenten Traumgedanken in der *Traumdeutung* oder allgemein von primärem und sekundärem Denken. Theoretisch geht diese Differenz nicht vom Primärvorgang aus, sondern vom progredient verlaufenden Sekundärvorgang auf der Ebene der entfalteten Topologie des VII. Kapitels der *Traumdeutung*. Die Topologie bleibt in ihrer Begrifflichkeit am wachen, bewußten Denken, am Bewußtsein orientiert, während sie zugleich die Dezentrierung des Bewußten leisten soll. Freud hat dieses Verhältnis in den metapsychologischen Begriffen, die er in die *Traumdeutung* einführt, nicht systematisch bestimmt, was zur Folge hat, daß der Sekundärvorgang zwar topologischer Bezugspunkt ist, theoretisch aber unbestimmter bleibt als der Primärvorgang.

Das VI. Kapitel der *Traumdeutung* führt die Mechanismen von Verschiebung und Verdichtung im wesentlichen unter dem Aspekt der Unterscheidung zwischen den beiden Seiten des Traums ein. Der Trauminhalt ist den Traumgedanken gegenüber in seiner psychischen Intensität verschoben.

»Was in den Traumgedanken offenbar der wesentliche Inhalt ist, braucht im Traum gar nicht vertreten zu sein. Der Traum ist gleichsam *anders zentriert*, sein Inhalt um andere Elemente als Mittelpunkt geordnet als die Traumgedanken.« (*TD*, 305)

Die Traumzeichen sind als Knotenpunkte verschiedener Assoziationsketten verdichtet.

»Der Traum ist knapp, armselig, lakonisch im Vergleich zu dem Umfang und zur Reichhaltigkeit der Traumgedanken. Der Traum erfüllt niedergeschrieben eine halbe Seite; die Analyse, in der die Traumgedanken enthalten sind, bedarf das sechs-, acht-, zwölffache an Schriftraum.« (*TD*, 282)

Das VII. Kapitel gibt den beiden Mechanismen den metapsychologischen Status von Produktionsformen des Unbewußten. Unter Verschiebung versteht Freud hier die Fähigkeit der unbewußten Produktionen, permanent Besetzungen auf Vorstellungsinhalte zu übertragen oder neue Kontexte zu erzeugen.

»Wir glauben, daß von einer Zielvorstellung aus eine gewisse Erregungsgröße, die wir »Besetzungsenergie« heißen, längs der durch diese Zielvorstellung ausgewählten Assoziationswege verschoben wird. [...] Es lauern aber in unserem Vorbewußten andere Zielvorstellungen, die aus den Quellen unserer unbewußten und immer regen Wünsche stammen. Diese können sich der Erregung in dem sich selbst überlassenen Gedankenkreise bemächtigen, stellen die Verbindung zwischen ihm und dem unbewußten Wunsche her, *übertragen* ihm die dem unbewußten Wunsch eigene Energie, und von jetzt an ist der vernachlässigte oder unterdrückte Gedankengang imstande, sich zu erhalten, obwohl er durch diese Verstärkung keinen Anspruch auf den Zugang zum Bewußtsein erhält. Wir können sagen, der bisher vorbewußte Gedankengang *ist ins Unbewußte gezogen worden*.« (*TD*, 564)

Diese fortgesetzte Erzeugung neuer Kontexte der Übertragbarkeit von Besetzungen hat Lacan als Metonymie bestimmt: Umstellung der Bedeutung und Fließen des Bezeichneten.[14] Die *Traumdeutung* kann die Verschiebungen nicht rekonstruieren, indem sie den Traumelementen bestehende Kontexte hinzufügt, gerade das ist ja das Verfahren der antiken Mantik, sie muß davon ausgehen, daß der Träumer den Kontext eben erst selbst hervorgebracht hat. Unter Verdichtung versteht Freud im VII. Kapitel, daß die Vorstellung mehrere Assoziationsreihen vertritt, so daß die Traumzeichen durch alle Elemente determiniert, gegenüber den Zeichen des bewußten Diskurses überdeterminiert sind.

»Dies ist die Tatsache der *Kompression* oder *Verdichtung*, die wir während der Traumarbeit kennengelernt haben. Sie trägt die Hauptschuld an dem befremdenden Eindruck des Traums, denn etwas ihr Analoges ist uns aus dem normalen und dem Bewußtsein zugänglichen Seelenleben ganz unbekannt. Wir haben auch hier Vorstellungen, die als Knotenpunkte oder als Endergebnisse ganzer Gedankenketten eine große psychische Bedeutung besitzen, aber diese Wertigkeit äußert sich in keinem für die innere Wahrnehmung *sinnfälligen* Charakter;

das in ihr Vorgestellte wird darum in keiner Weise intensiver. Im Verdichtungsvorgang setzt sich aller psychischer Zusammenhang in die *Intensität* des Vorstellungsinhalts um.« (*TD*, 565)[15]

Entscheidend ist hier, daß Freud jenseits der diskursiven Sprache eine Form des Denkens entdeckt hat, der eine bestimmte Modalität von Zeichen zukommt. Die Mantik hat in dieser nicht-diskursiven Sprache göttliche Botschaften vermutet und die Zeichen dieser eigenartigen Sprache als »Vorzeichen« genommen. Semiologisch hat die Mantik diese Zeichen als Allegorien bestimmt. Das mantische Dechiffrierverfahren erschöpft sich nicht darin, in den Traumbildern Symbole wiederzufinden und an den Träumer weiterzugeben. Sie hat es immer schon mit – dem lexikalischen Vorrat an Symbolen gegenüber – sekundären Bedeutungen zu tun, d. h. mit der Verwendung von Symbolen. Wir haben daher diese Elemente auch Allegorien genannt, weil die Allegorie nicht außerhalb der Notwendigkeit funktioniert, Verwendungszusammenhänge herzustellen. Die Mantik ist nicht auf die einzelnen Symbole bezogen, sondern auf einen Text, auf einen doppelten Text: auf den Text der Traumerzählung und auf den futuralen Text der erfüllten Träume. Es ist nicht die Ausnahme, sondern die Regel, daß die Elemente des mantischen Textes »verdichtet« (wie Artemidorus selbst sagt) oder mehrdeutig sind und daher, wie es in der Allegorese der Fall ist, sekundärer oder tertiärer Ableitungen fähig. Darum kann Artemidorus sagen, der Deuter solle nach Art der Opferpriester vorgehen, »die einerseits genau wissen, wohin jedes einzelne Zeichen paßt, andererseits ihre Urteile ebensosehr aus allen Zeichen zusammen schöpfen«. (*OK*, 242) Das geht über das Verhältnis von Analogien hinaus, von denen man gesagt hat, sie bildeten den Kern des mantischen Verfahrens, meistens in der Absicht, dieses Verfahren auf einen einfachen Modus der Assoziation zu reduzieren. Aber die Verpflichtung des Traumdeuters, die Träume an den ídios kósmos zurückzugeben, läßt sich bloß assoziativ nicht einlösen, sondern ist immer bezogen auf das Ganze des mantischen Textes, in dem die Person des Träumers selbst zum bezeichnenden Element geworden ist. Ohne den manifesten Trauminhalt zu verlassen, folgt das mantische Verfahren doch den Mechanismen des Primärprozesses, d. h. sowohl den Relationen von Kontiguität wie denen von Similarität; und zwar in einem Verhältnis, das notwendig ist. Die Mantik kann die Verschiebungen nicht rückgängig machen, weil sie nicht über das Gedächtnis des Träumers verfügen kann. Sie muß daher voraussetzen, daß die in der Traumerzählung benachbarten Elemente als Verhältnis untereinander determiniert sind, also ein Verhältnis der Kontiguität bilden: Kopf, Abreißen des Kopfs, Löwe im Traumbeispiel, das Artemidorus exemplarisch vorführt. Es kommt für den Deuter jetzt darauf an, daß er die internen Relationen innerhalb des Raums, den der Traumtext bildet, auf Elemente beziehen kann, die selbst nicht anwesend sind: auf den Träumer (arm, reich, Vater, Sohn) und auf bereits codierte Elemente (Kopf: Vater; Abreißen: Verlust; Löwe: Krankheit; Tod: Veränderung der Lebensverhältnisse).

Man versteht, daß es sich um das Verhältnis zweier Bedeutungsreihen handelt: Die metonymische Relation erzeugt Metaphern des Träumers. Was also wirklich geschehen ist in der Deutung, hat sich in der Bedeutung der Eigenschaften, in denen der (erwachte) Träumer bezeichnet ist, abgespielt: Er ist noch kein anderer geworden, und er wird es vielleicht auch nie werden. Aber er wird es immer gewesen sein in einem anderen Text seines Lebens. Die verblüffende Wirkung der erfüllten Traumgeschichten beruht keineswegs auf einer einfachen Analogiebeziehung, sondern auf dem Zusammentreffen von Similarität und Kontiguität, was es erlaubt, von einem Element innerhalb des Textes zu den anderen überzugehen und zugleich von den anwesenden zu den abwesenden Elementen. Wie Lévi-Strauss (vgl. weiter unten) gezeigt hat, sind das die Bahnen, auf denen die Zeichen des wilden Denkens austauschbar sind; es unterscheidet sich vom primären Denken darin, daß die Zielvorstellungen des Austausches selbst bewußt und technisch verfügbar sein können.

Die Unterscheidung in primär und wild erlaubt es, die Traumallegorien des Antiken Traumfeldes zu kontrollieren und das Maß an Projektion zu bestimmen, in dem die historischen Traumdiskurse den Traum erfinden. Die mantische Traumallegorie geht nicht aus der Verschiebung der Träume ins Wachen hervor. Zwar ist der Unterschied von Träumen und Wachen schon gesetzt, zugleich aber in der Einheit der wunderbaren Zeichen aufgehoben: Wunder gibt es überall: »[...] man halte sich dabei vor Augen, daß das, was im Wachzustand geschieht, sich in keiner Weise vom Traumgeschehen unterscheidet; denn beiden kommt dieselbe Voraussage zu, eine Tatsache, die mir durch die Erfahrung bestätigt wurde.« (*OK*, 221) Die Einheit der Wunder, und d. h., die Einheit von Tag und Nacht ist nicht in der Lebenswelt garantiert, sie bezeichnet kein natürliches, sondern schon ein theoretisches Verhältnis. Wenn man sagen kann, die Deutung setze den Traum fort, so ist darin doch schon ein Unterschied zum natürlichen Traum impliziert, den wir metapsychologisch in der Unterscheidung von primär und wild fassen. Das wilde Denken der Mantik macht sich von den spezifischen Bedingungen der Träume frei; auf diese Weise werden die Träume wiederholbar und zugleich technisch verfügbar. Die eigentliche Leistung liegt darin, die Träume übersetzbar zu machen, das wilde Denken ist immer schon daran interessiert, primäres und sekundäres Denken aufeinander zu beziehen und auszugleichen. Daher ist der futurale Text, den das wilde Denken hervorbringt, nicht der Text eines anderen, auch nicht der Text eines gedeuteten Traums, sondern Struktur, in der sich Träumen und Wachen bezeichnen: primäres und sekundäres Denken; Text, den zwar der Deuter hervorgebracht hat, der sich in seiner Funktion aber nur erfüllt, wenn er in die Lebenswelt des Träumers zurückkehrt und der Träumer sich selbst in ihm bezeichnet findet.

Das Primäre übersetzen

»Was unterscheidet diese zwei Mechanismen, die in der Traumarbeit eine herausragende Rolle spielen, von ihrer homologen Funktion im Diskurs?« fragt Lacan. Mit der *Traumdeutung* läßt sich darauf antworten, daß diese Mechanismen von Verschiebung und Verdichtung selbst diesen Unterschied ausmachen: Das sekundäre Denken muß die Affektbeträge, die an den Vorstellungen haften, reduzieren »auf ein Mindestes, das noch als Signal verwertbar ist« (*TD*, 572); es kann zum anderen nicht mit verdichteten Elementen arbeiten, deren Zielvorstellungen nicht manifest sind:

»Das ganze Denken ist nur ein Umweg von der als Zielvorstellung genommenen Befriedigungserinnerung, die auf dem Wege der motorischen Erfahrung wieder erreicht werden soll. Das Denken muß sich für die Verbindungswege zwischen den Vorstellungen interessieren, ohne sich durch die Intensitäten derselben beirren zu lassen.« (*TD*, 571)

Während wir aber in der *Traumdeutung* eine Antwort auf die Frage Lacans suchen, zeigt sich, daß Freud das sekundäre Denken dort nur deskriptiv bestimmt hat und nicht topologisch. Die Forderung, daß im sekundären Denken die Zielvorstellung bewußt sein müsse, schließt keineswegs aus, daß sie nicht auch woanders als auf der manifesten Ebene des verbalen Diskurses, d. h. im Unbewußten determiniert ist. Der topologischen Idee der psychischen Lokalität gemäß, daß Bewußtsein und Gedächtnis auf verschiedene Systeme verteilt werden müssen, gehören alle Vorstellungsrepräsentanzen dem Unbewußten an, während das Vorbewußte einen Teil dieser Klasse bildet. Alle Elemente des Psychischen unterliegen prinzipiell der psychischen Umschrift, von der Freud im selben Brief 52 vom 6. 12. 96 spricht, in dem er die topologische These zum ersten Mal formuliert hat; alle Elemente unterliegen damit den Mechanismen von Verdichtung und Verschiebung (vgl. *Anfänge*, 151 f.). Erst darin läßt sich ja das Postulat von der Determiniertheit des psychischen Geschehens, das der Idee der psychischen Lokalität vorangeht und noch aus der Zeit des *Entwurf* stammt, einlösen und die Einheit und Totalität des Psychischen, die darin schon impliziert war, theoretisch darstellen. Kehren wir zu Lacans Frage zurück.

»Was unterscheidet diese zwei Mechanismen, die in der Traumarbeit eine herausragende Rolle spielen, von ihrer homologen Funktion im Diskurs? Nichts, außer einer Bedingung, unter der das signifikante Material steht, die sogenannte ›Rücksicht auf Darstellbarkeit‹. Diese Bedingung bildet eine Beschränkung, die sich im Innern des Systems der Schrift auswirkt, allerdings ohne dieses aufzulösen in einer figurativen Semiologie, in der es wieder mit den Erscheinungen des natürlichen Ausdrucks zusammenfiele.« (*Schriften* II, 37)

Lacan nimmt für seine Antwort in Anspruch, daß wir die Systemzugehörigkeit der Vorstellungselemente auf der manifesten Ebene des verbalen Diskurses nicht entscheiden können. Erst diese Voraussetzung erlaubt es, primäres und sekundäres Denken als komplementäre Beziehung in der Einheit des Psychischen zu erfassen. Die Ununterscheidbarkeit der Systemzugehörigkeit macht deutlich, daß die Überdetermination des Primärvorgangs keineswegs in einer ausreichenden Determiniertheit des Sekundärvorgangs aufgehoben ist; man muß vielmehr hinzufügen – der *Traumdeutung* hinzufügen –, daß der Überdeterminiertheit des Primären eine Unterdeterminiertheit des Sekundären entspricht; und umgekehrt kann das sekundäre Denken im Primärvorgang niemals eindeutig determiniert werden. Das Unbewußte ist darum nicht die Wahrheit des Bewußten, wie man vielleicht allzu schnell aus dem Diskurs Lacans herauslesen könnte; statt dessen erinnert uns Lacan daran, daß die metapsychologische Arbeit darin besteht, die beiden Verlaufsformen des Denkens ineinander übersetzbar zu machen. Aus der Asymmetrie von Überdeterminiertheit im Verhältnis von Unbewußtem und Bewußtem folgt, daß keine der beiden Formen des Denkens die Signifikanz der psychischen Elemente oder der Vorstellungsrepräsentanzen erschöpfen kann. Darum besteht auch für die Metapsychologie »eine Grundsituation fort«, wie Lévi-Strauss gesagt hat,

»die mit der menschlichen Kondition zusammenhängt, daß nämlich der Mensch von seinem Ursprung her über eine Gesamtheit von Signifikanten verfügt, die er nur mit Mühe einem, wenn auch gegebenen, so doch nicht erkannten Signifikat zuordnen kann. Zwischen beiden besteht immer eine Inadäquation, die nur für den göttlichen Verstand auflösbar ist und die daraus resultiert, daß es einen Überfluß von Signifikanten gibt im Verhältnis zu den Signifikaten, die es besetzen kann. In seinem Bemühen, die Welt zu verstehen, verfügt der Mensch also immer über einen Überschuß an Sinn [...].« (*Einleitung*, 39)

Die Regeln des Primärvorgangs werden durch den Sekundärvorgang nicht außer Kraft gesetzt, er wirkt gerade durch die Kraft der affektiven Bedingungen, die das wache Danken niemals vollständig hemmen kann, in diesem Sinn kommt das sekundäre Denken zu spät:

»Infolge dieses verspäteten Eintreffens der sekundären Vorgänge bleibt der Kern unseres Wesens, aus unbewußten Wunscherregungen bestehend, unfaßbar und unhemmbar für das Vorbewußte [...].« (*TD*, 572f.)

Anstatt das Unbewußte zum vollen Sinn des Bewußten zu machen, geht es vielmehr darum, daß – in metapsychologischer Absicht – jede Manifestation des Psychischen auf einen latenten Sinn befragt werden muß. Für diese Arbeit reicht es nicht aus, das Reale oder das Imaginäre als privilegierte Referenzen in Anspruch zu nehmen – das hieße eher, das Manifeste auf einen vorgängigen Sinn zu reduzieren als es zu übersetzen –, diese Arbeit wird überhaupt erst in dem Maße metapsychologisch, wie wir mit einer genuin psychischen Realität rechnen, aus der die Vorstellungen ihren Sinn beziehen. In der Behauptung »unbewußter Vorstellungen« (und Freud gibt durch ein »sit venia verbo« zu verstehen, wie sehr dieser Ausdruck sich schon vom traditionellen Gebrauch des Ich-stelle-mir-vor entfernt hat) öffnet sich ein ganzer Kontinent der Bedeutung. Metapsychologisch kann man unter Vorstellung das verstehen, was die Linguisten Signifikant nennen: Sie ist bezeichnend, und zwar außerhalb der Unterscheidung in bewußt und unbewußt. Der Überschuß an Sinn, den wir bereits für die Traumdeutung methodisch in Anspruch genommen haben – für die mantische ebenso wie für die analytische –, gilt für alle Manifestationen des Psychischen. Alles im Werk Freuds drängt zu dieser Konsequenz, und doch hat Freud sie selbst nur unzureichend theoretisch bestimmt. Man könnte das die therapeutische Lücke nennen; denn das sekundäre Denken wird nur zum theoretischen Gegenstand, insofern es pathologisch geworden ist, während es topologisch für das progredient gesetzte Schema der Seele im wesentlichen deskriptiv bleibt. Solange die Beziehung zur philosophischen oder maieutischen Praxis als Kritik und Veränderung des sekundären Denkens unbestimmt ist, liegen die Theorie der Bedeutung und die Theorie der Therapie als getrennte Momente nebeneinander. Erst wenn man die strukturellen Eigenschaften beider Bereiche aufeinander bezieht, läßt sich das Programm einer Metapsychologie als »Rückwandlung der Metaphysik in Psychologie des Unbewußten«, wie es emphatisch auf den letzten Seiten der *Psychopathologie* heißt, oder als Wissenschaft der Überdetermination, wie wir hinzufügen wollen, einlösen. Anders könnte die Psychoanalyse in der Applikation auf nicht-pathologische Formen des Denkens der Gefahr des Psychologismus auf die Dauer nicht entgehen.

In der Absicht, die therapeutische Lücke zu schließen, liegt auch der strukturale Einsatzpunkt. Die strukturalistischen Arbeiten zur Psychoanalyse gehen nicht von der theoretischen Dominanz der Klinik als der einzig gesicherten Erfahrung der Psychoanalyse aus wie die soziologisch orientierten Arbeiten, für die dann die Metapsychologie als mythologischer Rest erscheint. Statt dessen gibt Lacan die Parole aus, »das Freudsche Werk in seiner Synchronie zu rekonstruieren«, was immer auch die Aufgabe einschließt, die Überschreitung der Dichotomie von pathologisch und normal, die Freud in der *Traumdeutung* intendiert hat, über den Traum und die *Traumdeutung* hinaus zu sichern. Lévi-Strauss seinerseits nimmt die Metapsychologie als Theorie des Geistes oder der Bedeutung in Anspruch, um außerhalb der Klinik Formationen des Denkens zu rekonstruieren, die ebenso vom sekundären Denken entfernt sind wie die Resultate des primären Denkens, die Freud analysiert hat. Man muß die Auseinandersetzung zwischen primärem und sekundärem Denken, zwischen wildem und wissenschaftlichem Denken neu eröffnen und mit der Tradition dieses Konflikts verbinden; dort hat die Metapsychologie ihren historischen Ort und ihr Thema. Man versteht, warum Freud den mantischen vor allen anderen Traumdiskursen des Antiken Traumfelds favorisiert hat, denn auch die Mantik ist ein solcher Ort.

Verschwenderische Signifikanz

Kehren wir zum wilden Denken zurück. Wir setzen es aus der Bestimmung, die Lévi-Strauss gegeben hat, in den metapsychologischen Kontext ein. Wie Freud für das primäre hat Lévi-Strauss für das wilde Denken gesehen, daß man es aus der Alternative herausnehmen muß, entweder dem Sensiblen oder dem Intelligiblen zugerechnet zu werden; daß es auf einer dritten Ebene spielt; daß seine Elemente weder Bilder noch Begriffe sind, sondern Zeichen: einer Schrift, wie Freud sagt; eines Symbolsystems, wie Lévi-Strauss oder Lacan sagen. Und schließlich gilt gleichermaßen, daß man die skripturalen oder symbolischen Elemente auf die Alternative von real und imaginär nicht reduzieren kann, denn ihre Eigenschaft besteht darin, signifikant zu sein, worin sie die Bedingung erfüllen, zugleich konkret und austauschbar zu sein.

»Es besteht aber ein Zwischenglied zwischen dem Bild und dem Begriff: das
Zeichen; denn man kann es immer in der Weise, die Saussure für diese besondere Kategorie des sprachlichen Zeichens eingeführt hat, definieren: als ein
Band zwischen einem Bild und einem Begriff, die in der so hergestellten Vereinigung die Rolle des Signifikanten, bzw. Signifikats spielen [...]. Das Zeichen
ist, ganz wie das Bild, etwas Konkretes, aber es ähnelt dem Begriff durch seine
Fähigkeit des Verweisens: beide beziehen sich nicht ausschließlich auf sich
selbst, sie können für anderes stehen. Doch besitzt der Begriff in dieser Hinsicht
eine unbegrenzte Fähigkeit, während die des Zeichens begrenzt ist.« (Lévi-
Strauss, *Wildes Denken*, 31)[16]

Für die Konstituierung der Metapsychologie aus der *Traumdeutung* ist
es unerläßlich, zwischen Primärprozeß und wildem Denken zu unter-
scheiden. Die Radikalität der topischen Regression, die Freud für den
Traum annimmt und die sich in der halluzinatorischen Wahrnehmung
Ausdruck gibt, erlaubt es nicht, den Traum auf Zustände des wachen
Seelenlebens zu verschieben; wir können darum metapsychologisch
keine Allegorien des Traums mehr bilden, wie sie allen Reden über den
Traum im Antiken Traumfeld zugrunde liegen; wir können ihn nicht
noch einmal erfinden, wie die historischen Traumdiskurse, die seinen
Unterschied zum wachen Denken so weit reduziert haben, daß sie ihn
dem Bewußtsein integrieren konnten. Dennoch ist der Primärprozeß
nicht auf den Traum beschränkt, er gilt als Funktionsweise des psychischen Apparats auch während der progredienten Phase neben dem Sekundärprozeß; und Freud geht sogar so weit, anzunehmen, das sekundäre Denken stelle nur einen durch Erfahrung notwendig gewordenen
Umweg zur Wunscherfüllung dar. »Das Denken«, heißt es weiter, »ist
doch nichts anderes als der Ersatz des halluzinatorischen Wunsches,
und wenn der Traum eine Wunscherfüllung ist, so wird das eben selbstverständlich, da nichts anderes als ein Wunsch unseren seelischen Apparat zur Arbeit anzutreiben vermag. Der Traum, der seine Wünsche
auf kurzem regredienten Wege erfüllt, hat uns hiermit nur eine Probe
der primären, als unzweckmäßig verlassenen Arbeitsweise des psychischen Apparats aufbewahrt.« (*TD*, 540) Das Denken, das solcherma-
ßen auf den Wunsch bezogen bleibt, nennen wir wildes Denken: Es
nähert sich dem Primärprozeß so weit an, wie es die Unterscheidung
zwischen primär und sekundär – die unausgesetzt gilt – erlaubt. Das
wilde Denken unterliegt dem Realitätsprinzip und damit in erster Linie
der Hemmung der Mechanismen von Verschiebung und Verdichtung,
wie sie für den Primärprozeß charakteristisch sind; es verfügt demgemäß über das sprachliche Material der Wortvorstellungen und zugleich
über die Sachvorstellungen, sofern sie dem (vorbewußten) Gedächtnis
angehören. Es unterscheidet sich daher nicht vom sekundären Denken

als Funktionsweise des psychischen Apparats, sondern von bestimmten Organisationsformen des Denkens. Diese Nicht-Unterscheidung geht direkt aus der Bestimmung des sekundären Denkens hervor, die Freud ihm gibt. Er bindet dieses Denken an keine spezifische Organisationsform des Wissens, er unterscheidet den Sekundärprozeß unter einem topischen Aspekt (vorbewußt–bewußt) und einem ökonomisch-dynamischen Aspekt (gebundene Energie, Aufschub der Befriedigung, stabile Besetzung der Vorstellungen) als die andere Funktionsweise des psychischen Apparats. Insofern ist das wilde Denken sekundär; es ist primär, weil es wie alle primären Produktionen auf dem Austausch von Zeichen beruht, d. h. von konkreten Elementen, die immer schon bedeutend waren; zwischen ihnen stellt das wilde Denken Beziehungen her, die nicht sensibel, sondern intelligibel sind, wie wir von der Tradition her sagen müßten. Tatsächlich erfaßt diese Kennzeichnung aber nicht das Wesentliche, denn sie gehen nicht aus der Teilung von sensibel und intelligibel hervor, sondern bilden eine eigene Klasse von Zeichen, die wir dem Psychischen zurechnen müssen, dieser besonderen Existenzform, wie es in der *Traumdeutung* heißt, und die Freud als Vorstellungsrepräsentanz eingeführt hat. Diese Vorstellungsrepräsentanzen sind sensibel, insofern sie der »Rücksicht auf Darstellbarkeit« genügen müssen und daher als Sachvorstellungen fungieren; sie sind intelligibel, insofern sie austauschbar sind, d. h. Beziehungen zwischen den konkreten Zeichen darstellen, die selbst nicht sensibler Natur sein können. Was an ihnen intelligibel und austauschbar ist, das ist notwendig unbewußt: latente Gedanken. Die Elemente des wilden Denkens sind niemals auf der Ebene ihres manifesten Ausdrucks ausreichend determiniert, sondern überdeterminiert wie die Traumbilder.

Und doch ist das wilde Denken kein Traum, denn es ist weder auf die Vorstellungen noch auf das Gedächtnis der individuellen Seele beschränkt; weil es das ganze sinnliche Universum zu Zeichen machen kann, ist es institutionalisierbar. Dagegen bleibt der Traum narzißtisch; der einstige Versuch, ihn als Heilschlaf in den Tempeln des Asklepios zu institutionalisieren, zeigt, daß die Wirkung der Inkubation in der mantischen Leistung selbst liegt, im prognostischen Sinn der Inszenierung. Im Kontext der Traumanalyse kann man sagen: Das wilde Denken ist der Versuch, das primäre Denken zu organisieren. Das gilt für die Mantik, die aus dem manifesten Traum einen prophetischen Sinn macht und als Praxis des wilden Denkens für uns relevant ist; aber auch für die Philosophie, die den Traum zum wilden Denken macht, um sich als Wissen zu konstituieren. Wir beschränken uns in der Bestimmung des wilden Denkens auf die Beziehung zum Traumdiskurs, die in sich notwendig ist, denn jeder Traumdiskurs handelt vom wilden Denken. Die Unterscheidung in Primärprozeß und wildes Denken, die von der *Traumdeutung* aus zwingend ist, erlaubt es uns zugleich, die Analyse des wilden Denkens auf die Momente zu beschränken, die für die Traumtheorie ausschlaggebend sind: die kognitive Bewältigung von signifikativen Überschüssen, in der die Mantik versucht, die Welt mit verschwenderischer Bedeutung zu erfüllen.

II
Die Träume der Philosophie

Platon, *Theätet*
Descartes, *Meditationes de prima philosophia*

1. Platon, *Theätet*

Vielleicht sind die Träume den Ideen niemals näher gewesen als in der Philosophie Platons. Alles ist noch offen, und in dieser Offenheit erscheint eine rationale Theorie der Träume möglich zu sein. Noch gibt es kein Ich, das sich im Bewußtsein repräsentierte und den Unsinn der Träume auf sein eigenes Maß reduzieren müßte. Daher erlaubt die platonische Philosophie dem Traum, eine Form des Wissens zu sein. Für einen Augenblick, doch ist dieser Augenblick lang genug, um den Träumen gegen ihre Zurückweisung auf der erkenntnistheoretischen Ebene des *Theätet* philosophisches Gewicht zu geben. An der Vorstellung, daß wir zu wahrem Wissen in der Wiedererinnerung an die Ideen gelangen, hat Platon stets festgehalten; auch daran, daß wahres Wissen in einem Zustand der Seele fundiert ist. Um diesen Weg als philosophischen zu bestimmen und von mantischer oder orphischer Konkurrenz abzugrenzen, mußte Platon sich für die Träume interessieren. Dies gilt insbesondere für die Maieutik selbst: Hier haben wir platonisch den Ort eines wilden Denkens, in dem die empirischen Träume auf ihre Möglichkeit als Form des Wissens befragt werden. Den Träumen kommt eine eigene Qualität jenseits der diskursiven Sprache zu; daß sie jedoch mitten im Diskurs erscheinen, setzt das maieutische Sprachspiel in Gang. Schließlich muß man das Verhältnis von Traum und Wahn thematisieren, denn es ist der Wahn, in dem Platon einen privilegierten Zustand der Seele sieht. Dennoch kommen diesem »göttlichen Wahn« der Vernunft apollinische Eigenschaften zu. Das Apollinische ist aber, wie Nietzsche gezeigt hat, an den Traum gebunden, und daher wird auch der Wahn der platonischen Vernunft ein Stück weit der Traumanalyse zugänglich.

Den Traum ins Wissen verschieben

Platon deutet die Träume nicht, er setzt sie dem Wissen aus. Das Problem der Deutung ist darin nicht aufgehoben, aber es verlagert sich. Wenn wir uns, wie Theätet sagt, für geflügelt halten und im Schlaf zu fliegen meinen (158b), dann geht es nicht mehr um die geheime Botschaft dieses manifesten Unsinns, den der Träumer auf seinen Lebenszusammenhang beziehen kann. Seine Unverständlichkeit sichert ihm nicht den Status einer ausgezeichneten Rede, eines Besonderen, dessen Eigenschaft es gerade wäre, sich nicht unmittelbar an das bewußte Subjekt zu wenden. Zugleich kann Platon den Verlust der Autorität der Traumrede nicht in einer Technik der Deutung auffangen, so daß für diesen Augenblick der Traum in der Materialität seines Unsinns dem Wissen entgegentritt. Platon kann aber den Traum auch nicht in seinem Unsinn belassen und ihn zur einfachen quantité négligeable machen. Zum einen bilden die Beziehungen zwischen empirischen Zuständen der Seele zum Wissen selbst ein konstitutives Moment seiner Philosophie, noch mehr der sokratischen Praxis; zum anderen entdeckt Platon den Traum mitten im Wachen. Wenn wir so allegorisch von den Träumen zu sprechen beginnen, entspricht das der Weise, wie sie in den philosophischen Diskurs eingehen: Die Philosophie findet die Träume dort wieder, wo sie das Wissen vermutet. Der philosophische oder im eigentlichen Sinn oneirokritische Diskurs nimmt die Träume auf, wenn sie aus der festen Ordnung (einer zyklischen Zeit) von Tag und Nacht gefallen sind. Aus der empirischen Tatsache der Träume folgt nicht, daß wir den Übergang von Träumen und Wachen als einfachen empirischen Ort lokalisieren können, vielmehr gehörte ein solcher Ort schon dem Wissen an, der Differenz, während der Traum für die Philosophie Ereignis der Indifferenz ist. Durch diese Eigenschaft, die besagt, daß es einen Zustand der Seele gibt, in dem zwischen Wissen und Nichtwissen nicht unterschieden wird und der dennoch Qualitäten der Realität aufweist, wird der Traum zum Problem des Wissens, das sich weder auf eine rationale Psychologie noch auf einen einfachen Sophismus reduzieren läßt.[1] Der Traum gehört weder dem Wissen noch dem Nichtwissen an, weder begründet er das Wissen noch das Nichtwissen ihn. Die logische Bestimmung des Nichtunterschieds von Wissen und Nichtwissen kann mit dem empirischen Ereignis, mit einem Zustand der Seele, für den diese Bestimmung gilt, in eine Beziehung treten, um in der Fülle des Traums ein leeres Wissen bezeichnen zu können. Daher wird der Traum zum Element der Rede und des philosophischen Ausdrucks. Abgelöst von seinem futuralen Raum, mantische Bedingung der Möglichkeit seines Bedeutens, nicht mehr voraussagende Rede, wird der Traum doch gerade als Rede zum Problem. Die Philosophie interessiert sich nicht für den manifesten Unsinn der Träume, für die Geschichten, die sie erzählen. Wie die Traumbeispiele bei Platon und noch mehr bei Descartes zeigen, ist es vielmehr die Nähe zur Rede des Bewußten oder sagen wir – noch ganz vorläufig – zum Realen; bis zum Grad ihrer Überkreuzung in der Figur des Einäugigen im *Theätet* oder im hyperbolischen Augenblick der *Meditationes*, ist es diese Überkreuzung selbst, die philosophisch bedeutsam ist; die zugleich die Regeln des mantischen Verfahrens außer Kraft setzt. Es ist diese Möglichkeit, von der Sprache einen traumhaften Gebrauch zu machen, ein wildes Denken, das wir zum eigentlichen Thema der Philosophie des Traums machen: ein nicht diskursives Denken. Nicht, daß der Traum die Rede verfehlt, nur lauter Unsinn redet, löst den philosophischen Traumdiskurs aus, sondern daß wir, indem wir zu sprechen beginnen, keineswegs sicher sein können, nicht geträumt zu haben, wovon wir sprechen. Für die Philosophie kommt alles darauf an, hinter die Verschränkung von Traum und Rede, hinter den Wunsch zurückzugehen, um einen Modus der Rede zu sichern, in dem wir vor den Träumen sicher sind. Darauf zielt die »gefährlichste Frage«, die Sokrates stellen wird, sie ist nicht mehr im natürlichen Traum begründet, sondern in seiner Übertragung aufs Wissen.

Solange wir zwischen Wissen und Nichtwissen nicht unterscheiden können, ist es möglich, daß wir träumen, im emphatischen Sinn ist gerade diese Nichtunterscheidung selbst das Merkmal eines ununterbrochenen Traums. Wenn Sokrates diesen Zustand des Träumens für das Verwerflichste hält wie im *Phaidros* (277 d) oder wenn das Verhältnis von Träumen und Wachen zu den konstitutiven Ausdrücken der *Politeia* zählt und sich im Gleichnis der Höhle entfalten läßt, dann handelt es sich nicht mehr um das Träumen der Nacht, sondern um einen diskursiven Gebrauch der Träume.[2] In dem Maße, wie Platon das Wissen gegen das Nichtwissen abgrenzt und die Philosophie zum Diskurs, die Maieutik zum Verfahren dieser Differenz wird, erhält der Traum seine philosophische Valenz, die wesentlich im Charakter seiner Indifferenz liegt: Jenseits des Wissens, als nächtliches Ereignis des Ununterschiedenen, doch in der Welt zu sein – und sei es nur in der Welt der Körper. Darin, was der Traum in diesem Ereignis nur an sich ist, hat er die gemeinsame Welt verlassen und ist in eine andere Welt eingetreten, von der Freud sagt, daß sie wesentlich narzißtisch sei, und insofern liegt er außerhalb des Unterschieds von Wissen und Nichtwissen; umgekehrt kann der Traum dadurch, daß sich in ihm die Abwesenheit des

Unterschieds in einem empirischen Zustand der Seele ereignet, selbst das Nichtwissen bezeichnen. Es ist diese Eigenschaft der Träume, der Krankheit so nahe und doch normal zu sein, die Realität zu verleugnen und doch in der Welt zu sein, durch die sie in die Metaphysik eingehen. Dort werden sie zum Unterschied des Denkens selbst, das sich, indem es die Träume zurückweisen kann, seine eigene Realität bestätigt. Aber der Traum als Zeichen des Nichtwissens, das ist schon der verschobene Traum, der ins Wachen verschobene Traum der Philosophie. Die Philosophie der Träume basiert nicht mehr auf der prinzipiellen Unterscheidung in bedeutend und unbedeutend, wie die Mantik sie vorausgesetzt und die individuelle Vielfalt der manifesten Träume auf den lexikalischen Vorrat ihrer Deutbarkeit, ihrer Übersetzbarkeit beschränkt hat. Daher muß die Philosophie die strikte Amnesie aufheben und das philosophische Subjekt ganz den Träumen aussetzen bis zu diesem Punkt der Überkreuzung von Träumen und Wachen, den allein die Philosophie bezeichnen und als Experiment organisieren kann. Es ist überhaupt erst diese Überkreuzung, die das Interesse der Philosophie an den Träumen plausibel macht: die praktische oder experimentelle Seite der Träume, in der sie ins Innere des Diskurses eingehen, in die Innerlichkeit selbst. Man muß das Traumargument im *Theätet* aus seinen sophistischen Verkleidungen herauslösen, unter denen es eingefügt wird, und die sophistischen Fragen verschieben, an denen entlang Platon seine Philosophie entfaltet. Es geht darum, zu verstehen, wie der Traum über seine Zurückweisung hinaus funktioniert, wie er innerhalb des philosophischen Diskurses ein Außerhalb darstellen kann, und schließlich, ob dem, was außerhalb des Diskursiven existiert, Bedeutung zukommt. Für die Traumdeutung der Philosophie setzen wir voraus, daß wir in der Metaphysik schon die Momente finden, die die *Traumdeutung* begründen, wenn auch nicht auf der Ebene des manifesten Diskurses.

Das Verschwinden des Seins in der Wahrnehmung

Der Traum wird zum Prüfstein der Wahrheit der Thesen Theätets, zum Stein des Anstoßes. Die Traumstelle verlöre ihre Brisanz, wenn man, wie Apelt kommentiert[3], schon zwischen sinnlicher Wahrnehmung und Einbildungskraft unterscheidet, denn gerade, daß die Dinge verschwinden, wenn wir die Augen schließen und schlafen und nicht in der Vorstellung wiederkehren, sondern mit allen Zeichen ihrer Anwesenheit wahrgenommen werden, gibt dem Traum seinen Charakter als spezifisches Ereignis, aber auch als Moment eines wilden Denkens; schließlich kann sich im Unterschied von Wahrnehmung und Vorstellung die philosophische Initiation entfalten. Die Mantik bindet den Traum an einen besonderen Vorgang der Rezeption, der wie das Traumorgan bei Schopenhauer[4] ebenso von der sinnlichen Wahrnehmung unterschieden ist wie von der Einbildungskraft, während Platon das Traumproblem hervorgehen läßt aus der Beziehung, die der Traum zur Wahrnehmung unterhält. Der Zweifel an der Realität der sinnlichen Wahrnehmung geht vom halluzinatorischen Charakter der Träume aus und bestätigt sich dort.

»Du siehst also, daß es hier reichliche Gelegenheit zum Zweifel gibt, wenn sogar über das Verhältnis von Wachen und Schlafen Zweifel bestehen; und da wir nun etwa die gleiche Zeit wachen und schlafen, so verficht unsere Seele in jedem der beiden Zustände auf das Bestimmteste die Wahrheit dessen, was erscheint, so daß wir gleich lange dieses als wahr hinstellen und darin wieder jenes, und beides mit gleicher Kraft behaupten.« (*Theätet*, 158d; im folgenden ›*TT*‹, Stellen ohne Titelangabe beziehen sich auf *Theätet*.)

Den Zuständen der Seele, in denen wir träumen, ist die Wahrnehmung ebenso zugeordnet wie denen des Wachseins; ihr können wir Kriterien für einen Unterschied von Träumen und Wachen nicht entnehmen. Die Wahrnehmung überspringt die Grenze, die wir im Alltag zwischen Träumen und Wachen ziehen. Durch ihre Zuordnung zum Traum kann Sokrates die Wahrnehmung isolieren und ins Wissen einführen. Die lineare Zuordnung von Wahrnehmung und Wissen in der Form der ersten Aussage Theätets versetzt den Traum mitten ins Wissen, gemäß dieser Zuordnung ist er diskursives Element geworden. Die Wahrnehmung gehört dadurch zugleich dem Wissen und dem Traum an, und es gilt für Sokrates eine doppelte Grenze zu bestimmen: zwischen Wissen und Nichtwissen und zwischen Wissen und Traum. Aufgrund der doppelten Bestimmung der Träume, als Ereignis jenseits des Wissens, ihrer Struktur nach aber innerhalb zu sein, konstituiert sich im *Theätet* die philosophische Funktion der Träume in einer wechselseitigen Operation: die Träume ins Wissen einführen und sie zum defizienten Wissen machen; das defiziente Wissen zu Träumen machen und es aus der Ordnung des Wissens ausschließen. Auf diese Weise können die Unterschiede von Träumen und Wachen und von defizientem Wissen und Erkenntnis (epistéme) eine gemeinsame Struktur bilden und sich wechselseitig bezeichnen.

In das sophistische Argument von der Relationalität des Wissens setzt Platon den Traum ein, aber er geht darin nicht auf. Seine Zuordnung zum Wissen und zugleich zur Wahrnehmung erhält ihn als philosophischen Gegenstand der Bestimmung des Sensiblen und des Intelligiblen für die Konstituierung des epistemologischen Wissens jenseits der Zurückweisung der sophistischen Thesen. Nach und nach geht die Behandlung der sophistischen Themen über in die »gefährlichste Frage«, die Platon im *Theätet* stellen wird. Sie ist schon außerhalb des sophistischen Arguments, aber noch innerhalb des Traumarguments. In der Transformation von Theätets These in den Homo-mensura-Satz situiert Sokrates die Unterscheidung von Sein und Nichtsein ganz in der sinnlichen Wahrnehmung selbst.

»Wahrnehmung, behauptest du, sei Wissen?« (151e)
»Er (Protagoras) behauptet nämlich, der Mensch sei das Maß aller Dinge, der seienden, daß sie sind, der nichtseienden, daß sie nicht sind. Du hast diesen Satz doch gelesen?« (152a)
»Meint er es also nicht so, daß für mich alles so ist, wie es mir erscheint?« (152a)
»Das ›erscheint‹ ist aber doch so viel wie ›er nimmt wahr‹?« (152b)
»Denn wie jeder etwas wahrnimmt, so erscheint es auch für jeden zu sein.« (152c)
»Doch erwäge: Erklärst du das Sehen nicht für Wahrnehmen und den Gesichtseindruck für Wahrnehmung?« (163d)

In jedem Schritt engt Sokrates den Unterschied von Sein und Nichtsein immer mehr ein bis zu einem Punkt, an dem Wahrnehmung selbst der Unterschied von Sein und Nichtsein geworden ist: Das Sein ist in der Wahrnehmung gegeben, und es ist nicht, wenn wir es nicht wahrnehmen. Wenn wir es sagen, ist es schon ein anderes geworden.

»Ich frage dich also abermals, ob du damit einverstanden bist, daß nichts gut und schön und alles sei, was wir eben durchgegangen sind, sondern es immer nur werde?« (157e)

Das ist die Frage. Danach erscheint durch die Einführung von Wahnsinn und Traum die Möglichkeit, daß das Sein, auf das die Wahrnehmung geht, sich nicht nur in Werden und Bewegung auflöst, sondern überhaupt verschwindet: Wie können wir etwas wahrnehmen, was gar nicht anwesend ist? Das wäre hier die Gestalt der »gefährlichsten Frage«, die Sokrates später stellen wird. Für die These, daß alles anwesend ist, was uns erscheint, hat die explizite Einführung der Träume eine äußerste Konsequenz. Sokrates zögert nicht, die Wahrnehmung im Traum für falsch zu erklären, denn im Traum nehmen wir doch wahr, was gar nicht anwesend ist:

»Sokrates. Es fehlt aber noch das Kapitel von den Träumen und Krankheiten unter diesen vor allem von dem Wahnsinn, sowie alles, was wir als Gehörs- oder Gesichtstäuschungen oder sonst als Sinnestäuschung bezeichnen. Denn du sagst dir wohl, daß in allen diesen Fällen unser eben durchgesprochener Satz eine vollständige Widerlegung zu erfahren scheint, da uns in diesen Fällen zweifellos ›falsche Wahrnehmungen‹ gegeben werden, und weit entfernt, daß das, was einem jeden erscheint, auch sei, vielmehr im Gegenteil nichts ein Sein hat, was erscheint.« (158a)

Man muß auch hier noch einmal daran erinnern, daß Sokrates das maieutische Experiment auf dem Boden der sophistischen Argumentation ganz innerhalb der halluzinatorischen Struktur der Traumwahrnehmung hält; daß es sich nicht um einen logischen Fehler handelt, der aus der Verknüpfung von Elementen eines Kontinuums oder einer Klasse hervorginge, dafür steht der Ausdruck pseudeîs aisthéseis, »falsche Vorstellungen«. Er ist ganz im Sinne der Reduktion auf einen Ausdruck der Indifferenz gebildet und bleibt grundlegend für den ganzen Dialog auch für die Metaphern des Gedächtnisses vom Wachsblock und vom Taubenschlag im Rahmen der zweiten und der dritten These Theätets; aufgelöst wird er erst in Sokrates' Traum durch die Unterscheidung von Wahrnehmen und Bezeichnen. Mit dem ›Kapitel von den Träumen‹ erreicht die maieutische Behandlung der ersten These ihr Extrem, um schließlich sich in der Figur des Einäugigen zu verdichten. Das Wahrnehmungsexperiment hat zunächst folgende Resultate: 1. Träumend und wachend nehmen wir etwas wahr, das keine andere Bedeutung hat, als daß es wahrgenommen worden ist, das daher nicht ausreichend determiniert ist. 2. Die Tatsache halluzinatorischer Wahrnehmung können wir nicht überspringen, es handelt sich nicht um einen einfachen Fehler (des Verstandes), sondern um einen Zustand der Seele. 3. Die minimale Referenz ist dennoch ausreichend, um die Bilder der Wahrnehmung auf sprachliche Zeichen zu beziehen und sie wie sprachliche Zeichen zu behandeln.[5]
Sokrates hat die These Theätets, daß Wahrnehmung Wissen sei, auf die halluzinatorische Struktur der Träume übertragen, und er provoziert darin eine Spaltung zwischen Wahrnehmung und Gedächtnis. Das ist der metapsychologische Augenblick der Philosophie. Indem Sokrates das Sein, auf das die Wahrnehmung bezogen ist, verschwinden läßt, bezeichnet sich ein defizienter Zustand des Wachens, an ihn wendet sich die Maieutik. Diese Defizienz ist, wenn wir vom natürlichen Traum ausgehen, der spezifischen Situation der Traummantik doch äquivalent oder allgemeiner dem, was wir die therapeutische Situation genannt haben: Wir haben Zeichen im Bewußtsein zurückbehalten, die wir auf nichts beziehen können, es sei denn darauf, daß wir geträumt haben. Die Mantik thematisiert diese Defizienz nicht, weil sie die Seele als leeres Blatt und den Traum nicht als psychische Tätigkeit nimmt; sie deckt diesen Mangel des wachen Bewußtseins durch die futurale Amnesie zu und löst ihn in der Technik der Deutung auf. Von dem Augenblick an, in dem die Philosophie beginnt, den natürlichen Traum ins

Wachen zu verschieben und seine natürlichen Eigenschaften für das Wissen abzuschöpfen, um einen Zustand der Seele und des Wissens bezeichnen zu können, setzt sie sich all den Problemen aus, die der Traum oder der Wunsch dem Bewußten stellt; davor bewahrt die Mantik ihre Klienten im Schutz der mantischen Amnesie. Aber auch die Philosophie löst die Amnesie nur für einen Augenblick und in bestimmter Weise auf, solange sie das Projekt einer philosophischen Traumdeutung nicht begründen kann; sie ersetzt die futurale Amnesie der Mantik durch eine reflexive. Dennoch genügt dieser Wechsel von einer Form der Amnesie zu einer anderen, um dem Traum wenigstens für einen Augenblick, für einen hyperbolischen Augenblick, in dem die Philosophie sich selbst übertreibt, die Gestalt einer exzentrischen Erfahrung zu geben. Die Äquivalenz von mantischer und maieutischer Stellung zu den Träumen, die auf der Beziehung zum natürlichen Traum beruht, erlaubt es uns, das sokratische Spiel mit dem Träumer zugleich als immanente Kritik an der apollinischen Traummantik zu lesen; ebensosehr aber wollen wir den Einäugigen im strengen Sinn als Witz-Figur nehmen und ihn auf seine metapsychologische Bedeutung hin befragen als topologische Figur (nach dem Ausdruck seiner Dezentrierung); seine ironische Selbstauflösung im Dialog für einen Augenblick hinausschieben.

Sokrates hatte zunächst die Inhalte der Wahrnehmung von ihren Bezügen zum Realen isoliert, um dann dieses Etwas der Wahrnehmung, diesen Überschuß aufs Wissen zurückzubeziehen.[6] Die Einführung des Traums und der Mechanismus seiner Verschiebung machen es nötig, vom Präsens des immer bloß Anwesenden, das sich als verschwindende Gegenwart gezeigt hat, schon zur Erinnerung überzugehen; auf das, was auf merkwürdige Weise niemals anwesend ist oder doch, nur eben auf merkwürdige Weise wie im Traum; aber Sokrates führt die Erinnerung so ein, daß das Vergangene innerhalb der halluzinatorischen Zeit der Wahrnehmung bleibt. Jetzt ist der Traum nicht nur der Wahrnehmung und der Vorstellung zugeordnet, sondern zugleich der Erinnerung. Diesen Zustand der Seele, in dem wir wahrnehmen, vorstellen und uns erinnern, nennen wir im alltäglichen Verständnis »Wachsein«. Aber all diese Vermögen kommen auch der träumenden Seele zu. Philosophisch markiert dieses Wachsein, das sich vom Träumen nicht unterscheiden kann, einen defizienten Zustand des Wachens. An ihn richtet sich die philosophische Initiation. Zugleich verweist dieses mangelhafte Wachsein auf ein anderes Wachsein, auf einen besonderen Zustand der Seele, auf den göttlichen Wahn und auf einen vollen Sinn des Seins.

Für Platon kommt alles darauf an, das defiziente Wissen zu isolieren und die Wahrnehmung freizusetzen für die Beziehung, die sie zum Intelligiblen unterhält. Das Sein, auf das die Wahrnehmung geht, soll in der Maieutik verschwinden, um einem anderen Sein Platz zu machen, das weder im Imaginären noch im Realen fundiert ist: das volle Sein der Ideen. Dafür steht die vom göttlichen Wahn geleitete anámnesis der platonischen Metaphysik. Diese manische Wahrnehmung ist ebenso unterschieden vom natürlichen Bewußtsein wie vom natürlichen Traum, und dennoch ist sie ohne den Traum nicht darstellbar.

Der Einäugige

In der Bearbeitung der ersten These überspringt Sokrates die empirische Grenze der Träume (die topische Grenze) und überträgt ihren Modus aufs Wachen: Die Realität ist immer nur gerade das, was anwesend ist. Während er auf der einen Seite die Wahrnehmung selbst durch die Anwesenheit der Welt definiert, kann er diese Welt durch die Wahrnehmung stets wieder verschwinden lassen. Doch die Wahrnehmung ist nicht nur nach außen gerichtet auf das Sein der Dinge, sondern auch nach innen, auf das Sein der Rede. Die Welt, die so zum Gegenstand der maieutischen Realitätsprüfung wird, ist darum nicht nur sensibel, sondern immer signifikativ: eine Welt, in der die Dinge und die Worte nebeneinander liegen und darauf warten, wahrgenommen zu werden. Täuschen wir uns nicht: Was für einen Augenblick wie eine Traumlandschaft der Romantiker erscheint, ist ganz und gar platonische Philosophie, und wir werden ihr im Überhimmlischen Ort wieder begegnen (vgl. dazu auch den siebten Brief). Hier aber, in der Maieutik, hält diese Welt der Prüfung nicht stand und verschwindet; wenn auch nicht ohne diesen Rest, den die Philosophie Traum nennt. Denn der Traum erhält sich gegen die Erkenntnis als Zustand der Seele, in dem die Welt bedeutsam ist, ohne erkannt zu sein. Das Universum, heißt es bei Lévi-Strauss, sei mit einem Schlag signifikativ geworden, ohne daß es damit schon besser erkannt sei:

»Die Dinge haben nicht allmählich beginnen können, etwas zu bedeuten […]. So banal diese Bemerkung scheinen mag, ist sie insofern wichtig, als dieser radikale Wandel im Gebiet der sich langsam und schrittweise ausbildenden Erkenntnis keine Entsprechung hat. Anders gesagt, im Augenblick, da das gesamte Universum mit einem Schlag signifikativ geworden ist, ist es damit nicht schon besser erkannt […].« (Lévi-Strauss, *Einleitung*, 38)

Aber die Maieutik läßt diese Traumzeit nicht verschwinden, ohne sie noch einmal wiederholt zu haben, ein letztes Mal. Bis jetzt war die

Welt, die Theätet in seiner These provoziert hatte, durch die Wahrnehmung zugleich aufs Träumen und aufs Wachen bezogen, garantiert durch die Wahrnehmung: Alles, was wir wahrnehmen, wissen wir. Mit der Unterscheidung von Wahrnehmung und Erinnerung beginnt Sokrates die Wahrnehmung zu spalten und die Welt auf die beiden Augen zu verteilen. Immer noch gehören Wachen und Träumen gemeinsam der Wahrnehmung an, aber sie sind darin nur noch abstrakt aufeinander bezogen im Verhältnis einer exklusiven Disjunktion. Sokrates demonstriert dieses Spiel der Disjunktion an den Augen.

»S. Ist nicht nun nach unserem Satz der, der etwas gesehen hat, zum Wissen dessen gelangt, was er gesehen hat?
T. Ja.
S. Wie nun? Es gibt doch Erinnerung?
T. Ja.
S. An nichts oder an etwas?
T. An etwas natürlich.
S. Doch wohl an solche Dinge, die man lernte und die man wahrnahm?
T. Gewiß.
S. Erinnert man sich nun zuweilen an das, was man gesehen hat?
T. Ja.
S. Auch wenn man die Augen schließt? Oder hat man in diesem Fall die Sache vergessen?
T. Das wäre doch eine gewagte Behauptung.
S. Und doch macht unser früherer Satz, wenn wir ihn aufrecht erhalten wollen, sie notwendig. Wo nicht, da ist es um ihn geschehen.« (*TT*, 163 d–164 a)

Schließlich stellt Sokrates die »gefährlichste Frage«[7]:

»So lege ich denn die gefährlichste Frage vor. Es ist diese aber, meine ich, die folgende: Ist es wohl möglich, daß derjenige, der etwas weiß, was er weiß, zugleich auch nicht wisse?
Theodorus. Was sollen wir darauf antworten, Theätet?
T. Es ist unmöglich, wie mir wenigstens scheint.
S. Nein, wenn du wissen und sehen gleichsetzt. Denn wie willst du auf die verfängliche Frage antworten, wenn du, wie man sagt, in der Schlinge steckend, von einem dreisten Gesellen, der mit der Hand dein eines Auge zuhält, gefragt wirst, ob du mit dem zugehaltenen Auge sein Kleid siehst?
T. Ich werde sagen, mit diesem zwar nicht, wohl aber mit dem anderen.
S. Also siehst du doch zu gleicher Zeit dasselbe und siehst es auch nicht.
T. Auf gewisse Weise wohl.« (*TT*, 165 b–c)

Die Augen schließen, das heißt die Welt ausschließen, die der These gemäß die Realität der Wahrnehmung sichert; aber hinter den geschlossenen Augen beginnt nicht der Traum. Hinter den Augen ist nichts, solange wir das Sein als sinnliche Gewißheit nehmen, verschwindet auch sie, wenn wir die Augen schließen. Der Traum dagegen kann in dieser Struktur des Einäugigen überhaupt nur durch die geöffneten Augen bezeichnet werden, so daß auch auf diese Weise Realität verleugnet wäre: Das ist der ganz ins Wachen umgekehrte Traum. Aber es gibt auch noch den Traum des einen Auges, wenn die Funktion von Öffnen und Schließen je auf ein Auge verteilt wird: Mit dem einen Auge lassen wir die Welt dann verschwinden, während wir mit dem anderen träumen. Es ist diese Figur des Einäugigen, an die Sokrates die gefährlichste Frage stellt, immer wieder wird diese Frage auftauchen und später zu einem kombinatorischen Spiel von Wissen und Wahrnehmung führen. Es ist die radikalste Frage, die sich im Dialog stellen läßt, in der sich für einen Augenblick die Dezentrierung des Bewußten Gestalt gibt. In diesem Augenblick ist es denkbar, daß sich alles berühren könnte, was in der Disjunktion getrennt war: innen und außen, Wahrnehmen und Halluzinieren; wildes Denken und Erkenntnis; Traum, Wahnsinn und Krankheit stellen sich in ihrer Materialität dem einen oder dem anderen Auge dar. Darum erscheint zugleich die Frage, ob das defiziente Wissen Erkenntnis sei oder Nichtwissen. Es geht in dieser Frage der Ökonomie des Nichtwissens um die Verteilung des Überschusses, wie er sich dort artikuliert. Kommt dem, was wir hervorbringen und zugleich nicht dem Diskurs des Bewußten zuordnen können, Sinn oder Unsinn zu? Das ist die für den Dialog grundlegende Operation: das Nichtwissen zu verteilen auf ein Wissen und auf ein Außerhalb des Wissens: es einzuführen ins Wissen und es auszuschließen: das Wissen zu teilen. Wenn wir der Formel folgen, daß wir das, was wir wissen, zugleich auch nicht wissen, müssen wir entscheiden, ob wir das Nichtwissen der Möglichkeit eines Sinns zurechnen, der auf Wissen bezogen ist und den das Wissen einholen kann, oder ob wir das Nichtwissen von einer solchen Möglichkeit überhaupt ausschließen wollen.

Ordnen wir das Material der ersten These gemäß der Entscheidung, die der platonische Diskurs trifft: Die These selbst stellt ein defizientes Wissen dar, das sich durch die Dialektik des philosophischen Verfahrens aufheben läßt. Die sinnlichen Wahrnehmungen (der kalte Wind, der süße Wein), die Vorstellungen des Wahnsinns (Gott zu sein), die Bilder des Traums (fliegen zu können), die Zeichen der Krankheit (der bittere Wein, das Fieber), all das wird in seiner Gesamtheit den ídios kósmos des konkreten Individuums ausmachen. Die Empfindung des kalten Windes ist vom Wissen gleich weit entfernt wie die Wahrnehmung, daß wir fliegen, im Traum. Die Antwort auf die gefährlichste Frage entfaltet sich nicht an der Spaltung in Träumen und Wachen, sondern an der immanenten Unterscheidung von Stufen des Wissens. Man muß sehen, daß der ídios kósmos nicht deswegen ausgeschlossen wird, weil die Philosophie ihn zum Nichts machte; sie nimmt ihn sehr wohl als etwas, aber als etwas, das immer zu wenig determiniert ist, um im Denken wiederkehren zu können. Für einen Augenblick jedoch ist der Traum in der ganzen Fülle seines Unsinns gegenwärtig, als wäre der Einäugige eine Figur aus dem Theater Becketts, als wolle er uns, wie Wladimir, sagen, daß wir durch die Träume gespalten seien und daß die Welt immer über mehr Sinn verfügt, als es das wache Denken sich aneignen kann.[8] Nichts anderes sagt uns Freud.

Wunsch und Idee: das Reale

Man muß die Spannung des Einäugigen für den ganzen Dialog durchhalten, sie ist tiefer determiniert als nur in der Ökonomie des sophistischen Witzes. Und man muß der Versuchung wiederstehen, das Nichtwissen ausschließlich zum Thema der Dialektik oder der Ideenlehre zu machen. Nur so kann man die Auseinandersetzung zwischen wildem und epistemologischem Denken – die ja immer Gegenstand unserer Traumanalyse ist – in ihrer platonischen Gestalt erfassen, gerade auch in den Momenten, die das neuzeitliche Denken ausgegliedert hat. Aber diese Auseinandersetzung verläuft nicht nur im Verhältnis von epistemologischem und wildem Denken, sondern ist immer auf ein Drittes bezogen, das wir mit Freud das sekundäre Denken nennen; und sogar – im Sinne metapsychologischer Vollständigkeit – auf das primäre Denken als Viertes. Die Übertragung der Träume aufs Wissen und ihre Verschiebung ins Wachen erlaubt es, über einen Raum zu sprechen, der vor der Erkenntnis liegt und von dem sich die Erkenntnis unterscheiden muß, wenn sie das wahre Sein erfassen will. Der Unterschied von wahrem und defizientem Wissen verläuft jedoch durch diesen vorprädikativen Raum hindurch. Das defiziente Wissen kann das wahre Sein noch nicht in einer diskursiven Logik repräsentieren, das wahre Wissen nicht mehr. Der Raum, der durch die Träume benennbar wird, kommt unter einem doppelten Aspekt zur Sprache: Zum einen macht Platon aus den Beziehungen von primärem Denken (Traum) und sekundärem Denken ein wildes Denken, das er als Formation des Wissens anerkennt, auf seinen Unterschied zur Erkenntnis befragt und zurückweist, sofern es sich an die Stelle der Erkenntnis gesetzt hat, wie in der ersten These Theätets dargestellt; zum anderen bezieht Platon die Unbestimmtheit des sekundären auf die Leistungen des wilden Denkens und befragt es auf die Möglichkeit noematischer Qualitäten, dafür steht die vom göttlichen Wahn geleitete Wiedererinnerung ans wahrhafte Sein und eine schon eidetische Wahrnehmung.

Wo der Traum im erkenntniskritischen Diskurs der Philosophie auftritt, ist er von der Darstellung seiner Übertreibung nicht zu trennen. Im *Theätet* erscheint diese Hyperbolie im sophistischen Gewand. Aber der Sophismus ist nicht notwendiger, vor allem nicht hinreichender Ausdruck der Hyperbolie. Sie kann nur dargestellt werden unter der Bedingung, daß sie zurückweisbar und zugleich diskursiv kontrollierbar bleibt. Die Zurückweisung des Traumarguments an den Sophismus und des Traums an den Körper ist nur die andere Seite der konstruktiven Rolle, die der Traum in der Metaphysik spielt, sie ist Ergebnis des philosophischen Verfahrens – der Traumspiele – und keineswegs ihre Voraussetzung. Im *Theätet* ist dieses Traumspiel nicht weniger streng organisiert als in den *Meditationes*, dagegen ist es nicht vollständig, was mit der offenen oder aporetischen Form des Dialogs zu tun hat.

Wie sehr die Philosophie den Traum übertreibt, zeigt sich, wenn man ihn an seiner metapsychologischen Theorie mißt. Das maieutische und das metapsychologische Verfahren zur Prüfung der Realität funktionieren auf ganz unterschiedlichen Ebenen. Die Realitätsprüfung, die wir in der Metapsychologie vorfinden, ist ontogenetisch in der »Not des Lebens« verankert, sie ist von praktischer Bedeutung, wie Freud sagt, weil sie uns davor schützt, den Körper und seine Bedürfnisse imaginär aufzulösen, wie jener Wahnsinnige, von dem Foucault erzählt. Er glaubt tot zu sein und nimmt darum die Notwendigkeit zu essen, seinen Hunger wie eine Halluzination, weil die Toten ja nicht essen; bis man ihm in einer Theaterszene vorführt, daß es auch Tote gibt, die Nahrung zu sich nehmen und er schließlich diese Gewohnheit annimmt. In dieser äußersten Möglichkeit, die Realität zu verleugnen und das Leben zu verlieren, hat Freud die Realitätsprüfung fundiert, so daß uns der Fall dieses Wahnsinnigen wie eine metapsychologische Parabel des Befriedigungserlebnisses erscheint: Er hält im Wachen durch, was uns aus unseren Halluzinationen erwachen läßt (vgl. *Wahnsinn*, 337).[9]

»Halten wir uns noch vor, daß es von großer praktischer Bedeutung ist, Wahrnehmungen von noch so intensiv erinnerten Vorstellungen zu unterscheiden. Unser ganzes Verhältnis zur Außenwelt, zur Realität, hängt von dieser Fähigkeit ab. Wir haben die Fiktion aufgestellt, daß wir diese Fähigkeit nicht immer besaßen und daß wir zu Anfang unseres Seelenlebens wirklich das befriedigende Objekt halluzinierten, wenn wir das Bedürfnis nach ihm verspürten. Aber die Befriedigung blieb in solchen Fällen aus, und der Mißerfolg muß uns sehr bald bewogen haben, eine Einrichtung zu schaffen, mit deren Hilfe eine solche Wunschwahrnehmung von einer realen Erfüllung unterschieden und im weiteren vermieden werden konnte. Wir haben mit anderen Worten sehr frühzeitig die halluzinatorische Wunschbefriedigung aufgegeben und eine Art Realitätsprüfung eingerichtet.« (Freud, Bd. III, 188)

Zwar verfügt das Leben nicht ursprünglich über die Fähigkeit, zwischen außen und innen zu unterscheiden, was ja für die Wunschtheorie von großer Wichtigkeit ist, dennoch ist mit der Einsetzung des Realitätsprinzips auch die Realitätsprüfung gesetzt, so daß Freud sie (neben der Zensur) zu den großen Institutionen des Ich rechnen kann, wie es gleichfalls in der *Metapsychologischen Ergänzung* heißt. Hinter diese Realitätsprüfung gibt es kein Zurück außer im Traum und den pathologischen Formationen der halluzinatorischen Wunschpsychose der Amentia oder der halluzinatorischen Phase der Schizophrenie. Außerhalb dieser vollständigen Regression ist unser Verhältnis zur Realität in der Wahrnehmung auf der Ebene der materiellen Bedürfnisse gesichert. Aber die Gleichung außen=Wahrnehmung=real, die es im übrigen erlaubt, Wahrnehmung und Bewußtsein im topologischen Schema gleichzusetzen, hat für die Vorstellungen keine Entsprechung. Die Realitätsprüfung gilt vielmehr nur für das sekundäre Denken selbst, dem sie funktionell zugerechnet ist; sie sichert daher nur den Sekundärvorgang für sich, während sie den Wunsch oder den Primärvorgang nicht erfaßt; Realität und Realitätsprüfung bleiben unvollständig.

»Eine Wahrnehmung, die durch eine Aktion zum Verschwinden gebracht wird, ist als eine äußere, als Realität erkannt; wo solche Aktion nichts ändert, kommt die Wahrnehmung aus dem eigenen Körperinneren, sie ist nicht real. Es ist dem Individuum wertvoll, daß es ein solches Kennzeichnen der Realität besitzt, welches gleichzeitig eine Abhilfe gegen sie bedeutet, und es wollte gern mit ähnlicher Macht gegen seine oft unerbittlichen Triebansprüche ausgestattet sein. Darum wendet es solche Mühe daran, was ihm von innen her beschwerlich wird, nach außen zu setzen, zu projizieren.« (Freud, Bd. III, 189)

Aber die Realitätsprüfung ist nicht nur unvollständig, weil sie die Triebrepräsentanz nicht in vollem Umfang erfaßt, sondern auch, weil sie im ganzen – als Leistung des psychischen Apparats – wieder aufgegeben werden kann wie im Traum oder den pathologischen Formen (Amentia). Dennoch ist die Regression, sei sie pathologisch oder normal, keine Rückkehr zur ursprünglichen Regression, die Freud theoretisch als Fiktion gesetzt hat. Es ist gerade für den Unterschied zur metaphysischen Theorie der Träume, aber auch des Gedächtnisses von entscheidender Wichtigkeit zu betonen, daß Freud diese ursprüngliche Regression nicht zu den empirischen Zuständen der Seele rechnet und sie daher in keinem empirischen Zustand praktisch eingeholt werden kann. Aber das theoretische Gewicht dieser Fiktion richtet sich auch gegen alle Versuche, das Psychische auf den Körper zu reduzieren, denn das Scheitern der ersten Halluzination bewirkt, daß Trieb und Vorstellung jetzt Verbindungen eingehen können, die nicht mehr von den Bedürfnissen des Körpers geleitet sind, sondern vom Wunsch.

Der Sekundärvorgang setzt zwar einen Unterschied zwischen Wahrnehmung und Vorstellung, die der Wunsch wie eine Wahrnehmung besetzt hatte und verhindert so, daß die besetzte Erinnerungsspur auf die Wahrnehmung (bzw. das Wahrnehmungssystem ingesamt) übergehen kann. Er löst die Identität von Wahrnehmung und dem Objekt der Bedürfnisse auf der Ebene der Wahrnehmung auf, der Wunsch zielt auf die Identität des realen Objekts und erreicht stets nur eine Vorstellung, die ihm ähnlich ist. (Platon wird diese »Verwechslung« ins Feld führen, aber sie gilt, wie wir sehen, im strengen Sinn gerade für den Traum nicht.) Für die Wünsche gilt vielleicht am meisten, daß aufgeschoben nicht aufgehoben ist. Denn die Hemmung der primären Produktion bewirkt, daß das Ziel der Wünsche, den Vorstellungen Realität zu verleihen, aufgeschoben wird; sie setzt, indem der Wunsch die Wahrnehmung nicht erreicht, diese Nicht-Wahrnehmung als Unbewußtes. [10] Die aufgeschobenen und gehemmten Vorstellungen, die im Traum besetzt werden, kann die Realitätsprüfung nicht erreichen, sie lassen sich nicht wie reale Dinge zum Verschwinden bringen. Der Unterscheidung von innen und außen folgt mit dem Sekundärvorgang eine unaufhebbare Differenz, die sich durch die Hemmung der Wahrnehmung konstituiert und die darum selbst von der Wahrnehmung und dem Bewußtsein ausgeschlossen ist. Diese erste Verspätung, mit der das Denken beginnt, ist uneinholbar. Es bleibt ein psychischer Ort zurück, der die Bedingung erfüllt, anwesend und doch niemals im Bewußtsein präsent zu sein. Das Unbewußte ist nicht der Primärvorgang, es entsteht erst durch dessen Hemmung, es konstituiert sich als Differenz aller für die Metapsychologie überhaupt nur konstitutiven Elemente; dies gilt auch für die Differenz von topologisch und empirisch, von materieller und psychischer Realität. Dies gilt aber auch für den Primärvorgang, der für sich gerade keine topologischen Eigenschaften hat. Die entfaltete Topologie des VII. Kapitels geht schon aus der Differenz von primärem und sekundärem Denken hervor, so daß es ganz und gar unmöglich ist, die beiden Prinzipien des psychischen Geschehens außerhalb dieser Differenz zu bestimmen; ebenso ist es unmöglich, das Verhältnis von Trieb und Vorstellung außerhalb dieser grundlegenden und nicht reduzierbaren Differenz zu denken.

Wir können die Fiktion der ursprünglichen Regression als topologische Metapher einführen, um ein Strukturelement der Topologie der Psyche zu bezeichnen, das wir ihr aber dem Anspruch der Psychoanalyse gemäß nicht zurechnen können, insofern die Topologie empirische Zustände der Seele abbilden und nicht spekulativ sein soll. Durch diese strukturelle Metapher läßt sich auch das Verhältnis von ursprünglicher Regression und Traum bestimmen. Der Traum hat uns, wie es in der *Traumdeutung* heißt, eine Probe der primären Arbeitsweise des psychischen Apparats aufbewahrt und ist doch davon unterschieden: zum einen dadurch, daß der Traum die Realität vollständig (und absichtlich) verleugnet, während es der primären Regression ausschließlich um die Aneignung des Materiellen ging; zum anderen dadurch, daß der Traum die Befriedigung der Bedürfnisse des Körpers voraussetzt, während die primäre Regression diese Befriedigung zum Ziel hatte. Es ist gerade die radikale Verleugnung der Realität, die den Traum von allen pathologischen Phänomenen unterscheidet, sie erlaubt es Freud, die Träume als Vorgänge des Normalen zu interpretieren. Der Traum sei das Ebenbild des Seelenlebens vor der Anerkennung der Realität, heißt es bei Freud. In dieser Hinsicht ist die primäre Regression Traumzeit.[11] Sie geht dem Träumen ebenso voraus wie dem Wachen, doch begründet sie beides nicht, denn ihrem Wesen nach ist sie Reproduktion, jenseits derer es keinen Anfang gibt. Sie liegt darum weder auf einer empirischen noch auf einer logischen Achse. Um ihre metapsychologische Funktion zu erfüllen, muß sie im strengen Sinn Metapher bleiben, das entspricht ihrer doppelten Bestimmung, strukturell notwendig und real fiktiv zu sein. Davon hängt auch die Funktion des Unbewußten ab. Würden wir der Traumzeit einen empirischen Status geben, verlöre auch das Unbewußte den Effekt seiner radikalen Differenz zu dem, was dem Bewußtsein angehört; es würde selbst zur Metapher eines Noch-nicht-Bewußten werden und darin innerhalb der Metaphysik bleiben.

In der Figur des Einäugigen macht Platon die spezifische Situation des Träumers zur fundamentalen semantischen Beziehung, in der wir uns zur Welt verhalten. Im strengen Sinn können wir daher sagen: Er macht die Welt zum Traum. Entsprechend verlagert sich die philosophische Aufgabe von der Deutung der Träume zur Deutung der Welt. Die Analogie trägt noch ein Stück weiter, denn es zeigt sich, daß wir die Welt, indem wir sie wahrnehmen, auch schon bezeichnen, daß Wahrnehmung und Rede immer ineinander verschränkt sind. Daraus geht der Leerlauf der Wahrnehmung hervor, mit dem Sokrates spielt und worin er schließlich das Verschwinden der Welt provoziert. Aber der Rekurs auf den Traum erlaubt es, die Wahrnehmung auch gegen das Verschwinden des Realen zu erhalten. Auf diese Weise können wir Träumen und Wachen nicht voneinander unterscheiden, aber diese Nichtunterscheidung ist wesentlich, um zu zeigen, daß beiden Zuständen der Seele die Funktion zu bezeichnen zukommt, die ans

Sensible gebunden bleibt, nicht aber ans Reale. Betonen wir noch einmal, daß darin noch kein Wechsel von der Wahrnehmung zur Vorstellung impliziert ist, wie sehr wir das auch vom Stand der neuzeitlichen Philosophie erwarten könnten; Platon bezieht die Wahrnehmung noch nicht auf ein Ich, wohl aber schon auf die Innerlichkeit der Seele. Die möglichen Qualitäten, die Platon den verschobenen Traumzeichen verschaffen wird, werden weder im Wunsch liegen, noch in dem, was das »Institut der Realitätsprüfung« nicht erfaßt; denn beides verweist auf diese besondere Existenzform, wie Freud das Psychische nennt. Platon wird diese Zeichen auch auf eine Latenz befragen, aber auf keine psychische, wie wir von Freud aus sagen müssen, sondern auf eine eidetische; er wird die Wahrnehmung sich nicht wiederholen lassen, um Elemente des natürlichen Traums wiederzufinden, wie es die Grundregel der freien Assoziation verlangt, sondern von einer im strengen Sinn ästhetischen Wahrnehmung zu einer eidetischen übergehen.

Bilder und Schreckensbilder

Wir nehmen die verschobenen Traumzeichen zunächst als eídola auf; man muß ihre besondere ontologische Qualität im Rahmen der Maieutik bestimmen, die nicht im dialektischen Verhältnis von Sein und Schein aufgeht, wie es im *Sophistes* vorgeschlagen wird. [12] Ihre eigentliche Funktion auf der Ebene des platonischen Traumdiskurses erfüllen diese Zeichen erst im Rekurs auf die mantischen Zeichen, die im *Theätet* als téras (prodigium) wiederkehren. Die Spaltung der Wahrnehmung in der Figur des Einäugigen ist nicht mehr im natürlichen Verhältnis von Träumen und Wachen fundiert, sondern Ergebnis des maieutischen Verfahrens; sie ist hergestellt worden. Das ist der wunderbare Augenblick, in dem Sokrates das Denken verwirrt (aporeîn) und die Elemente der Rede »aus ihrem Ort« nimmt: átopos. Die Atopie des Erstaunens ist dem defizienten und nicht dem latenten Sinn zugeordnet, sie wendet sich ans sekundäre Denken. Das Erstaunen Theätets gilt nicht dem Unsinn, der irgendwo in der Welt ist; der Maieutiker hat diesen Unsinn in der Rede des Bewußten provoziert und das Bewußtsein leer laufen lassen: gelenktes Erstaunen, darin ist der Maieutiker selbst Thaumurg, Überraschungskünstler. Diese Arbeit des Maieutikers ist in der eigenartigen ontologischen Struktur der eídola fundiert.

Im *Sophistes* bestimmt Platon eídolon als »irgendwie seiend« (ón pos), aber »nicht wahrhaft seiend« (óntos ón); es heißt dort – und man wird diese Definition auch für den *Theätet* in Anspruch nehmen können: »Nicht seiend, also nicht wirklich ist das, was wir ein Bild nennen?« (240b). In der Frage, welcher Realitätsgrad eídolon zukommt und damit, ob es mit »Bild« angemessen übersetzt sei, stellt sich erneut die Beziehung zur Ideenlehre als Problem. Es kommt aber darauf an, den Grad an Realität, den eídolon bezeichnen kann, für es selbst zu thematisieren (nicht nur, um darin die Metapsychologie der Traumzeichen oder der Vorstellungsrepräsentanz philosophisch erfassen zu können, sondern auch, um die Maieutik in ihrer Eigenständigkeit zu bestätigen). Wenn man Bild oder Abbild im Sinne von homoíoma übersetzt, bindet man eídolon zu sehr an einen eidetischen Grund, der den Bildern vorausginge und schränkt den Rahmen der maieutischen Operation ein; so könnte man die konstruktive Rolle der Traumallegorie nicht verstehen. Aber auch, wenn man wie Cornford in seinem Kommentar das Eidolon-Problem ausschließlich von der Scheinproduktion der sophistischen Trugbildnerei her sieht, kommt dieser besondere Realitätsgrad philosophisch nicht zur Geltung. Man wiederholt darin das ontologische Problem der platonischen Philosophie selbst, und das heißt schließlich festzustellen – was dann Cornford auch tut –, daß der Sinn von »nicht-seiend« in der Definition von eídolon wiederum nicht ausreichend geklärt sei (*Theory*, 322 f.).[13] Dagegen scheint uns für die Analyse der Maieutik der Vorschlag Burnets, den Conford zitiert, noch am ehesten geeignet, die Differenz zwischen ón pos (oder mè ón) und óntos ón in ihrer konstruktiven Rolle zu verstehen, der sophistischen Bildkunst ebenso wie der Maieutik:

»The image is not the reality, indeed, and the reality is not the image, but that involves no difficulty. We are dealing with a particular art, that of Image-Making, and in it ›not real‹ has a perfectly definite and positive signification. The ›not real‹ is not the unreal, but just the image, which *is* quite as much as that of which it is the image.« (*Theory*, 322)

Ganz in diesem Sinn wollen wir eídolon mit »konkretes Zeichen« übersetzen; keineswegs, um die Ontologie in eine Semiologie zu überführen, sondern, um deutlich zu machen, daß für das Eidolon-Problem das Verhältnis von Bild und Begriff thematisch ist; Thema des wilden Denkens, wie wir es bei Lévi-Strauss aufgenommen haben.

Die Auflösung von eídolon in diese Relation erlaubt es zu verstehen, daß es im *Theätet* eine Schicht gibt, die ohne Beziehung auf die Ideenlehre ist. Das schließt nicht aus, die Ideenlehre in den Problemen, die uns der *Theätet* stellt, zu reformulieren oder Übergänge zum *Sophistes* herzustellen. Es geht jedoch darum, diese spezifische Form des Denkens zum philosophischen Gegenstand zu machen; schließlich an die Metapsychologie weiterzugeben und schon dort die Momente zu finden, die sich der platonischen, aber noch eher der neuzeitlichen Rationalität entziehen und doch zugleich konstitutiv sind für die platonische Struktur der epistéme. Nur so läßt sich die Funktion des Traums in seinem Verhältnis zum Wissen verstehen. Sie gilt ebenso wie die Funktion der eídola für den gesamten Ablauf des *Theätet* und nicht nur für die erste These oder gar nur für die Stellen, in denen der Traum auf der manifesten Ebene des Dialogs erscheint. Die Maieutik hat es wie die Mantik mit einem Verhältnis zu tun von primärem Denken, das sich als Modus der Seele in der konkreten Individualität äußert, und dem wilden Denken, das sich als historische Formation des Wissens äußert in der Geschichte der Gattung. Wir beziehen die Maieutik auf drei Ebenen: auf die doppelte Regression, die dem Verhältnis von primärem und sekundärem Denken entspricht, und schließlich auf die pathologische Ebene, die nicht nur dem metapsychologischen, sondern jedem Traumdiskurs implizites Thema ist und Differenz, zu der er sich konstituiert. Wir haben in der Maieutik schon den Punkt, wo sich mit der Entstehung der epistéme, das Feld dessen, was man später Humanwissenschaften nennt, aufzuteilen beginnt in einen therapeutischen Diskurs (Pathologie), einen anthropologischen (wildes Denken) und einen psychologischen (primäres Denken). Bei Platon bilden diese drei Ebenen gleichermaßen den Grund des Noematischen und geben der Philosophie einen einheitlichen Gegenstand, der sich von den Träumen bis zum göttlichen Wahn erstreckt.

Vom metapsychologischen Standpunkt aus erscheint das wilde Denken an zwei verschiedenen Orten: einmal dort, wo es Gegenstand der philosophischen Praxis ist wie in der Maieutik oder der cartesianischen Meditation; zum anderen dort, wo diese Praxis selbst zum wilden Denken wird, um dem Wissen einen Zugang zu dem zu verschaffen, was es nicht selbst erzeugt hat und worauf es doch angewiesen ist. Das ist das manische oder hyperbolische Moment der Philosophie, in der das Denken sich vom Realitätszwang befreit: apollinisch nach der Analogie des Traums oder dionysisch nach der Analogie des Rauschs.

Der Einäugige ist fundiert in der Allegorie des Traums, und wir nehmen ihn zugleich als metapsychologische Figur. Im Wahrnehmungsexperiment hatte Sokrates das Sein, auf das die Wahrnehmung geht, verschwinden lassen und darin den Traum im Wachen provoziert. Übriggeblieben waren nach dieser ersten Realitätsprüfung nicht nur der natürliche Traum, sondern Zeichen, die ihre Referenz nur in sich selbst zu haben schienen. Wir bleiben auf dem Boden der Traumallegorie, ganz in den logischen Grenzen des *Theätet* und in der Immanenz des Nichtwissens; auf dem Boden der maieutischen Gegenstände, unter der Voraussetzung allerdings, daß es sich nicht bloß um Elemente der privaten

Rede handelt, sondern daß sie schon als wildes Denken organisiert sind: immer schon in der Funktion, primäres und sekundäres Denken auszugleichen und den Wunsch oder das unendliche Spiel der Bezeichnungen einzuschränken, um darin erst das Logische zu stiften. Die Maieutik nimmt die eídola als téras, sie läßt den Traum dort erscheinen, wo ihn das Bewußtsein nicht erwartet hat. Im Inszenieren der Überkreuzung von Traum und Wissen ist das maieutische Verfahren Thaumurgie und Sokrates ein Überraschungskünstler.[14] Dieses Wunder der Überraschung unterhält selbst auf der etymologischen Ebene noch Beziehungen zu jenen Augenblicken, in denen der Diskurs Theätets umkippt. Was dort erscheint, das »Wunder«, »Unding« oder »monstrous conclusion« (163 d, 164 b) wie es bei Schleiermacher, Apelt und Fowler heißt, ist mehr, als daß es nur logisch keinen Sinn macht, weil es auf der Seite des manifesten Diskurses nicht bestimmt ist. Gerade das sind die Traumstellen: téras, wie Platon die Kreuzungspunkte nennt, verweist nicht nur in seiner Etymologie auf die interne Mantik des Platonismus und darin auf die Krise des Prophetischen. Es ist ursprünglich der Stern, das himmlische Zeichen, dann das Vorzeichen, Götterzeichen, das Wunder ganz im Sinn von prodigium; und schließlich das Schreckensbild, der Zauber oder das Ungeheuer; teratóskopos ist der Zeichendeuter, der Wahrsager wie thaumasiourgós oder thaumatopoiós, was hier noch nachzutragen ist, auch Gaukler heißt. Wir übersetzen téras wie prodigium mit »verschwenderische Signifikanz«. Aber Platon nimmt die wunderbaren Zeichen nicht mehr wie die Mantik als signifikativen Überschuß oder als überdeterminierten Sinn. Er schließt sie in dem Maße aus, wie er ihnen einen epistemologischen Wert zumißt. Dieser Übergang von der prophetischen zur epistemologischen Struktur der Signifikanz hat nicht nur für den Traumterm Konsequenzen, sondern ist zugleich selbst Konsequenz aus der veränderten Stellung der Träume zur Seele.

1. Jetzt wird es möglich, den Traum von seiner Deutbarkeit oder von der Praxis einer Traumdeutung abzuspalten. Das heißt nicht notwendigerweise, der (technischen) Traumdeutung überhaupt ihre Legitimation abzusprechen, wohl aber ihre philosophische Relevanz.

2. Der Abspaltung von der Traumdeutung parallel verläuft eine Spaltung des Sinns oder eine Reduktion von Signifikanz: In den Träumen stellt sich weder eine Zukunft noch ein Wunsch dar, sondern ein spezifischer Modus innerhalb des Wissens.

3. Das Verhältnis von Träumen und Wachen verliert seine Symmetrie, wie sie in der (apollinischen) Mantik vorausgesetzt war unter der doppelten Bedingung, daß die Träume niemals mehr an Sinn haben können

als es der Deponie an Traumsignifikaten entspricht und als sich im Realen erfüllen kann. Die Mantik ist davon ausgegangen, daß nicht nur der Traum in der Welt sei, sondern ebensosehr seine Erfüllung. Jetzt aber kann das Verhältnis von Träumen und Wachen auf Stufen des Denkens bezogen werden; von diesem Augenblick an kann es eine Teleologie des Erwachens geben.

4. Der Traum rückt an die äußerste Grenze des Wissens, um diesseits des Denkens ein Undenkbares zu bezeichnen. Das ist der erste Aspekt, von dem Foucault spricht (vgl. *Mon corps*, 585). Dabei kann der Traum selbst wiederum psychische Qualität annehmen und den Wahnsinn oder die Verrücktheit (Hegel) vertreten unter einem logischen oder demonstrativen Aspekt, wie es bei Foucault heißt, also innerhalb des Wissens. In dem Maße, wie das Denken im Verhältnis zum Undenkbaren bestimmt wird, ist es notwendig, einen praktischen Zugang zum Ungedachten zu finden. Das ist der zweite Aspekt, von dem Foucault spricht: der Traum als philosophische Praxis, um das Jenseits des Denkens im Wissen zu sichern.

5. Auf diese Weise kehrt die Traumdeutung in die Philosophie zurück.

6. Wenn der Traum nicht mehr auf seine Prophetie, sondern auf die Totalität des Wissens oder der Seele bezogen wird, kann ihm die Funktion zukommen, pathologischer Ausdruck oder Ausdruck des Pathologischen zu sein. Seine philosophische Valenz erhält dieses pathologische Moment keineswegs dadurch, daß die Philosophie den ídios kósmos der konkreten Individualität, die sinnliche Gewißheit, in der er ruht, zur pathologischen Form machte; er entsteht dann, wenn die philosophische Initiation die Gesamtheit des determinierten Wissens überschreiten will und sich dem Risiko des Ungedachten aussetzt: nicht, um von der Krankheit zur Gesundheit zu kommen, sondern vom defizienten Wissen zur Erkenntnis.

Wachsblock und Taubenschlag: Metonymie und Metapher

Die erste These Theätets war in der Figur des Einäugigen zugrunde gegangen, in ihr hatte Sokrates der Wahrnehmung das Sein entzogen und die Welt, die in der These abgebildet war, auf die Diskontinuität der Augenblicke reduziert. Erst in der zweiten These stellt sich das Problem der Kontinuität oder der Verknüpfung von Elementen. Aber entgegen dem Anschein, daß die dóxa alethés schon die Qualität von Urteilen habe, wird Platon zeigen, daß auch hier eine Unterscheidung von Rede und Urteil noch nicht möglich ist, daß wir es demgemäß weiterhin mit Rede zu tun haben. Die Verknüpfungen, die Sokrates jetzt durchspielt, geben den wilden Zeichen wohl eine Referenz, zugleich aber wird deutlich, daß die Erzeugung von »Aussagen« nicht syllogistischer Art ist, sondern daß es sich um Modi der natürlichen Seele handelt. Die Traumallegorie erstreckt sich keineswegs nur auf die Wahrnehmung, sondern ebenso auf die Rede. Dennoch wird Sokrates die anderen Thesen immer wieder auf die Form der ersten reduzieren, denn in dieser ersten These hat er alles gefunden, was er braucht. Um das Wissen vor den Träumen zu schützen, muß er ihnen eine Referenz verschaffen, die unterhalb des Intelligiblen liegt. Diese Forderung wird eingelöst durch die Bestimmung bloß ästhetischer oder theorematischer Zeichen, die nur sind, insofern sie wahrgenommen werden. Diese Zeichen verfügen gerade über soviel an Realität, daß sie wohl der natürlichen Seele angehören, ihnen aber keine eidetische Qualität zukommt. Der platonische Realismus den Träumen gegenüber unterscheidet sich vom mantischen nur dem Grad nach. Auch für Platon verweisen die Träume auf einen Sachverhalt der Welt und nicht auf eine psychische Realität wie für Freud. Der futuralen Amnesie entspricht die reflexive Amnesie der Philosophie in ihrem Effekt: Auch den Philosophen soll der Traum an nichts erinnern, und der Traum geht darum wie im Futur der Mantik in der Reflexionsbestimmung des Wissens auf.

Verfolgen wir die weiteren Bestimmungen des defizienten Wissens an den beiden Metaphern des Gedächtnisses und an Sokrates' Traum. Die zweite These provoziert die Frage nach der Möglichkeit falscher Urteile, Platon führt das Postulat der Wertdefinitheit im Rahmen der sophistischen Argumentation ein, wir könnten keine falschen Urteile bilden, weil ihnen kein Sein entspreche. Alle drei Instanzen, an denen Sokrates den Realitätsgehalt der Bilder prüfen wird, haben die Aufgabe zu zeigen, daß wir auf dem Stand der zweiten (und der dritten) These zwischen wahr und falsch noch nicht systematisch unterscheiden und daher Urteile immer schon verwenden, sie aber noch nicht erzeugen können; zu zeigen ist schließlich, daß wir davon Verknüpfungsmodi des Seelischen unterscheiden müssen, die sprachlich verfaßt sind. Im Wachsblock dehnt Sokrates die Wahrnehmung auf die Erinnerung aus und gibt dem immer bloß verschwindenden Sein einen ersten Halt; wir können diese diskontinuierliche Welt reproduzieren, ohne sie dadurch in ihrem diskontinuierlichen Charakter zu verändern. Ausdrücklich führt Sokrates noch einmal die Figur des Einäugigen an, bevor er die mögliche Genese falscher Vorstellungen erörtert.

»S. Wer also, im Besitz eines gewissen Wissens, etwas betrachtet, was er sieht oder hört, der dürfte, wenn du acht haben willst, auf folgende Weise zu falscher Meinung (Vorstellung) kommen.

T. Auf welche?

S. Indem er das, was er weiß, bald für das hält, was er weiß, bald wieder für das, was er nicht weiß. Denn das war es, dessen Unmöglichkeit wir früher zugaben, ohne zu diesem Zugeständnis berechtigt zu sein.« (*TT*, 191 e)

Die Metapher des Wachsblocks ist ganz im Stil der einäugigen Struktur gehalten; die Kombinatorik ist vollständig tautologisch, sie beruht auf der doppelten Nicht-Unterscheidbarkeit von Wissen und Wahrnehmung und von Wahrnehmung und Vorstellung, indem sie die Vorstellung auf Anwesenheit, d. h. auf Wahrnehmbarkeit reduziert. Für jede einzelne der Kombinationen nimmt Sokrates stets von neuem diese doppelte Nicht-Unterscheidbarkeit in Anspruch. Der Wachsapparat funktioniert zum einen unter der Bedingung, daß er ursprünglich leer ist; zum anderen darin, daß alle Erinnerungsspuren gleichzeitig reproduzierbar sind.

»S. Nimm also zum Zweck unserer Untersuchung an, in unserer Seele befinde sich eine wächserne Tafel [...]. Diese Tafel soll uns nun ein Geschenk der Mutter der Musen, der Mnemosyne heißen; auf diese Tafel, so nehmen wir an, drücken wir ab, was wir im Gedächtnis behalten wollen von dem, was wir sehen oder selbst denken, indem wir sie unseren Wahrnehmungen und Gedanken als Unterlage dienen lassen, ähnlich wie bei dem Abdruck von Zeichen der Siegelringe.« (*TT*, 191 d)

Diesen Bedingungen gemäß hat der Wachsblock die Funktionen von Wahrnehmen und Erinnern gleichzeitig zu leisten. Er unterscheidet nicht zwischen innen und außen, sondern nur zwischen Wahrgenommen- und Nicht-Wahrgenommenwerden. Die Wahrnehmungen kommen und gehen, das ist ihre einzige Qualität. Der Apparat kann zwischen Wahrnehmen und Erinnern nicht unterscheiden, die Vorstellung ist jeweils das, was wir wahrnehmen, so daß aus der Verknüpfung der Wahrnehmung mit einem Engramm immer nur dieselbe Wahrnehmung hervorgeht oder aber eine, die sich gewinnen läßt, indem wir sie auf eine andere beziehen, die zugleich dem Wissen, also der Wahrnehmung angehören muß. In dem Maße, wie der Wachsblock an das Sein der Bilder gebunden bleibt, die durch Assoziation verknüpft sind, können die Bilder nicht falsch sein, denn sie bleiben außerhalb der Urteilskraft. Darin äußert sich schon die Erbunschuld der Vorstellung, wie sie die Tradition seitdem immer wieder beschworen hat, bis Freud die Vorstellung zum Ort der Bedeutung, aber auch der Verkennung macht. Von einer Wahrnehmung zur anderen übergehend, kann der Apparat nur Wahrnehmungen reproduzieren, er verfügt also, Geschenk der Mnemosyne, über kein Gedächtnis.

Das in der ersten These bezeichnete Nichtwissen ist defizient in der Weise, wie es Kontexte durch die Verknüpfung dessen, was gerade anwesend ist, erzeugt. Durch die Einführung dieser Kontiguitätsrelation kann Sokrates die Differenz von Wahrnehmungsinhalten und Traumtext vermitteln. Die Verknüpfung der Wahrnehmungen von »Wind« und »kalt« zum Satz »der Wind ist kalt« hat ebenso wenig eine Referenz im Sein wie die Traumvorstellung »ich habe Flügel und fliege«. Beides ist gleich weit vom Wissen entfernt, ganz analog den unbedeutenden Träumen der Mantik ordnet Platon die Wahrnehmung dem Körper zu; entsprechend gehört die Kontiguitätsrelation den unteren Funktionen der Seele an. In der Metapher vom Wachsblock trägt Sokrates insofern der zweiten These Theätets Rechnung, als die Erzeugung von Vorstellungen überhaupt abgebildet werden kann. Wenn wir diese Metaphern des Gedächtnisses unter dem Aspekt der Erzeugung von Zeichen betrachten, zeigt sich, daß mit dem Wachsapparat nur die Assoziationen zwischen Vorstellungen dargestellt werden können; wobei der Wachsblock dadurch, daß alle Vorstellungen im Brennpunkt des Wahrnehmbaren zusammenfallen, nur Kontiguitätsbeziehungen herstellen kann: immer nur Metonymien des Seins. Auf dem Niveau des Wachsblocks können wir weder falsche Vorstellungen erzeugen, noch den Begriff einer falschen Vorstellung bilden: Immer bleibt die Rede traumhaft.[15] Tatsächlich ist dieser Apparat nicht in der Lage, die Traumproduktion abzubilden, er bleibt auf der Ebene der Reproduktion empirischer Gegenstände; die Dauerspuren, die die Wahrnehmung hinterläßt, konstituieren Wissen, aber keine Erkenntnis. Deutlich wird aber noch einmal, daß Freud niemals von empiristischen Gedächtnisapparaten solcher Art ausgegangen ist, auch im *Entwurf* nicht, selbst dort ist das Psychische nicht in den Engrammen niedergelegt, sondern darstellbar nur in den Bahnungsdifferenzen. Darin unterscheidet sich der Wachsblock Platons vom Wunderblock.[16] Es zeigt sich aber umgekehrt, daß Platon den Traum als defizienten Verknüpfungsmodus auf die semantische (und in diesem Zusammenhang keineswegs rhetorische) Fähigkeit bezieht, Metonymien zu erzeugen in einer Welt, die als unendlicher Kontiguitätsraum erscheint.

In der Metapher vom Taubenschlag löst Sokrates das Vorbewußte, die jederzeit reproduzierbaren Erinnerungsspuren, wieder vom direkten Zugang zur Wahrnehmung und thematisiert den Zugang zum Gedächtnis selbst. Wie der Wachsblock ist auch der Taubenschlag leer »in unserer Kinderzeit«.[17] Die ungeteilte Reproduzierbarkeit der Engramme ersetzt Sokrates durch die Unterscheidung von Erwerben und

Besitzen. Nach und nach erwerben wir die Tauben, an deren Stelle wir nach Sokrates' Anweisung Wissensgebiete einsetzen sollen.

»S. In der Kindheit, muß man sagen, sei dieses Behältnis leer, und statt der Vögel muß man sich Erkenntnisse denken. Welche Erkenntnisse nun einer in Besitz genommen und in seinem Schlag eingesperrt hat, von denen sagt man, er habe die Sache, deren Erkenntnis dies war, gelernt oder gefunden, und dies sei eben das Wissen.
T. So soll es sein.« (*TT*, 197e)

Dieses Wissen umfaßt nicht mehr nur empirisch gegebene Gegenstände, sondern schon Aussagen, Urteile, Verstandesoperationen wie diejenigen des Rechenkünstlers, die Sokrates erwähnt; »Wissensstücke«, die wir gelernt haben. Der Taubenschlag ist der Quantität nach reichhaltiger als der Wachsblock, der Qualität nach logisch differenzierter und nicht mehr auf die Präsenz sinnlicher Gegenstände von außen angewiesen; so daß sich zum ersten Mal der Zugang zum Gedächtnis, zu empirisch nicht gegebenen Gegenständen, als Problem stellt. Wie der Wachsblock die Erinnerungen auf die Wahrnehmung ausgedehnt hat, dehnt sie der Taubenschlag noch einmal auf die Meinung oder Vorstellung (dóxa) aus.

Der Analogie von Tauben und Erkenntnissen gemäß soll das Erwerben der Tauben dem Lernen entsprechen, ihr Besitz dem Wissen. Die Unterscheidung von Lernen und Wissen bleibt ohne Konsequenz für die Konzeption des Gedächtnisses: es ist wie der Taubenschlag nur Behälter. Diesen passiven Mechanismus des Wissens spielt Sokrates gegen die Aktivität von Lernen und Wissen aus. Wenn der Taubenschlag gefüllt ist, wird er zum geschlossenen System, das sich nur noch mechanisch reproduziert. Wir können nicht mehr lernen, was wir schon wissen; wir können nicht wissen, was wir nicht wissen, da wir immer nur Wissen erwerben.

»S. Danach nun fragte ich eben vorher, mit was für Worten man das ausdrücken soll, wenn der Rechenkünstler darangeht, etwas auszurechnen, oder der Sprachkundige, etwas zu lesen; als ein Wissender also geht er in diesem Fall wieder, um von sich selbst zu lernen, was er weiß?
T. Aber das ist ja ungereimt, Sokrates.
S. Sollen wir also sagen, er lese oder rechne, was er nicht wisse, nachdem wir jenem doch zugeschrieben haben, daß er alle Buchstaben, diesem, daß er alle Zahlen wisse?
T. Aber auch das ist ja unvernünftig.« (*TT*, 198e–199a)

Hier wirkt die Traumallegorie direkt ein, sie hatte uns schon darauf vorbereitet, daß wir auch empirisch nicht gegebene Gegenstände wie reale nehmen, wenn wir träumen. Tatsächlich macht diese zweite Ausdehnung auch plausibel, daß die mögliche Verwechslung von Traum und Realität sich nicht nur auf die Bilder bezieht, sondern auch auf die Rede:

»Denn was wir jetzt gesprochen haben, das können wir ebensogut auch im Traum zu sprechen glauben; und wenn wir im Traum Träumerisches zu sprechen meinen, so ist ganz wunderbar, wie ähnlich dies jenem ist.« (*TT*, 158c)

Vor allem aber entnehmen wir beiden Metaphern, daß Platon das Verhältnis von Traum und Realität nicht als abstraktes Verhältnis faßt, sondern als Beziehung von Sein und Anderssein, wenn auch hier diese Relation noch nicht dialektisch als Selbstunterscheidung des Logischen bestimmt ist, sondern in der Logik des Ästhetischen, und darin unterläuft Platon die sophistische Pointe, das Nichtsein der Bilder müsse unbestimmbar bleiben oder immer schon wahr sein. Die Traumallegorie hat den Effekt, daß die Verknüpfungsmodi der Seele in der noch vom Urteil ununterschiedenen Rede im Wachen auch für das Verhältnis von Traum und Realität selbst gelten. Das ist zum einen die metonymische Relation, die der Wachsblock darstellt: Verknüpfung aller Zeichen, die im Kontinuum der Wahrnehmung anwesend sind. Es ist zum zweiten die metaphorische Relation, die der Taubenschlag darstellt, seinen Voraussetzungen gemäß können wir dort schon die Erzeugung von Metaphern abbilden: Verknüpfung von Zeichen, die in der Wahrnehmung gegeben sind, mit Zeichen des Gedächtnisses. Man versteht, daß Platon darin den Träumen soviel an Rationalität verschafft, daß die Traumallegorie erkenntnistheoretisch relevant werden kann; aber auch, daß die Träume zum Gegenstand naturphilosophischer Theorie werden können wie im *Timaios;* schließlich, daß Platon die semantischen Eigenschaften der Träume auch für die Erzeugung mythologischer Ontologien in Anspruch nehmen kann, was ja den Status der Naturphilosophie bei Platon selbst betrifft; es betrifft aber auch die Isolierung von epistemologischen Trieben (wenn man das auch mit Rücksicht auf Nietzsche sagen kann) aus dem unvernünftigen Teil der Seele wie den éros oder den enthusiasmós.

In diesen beiden Beziehungen sind die Grenzen angegeben, nach denen sich Bilder verknüpfen oder erzeugen lassen, ohne falsch werden zu können. Natürlicher Irrtum, der in den Funktionen des Körpers und natürliche Wahrheit, die in der Gesundheit des Körpers begründet ist, garantieren gemeinsam die Unschuld der Vorstellungen. Ich kann wohl Sokrates mit Theodorus verwechseln, aber dieser Irrtum bleibt innerhalb der natürlichen Eigenschaften der Wahrnehmung, innerhalb eines natürlichen Raums der kleinsten und der größten Entfernungen, wie Descartes sagen wird; natürlicher und nicht psychischer Raum, darin ist auch schon platonisch die Grenze zum Wahnsinn bestimmt. Wenn ich mich für Gott halte, ist darin die Grenze der Natürlichkeit des Körpers und seiner Gesundheit überschritten. Beide Metaphern nehmen die Seele als Aufnahmeorgan der Zeichen wie die Mantik den Träumer; weil weder im Wachsblock noch im Taubenschlag der Ursprung der Zeichen abgebildet werden kann, stellen sie nicht das Wissen, sondern immer noch den Traum dar. Der Taubenschlag wäre eine solche Stelle, von der Apelt anmerkt, daß der Dialog vom Standpunkt der Ideenlehre aus einen anderen Verlauf hätte nehmen können. Aber dann wäre der *Theätet* auch nicht mehr der maieutische unter den Dialogen Platons. Abgesehen jedoch von diesem Wunsch der Leser, der immer auch der Wunsch Theätets ist, endlich von den Metaphern zum Wissen zu kommen, unterhalten die Metaphern des defizienten Sinns sehr wohl Beziehungen zu denen des vollen Sinns. Für Platon folgt aus der Indifferenz von Wahrnehmung und Wissen nicht die Notwendigkeit, Bewußtsein und Gedächtnis, Wahrnehmen und Erinnern auf getrennte Systeme zu verteilen; denn diese Indifferenz stellt nur so lange einen defizienten Ausdruck dar, wie das Wahrgenommene in der Anwesenheit die einzige Referenz seiner selbst hat und sich nicht als Wiedergefundenes erweisen kann. Das gilt jedoch nicht für alles, was ist, nicht einmal für alles, was wahrgenommen werden kann. Die Traumallegorie und alle Metaphern des defizienten Sinns schließen die Wahrnehmung als Ort authentischer Erfahrung nicht aus, gemäß der Hierarchie des Seins kehrt sie als voller Term in den Diskurs zurück und mit ihr die Idee einer vollen Präsenz oder die volle Präsenz der Idee. Dann ist das Wissen nicht nur Wahrnehmung, sondern zugleich auch Erinnerung. Die Gedächtnislosigkeit des defizienten Wissens kann durch die Eigenschaften der anámnesis mehr als ausgeglichen werden. Die vierte Leistung des Wahnsinns (manía) hat Platon ausdrücklich der anámnesis gewidmet. Wenn die Seele in den Überhimmlischen Ort zurückkehrt, gehen in diesem traumlosen Schlaf des Körpers die Funktionen von Wahrnehmung und Erinnerung ineinander über. Jetzt ist es nicht mehr das bloß verschwindende, sondern das wahre Sein der Ideen, auf das die Wahrnehmung geht. Auf diese Weise erfüllt sich die These Theätets, daß Wissen Wahrnehmung sei, im Überhimmlichen Ort, der ausdrücklich kein Ort der Träume sein soll. Was in der anámnesis erscheint, sind nicht die individuellen Bilder des Träumers, wie sie die Psychoanalyse aufnimmt, sondern das Allgemeine, das als sinnliche Gewißheit erscheinen kann. Diese Überkreuzung von Erinnern und Wahrnehmen entspricht der Struktur nach dem Traum der individuellen Seele, wie Freud ihn analysiert hat.

Zurückverwiesen auf die Wahrnehmung scheitert auch die zweite These. Die dritte These, Erkenntnis sei Vorstellung verbunden mit Erklärung (dóxa alethès metà lógour), bringt ein neues Moment ins Spiel, das man in der Unterscheidung von expressiv und analytisch fassen könnte. Es hatte sich erwiesen, daß die Wahrnehmung kein zureichender Grund für die Erkenntnis ist (wobei, um noch einmal daran zu erinnern, sich Wahrnehmung niemals nur auf die sinnlichen Eindrücke empirisch gegebener Gegenstände beschränkt, sondern immer auch die halluzinatorische Traumwahrnehmung umfaßt); damit fällt auch die argumentative Möglichkeit weg, die Erkenntnis an die Stelle der Wahrnehmung zu setzen. In der dritten These wird die wahrnehmende Rede, die sich ihrer Funktion gemäß auch auf die dóxa erstreckt in ihrer Expressivität anerkannt; lógos soll nicht an die Stelle der wahrnehmenden Rede treten, sondern hinzukommen, sie selbst soll zum Gegenstand rationaler Erklärung oder einer Analyse werden. Damit stellt sich das für jede Traumdeutung unumgängliche Problem, wie der Unsinn der Träume als Muster nicht-rational erzeugter Gegenstände, rationaler Erklärung fähig sein könne. Platon wird diese Frage nicht teleologisch lösen und den Traum an die Natur zurückgeben (an die Hebammen), sondern ihn in der Seele belassen, um ihn nach expressiven Kräften zu befragen, in denen sich nicht der ídios kósmos darstellen würde, sondern das wahrhafte Sein.

Als Maieutiker sucht Sokrates in den Reden Theätets keine Signifikate; er findet dort keinen verborgenen Sinn, keinen Wunsch. Er läßt den vollen, und das heißt hier traumhaften Gebrauch der Sprache in sich leer laufen und sich in ihrer halluzinatorischen Struktur wiederholen. Denn trotz der Fortschritte in der zweiten und dritten These bleibt doch die erste These für den Dialog verpflichtend, sie zeigt die Grenzen an, die er nicht überschreitet. Die Aufgabe des Maieutikers besteht darin, den Traum zurückzuweisen: den natürlichen Traum in seine Natürlichkeit als Zustand der Seele; den verschobenen Traum als defizientes Wissen. Die Defizienz dieses Wissens liegt genau dort, wo Hebammenkunst und Maieutik auseinandertreten und zugleich in der Metaphorik des Gebärens aufeinander bezogen bleiben; im doppelten Übergang vom Körper zur Rede zum einen, zur Seele zum anderen. Für jeden Zyklus von der Fülle der Rede zur aporetischen Leere, in der ihre Referenzen verschwinden und sie reduziert ist auf ihre abstrakte und darum halluzinatorische Präsenz, nimmt Sokrates das Denken Theätets als wildes Denken, das noch auf die Natürlichkeit des Gebärens bezogen bleibt. Dennoch bringt es nichts Natürliches hervor, darum kann auch das wilde Denken immer schon die Gestalt theoretischen Wissens haben, wie Sokrates es in seinem Traum vom theoretischen Status der Träume vorführt.

Wenn Platon den Träumen einen Platz im Wissen anzuweisen beginnt, geht er von den natürlichen Träumen aus. Zwar könnte er die Träume in die Geltung der medizinischen Diagnostik überstellen, die platonischen Traummetaphern funktionieren jedoch gerade als Ausdruck der affektiven Zustände der Seele. Weder die Mantik noch die Medizin können im strengen Sinn Traumallegorien erzeugen. Der Ort, an dem die Allegorien entstehen, ist von der Art einer Überkreuzung von Träumen und Wachen, von Wahrnehmen und Wissen. Im Schnittpunkt erscheint etwas, das ohne zureichenden Grund ist: ein »Ortloses« (átopos), wie Sokrates einmal sagt. Der Traum kann diese Stelle besetzen, weil es hier schon um eine Theorie des Subjekts oder der Innerlichkeit geht. Das Traumargument der Philosophie lebt davon, daß der Realitätsgehalt der Traumbilder zweifelhaft ist. Das erlaubt es, den Traum zu verschieben, um schließlich den Realitätsgehalt des wahren Seins zu bestimmen.

Das gilt weder für die Mantik noch für die Medizin, denn beide haben den Traum in festen Referenzen gesichert: Der traumerzeugende Gott ebenso wie der Leib im Verhältnis seiner Krankheit und seiner Gesundheit machen es unmöglich, daß der Traum ins Wachen überspringen könnte, und der Klient der Mantik ist darum durch die futurale Amnesie ebenso vor jeder Übertragung ins Wachen geschützt wie der Patient es durch die somatische Amnesie ist. »Es ist ja nur ein Traum«, das ist die Formel, in der die Mantik die Träume an Gott, die Medizin an den Leib zurückverweist. »Es ist ein Traum, ich will ihn weiterträumen«, das ist die Formel, die Nietzsche in *Die Geburt der Tragödie* dem naiven Künstler zuweist. Sie gilt für einen Augenblick auch für den philosophischen Träumer, selbst wenn er sich seiner Lust am Schein nicht lange erfreuen wird, selbst wenn er nur mit einem Auge träumen kann. Der Einäugige ist Figur der Überkreuzung von Träumen und Wachen. Wenn Platon ihn zur Witzfigur macht, erfüllt er seine Funktion desto mehr, der Witz entsteht Freuds Theorie entsprechend in der Überkreuzung von primärem und sekundärem Denken: dort, wo sich der Traum im Denken fortsetzen kann. Der Struktur der Überkreuzung ist die »gefährlichste« (165 b) aller Fragen zugeordnet, die sich im Dialog überhaupt stellen lassen, sie gefährdet sogar den philosophischen Diskurs selbst. Ihre Sprengkraft erhält sie aus der sprachlichen Natur des ídios kósmos, denn die Träume sind ja in diesem Spruch Heraklits nicht zum Nichts des Sinns geworden, sondern zum Ausdruck der Seele.

»Und wahrlich, Sokrates, es ist sehr schwierig, durch was für ein Kennzeichen man es beweisen soll. Denn es folgt ganz genau auf beiden Seiten dasselbe. Denn was wir jetzt gesprochen haben, das könnten wir ebenso gut im Traum zu sprechen glauben; und wenn wir im Traum träumerisch zu sprechen meinen, so ist ganz wunderbar, wie ähnlich dies jenem ist.« (*TT*, 158 c)

Platon setzt immer schon voraus, was in der dritten These dann thematisiert wird, daß die Tatsachen der Wahrnehmung, Tatsachen der Rede seien. Der Unterschied von Wahrnehmen und Erkennen ist bezogen auf die Relation wahrnehmen / bezeichnen / erkennen. Und für Platon stellt sich zum ersten Mal die Aufgabe, die Diskursivität von den Ausdrücken der Seele zu unterscheiden und aufeinander zu beziehen. Der Übergang vom Wahrnehmen zum Bezeichnen erlaubt die Übertragung der Träume aufs Wissen. Es ist nicht die Wahrnehmung, die den Traum zum philosophischen Gegenstand macht, sondern die Wahrnehmung in ihrem Verhältnis zur Traumerzählung. Im Unterschied von Traum und Traumerzählung liegt die Möglichkeit für Allegorien des Traums. Sie setzt, um funktionieren zu können, den Unterschied von Träumen und Wachen nicht voraus, sondern die gemeinsame Teilhabe von Träumen und Wachen an der Rede. Erst von dem Augenblick an, in dem wir zu sprechen beginnen wie Theätet, sind wir nicht mehr sicher, ob wir das, was wir jetzt sagen, geträumt haben. Das entlastet das philosophische Traumargument von jedem sophistischen Schein und gibt ihm alle Rechte des philosophischen Ausdrucks zurück. Man wird ihn aber nur finden, wenn man nicht dort sucht, wo er auf der manifesten Ebene des Diskurses erscheint. Darum ist der Einäugige nicht nur durch die Wahrnehmung, sondern zugleich durch die Sprache gespalten: Es hilft nichts, wenn wir die Augen schließen, um der immer schon signifikanten Welt zu entgehen; was wir wahrnehmen, wenn wir die Augen schließen und zu träumen beginnen, die Traumzeichen, gehören immer noch der Sprache an. Die Sprache ist jenseits jeder möglichen Unterscheidung von Träumen und Wachen, sie habe, heißt es bei Lévi-Strauss, nur auf einen Schlag entstehen können, aus diesem diskontinuierlichen Schlag zieht das philosophische Traumargument seine Bedeutung.

»Welches auch der Augenblick und die Umstände ihres Erscheinens auf der Stufe des animalischen Lebens gewesen sein mögen – die Sprache hat nur auf einen Schlag entstehen können. Die Dinge haben nicht allmählich beginnen können, etwas zu bedeuten [...] Anders gesagt, im Augenblick, da das gesamte Universum mit einem Schlag signifikativ geworden ist, ist es damit nicht schon besser erkannt, selbst wenn es wahr ist, daß das Erscheinen der Sprache den Rhythmus der Entfaltung der Erkenntnis jäh beschleunigen mußte. Es gibt also in der Geschichte des menschlichen Geistes einen fundamentalen Gegensatz zwischen dem Symbolismus, der den Charakter von Diskontinuität trägt, und der Erkenntnis, die durch Kontinuität gekennzeichnet ist. Was folgt daraus?« (Lévi-Strauss, *Einleitung*, 38)

Auf der Ebene der dritten These Theätets, daß Wissen mit Erklärung verbundene Vorstellung sei, ist schließlich Sokrates' Traum die Stelle, wo wir platonisch das Verhältnis von Signifikanz und Rationalität thematisieren können. Wir haben angenommen, daß die Traumallegorie stets im natürlichen Traum verankert bleibt und beziehen darum Sokrates' Traum auch zugleich auf den natürlichen Traum und seine Allegorie.[18]

»S. So vernimm denn Traum für Traum. Mir ist nämlich, als hätte ich von einigen gehört, daß die ersten Elemente (prôta stoicheîa), aus denen wir selbst und alles andere zusammengesetzt sind, keine Erklärung (lógon ouk échoi) zulassen [...] denn sie könnten nur mit ihrem Namen genannt (onomázein) werden, da dieser allein ihnen zukomme. Das aus ihnen Zusammengesetzte dagegen sei selbst schon ein Verknüpftes (péplektai), so seien auch die Namen, weil verknüpft, zur Rede (lógos) geworden; denn eine Verknüpfung der Namen sei das Wesen der Rede.« (*TT*, 202 a–c)

Im natürlichen Traum nehmen wir etwas wahr. Wir können das, was wir wahrnehmen, wohl benennen, aber nur in seinem Eigennamen. Es hat darum – von der Traumdeutung aus gesprochen – theorematischen Charakter: Wahrnehmen und Benennen fallen unterschiedslos zusammen. Wahrnehmbar und auch benennbar, sind diese Urelemente doch álogos (201d), d. h. ohne Referenz, ohne die Möglichkeit, logische Klassen zu bilden, die zu Gattungsbegriffen führen könnten. Von der Maieutik aus gesprochen erscheinen diese Urelemente in ihrer Funktion als téras: wilde Zeichen. Sie werden ohne Referenz bleiben, bis Freud ihren eigenartigen Status als Elemente eines primären Denkens bestimmen kann. Es kommt darauf an, die Urelemente als »concrete individual things in nature« zu nehmen, wie Cornford sagt, um sie der Wahrnehmung zurechnen zu können. Daß die Traumwahrnehmungen von dieser Qualität sind, ist im Traumargument vorausgesetzt; daß wir im Traum die Dinge halluziniert haben, erscheint dort als unzureichender Unterschied des Sensiblen selbst. Hier wird noch einmal deutlich, daß Platon die allegorischen Träume der Mantik ablehnt, die Träume selbst aber in ihrer Teilhabe am Sensiblen der Seele zurechnen kann. Es ist gerade der Realismus der platonischen Traumtheorie, der es erlaubt, einen Traumterm des defizienten Wissens zu bilden und die mantische Traumdeutung zu kritisieren. Im Traum nehmen wir etwas wahr, das keineswegs dadurch, daß wir es halluziniert haben, ohne Bezug auf die

Realität wäre. Wir können das, was wir wahrnehmen, immer auch benennen, insofern kann der Traum als Traumerzählung in die Erinnerung übergehen. Daß wir das, was wir wahrnehmen, nur im Namen benennen können, schließt nicht aus, daß wir die einzelnen Elemente nicht verknüpfen, also vom Einfachen zum Zusammengesetzten übergehen könnten. Das Traumargument setzt ja voraus, daß wir von jeder Wahrnehmung zur Rede übergehen können, und zwar – um es noch einmal zu betonen – unabhängig davon, ob wir das Wahrgenommene halluziniert haben oder nicht. Es ist die Wahrnehmung, die uns soviel an Realität garantiert, daß sie in der Erinnerung wiederkehren und in der Rede erscheinen kann. Es zeigt sich schon hier, daß die Übersetzung von lógos mit Rede ihre Schwächen hat, platonisch können wir den Term einer nicht-logischen Rede denken, ganz abgesehen davon, welchen Gebrauch Platon selbst davon macht. Wir halten in diesem Term das platonische Moment eines wilden Denkens fest: Platon rechnet mit einer Rede, die aus wahrnehmbaren und verknüpfbaren Elementen besteht, einer rationalen Erklärung nicht zugänglich ist und dennoch den Gegenstand der Maieutik ausmacht.

Aber wir haben darin schon die zweite Bestimmung der Traumtheorie (für die wir Sokrates' Traum nehmen) übersprungen, dergemäß ja die zusammengesetzten Elemente rational sind. Man muß in der Pointe dieser Rationalität, die der Rede durch die zweite Bestimmung zukommt (die ihrerseits rational nicht erklärbar ist), das Problem sehen, das der Unsinn der Träume für die Erkenntnis darstellt. Das betrifft nicht nur den natürlichen Traum, sondern alle Reden, die im Sensiblen begründet sind. Und es betrifft nicht nur die empirische Tatsache dieser Reden, sondern alle Diskurse, die sie zum Gegenstand machen wie die Mantik oder die antike Medizin; dann alle Diskurse, die Ginzburg unter dem Titel »Indizienwissenschaften« zusammmgefaßt hat; gegen die Gesamtheit dieser Diskurse hat sich schließlich das epistemologische Konzept Platons durchgesetzt.[19] Wenn man den sokratischen Traum als ironische Darstellung einer Theorie des wilden Denkens nimmt, funktioniert diese Ironie gerade in der ungleichen Verteilung der Rationalität auf das Einfache und das Zusammengesetzte; wenn man für einen Augenblick die Ironie der Rationalität umkehrt und die zweite Bestimmung von der ersten löst, zeigt sich, wie nahe diese zweite Bestimmung einer Theorie des wilden Denkens ist, deren Grundsatz lauten würde: Das Komplex-Sensible ist rationaler Erklärung fähig, weil seine Eigenschaft, komplex zu sein, bereits auf etwas verweist, das nicht zugleich in der Wahrnehmung anwesend ist. Dann könnte man nicht mehr zur ersten Bestimmung zurückkehren, sondern müßte die Eigenschaft des Sensiblen, komplex zu sein, auf die Urelemente ausdehnen oder anders gesagt, das Sensible als signifikant nehmen. Wie wenig dieses sophistische Spiel dem sokratischen Traum äußerlich ist, zeigt sich, wenn wir vom Traum zum Wahnsinn übergehen. In den Reden der Prophetin in Delphi, der Priesterinnen von Dodone oder der Sibylla (die Platon im *Phaidros* erwähnt) haben wir es mit nicht-rational erzeugten Reden zu tun, die dennoch rationaler Erklärung fähig sind; und schließlich erscheinen im Wahn der Wiedererinnerung als der vierten Leistung des Wahns, die Platon im *Phaidros* anführt, die wahrgenommenen Elemente immer schon als komplexe und daher rationaler Erklärung fähig.[20] Wie sehr das Thema der Rationalität des Sensiblen trotz der Zurückweisung von Sokrates' Traum im *Theätet* für Platon unabgeschlossen ist, dafür liefert uns der *Sophistes*, der ja in vielem die Fortsetzung des *Theätet* ist, eine Reihe von Beispielen, gerade auch in der Diskussion der ontologischen Eigenschaften des Bildes, die man schon im *Theätet* erwartet hätte.

Der Übergang von Einzelnem und Zusammengesetztem ist logisch unvermittelt und doch in der Traumallegorie zusammengehalten durch die doppelte Tatsache von natürlichem Traum und natürlicher Sprache. Im defizienten Wissen überschreiten wir die natürliche Grenze der Träume und machen die theorematischen Zeichen zu Elementen des Diskurses, indem wir, so könnte es an dieser Stelle heißen, Namen und Begriff verwechseln. In der Kennzeichnung als wahre Vorstellung, die Anteil am Diskurs habe, findet das defiziente Wissen seine bestimmteste Formulierung, die ihm durch die Teilhabe an der Sprache zukommt. Mehr kann Platon dem defizienten Wissen nicht geben, und darum erschöpft sich im Traum des Sokrates die Traumallegorie. Es zeigt sich hier noch einmal, daß das philosophische Traumargument ganz in der Möglichkeit der Traumerzählung ruht. Weil die Bilder des Traums, die wir doch nur halluziniert hatten, in Sprache übergehen können, müssen wir nicht nur die Wahrnehmung, sondern auch die Sprache einer Realitätsprüfung unterziehen; müssen wir die Zeichen der Wahrnehmung danach befragen, ob wir sie bloß halluziniert haben, ihnen eine Anwesenheit verschafft haben, die ihnen nicht zukommt. Das ist das Geschäft der Maieutik.

Die Kinder der Seele.
Maieutik und Hebammenkunst

Als Realitätsprüfung kommt der Maieutik eine eigenständige philosophische Funktion zu, die wesentlich analytisch ist. Gegenstand dieser Analyse sind die Formen des vor-wissenschaftlichen Wissens, und zwar immer, insofern sie im Bewußtsein der konkreten Individualität erscheinen oder sich dort wiederholen. Außerhalb dieser praktischen oder therapeutischen (in dem Sinn, in dem wir vom Therapeutischen als Bestimmung innerhalb der Struktur überschüssiger Signifikanz gesprochen haben) ist die Maieutik nicht mehr ausreichend von anderen Verfahren der platonischen Philosophie wie der Dianoetik oder der Dialektik zu unterscheiden. Wenn Sokrates – im *Menon* ebenso wie im *Theätet* – die Meinung über ihn zitiert, daß »ich der wunderlichste (átopos) aller Menschen wäre und alle in Verwirrung brächte« (aporeîn), entspricht das der analytischen Funktion der Maieutik, das manifeste Wissen zu dezentrieren bis zu jenem aporetischen Punkt, der dann Nichtwissen heißt.[21] Aber man faßt dieses Nichtwissen zu kurz, wenn man es nur als Demonstration des Nichtwissens des Wissens nimmt; das wäre ein noch immer zu rationalistischer Blick, der übersieht, daß dieses Nichtwissen nicht nur authentisches Thema der platonischen Philosophie ist, sondern selbst in die Konstitution des Rationalen eingeht. Wenn man der Maieutik ihre analytische Rolle zurückgibt, läßt sich jede abstrakte Trennung von Nichtwissen und Wissen, von rational und nichtrational auch außerhalb der Unterscheidung von Mythos und Logos, die Platon selbst getroffen hat, auf allen Ebenen der platonischen Philosophie aufheben und neu bestimmen. Das betrifft insbesondere die Anamnesistheorie, in ihr drückt sich die Verspätung der wissenschaftlichen Erkenntnis gegenüber einem schon immer bedeutungsvollen Sein aus, sie beschreibt aber den Weg, der hinter diese Verspätung zurückführt, das ist der Weg über die affektiven Zustände der Seele zum Sein der Formen, den nur die einzelne Seele gehen kann.[22] Es ist von daher plausibel, wenn Cornford in der Anamnesistheorie den Versuch Platons sieht, zwischen der Maieutik und der Ideenlehre Übergänge herzustellen. Auf diese Weise kann Platon das Wissen, das die Maieutik aufgelöst und zum Nichtwissen gemacht hat, zu einem latenten Wissen machen, das ebenso wie das sokratische Nichtwissen auf eine Praxis bezogen werden kann. Wenn man das Verhältnis von anámnesis, Maieutik und Idee (oder Form im Sinne von eîdos) nach dem Vorschlag Cornfords anordnet, zeigt sich, daß der Weg zu den Ideen nicht über den einfachen Gegensatz von defizientem und noematischem Wissen führt, sondern stets auf ein Drittes bezogen werden muß, das wir mit Freud das sekundäre Denken genannt haben. Von diesem Denken ist das defiziente ebenso unterschieden wie das noetische, wenn auch nicht im gleichen Maß. Man versteht, daß Platon das Nichtwissen des Bewußten auf ein Wissen des Nicht-Bewußten beziehen kann; aber auch, daß die Maieutik wie alle anderen Momente der platonischen Philosophie in der Einheit der

Seele begründet ist, in der schließlich für Platon der Gegensatz von sokratischer Praxis und der Ideenlehre immer schon aufgehoben war.

In dem Maße, wie die Maieutik innerhalb der Traumallegorie bezeichnet ist, unterscheidet sie sich von der Traumdeutung, wie sie sich auch von der Hebammenkunst unterscheidet; und man kann sagen, in einem Verhältnis der Homologie. Das Träumen rechnet Platon zu den empirischen Zuständen der Seele, zur natürlichen Seele. Die mantischen Traumdeuter wie die Hebammen haben es mit den Hervorbringungen der Natur zu tun; die Maieutik dagegen immer schon mit dem Wort und der Bedeutung; mit dem Term eines Traums, der vom Wissen bestimmt ist und nicht mehr mit dem natürlichen Traum. Sie stellt die Fragen, die Traumdeuter und Hebammen ausschließen, sie hebt den Verzicht der Hebammen auf, nach dem Ursprung zu forschen und hält den Unsinn der Träume, den traumhaften Überschuß, den der Traumdeuter am Wissen vorbei von der Nacht in die Zukunft gerettet hat, im Wachen fest. In diesem Übergang provoziert die Maieutik eine Spaltung der Wahrnehmung und der Rede, setzt eine Dezentrierung des Wissens in Gang, wie Platon sie in der Figur des Einäugigen illustriert hat. Er ist eingespannt ins Verhältnis von sekundärem, wildem und noematischem Denken und darin doch so wenig eine Figur des unglücklichen Bewußtseins. In der Theorie der Maieutik interpretiert Sokrates die Regeln des Dialogs, indem er das Verfahren der Hebammen rekonstruiert. Für die Bestimmung, daß nur solche Frauen Hebammen werden dürfen, die nicht mehr gebärfähig sind, gibt er eine mythologische Erklärung: Durchs Erlöschen der Gebärfähigkeit nähern sich die Frauen der Göttin Artemis an, der reinen Amme, die selber nicht gebären kann. Im Unterschied zur Hebammenkunst soll die Maieutik:

»Männern Geburtshilfe leisten,
Sorge tragen für die gebärenden Seelen,
unterscheiden zwischen Trugbild (eídolon) oder Falschem und Fruchtbarem oder Wahrem.« (*TT*, 150c)

Durch die Mythologie der Hebammenkunst hatte Sokrates in das quasi natürliche Verhältnis von Gebären und Helfen schon eine kulturelle Differenz eingeführt durch die Göttin Artemis, die das Verfahren rein realisiert. Zwar beruft Sokrates sich auf seine Mutter, wenn er behauptet, die gleiche Kunst wie sie auszuüben, in der Differenz von Hebammenkunst und Maieutik fallen Sokrates aber die Eigenschaften der Artemis zu. Er selbst realisiert rein das Verfahren der Maieutik; die Vermittlung durch Gott schränkt diese Selbstrealisation nicht ein, sondern bestätigt sie.

»Sokrates. Das Größte an unserer Kunst ist dieses, daß sie imstande ist, zu prüfen, ob die Seele des Jünglings ein Trugbild und Falsches zu gebären im Begriffe ist oder Fruchtbares und Echtes. Ja, auch hierin geht es mir wie eben den Hebammen: ich gebäre nichts von Weisheit und was mir bereits viele vorgeworfen haben, daß ich zwar fragte, selbst aber gar nichts über irgendetwas antwortete, weil ich nämlich nichts Kluges wüßte zu antworten, darin haben sie recht.« (*TT*, 150c)

Der doppelte Wechsel vom Körper zur Seele und von der Frau zum Mann ermöglicht den Übergang von der Rezeption zur Produktion; er erlaubt – wenn wir in der Metaphorik von Gebären und (Er-)Zeugen bleiben – die Frage nach dem Vater, die ja ausdrücklich nicht in die Kompetenz der Hebammen fiel. An die Stelle der Hebamme, die ihre Grenzen überschritte und den abwesenden Vater zum Gegenstand machte, setzt Platon den Mann. Er, von Natur aus nicht gebärfähig und darin wie Artemis, eignet sich die natürliche Differenz von Gebären und (Er-)Zeugen an und hebt sie im Denken auf. Tatsächlich erscheint der Vater im Übergang vom Mutter- zum Vaterrecht, wie Bachofen gezeigt hat (*Das Mutterrecht*, z. B. 36a, 257a) in dieser Rolle. Weil er im Prinzip nicht sicher sein kann, wer der Vater des Kindes ist, das seine (Ehe-)Frau gebärt, muß er sich als Vater bestätigen lassen, indem er nach dem Namen des Vaters fragt, um dem Kind seinen Namen geben zu können; während für das Mutterrecht Rezeption und Legitimation ununterschieden sind und daher das Erzeugen selbst ohne Bedeutung ist. Bachofen hat an zahlreichen Stellen des platonischen Werks Spuren des Übergangs vom Mutter- zum Vaterrecht entdeckt; wenn man die Maieutik selbst nach solchen Spuren befragt, versteht man, daß die femininen Eigenschaften in den Rollen von Maieutiker und seinem Klienten die Arbeitsteilung zwischen Mann und Frau in der Sexualität wiederholen für die Genese des Wissens. Es geht in der Bewegung der Metapher des Gebärens nicht nur um die einfache oder abstrakte Beziehung von Rezeption und Produktion, sondern um die Teilung der Produktion in natürlich und intelligibel; weil der Seele selbst diese doppelte Produktion zukommt, muß die Maieutik sie wiederholen, um sicherzustellen, daß sie nicht mehr der natürlichen Produktion angehört und dennoch auf sie bezogen bleibt. Dabei ist es gerade die Spannung zwischen der Sicherheit der Frau über ihr Kind und der Unsicherheit des Mannes in seiner Rolle als Vater, die für die Maieutik von Interesse ist. In der These, daß Wahrnehmung Wissen sei, nimmt Theätet diese Sicherheit der sinnlichen Wahrnehmung in Anspruch, und solange sie sich in ihrer Geltung erhalten kann, ist die Maieutik dem Geschäft der Hebammen am nächsten. Es wird auch deutlich, daß die Rede von der gebärenden Seele angemessen ist, insofern sie das Moment der natürlichen

Produktion bezeichnet; unangemessen aber, insofern die Seele zugleich jenseits dieser natürlichen Produktion ist. Das Verhältnis dieser beiden Seiten der Produktion überschneidet sich im Namen. Er gehört nicht mehr der Natur an, aber auch noch nicht dem Begriff. Im Namen wird das Kind als Individuum bezeichnet, ebenso aber auch der Traum. Von ihm heißt es in Sokrates' Traum, daß wir träumend immer nur Singularitäten wahrnehmen, die wir mit Namen belegen können: Für Platon sind die Träume die Kinder der Seele. Die Metapher der Geburt ist zugleich Geburt der Metapher selbst, wenn wir darunter die Fähigkeit von sprachlichen Zeichen verstehen, auf etwas zu verweisen und seine konkreten Eigenschaften auf etwas Abwesendes zu übertragen; sie liegt im Schnittpunkt der Funktionen von Benennen und Bezeichnen, die beide ebenso sprachliche Funktionen sind. Bezogen aufs natürliche System des Gebärens, ist das Kind nicht Metapher, es gibt keine Signifikate zu suchen. Die Hebamme, der das Kind Metapher wäre, überschritte ihre Kompetenz. Was Theätet gebärt, geht im natürlichen System nicht mehr auf, denn es sind diskursive Einheiten.

Bildwert und Zeichenbeziehung: die Urelemente

Im *Theätet* wird die Maieutik als Theorie konstituiert und zugleich als praktisches Verfahren eingeführt. Darum kann das Traumargument nicht in seiner sophistischen oder erkenntnistheoretischen Lösung aufgehen. Wir nehmen es als Grund der Maieutik selbst. Wir haben von der *Traumdeutung* aus immer schon vorausgesetzt, daß jede theoretische Frage nach dem Traum von einem doppelten Aspekt bestimmt ist: die Träume nach ihrem Sinn befragen und das bewußte Denken nach der Möglichkeit eines anderen Sinns; zugleich aber auch, daß sich dieser doppelte Aspekt in der Form eines Bruchs oder einer Spaltung darstellt: zwischen Traum und Realität und in der Realität selbst. Wir finden daher in allen Traumdiskursen diese »Grundkonstellation des Menschen« wieder, von der es bei Lévi-Strauss heißt, wir verfügten über zu viele Bezeichnungen für die Objekte von dem Augenblick an, wenn wir zu sprechen beginnen; über einen Überschuß an Sinn; oder, wenn wir es für die *Traumdeutung* umformulieren: daß wir immer schon geträumt haben, wenn wir zu sprechen beginnen. Lévi-Strauss' Parole vom Supra-Rationalismus gemäß, die wir auch für Freud in Anspruch nehmen, stellt dieser Überschuß kein Jenseits des Rationalen dar. Das setzt allerdings voraus, daß der Gegenstand, auf den sich das Theorem vom Überschuß an Sinn bezieht, nicht das Bewußte ist. Sonst könnte man nicht umhin, im Mangel an Sinn den theoretischen Grund zu sehen. Man müßte dann Grade an Bedeutsamkeit unterscheiden bis zu einer höchsten Stufe. Dort wäre dann der Mangel aufgehoben. Wenn wir umgekehrt davon ausgehen, daß es niemals zu wenig, sondern zu viel Sinn in unserer Beziehung zur Welt gibt, so ist es gerade dieses Zuviel, das den rationalen Grund für die Analyse von Überschüssen abgibt; vorausgesetzt – um es noch einmal zu betonen –, daß wir vom Bewußten zum Unbewußten übergehen können oder anders gesagt vom Realen zu seiner Signifikanz. Man versteht, daß die Rede vom Mangel an Sinn nicht nur aufs Bewußtsein beschränkt bleibt, sondern ebenso ausschließlich auf das Verhältnis von Signifikant und Signifikat; während Freud das Verhältnis zwischen den Signifikanten selbst befragt hat, nicht nur befragt, sondern zum Grund seiner Theorie des Unbewußten oder der Überdeterminanz gemacht hat; zugleich zur technischen »Grundregel« seiner Traumdeutung.

Auch die Maieutik befragt, wie wir gesehen haben, die Signifikanten nach dieser Relation, um einen ursprünglichen Modus zu finden, nach dem der lógos funktioniert. Und sie entdeckt dabei schon die beiden Richtungen, nach denen wir – wie Lacans metapsychologischer Eingriff in die Linguistik gezeigt hat – Beziehungen zwischen Signifikanten herstellen können. Den Wachsblock haben wir für die Kontiguitätsrelation genommen und den Taubenschlag für die Similaritätsrelation. Tatsächlich aber bleibt der Versuch, dort einen ursprünglichen Modus des Logischen zu finden, für die platonische Philosophie vergeblich. Weil Platon nicht ausreichend zwischen primärem und wildem Denken unterscheidet, die natürliche mit der individuellen Seele gleichsetzt, kann er aus der Produktion der natürlichen, d. h. individuellen Seele nichts ableiten, was auch für den vernünftigen Teil der Seele gelten würde. So gesteht Platon zwar zu, daß wir im Traum Urelemente wahrnehmen, sie benennen und daher zur Rede übergehen können; daß diese Urelemente wohl signifikant sind, nicht aber rational. Diese Disproportion von Signifikanz und Rationalität erlaubt es Platon dann auch zu verstehen, warum wir immer schon reden und sogar Urteile bilden können, ohne diese Rede auf ihre logischen Grundlagen beziehen zu können. Man kann dort in der Begründung von Philosophie die Stelle sehen, wo Rede und Diskurs auseinandertreten. Seitdem ist man gewohnt, den Diskurs auf der Seite rationaler Erklärung anzusiedeln und die Rede ihrer Expressivität – sei es des Individuellen, des Pathologischen oder des Ästhetischen – zu überlassen. Wenn wir den Ort dieser Trennung in Sokrates' Traum zurückverlegen, zeigt sich, daß sich dort das Traumargument erfüllt und die Traumallegorie sich auflöst. Denn Platon hat die stoicheîa so weit reduziert, daß sie zugleich Elemente des Traums und des Gedächtnisses sein können. Den Träumen gegenüber ist die platonische Philosophie nicht weniger realistisch als die Mantik; beide nehmen die Traumbilder in ihrem Bildwert und nicht in ihrer Zeichenbeziehung, wie es die *Traumdeutung* fordert. Tatsächlich kann Platon die Träume auf keine Form der Identität beziehen wie Freud (Wahrnehmungsidentität) und sie daher nicht ausreichend von bloßen Assoziationen unterscheiden. Freud hatte angenommen, daß die Traumbilder zielgerichtet seien, so daß wir ihnen jedesmal eine Aussage entnehmen können: daß dem Traum die Form des Denkens zukomme. So kann Platon – und das ist das paradoxe Resultat seiner Traumtheorie – letzten Endes dem Traum soviel an Realität zugestehen wie der individuellen Rede des sekundären Denkens und beide nach dem gleichen Maß zurückweisen.

Von dem Augenblick an, wenn die »Urelemente« nicht mehr in ihrem Bildwert aufgehen, in einer einfachen Beziehung zum Signifikat nicht mehr garantiert sind, verschiebt sich das Verhältnis von Rede und Diskurs. Dann kommt den Zeichen diese »Fähigkeit des Verweisens« zu (pouvoir référentiel), von der Lévi-Strauss spricht. So sind sie nicht mehr einfach im Verhältnis des Abbildes oder der sinnlichen Wahrnehmung im Realen determiniert, sondern mehrfach, wobei die Zunahme an Determination jedoch einen Wechsel der Realitätsebenen impliziert. Denn die Zeichen (in dem Sinn, wie Lévi-Strauss von ihnen spricht) verweisen nicht auf ein Signifikat, das durch Konvention zugeordnet wäre und wodurch sie als Element des Vorbewußten ausgewiesen wären, sondern auf andere Zeichen. Deren Relationen untereinander sind bereits so abstrakt, daß sie den Begriffen näher stehen als den einfachen Wortvorstellungen. Man muß aber genauer sagen, daß dieser Wechsel der Realitätsebenen einen Übergang vom Bewußten zum Unbewußten voraussetzt. Erst darin kommt den Urelementen, von denen Platon spricht, genau die Eigenschaft zu, die er ihnen verweigert: rationaler Erklärung fähig zu sein. Und zwar deswegen, wie wir im Blick auf die Verschiebung in der Funktion des Diskurses sagen müssen, weil der Traum immer schon Anteil am Diskurs hat; Anteil, der durch das wache Bewußtsein verdeckt ist. Es kommt nicht darauf an, eine Ontologie des Diskurses zu installieren (»am Ende ist der Diskurs«). Um zu verstehen, welche Funktion der Diskurs metapsychologisch hat, muß man ihn zurückverlegen an einen Ort wie Sokrates' Traum, d. h. an den Schnittpunkt von bewußter und unbewußter Rede. Dann würde »Diskurs« die Ebene der Übersetzung von primärem und sekundärem Denken darstellen. Anzunehmen, daß die »Urelemente« des Traums rationaler Erklärung fähig seien, heißt vorauszusetzen, daß sich die Diskursivität nicht im Bewußten oder im manifesten Ausdruck erschöpft; und sogar, daß man die Diskursivität eines Diskurses nicht auf der manifesten Ausdrucksebene begründen kann. Man kann die Produktionen des wachen Denkens ebenso nach ihrer Diskursivität befragen wie die Produktionen des unbewußten Denkens; was immer ein Verhältnis von Expressivität und Analyse einschließt. In dem Maße, wie die »Urelemente« rationaler Erklärung fähig sind, werden die Elemente des sekundären Denkens rationaler Erklärung bedürftig.

Das Erstaunen und das Wecken der Seele

Kehren wir zur Maieutik zurück. Sie gilt uns als Traumdeutung des defizienten Wissens; was immer auch heißt, daß sie es ist, die defizientes Wissen hervorbringt, um es zum Gegenstand der Analyse zu machen. Die Maieutik setzt sich an die Stelle der Traummantik, und wir lesen sie daher auch als Kritik am mantischen Verfahren. Wir haben angenommen, daß Platon mit seinen eigenen Mitteln das Projekt einer Deutung der natürlichen Träume nicht begründen konnte, weil er weder zwischen primärem und wildem Denken theoretisch ausreichend unterscheiden kann, noch zwischen dem individuellen Ausdruck der Träume und ihrer allgemeinen Produktionsform (was im übrigen die Verschiebung der Träume ins Wissen erst möglich macht). Das Wissen, auf das die Maieutik trifft, gehört metapsychologisch dem sekundären Denken an, auf das Sokrates das primäre Denken so bezieht, daß die wunderbaren Zeichen (téras), die wir als Äquivalente des natürlichen Traums im Wissen genommen haben, im sekundären Denken erscheinen können, um immer wieder die Situation des Einäugigen zu provozieren: durch die Wahrnehmung gespalten zu sein. Aber nicht nur durch die Wahrnehmung, sondern zugleich durch die Rede; sie ist die Bedingung dafür, daß sich die einäugige Struktur wiederholen kann. Wir können durch die Engführung von Traum und Maieutik auf dem Boden der Traumallegorie das Ziel der Maieutik im Wecken bestimmen, wir müssen dazu, Sokrates' Anweisung gemäß, die Hebammenkunst verlassen und zur Seele übergehen. Hier geht es um das Wecken der Seele.

An die schlafende Seele wendet sich die Maieutik, sie ist wesentlich Strategie des Weckens. Der Struktur der Traumallegorie entsprechend ist dieses Aufwachen nicht auf den natürlichen Zyklus bezogen, in dem sich das wache Bewußtsein wieder einfindet wie der Tag nach der vergangenen Nacht, sondern auf einen Punkt, an dem die zyklische Bahn von Tag und Nacht sich verschiebt und überkreuzt; ein Moment freigibt, das weder dem Körper noch der Seele eindeutig zugehört; nicht mehr gedacht, wohl aber bezeichnet werden kann. Vom empirischen Traum aus läßt sich in diesem exzentrischen Punkt der Überkreuzung jener Augenblick abbilden, in dem sich manchmal Traumeindruck und waches Bewußtsein überlagern, wenn wir uns in einer fremden Umgebung befinden und erstaunen. Auf der Seite der Traumallegorie handelt es sich nach der maieutischen Verschiebung der Träume ins Wachen nicht mehr um das Nachklingen der Träume in den Augenblicken des Erwachens, sondern um ein Hereinbrechen der Träume ins Wachen: Wecken des Wachen durch das Traumhafte. Und entsprechend heftiger ist das Erstaunen. Darin sehen wir die maieutische Subversion des sekundären Denkens. Strukturell stellt dieser Punkt der Überkreuzung von Träumen und Wachen die Überkreuzung der beiden Ausdrücke selbst dar, und wir können schließlich dort das Ende der Maieutik abbilden: im Erstaunen: thaumázein (*TT*, 155 c–d); dort, wo Sokrates und Theätet gemeinsam einen wunderbaren Unsinn hervorgebracht haben, der nicht im Augenblick seines Affekts vergeht, sondern zur Spur eines wilden oder primären Sinns wird.[23] In der Traumallegorie öffnet sich das Feld der maieutischen Praxis. Das defiziente Wissen ist wie ein Traum, insofern geht der Traum in die epistéme ein. Die Maieutik läßt den Traum dort erscheinen, wo ihn das Bewußtsein nicht erwartet hat, im Inszenieren der Überkreuzung von Traum und Wissen ist das maieutische Verfahren Überraschungskunst. Dort ist auch der Punkt, wo defizienter und latenter Sinn des Überschusses nebeneinander liegen. In beiden Bestimmungen gehört dieser Punkt immer auch der Ökonomie der Seele an: Erstaunen, Wunder und Leere der Atopie hier; éros, manía und wahrhaftes Sein dort. All diese affektiven Zustände der Seele bilden stets eine Differenz zum sekundären Denken, stellen die affektive Seite der Subversion dar.

Der Traumdeuter hat es mit Resultaten zu tun, die er weder selbst hervorgebracht hat, noch dem bewußten Ich des Träumers zurechnen kann. Die Maieutik muß die Wunder erst hervorbringen und den Traum daher ins Wachen verlegen, ohne daß er zum Wahnsinn würde. Die Maieutik hat es ursprünglich nicht mit Zeichen jenseits der diskursiven Sprache zu tun, umgekehrt nimmt sie erst die Zeichen aus ihrer Bedeutung. Die Mantik gibt dem Träumer Signifikate zu den Traumzeichen zurück, die sich in der Weise der Futuralisierung auf den konkreten Lebenszusammenhang beziehen lassen; die Maieutik nimmt den Signifikanten ihre Signifikate, und man wird sie in der konkreten Individualität nicht wiederfinden. Das Wunder, das die Maieutik ans Licht bringt, ist immer das Nichtwissen: daß es möglich ist, das, was wir wissen, auch nicht zu wissen. Die Mantik verleiht dem Nichtwissen der Nacht einen besonderen Wert, weil es außerhalb der Seele von einem göttlichen Autor hervorgebracht worden ist. Die Maieutik geht vom

Wissen aus, dem sie die epistéme als anderes Wissen entgegensetzt. Solange dieses Wissen sich weder von der epistéme noch von dem, was außerhalb des Wissens ist, unterscheiden kann, ist es Nichtwissen. Zugleich kann das Wissen sich sein eigenes Nichtwissen stets nur in der Form der Überraschung aneignen, wie die Maieutik sie initiiert. Der Traum überrascht den Träumer, der Traumdeuter löst den Traum wieder auf; die Maieutik überrascht das Wissen, aber darin kündigt sich nicht das Unbewußte an, sondern die Idee. Die Schocks, die Sokrates dem Denken Theätets erteilt, überschreiten das Maß nicht, in dem sie diskursiv eingeholt werden können; sie überschreiten das Denken nicht, denn sie gehören nicht der Natur der Krankheit, sondern der Technik der Maieutik an. Darum muß die Philosophie dem wilden Denken einen Platz im Inneren des Diskurses zuweisen: seinen affektiven Überschuß in einen diskursiven transformieren. Das ist der Weg vom Schreckensbild zum Unding des Denkens, den die Philosophie Platons in Ausdrücken wie téras aufbewahrt hat. In der Teilhabe am Diskurs, die sie gleichermaßen dem Meister und seinem Schüler gewährt, unterscheidet die Philosophie sich von der Therapie; begründet sich die philosophische Initiation des Abendlands. Darum bleibt auch der Unsinn in der Maieutik stets nur defizientes Moment, so sehr auch Sokrates dem Denken Theätets Fallen stellt wie in der Struktur des Einäugigen, weist er doch das Denken selbst niemals zurück wie der Zen-Meister oder wie unausgesprochen der Therapeut, und unter ihnen der psychoanalytische noch am allerwenigsten. Die Maieutik kann das Maß an Affektivität nicht einbringen oder kontrollieren, das den Formen des Abreagierens in der Therapie oder der Erleuchtung im Zen entsprechen würde, das sind die Grenzen, in denen die maieutische Überraschungskunst das Erstaunen seiner Schüler hält. In dieser Struktur der Überraschung kann man Sokrates auch den Platz eines philosophischen Gauklers einnehmen lassen. Auch Sokrates wendet sich an Theätet mit der Absicht, in einem signifikativen Akt ein wunderbares Zeichen hervorzubringen.

Das Erstaunen Theätets gilt seinem eigenen Denken, in den Träumen markiert die Philosophie den Zustand, der schon der Kultur und dem Wachen angehört, sich selbst aber nicht von der Natur und dem Schlaf unterscheiden kann. Im exzentrischen Punkt der Überkreuzung von Träumen und Wachen bezeichnet sich wechselseitig das Erstaunen als Erwachen und das Erwachen als Erstaunen. Aber dieses Wecken durch den Maieutiker, das ist seine spezifische Qualität, soll nicht in den Zyklus von Tag und Nacht eingehen; es soll eine Dauerspur hinterlassen, die gegen das Auflösen durch die zyklische Zeit resistent ist. Das Staunen, in dem die Philosophie nach Platon so oft den Affekt gesehen hat, der der Initiation angemessen ist, dient im Rahmen der maieutischen Überraschungskunst der Konstituierung eines regressiven Terms:

»Jetzt steht mir erst recht der Verstand still.« (*TT*, 192 d)
»Wahrhaftig bei den Göttern, Sokrates, ich komme nicht aus der Verwunderung heraus über die Bedeutung dieser Dinge und zuweilen wird mir's beim Blick auf sie ganz schwindelig.« (*TT*, 155 c)

Auch in der Mantik bezeichnet sich durch den Ausschluß der beiden unbedeutenden Träume ein Ausdruck der Regression, diese Träume erreichen den göttlichen Sinn der anderen Traummodi nicht. Aber die Mantik isoliert den Traum vom Wissen, darum können Regression und Ausschluß ineinander aufgehen: Die regressiven Träume des Körpers werden ausgeschlossen, bevor sie das Wissen und die Deutung erreichen. Für Platon gibt es wie auch für die medizinischen Diskurse seiner Zeit bereits die Tatsache des Unsinns der Träume: Die Natur selbst kann Unsinn hervorbringen. Anstatt die Träume zu rationalisieren, wie Platon es der Mantik vorwirft, nimmt er sie ins Wissen, um sie dort an den Körper zurückzugeben.

Mantisch und manisch

Tatsächlich käme im platonischen Sinn selbst nur der manía die Eigenschaft zu, wildes Denken zu sein, während wir den metapsychologischen Voraussetzungen gemäß, auch das defiziente Wissen schon als wildes Denken genommen haben. Für uns gehören beide Bereiche der gleichen Struktur an; für Platon beschränkt sich der Einsatz des wilden Denkens in der Maieutik darauf (das ist seine eversive Funktion, wie wir schon im Blick auf die *Meditationes* sagen wollen), das, was als Natürlichkeit und Individualität der Seele erscheint, zu überwinden, um zur Erkenntnis zu kommen. In der Maieutik löst sich der Traum, und das heißt immer zugleich auch die Traumallegorie, auf, wenn es gelungen ist, den Überschuß im sekundären Denken an die Natürlichkeit der Seele zurückzugeben und als Bild (eídolon) zu erweisen, das seiner kategorialen Bestimmung nach nicht ausgetauscht werden kann; daß es dennoch in die Rede eingegangen ist und so über referentielle Fähigkeiten zu verfügen scheint, rechnet Platon dem Wirken schon des vernünftigen Teils der Seele zu. Daher bleibt der Traum am Ende als leere Hülle zurück, wenn Platon ihm alles entnommen hat, was für das erkenntnistheoretische Experiment verwendbar war.
Der Wahnsinn ist nicht mehr Gegenstand der Maieutik, mit der Kri-

tik an der künstlichen Mantik lösen sich auch die Bedingungen des Apollinischen auf. Die mantische Allegorese, wie wir sie rekonstruiert haben, impliziert nicht nur den Term einer leeren Seele, sondern nimmt auch dem Körper jeden Sinn, denn die Begierden, die sich an den Körper wenden und zu Träumen geworden sind, werden ja auf der vormantischen Ebene der Heuristik der Traumtypen bereits ausgeschieden. In der Unbestimmtheit von Körper und Seele bleibt auch der Unterschied von Träumen und Wachen indifferent, konstitutiv ist ausschließlich der Augenblick, in dem die Zeichen empfangen werden können, während dieser Augenblick allein aus der prophetischen Bedeutung der Zeichen lebt und darum auf eine Grenze von Träumen und Wachen nicht bezogen ist. Das sichert die Einheit des Prophetischen innerhalb der Unterscheidung von natürlicher und künstlicher Mantik: »man halte sich dabei vor Augen, daß das, was im Wachzustand geschieht, sich in keiner Weise vom Traumgeschehen unterscheidet« (*OK*, 221). Die Mantik erfüllt die Bedingungen in ihrer ursprünglichen, d. h. apollinischen Form, wie wir sie seit Homer kennen, einfaches, also nicht inversibles und doch zugleich verdoppeltes Modell von Sender und Empfänger zu sein: Gott sendet die allegorischen Zeichen, der Traumdeuter sendet die Signifikate, während der Klient in doppelter Weise empfängt. Dem entspricht im Verhältnis der drei Instanzen Gott, Träumer und Deuter auf der Seite des Deuters die Notwendigkeit einer Technik der Deutung, weil er zu den Träumen seines Klienten keinen anderen Zugang hat als über die Deponie der Traumsignifikate, deren Verwalter er ist. Der Traumdeuter kann darum sein Geschäft kühl und professionell betreiben, wofür Artemidorus selbst das beste Beispiel ist. Die Ablösung der Traumdeutung von den Kultstätten, ihre Verlagerung auf den Markt und später auf den Jahrmarkt ist darin schon angelegt; dementsprechend hat sich die Bindung der antiken Traumdeutung an den Asklepioskult am längsten erhalten, getragen durch die medizinischen Effekte, die der Heilschlaf in den Tempeln versprach. Vom Deuter fordert die apollinische Mantik ausschließlich technische Kompetenz, jedoch keine affektive; er braucht, um die Zeichen zu deuten, keine besonderen Zustände der Seele hervorzubringen wie der Schamane, keine Affekte zu investieren oder zu bearbeiten; die Deutung verläuft außerhalb jeder Übertragung.

In dem Maße, wie die Seele selbst zum Gegenstand des Wissens wird, tritt auch der Körper aus seiner Unbestimmtheit; und indem beide, Körper und Seele, aufeinander beziehbar werden, muß das Verhältnis von Träumen und Wachen seinerseits bestimmt werden. Für die Mantik wird die Notwendigkeit, die Unterscheidung von Körper und Seele und von Träumen und Wachen aufeinander zu beziehen, zum Ort der Trennung in künstliche oder technische und in natürliche Mantik; zugleich übersteigt der Grad an Differenzierung, der mit dieser Trennung gegeben ist, die theoretischen Möglichkeiten der alten Mantik, und sie wird darum immer mehr zum Gegenstand des philosophischen Diskurses, insbesondere der Stoa; während die alte Traummantik sich der privaten Existenz, ihren Klienten zuwendet, sich an den Rändern der Öffentlichkeit auf die Jahrmärkte des Mittelalters und in die Journale der Neuzeit hinüberrettet, bis Freud ihr auf einem anderen Feld Geltung verschafft. Wenn Freud von Mantik spricht, bezieht er sich stets auf die alte Mantik in ihrer apollinischen Form. Sie hat es wie die analytische Traumdeutung ausschließlich mit empirischen Träumen zu tun, wie sie muß der Analytiker den Sinn der Träume technisch sichern und an den konkreten Lebenszusammenhang der Klienten zurückgeben, während sich in der Trennung von künstlicher und natürlicher Mantik das Interesse an der Deutung empirischer Träume immer mehr verliert und schließlich in der Bestimmung, daß die bedeutenden Träume ihrem Wesen nach theorematisch seien, wie es die Stoa vertritt, ganz aufgeht. Die künstliche Mantik kann sich den signifikativen Überschuß der Träume stets nur innerhalb der prophetischen Struktur der Futuralisierung aneignen, in der merkwürdigen Zeit des Zweiten Futurs, in der sich selbst noch einmal ausdrückt, daß es zwischen den Traumzeichen und dem Diskurs des Bewußten keinen einfachen Übergang gibt. Die Krise der künstlichen Mantik ist zugleich Krise des Prophetischen, das in der Seele, wie sie die griechische Kunst, die Philosophie oder die Medizin im Laufe des 5. Jahrhunderts entdeckt und mit immer reicheren Bestimmungen erfüllt, nicht mehr einfach aufgehen kann; bis es die Romantik neu entdeckt. Diese Krise des Prophetischen geht mit dem Verlust der Deutbarkeit der Träume einher, denn innerhalb des Antiken Traumfelds kann der überdeterminierte Sinn der Träume niemals anders als prophetisch dargestellt werden, und sei es in der Form der medizinischen Prognose, in der die hippokratische Schrift *Über die Diät* die Träume noch gerade davor bewahrt, in den pneumatischen Bewegungen des Körpers zu verdampfen. Darum kann Freud zu Recht sagen, die Technik der Deutung sei auf dem Stand der künstlichen Mantik eingefroren. Und erst Freud kann die Prophetie durch die Struktur des überdeterminierten Sinns ersetzen oder die Zukunft des Träumers durch seine Vergangenheit, wie es noch einmal in den letzten Zeilen der *Traumdeutung* heißt, die wie ihr Anfang eine Hommage an die Mantik sind.

In dieser Krise des Prophetischen muß man zugleich die eigentliche Quelle der Traumdiskurse sehen, die den überschüssigen Sinn der

Träume nicht mehr in Sachverhalte des ídios kósmos übersetzen, sondern diskursiv ausschöpfen: diese ganze Serie ihrer Metaphern, Metonymien, Allegorien. Dort beginnt der Traum das zu repräsentieren, was weder dem Körper noch der Seele ganz zuzurechnen ist; dort verdichtet sich die alte Teilung der Träume in bedeutend und unbedeutend zu ihrer höchsten Bedeutung wie in der Orphik und zu ihrer tiefsten Bedeutungslosigkeit wie in den Wissenschaften. Die Orphik der Träume hat sich am weitesten von der künstlichen Mantik entfernt, aber sie zeugt noch von deren Krise.[24] Sie entdeckt die »überwache Seele im schlafenden Körper«. An diesem Ausdruck zeigt sich zum einen, daß sich im Verhältnis von Wachen und Schlafen die vollständige Trennung von Körper und Seele darstellen läßt: Wenn der Körper wacht, schläft die Seele und umgekehrt; zum anderen, daß es möglich wird, Zustände der Seele abzubilden, wenn wir das Verhältnis von Wachen und Schlafen nicht dem natürlichen Wechsel von Tag und Nacht unterordnen. In der Orphik erreicht der Traum seine höchste Wertschätzung, sie kommt ihm – dem Ausdruck des schlafenden Körpers nach – darin zu, daß er dem reziproken Verhältnis von Wachen und Träumen nicht angehört; er stellt so etwas wie einen flottierenden Begriff dar, der es erlaubt, sowohl die Differenz von natürlichem und besonderem Traum zu denken als auch die Identität von Träumen und Wachen: Wenn der Körper schläft, ist die Seele ganz bei sich, sie träumt, während sie wach ist. Es ist leicht zu sehen, daß sich der Traum ebenso auf den Körper applizieren läßt: Wenn die Seele schläft, träumt der Körper. Und wir haben hierin – auch wenn die Orphik diesem Ausdruck keinen Wert zugemessen hat, weil sie an den natürlichen Träumen nicht interessiert war – schon die Darstellung eines Traums, der an den Körper gebunden bleibt; sie käme der platonischen Traumallegorie sehr nahe, wenn wir sie außerhalb ihrer erkenntnistheoretischen Funktion in den natürlichen Traum zurückbeziehen. Denn Platon entdeckt die Allegorie schon als Ausdrucksweise der Seele und nicht der Kunst.

Der platonische Traumdiskurs konstituiert sich inmitten dieser Krise der Mantik. Man kann, wie es die antiken Autoren verschiedentlich in Anspruch genommen haben, die Unterscheidung in mantisch / manisch (mántikos / mánikos) im *Phaidros* (244 a–d) als Ausdruck der Trennung in künstliche und natürliche Mantik verstehen.[25] Für die künstliche Mantik kann Platon philosophisch nicht einstehen, denn sie gibt dem sinnlichen Sein gerade dort Sinn, wo es der Idee des Wissens gemäß verloren wäre. Gegen die mantische Allegorese der Zeichen in der Kooperation von Klient und Mantiker setzt Platon die authentische Erfahrung der einzelnen Seele. Die mantische Allegorese organisiert sich ganz in der Disproportion vom ídios kósmos des konkreten Individuums und der Konvention des gesellschaftlichen Ausdrucks. Sie verschafft den Zeichen des Unsinns keine Referenz in der sinnlichen Erfahrung, in keinem neuen Traum, in keinem Wahn, sondern ausschließlich im mantischen Charakter der Zeichen selbst, die wir ihrer literarischen Eigenschaft nach Allegorie nennen.[26] An die Stelle der allegorischen Träume tritt bei Platon die Allegorie der Träume selbst, Ausdruck des philosophischen Diskurses; Ausdruck, der nicht mehr dem System der Deutung, sondern dem Wissen angehört. Innerhalb der Ordnung der epistéme ist der Traum defizient, weil er ohne Referenz ist; theorematisch seinem Wesen nach, weil er aufgeht im Ort und in der Zeit seines Erscheinens, preisgegeben dem Hier-und-Jetzt-Spiel der Dialektik und dem Gelächter der Wissenden.[27] Zur philosophischen Würde kommt bei Platon nur der Wahn(sinn):

»Denn wenn die Tatsache einfach wäre, daß der Wahnsinn (manía) ein Übel ist, so wäre es gut gesagt. Nun aber werden uns die größten Güter durch Wahnsinn zuteil, allerdings durch einen Wahnsinn, der durch göttliche Gabe verliehen ist. Denn die Seherin in Delphi und die Priesterinnen in Dodona haben im Wahnsinn Griechenland ja viel Gutes getan, Privatleuten und auch ganzen Staaten, wenn sie bei Verstand waren aber wenig oder nichts. Und wenn wir auch die Sibylle nennen wollten und die anderen alle, die ja durch göttliche Mantik vielen viele Dinge voraussagten und so für die Zukunft glücklich lenkten, so würden wir die Rede unnötig ausdehnen, indem wir etwas, was jedem bekannt ist, sagten. Folgendes ist auf jeden Fall wert, aufgezeigt zu werden: Auch die Alten, die die Namen festlegten, hielten Wahnsinn weder für häßlich noch für schimpflich. Denn sie hätten dann nicht die treffliche téchne, durch die die Zukunft beurteilt wird, diesen Namen gegeben und sie mánike genannt. Aber da es schön sei, wenn es nach göttlicher Fügung geschehe, in dieser Meinung setzten sie den Namen fest. Die Heutigen aber fügten ungebildet das ›Tau‹ ein und nannten sie mántike. Denn so haben ja auch die téchne der Vernünftigen, die die Zukunft mit Hilfe der Vögel und der anderen Zeichen erforschen, da sie aus vernünftiger Überlegung mit Hilfe menschlicher Vermutung sich Einsicht und Erkenntnis verschaffen oionoistiké genannt, die die Neueren jetzt oio(o)noistiké nennen, indem sie dem ›Namen‹ durch das ›Omega‹ Würde gaben. Um wieviel nun die Mantik (mantiké) vollendeter und ehrenvoller ist als die Zeichendeutung (oio(o)noistiké), um soviel gilt bei den Alten der Wahnsinn, der von Gott kommt, für schöner als die Vernunft, die von den Menschen kommt.« (*Phaidros*, 244 a–d; nach der Übersetzung von Pfeffer.)

Man kann aus der Bestimmung des Verhältnisses von Wahnsinn und Vernunft, der Favorisierung der natürlichen vor der künstlichen Mantik bei Platon keineswegs so etwas wie eine Philosophie der Offenbarung ableiten, und insofern muß man Hegel zustimmen, der ja entscheidend dazu beigetragen hat, das Bild vom platonischen Mystiker, das für die weitaus längste Zeit der Platon-Rezeption gegolten hat, aufzulösen.

»Platon hat das Verhältnis der Prophezeiung überhaupt zum Wissen des besonnenen Bewußtseins besser erkannt als viele Moderne, welche an den platonischen Vorstellungen vom Enthusiasmus leicht eine Autorität für ihren Glauben an die Hoheit der Offenbarungen des somnambulen Schauens zu haben meinten [...]. Daß Gott der *menschlichen Vernunft* dies Weissagen gegeben, davon, fügt er hinzu, ist dies ein hinreichender Beweis, daß kein besonnener Mensch eines wahrhaften Gesichts teilhaftig wird, sondern sei es, daß im Schlafe der Verstand gefesselt oder durch Krankheit oder einen Enthusiasmus außer sich gebracht ist [...]. Platon bemerkt sehr richtig sowohl das Leibliche solchen Schauens und Wissens als die Möglichkeit der Wahrheit der Gesichte, aber das Untergeordnete derselben unter das vernünftige Bewußtsein.« (Hegel, *Enzyklopädie*, § 406, Anmerkung)

Ebenso fragwürdig und für das Ganze der platonischen Philosophie auch unangemessen ist es, die *manía* wiederum dem Körper zuzuordnen, wenn man insbesondere an die vierte Leistung des Wahnsinns denkt (vgl. *Phaidros*, 249 f.); dort wird der Zugang zur *anámnesis* gerade nur insofern als möglich bestimmt, als sich die Seele vom Körper getrennt hat. Wenn man wie Hegel den Wahnsinn an die Stelle der Vernunft setzt schon unter der Voraussetzung, daß er die Stelle niemals einnehmen kann und im Licht des absoluten Wissens zusammenbrechen wird, stellt sich die Frage nach der konstitutiven Funktion des Wahnsinns nicht. Für uns stellt sich diese Frage dann, wenn wir die *manía* auf die Erkenntnis und das defiziente Wissen zugleich beziehen: als Differenz des Wissens selbst. Wir haben dann im Wahnsinn den Term, der in der Traumstruktur den Platz eines vollen Sinns oder eines wachen Traums einnehmen kann. Das Sein, das die platonische Philosophie im Traum verschwinden läßt, findet sie wieder unter den Bedingungen des manischen Wachseins, dann kehrt die Seele zurück zur ungeteilten Teilhabe an der Fülle des Seins. In der Regression der Seele erscheint die Realität, nach der Theätet so sehr gesucht hat, konstituiert sich das verschwindende Sein als wiedergefundenes.

Die Kritik an der Mantik, wie Platon sie im *Phaidros* an der Beziehung manisch/mantisch entfaltet, verläuft parallel zum erkenntnistheoretischen Aspekt der Traumkritik im *Theätet*. Die Mantik gibt den Träumen, was sie ihrem Wesen nach nicht haben, durch das Verfahren der Allegorese schließt sie die Träume ans Wissen und an den gesellschaftlichen Ausdruck an; die allegorische Konventionalisierung ergänzt stets nur den Mangel der Traumzeichen: die Willkür des Bedeutens für das defiziente Wissen der Träume. Die Parallelität der Mantikkritik im *Phaidros* und der Konstruktion des Mangels an Wissen und

Sein im *Theätet* folgt dem Verhältnis von Wissen und Deutung, wie es aus der Ordnung des platonischen Diskurses hervorgeht. Ihr gemäß stellt sich für die Philosophie der Träume das Postulat einer Einheit von Wissen und Deutung. In diesem Postulat hat Platon zum ersten Mal in der Geschichte der Traumdeutung den Rahmen eines philosophischen Traumprojekts skizziert, das bis zu Freuds kopernikanischer Wende der Traumdeutung nachwirkt. Und es zeigt sich, daß weder die Philosophie selbst noch die Mantik, noch auch die Wissenschaften der Antike die Bedingungen, die das platonische Wissen an die Traumdeutung stellt, einlösen können. In der Traumallegorie hat Platon die Träume stillgestellt, ihren signifikativen Überschuß abgeschöpft. Sie zählen jetzt zum Inventar philosophischer Ausdrücke. In der Ökonomie des Wissens aber vertritt der Wahnsinn die Stelle des Überschusses schon in seiner Etymologie: manía stellt nicht nur die äußeren Kennzeichen des Wahnsinns dar, sondern heißt auch: unmäßig, übertrieben, dann schwärmend, enthusiastisch. In der Konstruktion des Mangels an Sein und Wissen gelangt der Traum in der Philosophie nicht zur Würde eines psychischen Akts, sondern eines philosophischen Ausdrucks, während er unter die defizienten Formen des Wissens subsumiert und wie sie an den Körper verwiesen wird. Die Mantik überspringt zwischen der zweiten und der dritten Stufe der Traumhierarchie die Träume des Körpers, aber sie geht vom Somatischen nicht zum Psychischen über, sondern zu Gott. An die Stelle, wo das platonische Wissen die Seele erwartet, setzt die Mantik für die drei Träume jenseits des Körpers einen rein rezeptiven Raum, Engramm der Träume, in das Gott seine Botschaften einprägt. Wie der Träumer das, was er träumt, stets nur erwirbt, niemals aber selbst erzeugt, ist das Traumengramm vollständig und notwendig durch seine reine Rezeptivität definiert. Ihm fehlt der Zugang zum individuellen Gedächtnis ebenso wie zur Gegenwart seines aktuellen Bewußtseins. Die Stellung Platons zur Traummantik läßt sich aus der Kritik im *Phaidros* und aus der Behandlung der Träume im *Theätet* in drei wesentlichen Aspekten nachkonstruieren.

1. Die Traumallegorese der Mantik funktioniert ihrem eigenen Anspruch gemäß ohne Teilhabe der Seele. Die Transformation vom Körper in die Seele ist innerhalb der Traumhierarchie bloß kontingent.

2. Die Mantik verschafft den Träumen Rationalität auf einem Feld, über das sie theoretisch gar nicht verfügt. Sie hat es nach wie vor mit dem Körper zu tun und nicht mit Sinn.

3. Die Mantik geht in einer Technik auf, die innerhalb des ídios kósmos bleibt, innerhalb eines natürlichen Bewußtseins. Die Notwendigkeit der Deutung verweist auf einen Mangel an Affektivität und an Sein.

Das Kernstück der apollinischen Mantik, die Sicherung von Sinn in einer Technik, wird so selbst zum Ausdruck einer defizienten Affektivität.

Der dionysische Traum Platons

Im Werk Platons gibt es unterschiedliche und sogar in sich widersprüchliche Äußerungen über die Mantik. Dennoch ist es nicht einleuchtend, von Platons Desinteresse an der Mantik zu sprechen (vgl. Pfeffer, *Mantik*, 39). Zwar findet sich nirgendwo eine einheitliche Theorie der Mantik; sicher aber ist ihr das platonische Interesse schon deshalb, weil es mit Zeichen der Seele rechnet, die nicht auf dem Wege des dialektischen Verfahrens gewonnen, im strengen Sinn keine Begriffe sind und doch über noematische Qualitäten verfügen und so der Erkenntnis (epistéme) angehören. Daraus geht die Aufgabe hervor, den mantischen Umgang mit der affektiven Seite sprachlicher Zeichen zu sichern und zugleich den Anspruch der Mantik zurückzuweisen, Wissenschaft zu sein. Diese Aufgabe ist philosophisch genug, vom Desinteresse Platons an der Mantik kann keine Rede sein. Unnötig ist es auch, die Hypothese zu bemühen, Platon habe Zugeständnisse an den Volksglauben machen wollen, wenn er sich der »irrationalen Seele« zuwende, wie es bei Dodds heißt (vgl. *Die Griechen*, 107f). Die Unterscheidung in manisch und mantisch liegt ganz im Sinn dieses philosophischen Problems und dieser Aufgabe. Im übrigen gab es für die philosophische Beschäftigung mit der Mantik auch außerhalb der theoretischen Fragen der platonischen Metaphysik Gründe. Die Ausdifferenzierung im Begriff der Seele, die Umdeutung des Prophetischen, wie wir sie im 5. Jahrhundert sehen, mußten zu tiefgreifenden Konsequenzen für die Mantik führen, ohne daß ihre kulturelle Wertschätzung in gleichem Maße davon betroffen war.

Die Unterscheidung in natürliche und künstliche Mantik stammt aus der hellenistischen Zeit, man findet sie aber schon vorformuliert in der zitierten *Phaidros*-Stelle. Die stoischen Theoretiker der Mantik haben sich immer wieder darauf berufen, ihre Intention geht aber dahin, die Einheit von künstlicher und natürlicher Mantik vom klassischen Begriff der Seele aus zu sichern. Für die Mantik (solange sie jenseits der klassischen Philosophie funktionieren konnte) war diese Einheit nie in Frage gestellt, denn sie hat für die Zeichen in der Seele ebenso wie für die Zeichen in der Welt gleichermaßen in Anspruch genommen, daß sie göttlichen Ursprungs seien. Auch für Artemidorus ist die Einheit der Mantik in der Teratoskopie gesichert, wenn auch schon wesentlich im

Vokabular der Stoa; während Platon der Mantik die Einheit bestreitet und auf ihre Spaltung setzt. Platon geht davon aus, daß nicht alle Zeichen des mantischen Feldes göttlichen Ursprungs sind. Im *Timaios* erwähnt er die Astrologie und die Eingeweideschau als Bereiche nichtgöttlicher Zeichen, allgemein gehören dieser Klasse alle Zeichen unter der doppelten Bestimmung an, außerhalb der Seele in der Welt vorzukommen und auf die Technik einer Deutung angewiesen zu sein. Es ist leicht zu sehen, daß dies alle Bereiche der künstlichen Mantik umfaßt, die ihrerseits ja in diesen Momenten (immer schon praktisch) definiert ist. Es zeigt sich aber, wie sehr das technische Moment von übergreifendem Wert ist, für Platon sind die Zeichen nicht dadurch schon von Gott gegeben, daß sie in der Seele erscheinen. Auf diese Weise fällt nicht nur die künstliche Mantik aus dem Bereich möglicher Erkenntnis, sondern die Unterscheidung von natürlich und künstlich verliert ihren Bezug auf ein Verhältnis von Innerhalb und Außerhalb der Seele; um in der Seele wiederholt zu werden. An die Stelle dieses Bezugs und dieses Verhältnisses tritt jetzt eine Unterscheidung, die die Produktion von Zeichen in der Seele selbst betrifft: ob sie nämlich durch Selbstbeherrschung (sophrosýne) oder Hemmung der Affektivität, wie man vielleicht auch übersetzen kann, erzeugt sind oder durch göttlichen Wahnsinn (theía manía), wie es ja in der zitierten *Phaidros*-Stelle heißt. Entsprechend der Rolle der téchne für Platons Bewertung der Mantik lautet der Unterschied im *Ion* (534e), dort für den Dichter: »Denn sie sagen das nicht aufgrund von téchne, sondern durch göttliche Kraft (theía dynámei).« Trotz terminologischer Schwankungen bei Platon kann man sich doch entschließen zu sagen: »mantisch« betrifft im Unterschied zu »manisch« die Erzeugung einer Klasse von Zeichen, die darauf angewiesen sind, gedeutet zu werden oder die Deutung solcher Zeichen selbst. Beides kann höchstens eine Semiologie der Zeichen hervorbringen, eine Indizienwissenschaft, wie Ginzburg sagt, aber keine Erkenntnis. Man versteht, daß diese Zeichen dem defizienten Wissen angehören sollen, daß es sich – wenn wir sie in den *Theätet* zurückversetzen – um eídola handelt, die in der sinnlichen Wahrnehmung verankert bleiben; daß Platon, wenn er sie als Wunderzeichen (téras) erscheinen läßt, die Mantik dem defizienten Wissen als historische Form zurechnen und beide zurückweisen kann.

Die Regression, die der vernünftigen Zeichendeutung als seelischer Zustand entspricht, ist nie tief genug, um den »Überhimmlischen Ort« zu erreichen, wo die sinnlichen Zeichen in eine eidetische Form übergehen; erst die von göttlichem Wahnsinn geleitete Wahrnehmung erreicht diese Stufe der Regression. Was Platon im *Menon* über das Verhältnis von dóxa und epistéme sagt, läßt sich auf die Differenz von manisch und mantisch übertragen: Mantik und Meinung sind ohne Wiedererinnerung.

»Denn auch die wahren Meinungen sind, solange sie verweilen, eine schöne Sache und schaffen alle Güter. Lange Zeit wollen sie jedoch nicht verweilen, sondern entlaufen aus der Seele des Menschen, so daß sie nicht viel wert sind, bis man sie festbindet durch Rechenschaft über ihre Ursachen. Dies aber ist, mein Menon, die Erinnerung (anámnesis), wie wir im Vorigen festgestellt haben. Wenn sie aber festgebunden werden, werden sie zuerst Wissen, dann beständig. Deshalb ist ja Wissen ehrenvoller als die richtige Meinung, und es unterscheidet sich Wissen von richtiger Meinung durch das Band.« (*Menon*, 97e–98a)

Unter den Leistungen des göttlichen Wahnsinns, die Platon im *Phaidros* aufzählt, ist die vierte dem Philosophen zugeschrieben und ausdrücklich auf die anámnesis bezogen. Immer noch handelt es sich um Bilder, die der Wahrnehmung in der Wiedererinnerung gegeben sind, aber sie entlaufen nicht mehr aus der Seele des Menschen, wie es im *Menon* heißt; sie gehören nicht mehr dem ídios kósmos an und sind daher nicht nur austauschbar, sondern intelligibel.

»Und dies ist Erinnerung an jenes, was einst unsere Seelen gesehen, Gott nachwandelnd und das übersehend, was wir jetzt als seiend bezeichnen, und zu dem wahrhaft Seienden das Haupt emporgerichtet. Daher wird mit Recht auch nur des Philosophen Seele befiedert: Denn sie ist immer durch Erinnerung soviel als möglich bei jenen Dingen, bei denen Gott sich befindend eben deshalb göttlich ist. Solcher Erinnerungen als sich recht bedienend, mit vollkommener Weihung immer geweiht, kann ein Mann allein wahrhaft vollkommen werden. Indem er nun menschlicher Bestrebungen sich enthält und mit dem Göttlichen umgeht, wird er von den Leuten wohl gescholten als ein Verwirrter, daß er aber begeistert ist, merken die Leute nicht.« (*Phaidros*, 249c–d)

Man kann sich für einen Augenblick vorstellen, daß auch das Traumproblem in der anámnesis eine Lösung finden könnte: den Traumbildern eine Referenz zu verschaffen, ohne sie der Vorstellung zuzurechnen. Aber es ist gerade der Sprung vom Sensiblen zum Intelligiblen, der immer auch die natürlichen Träume überspringt; der apriorische Blick, der nach einem Sinn sucht, der ihnen immer schon vorausgegangen wäre; für den der Sinn der Bilder nicht in ihrer Signifikanz, sondern in ihrem Anteil an den Begriffen liegt und der schließlich alles im Bewußtsein findet – und sei es im göttlichen Wahnsinn – wenn er nach Sinn sucht. Platon hat den Traum für den Weg der Seele nicht in Anspruch genommen und doch scheint es so, als würde sich im Konzept des göttlichen Wahnsinns das Apollinische durchsetzen, das nach der Bestimmung, die Nietzsche in *Die Geburt der Tragödie* gegeben hat, an den Traum gebunden ist; nicht ohne Bezug auf das Dionysische, das z. B. im *Symposium* direkt anwesend ist, so daß man von einer dionysischen Feier sprechen kann, die dort veranstaltet wird (vgl. Krüger, *Einsicht*, 86 f.). Denn andererseits wird man das Apollinische in seiner einfachen Bestimmung als Lust am Schein der Traumbilder – und nicht einmal in seiner weitergehenden als Erlösung im Schein – für die Philosophie nicht in Anspruch nehmen, sucht sie doch das wahrhafte Sein. Aber auch als ästhetische Bestimmung reicht das einfache Apollinische nicht aus, es bringt, wie Nietzsche sagt, immer nur den naiven Künstler hervor, »den wir nur als schlechten Künstler kennen« (Bd. I, 36); weil er das principium individuationis, das im Appollinischen immer mitgesetzt ist, nicht durchbricht. Noch bevor Nietzsche sich der Tragödie zuwendet, stellt er die Frage nach dem »objektiven« Künstler, »weil wir den subjektiven Künstler nur als schlechten Künstler kennen und in jeder Art und Höhe der Kunst vor allem und zuerst Besiegung des Subjektiven, Erlösung vom ›Ich‹ und Stillschweigen jedes individuellen Willens und Gelüstes fordern, ja ohne Objektivität, ohne reines interesseloses Anschauen nie an die geringste wahrhaft künstlerische Erzeugung glauben können« (Bd. I, 36). Und Nietzsche findet ihn im Lyriker, »der immer ›ich‹ sagt und die ganze chromatische Tonleiter seiner Leidenschaften und Begehrungen vor uns absingt« (Bd. I, 36). Im Lyriker sieht Nietzsche schon die Überwindung des Ich, und zwar gerade in dem Maße, wie das Apollinische auf das Dionysische bezogen ist.

»Seine Subjektivität hat der Künstler bereits in dem dionysischen Prozeß aufgegeben: das Bild, das ihm jetzt seine Einheit mit dem Herzen der Welt zeigt, ist eine Traumszene, die jenen Urwiderspruch und Urschmerz, samt der Lust des Scheins versinnlicht. Das ›Ich‹ des Lyrikers tönt also aus dem Abgrunde des Seins: seine ›Subjektivität‹ im Sinne der neueren Ästhetik ist eine Einbildung.« (Bd. I, 37)

Das Verhältnis des Apollinischen zum Dionysischen ist mit anderen Worten das Maß der Dezentrierung; hier für die ästhetische Produktion, bei Platon für die Erkenntnis (wenn wir uns auf die vierte Leistung des Wahnsinns beschränken); hier wie dort aber geht es um ein Verhältnis von Vorstellung und Affekt, um die Affektbeträge des Denkens; oder genauer darum, was die außerhalb der Kontrolle (sophrosýne) des wachen Bewußtseins freigesetzte Affektivität an Allgemeinem enthält, an Momenten, die zugleich austauschbar sind im Kontext der Ästhetik oder der Erkenntnistheorie. Damit öffnet Platon zum ersten Mal den Raum der Innerlichkeit, an deren Rändern auch das Werk Freuds noch zu finden ist. Man kann aber schon an der Behandlung des Wahnsinns für die Konstitution der Philosophie ablesen, daß sich die platonische Dezentrierung noch nicht gegen ein Subjekt richtet, das in der »historischen Tatsachenstruktur« (Derrida) determiniert ist und wie bei Descartes in einem hyperbolischen Akt einen Nullpunkt des Wissens anstrebt, von dem aus die Totalität alles Denkmöglichen in den Blick kommen soll. Descartes trifft schon auf einen Wahnsinn, der selbst historisch bestimmt ist: In den Institutionen, die sich der Wahnsinnigen angenommen haben, um sie zu heilen oder aus der Gesellschaft auszuschließen oder beides zugleich; in den juristischen, medizinischen, philosophischen oder pädagogischen Diskursen. Die erkenntnistheoretische Disqualifizierung der Wahnsinnigen verläuft daher, wie Foucault gezeigt hat, parallel zu seiner Disqualifikation als Subjekt des Rechts, der Erziehung oder der Medizin. Umgekehrt ist das philosophische Subjekt sich schon der Anstrengung und des Risikos bewußt, die der Entschluß, an allem zu zweifeln, mit sich bringen werden. Das hyperbolische Maß, das Maß an Dezentrierung des wachen Bewußtseins ist durch die Determination der Nicht-Vernunft schon eingeschränkt.

In diesem Maß ist für Platon die Notwendigkeit einer hyperbolischen Anstrengung noch nicht gegeben, weil Vernunft und Wahnsinn noch nebeneinander existieren können. Wenn Platon im *Phaidros* (265 a) ausdrücklich den göttlichen Wahnsinn von pathologischen Formen unterscheidet, geht diese Unterscheidung doch noch weitgehend im Verhältnis von individueller und allgemeiner Seele auf. Dezentrierung bezeichnet dann weniger als bei Descartes die Leistung des philosophischen Subjekts, sondern mehr die historische Situation von Vernunft und Unvernunft. Die Regression der Seele in den Überhimmlischen Ort trägt nicht die Gefahren in sich wie für Descartes der Entschluß, »alle Meinungen umzustürzen«, denn sie ist in der Wahrnehmung und in den Bildern gesichert. Sie tritt nicht in Konkurrenz zur Vernunft, sondern befragt sie auf ihre affektiven Quellen. Auf diese Weise kann Platon das Risiko vermeiden, göttlichen und nicht-göttlichen Wahnsinn zu verwechseln. Denn die platonische Regression hat die Urteilskraft und die Sprache, über die das Bewußte verfügt, verlassen; all das, was Descartes für den meditativen Prozeß voraussetzen muß und darin die Möglichkeit provoziert, ich könnte in meinem Urteil wahnsinnig sein, wenn ich die sinnliche Erfahrung bezweifle. Wir können darum die Traumallegorie, die philosophisch das defiziente Wissen bezeichnen sollte, metapsychologisch umkehren und für die Wiedererinnerung in Anspruch nehmen. Was Platon im Überhimmlischen Ort findet, das sind – nach ihrer metapsychologischen Bestimmung – Traumbilder. Man könnte geradezu von einem dionysischen Traum sprechen, der nicht mehr an den ídios kósmos der Individualität gebunden ist, sondern schon das Allgemeine ausdrückt und dem wahrhaften Sein angehört. Insofern findet Platon im Überhimmlischen Ort die Einheit des Apollinischen und des Dionysischen, die Nietzsche in der attischen Tragödie gesucht hat.

2. Descartes, *Meditationes de prima philosophia*

Wenn wir die Träume in einem Sprung durch die Epochen (wie die Träume es lieben) im 17. Jahrhundert wiederaufnehmen, finden wir sie eingespannt in etwas, das sich bei Platon noch kaum formiert hatte: eingespannt in eine Erkenntnistheorie, eine Methodologie, eine Metaphysik, vor allem aber in eine Geschichte der Vernunft. Wie sehr die offene Landschaft der platonischen Philosophie auf den Wegen, auf denen man sie durchkreuzen kann, doch immer auch die Möglichkeit einer philosophischen Traumtheorie erscheinen läßt, so wenig ist ein solches Projekt im Licht der Philosophie Descartes' vorstellbar. Kaum je sind die Träume strenger von den Formen des Wissens ausgeschlossen worden, um dem reinen Denken gegenüber das Nicht-Denkbare selbst darzustellen. Und dennoch finden sich in dieser traumfernen Rationalität deutliche Spuren der Träume, die man allzu leicht übersieht, wenn man sie von der Gewißheit des Cogito und der Wahrheit Gottes aus betrachtet. Am Tag der Vernunft, sobald sie sich konstituiert hat, verblassen die Träume, während sie doch in den entscheidenden Momenten dieser Konstitution unabweisbar gegolten haben. Die Mehrzahl der Kommentatoren ist sich darin einig, daß diese Geltung nur fiktiv sein könne und die Unterscheidung (die Unterscheidbarkeit, wie man genauer sagen muß) von Träumen und Wachen immer schon vorausgesetzt sei, so daß man dann wie Sartre vom Sophismus, wie die Analytische Philosophie vom Unsinn des Traumarguments sprechen kann. Dagegen hält der strukturalistische Kommentar den Gründungsakt des Cogito gegen sein Verschwinden in den Prinzipien der cartesianischen Philosophie fest, um die Vernunft noch einmal mit all dem zu konfrontieren, was sie ausgeschlossen hatte. Anders als die transzendentalphilosophische, die phänomenologische oder die Kritik der Analytischen Philosophie sind für den strukturalistischen Kommentar, der hier die Perspektive der Traumanalyse ist, gerade die Momente der Vernunft von Interesse, die in ihre cartesianische Form nicht eingehen, und doch Elemente des rationalen Feldes sind. Auf diese Weise kann noch einmal deutlich werden, daß die Geltung der Metaphysik auf ihre Genesis verwiesen bleibt. In diesen Momenten, die man mit einem Ausdruck der cartesianischen Philosophie »hyperbolisch« nennen kann, erhalten auch die Träume einen anderen Wert. So hat Foucault in der Ökonomie des Zweifels eine Unterscheidung eingeführt, die ganz im Sinne unserer Traumanalyse ist, wenn er vom Ungleichgewicht zwischen dem Wahnsinn und dem Traum spricht. Analog dazu muß man dieses Ungleichgewicht im Verhältnis von Traum und Irrtum feststellen, denn es ist der Traum, der den hyperbolischen Zweifel auslöst, während der Irrtum mit dem natürlichen Zweifel überwunden werden kann, der ganz in der Beschaffenheit der Körper ruht. Foucault sucht darin schon die Zeichen der klassischen Vernunft, die sich auf einen freien Verkehr mit dem Wahnsinn nicht mehr einläßt, den Wahnsinnigen vielmehr in einem Akt, der nicht im philosophischen Verfahren legitimiert ist, als Subjekt disqualifiziert. Wenn Derrida dagegen die *Meditationes* auf ihren immanenten Wahnsinn befragt, den er in der hyperbolischen Spitze des Zweifels freizulegen versucht, so wird doch andererseits deutlich, wie sehr auch das Vorhaben Foucaults, eine »Geschichte des Wahnsinns im Zeitalter der Vernunft« zu schreiben, noch auf die cartesianische Geste der Rationalität zurückverweist.

Für die Traumanalyse kommt es darauf an, die Träume dort wiederzufinden, wo sie das Cogito nicht erwartet; zugleich aber zu zeigen, daß der metaphysische Zweifel an der Gegenständlichkeit der Träume seine Grenze hat. Dazu ist es notwendig, das, was hier als Traum bezeichnet ist, in seine natürlichen und allegorischen oder metaphysischen Eigenschaften zu zerlegen, denn Descartes hat den Traum ebenso erfunden wie Platon. Analog zur Unterscheidung in natürlich und allegorisch muß man im minuziösen Spiel, in das Descartes die Träume einsetzt, eine halluzinatorische von einer fiktiven Phase der Meditation unterscheiden. All diese Unterscheidungen gehören nicht den *Meditationes* an, sondern der Traumanalyse. Ihre Aufgabe ist es, die unartikulierten Momente an den Rändern der Vernunft zur Sprache zu bringen.

Der natürliche Zweifel

An die Stelle des platonischen Wissens tritt bei Descartes der methodische Zweifel als Sinn der Träume. Der Traumeffekt geht nicht wie im *Theätet* aus der Zuordnung zur Wahrnehmung hervor, sondern aus dem Wechsel in der Stellung der Träume zur Wahrnehmung und zur Vorstellung. Im *Theätet* wird aus der Zuordnung der Träume zur Wahrnehmung ihre Gleichordnung, darin verschafft Platon den Träumen Eingang in den philosophischen Diskurs. Dort stellen sie, der Hierarchie des Wissens gemäß, einen defizienten Ausdruck dar. Wenn der Traum auf diese Weise in den Diskurs eingeschlossen ist, kann Platon ihm seinen Realitätsverlust bestätigen, wie Sokrates es uns in seinem Traum vorführt. Von dem, was wir träumen, finden wir nichts als Reales wieder, nichts aber auch als Imaginäres. Platon hebt den Zweifel, den die Träume auslösen, allein dadurch auf, daß er sie zum defizienten Ausdruck macht, indem er sie der Wahrnehmung zuschreibt wie Freud, um sie dann allerdings desto strenger vom Intelligiblen zu isolieren, von der Möglichkeit, als rationale Gegenstände in einer Logik fundiert zu sein.

Für das meditative Experiment, in dem Descartes den »allgemeinen Umsturz« organisieren will, ist es entscheidend, daß die Träume nicht ohne Referentielles sind. Wenn Descartes darauf vertrauen muß, daß Gott ihn davor schützen wird, nicht in den Wahnsinn zu stürzen, hält er sich hier an die natürlichen Zustände der Seele und gibt den Träumen Bedeutung. Gleich nach seiner Absichtserklärung beginnt Descartes damit, den Zweifel in seinem natürlichen Ausdruck zu verschieben. Manchmal (interdum) täuschen wir uns, und in diesem Maße können wir zweifeln. Aber dieser Zweifel bleibt in den Grenzen der Wahrnehmung, das Temporäre entspricht seiner Natürlichkeit, er ist bezogen auf den Grad an Realitätsverlust, der aus der Beschaffenheit unserer Sinnesorgane selbst hervorgeht; darum findet er seinen Platz in der Theodizee des Irrtums, die Descartes in der VI. Meditation ausführt. Stets beruhigt sich der Zweifel in der Gewißheit, daß wir das, was für einen Augenblick verschwunden war, in der Wahrnehmung wiederfinden werden.

Träumen wir also – Der hyperbolische Zweifel

»So habe ich denn heute zur rechten Zeit meine Gedanken aller Sorgen entledigt, mir ungestörte Muße in einsamer Zurückgezogenheit verschafft und werde endlich und unbeschwert zu diesem allgemeinen Umsturz (eversio) meiner Meinungen schreiten.« (*Meditiones de prima philosophia*, I,1; im folgenden >*MT*<, die römische Ziffer bezieht sich auf die jeweilige Meditation, die arabische auf den Textabschnitt.)

Erst von dort an, wo der metaphysische Zweifel beginnt, kommt den Träumen ihre Bedeutung in der eversiven Struktur der *Meditationes* zu.[1] Man kann das, was man den methodischen Zweifel des cartesianischen Verfahrens genannt hat, von seiner hyperbolischen Struktur nicht trennen, denn darin ist er in der Tradition der Metyphysik verankert. Man kann die Genese cartesianischer Rationalität nicht von ihrer Geltung trennen, wie es die Kommentare der Analytischen Philosophie tun – wenn es auch Descartes' Intention entspricht, das hyperbolische Moment aus dem Raum der res cogitans zu verbannen. Für die Traumanalyse wollen wir aber diese wilden Momente festhalten und ihre Spuren in der cartesianischen Metaphysik aufsuchen.

»Le premier avantage est d'ordre logique et démonstratif: tout ce dont la folie (exemple que je viens de laisser de côté) pourrait me faire douter, le rêve pourra lui aussi me le rendre incertain; comme puissance de l'incertitude la rêve ne le cède pas à la folie; et rien de la force démonstrative de celle-ci n'est perdu par le rêve quand il faudra me convaincre de tout ce que je dois révoquer en doute. L'autre avantage du rêve est d'un ordre tout différent: il est fréquent, il se produit souvent; j'en ai des souvenirs tout proches, il n'est pas difficile de disposer des souvenirs fort vifs qu'il laisse. Bref, avantage pratique lorsqu'il s'agit, non plus de démonstrer, mais de faire un exercise, et d'appeler un souvenir, une pensée, un état, dans le mouvement même de la méditation.« (*Mon Corps*, 585)

In den beiden Aspekten, in denen Foucault die Funktion des Traums gesehen hat, ist gerade die unauflösliche Beziehung von methodologischen und metaphysischen Momenten garantiert.

Descartes setzt die antimantische Tradition der philosophischen Traumdiskurse fort und befragt die Träume nicht danach, ob sich in ihnen Sinn artikuliert. Er findet nichts, was klar und unterschieden genug wäre, um eine Traumdeutung zu begründen. Was ihn an den Träumen interessiert, das ist einzig der Aspekt ihrer Hyperbolie: daß wir aus dieser anderen Welt, in der wir so radikal die Realität verleugnen, jedesmal unbeschädigt zurückkehren. Es ist nicht der Traum, der Descartes beunruhigt, sondern die Sorge, daß es einen Punkt auf der Bahn des übertriebenen, hyperbolischen Zweifels geben könnte, wo der Meditierende, von Gott verlassen, in den Wahnsinn verfallen könnte. Es ist aber umgekehrt der Traum, von dem Descartes die Gewißheit nehmen wird, nicht wahnsinnig zu sein, wenn er, seinem Umsturzplan folgend, das sinnliche Sein auflöst. Parallel zum natürlichen Ausdruck des Irrtums bestimmt Descartes den Traum in seinem empirischen Ausdruck. Wohl verleugnen wir im Traum die Realität, aber doch in den Grenzen, in denen sich der Traum selbst darstellt: in den Sachvorstellungen.

»Meinetwegen: wir träumen. Mögen wirklich alle Einzelheiten nicht wahr sein, daß wir die Augen öffnen, den Kopf bewegen, die Hände ausstrecken; ja, mögen wir vielleicht gar keine solchen Hände, noch überhaupt solch einen Körper haben: so muß man in der Tat doch zugeben, das im Schlaf Gesehene seien gleichsam Bilder (imagines pictae), die nur nach dem Muster wahrer Dinge sich abmalen konnten, daß also wenigstens dies Allgemeine: Augen, Haupt, Hände und überhaupt der ganze Körper nicht bloß eingebildet ist, sondern wirklich existiert.« (*MT*, I, 6)

Die Bilder, die wir im Traum wahrnehmen, repräsentieren keine wirklichen Dinge, das ist die halluzinatorische Qualität der Traumwahrnehmung, wohl aber stellen sich die Körper im Traum dar; das ist seine körperliche oder extensive Referenz, die in den semantischen Eigenschaften der Bilder, wie phantastisch sie auch sein mögen, nicht überschritten werden kann. Ihren Realitätsgehalt beziehen die Träume aus der Schwere der Körper, die sich in der Seele abdrückt und von der die Einbildungskraft angezogen wird. Im Gegensatz zur Überwindung des Substanzbegriffs in der Methodenlehre Descartes' erhält sich in der Metaphysik ein Abbilddenken, zu dem auch die Einbildungskraft gehört. Sie ist – wie es zu Anfang der IV. Meditation heißt – eine Applikation der Erkenntnis auf den »unmittelbar gegenwärtigen Körper«. Hier geht es nicht um die logischen Beziehungen der Körper im Raum der Analysis, sondern darum, daß den Körpern Existenz zugesprochen werden kann. Von dieser Abbildtheorie profitieren die Träume, insofern ihnen daraus Realität zukommen kann; weil sie aber nichts weiter sein sollen als die Abbilder von Körpern, bleiben sie vom Denken ausgeschlossen.

Der Traum ist eine Wahrnehmung

Ganz im Sinn des metapsychologischen Prinzips der »Rücksicht auf Darstellbarkeit« verschafft Descartes den Träumen durch die Wahrnehmung selbst einen Sinn. In diesem Prinzip bestimmt Freud semiologisch das Maß der Realitätsverleugnung während der nächtlichen Regression, und er findet sie begrenzt in den Bedingungen der topischen Regression: Sie endet bei der Wahrnehmung, wo die Erinnerungsspuren die Qualität von Dingen erhalten. Wir nehmen im Traum wahr, was wir schon wahrgenommen haben, und doch bezieht sich die metapsychologische anámnesis ausschließlich auf die topologischen oder formalen Eigenschaften der Erinnerungsspuren. Sie gehören dem Gedächtnis, und das heißt dem Vorbewußten an. Wenn die Erinnerungsspuren in der Traumwahrnehmung erscheinen, stellen sie sich nicht in der Bedeutung her, durch die sie als Element des Vorbewußten determiniert sind. Wenn auch die Erinnerungsspuren auf dem Wege ihrer Regression zu reinen Signifikanten werden, verweisen die Traumzeichen doch auf Wahrgenommenes, auf die Sache. Daher nennt Freud sie »Sachvorstellungen«: ein Ausdruck, der im strengen Sinn inkonsistent ist. Denn anders als Descartes kann Freud den Erinnerungszeichen, die in der Regression zu Dingen umgekehrt worden sind, in den Relationen, die sie miteinander eingehen, Sinn zuschreiben, ohne die Vorstellung in diese Genese des Sinns einzuschließen. Das heißt aber, die Dinge auf einen Sinn zu beziehen, der nicht im Bewußten liegt.

Wenn Descartes Traum und Wahrnehmung mit dem Körper verbindet, kommt den Dingen in dieser Konstellation keine neue Bedeutung zu. Die Träume behalten den Sinn nicht, der ihnen aus der extensiven Referenz zuwachsen könnte. Schon im nächsten Augenblick verläßt Descartes das Spezifische der Traumwahrnehmung, das er gerade entdeckt hatte, um in der Analogie der Maler den Traum der Vorstellung gleichzuordnen und in ihr aufgehen zu lassen. Dann macht es keinen Unterschied mehr, ob ich von Sirenen und Satyren träume oder ob ich sie mir vorstelle. Gegen den Verstand verschwindet die spezifische Differenz von Wahrnehmung und Vorstellung und in ihr der Traum. Mit der Wahrnehmung und der Vorstellung ordnet Descartes die Träume einem neutralen Feld außerhalb des Denkens zu, das nicht auf Wahrheit bezogen ist. Das ist das Feld eines überschüssigen und sich selbst verzehrenden Sinns: fast schon ein Ort der fröhlichen Wissenschaft. In der Zuordnung zu diesem Feld des nicht defizienten, wohl aber kontingenten Bedeutens, versichert sich Descartes vor der Möglichkeit, daß der Unsinn der Träume auf das Denken, auf die Sprache und auf die Urteilskraft übergreifen könnte. Darin bleibt die Funktion der extensiven

Referenz dem Prinzip der »Rücksicht auf Darstellbarkeit« äquivalent. Freud hat in der *Metapsychologischen Ergänzung zur Traumlehre* dieses Prinzip an einen Unterschied in der regressiven Struktur von Traum und Schizophrenie gebunden.

»In diesem Punkte zeigt sich nun der entscheidende Unterschied zwischen der Traumarbeit und der Schizophrenie. Bei letzterer werden die Worte selbst, in denen der vorbewußte Gedanke ausgedrückt war, Gegenstand der Bearbeitung durch den Primärvorgang; im Traum sind es nicht die Worte, sondern die Sachvorstellungen, auf welche die Worte zurückgeführt wurden. Der Traum kennt eine topische Regression, die Schizophrenie nicht; beim Traume ist der Verkehr zwischen (vbw) Wortbesetzungen und (ubw) Sachbesetzungen frei; für die Schizophrenie bleibt charakteristisch, daß er abgesperrt ist.« (Bd. III, 185 f.)

Dieser Verteilung der Regression auf die Bilder (Sachvorstellungen) und die Worte (Wortvorstellungen) gemäß kann Freud vom Traum als von der kranken Normalität sprechen: Wenn wir träumen, verhalten wir uns wie Wahnsinnige; wir sind es nicht, weil wir ohne Beziehung zum (sekundären) Denken nicht wahnsinnig sein können. Im Sinne dieser topologischen Differenz sichert Descartes die Grenzen zwischen den Bildern und dem Denken: Erst in der Bestimmung eines reinen Denkens, das alle Sinnlichkeit aus sich ausgeschlossen hat, ist die Unmöglichkeit enthalten, wahnsinnig zu sein. Aber schon in der Körperlichkeit kann Descartes die Regression der Träume aufhalten und ihren Unsinn im neutralen Feld des überschüssigen Bedeutens abbilden. Was für die Vorstellungen gilt, diese »Erbunschuld«, von der Foucault spricht (*Wahnsinn*, 234), das trifft auch für die Träume zu.

»Was nun die Vorstellungen anbetrifft, so können sie, wenn man sie nur an sich betrachtet, und sie nicht auf irgend etwas anderes bezieht, nicht eigentlich falsch sein; denn ob mir meine Einbildung nun eine Ziege oder eine Chimäre vorstellt, – so ist es doch ebenso wahr, daß ich mir die eine, wie daß ich mir die andere bildlich vorstelle.« (*MT*, III, 6)

Diese Möglichkeit, überschüssigen Sinn zu bilden, ist im Unterschied von Verstand und Willen ausgedrückt. Der Wille ist aktiv, er überschreitet die Grenzen des Verstandes:

»[…] da das Betätigungsfeld des Willens sich weiter erstreckt als der Verstand, schließe ich ihn nicht in dieselben Grenzen ein, sondern betätige ihn auch in Dingen, die ich nicht verstehe.« (*MT*, IV, 9)

Sofern das Feld jenseits des Verstandes unterhalb der Urteilskraft bleibt, ist es ein Reservoir von Bildern, wo sich alles darstellen kann, was überhaupt noch repräsentierbar ist, allerdings um den Preis seiner Kontingenz. Wenn der Wille die semiologischen Eigenschaften der Bilder und die Struktur der Fiktion verläßt und sich die Form eines Urteils gibt, impliziert das den Irrtum.

Erst Freud nimmt den Bildern und zugleich der frühkindlichen Sexualität ihre Unschuld. Und das eine nicht ohne das andere. Denn die Trennung der Bilder vom Denken ist immer bezogen auf einen Übergang von einem infantilen Verhältnis zur Realität – sei es der Gattung oder des Individuums – zum philosophischen Umgang mit der Welt, der im Begriff fundiert sein soll. Die maieutische oder die meditative Regression der Philosophie beruht wesentlich auf dem defizienten Status der Bilder, und sie gibt sich selbst darin einen unschuldigen Ausdruck; gerade weil sie sich nicht auf die Bilderwelt der konkreten Individualität einläßt. Denn dort hätte die Philosophie wie Freud – der den Bildern gegenüber philosophischer ist als die Philosophie selbst, mindestens aber rationalistischer – entdecken können, daß sie immer schon einer Struktur angehören, in der sie determiniert sind und als signifikante Elemente funktionieren. Wenn die Philosophie den Bildern innerhalb des maieutischen Prozesses für einen Augenblick den Status eines Denkens zurückgibt, dann immer nur als defizientes Denken, das auf der Verwechslung von Bild und Begriff beruht, um das epistemologische Denken in dieser Unterscheidung zu begründen.

Die Unschuld der Bilder

Für einen Augenblick kann es so aussehen, als würde der cartesianische Traumdiskurs in den Traumbildern die Struktur einer Bedeutung entdecken, eine Sprache. Aber Descartes liest in den Bildern keinen Sinn; das Referentielle der Träume erfüllt sich ganz darin, den Grad der Regression zu bestimmen, dem Meditierenden zu versichern, daß er nicht ins Leere stürzen wird. Die Leere ist das Risiko des Umsturzes, das Descartes umgeht und statt dessen das Risiko zu träumen eingeht. Die Hyperbolie des Zweifels bezeichnet den Traum. Dort bricht die Bahn des unendlichen Zweifels ab und begrenzt sich in einem Zustand der Seele. Darum ist der Traum das skeptische Maß der Meditation. Zugleich verläßt auch der Traum, wenn er zum Signifikat des Zweifels geworden ist, seinen natürlichen Ausdruck und verschiebt sich ins Wachen. Der verschobene Traum wird seinerseits zum Signifikanten des Zweifels: insofern der Zweifel dem Wachen angehört. Das aber ist von dem Augenblick an, in dem Descartes den Zweifel übertreibt, nicht mehr gewiß. Wachen, träumen, zweifeln: Alle drei konstitutiven Ausdrücke werden aus ihrer Einheit gelöst, in der sie gewiß waren, um in der hyperbolischen Struktur der Meditation ihre Plätze zu wechseln und sich neu zu bezeichnen.

In einem ersten Umlauf ordnet Descartes die Ausdrücke in einer halluzinatorischen Reihe:

1. Der Zweifel setzt den Traum frei, denn er konstituiert sich als zweifelhaftes Wachen. Wenn die Meditiation das sinnliche Sein aus der Präsenz löst, verliert es seine Referenz, die es einzig in der Präsenz selbst hatte.

2. Dann können wir nicht mehr sicher sein, daß wir dieses Sein nicht halluziniert haben, denn im Traum nehmen wir doch wahr, was gar nicht anwesend ist.

3. Das Wachen ist darum wie der Zweifel in die halluzinatorische Struktur des Traums eingeschlossen: Die Realitätsprüfung und das Sein, das sie prüft.

4. Ausgeschlossen aus dieser Struktur ist der natürliche Traum.

Die Hyperbolie des Zweifels verschiebt die Ausdrücke des Wachens und des Zweifels, darin bezeichnet sie selbst einen verschobenen Traum. In dieser wechselseitigen Bezeichnung, in der die Ausdrücke ihre Plätze wechseln, kann Descartes die verschobenen und die natürlichen Eigenschaften von Traum und Zweifel spalten und neu verteilen:

1. Der hyperbolische Zweifel bezeichnet sich im natürlichen Traum;

2. Der natürliche Traum bezeichnet sich im hyperbolischen Zweifel;

3. Der hyperbolische Zweifel, der sich als Traum bezeichnet hat, kehrt zum natürlichen Ausdruck des Traums zurück und überträgt die Beziehung, die der Traum zur Realität unterhält, auf sich. Im Verhältnis von empirischem Traum zu seinem verschobenen Ausdruck konstituiert sich der Zweifel. Niemals wird er den Ort der Träume überschreiten. Die regressiven Grenzen der Träume überträgt Descartes auf den Zweifel: Vor der Urteilskraft und vor der Sprache wird er halt machen. Wie der Traum den Bildern der Wahrnehmung Sein gibt, nimmt der Zweifel umgekehrt das Sein aus den Wahrnehmungsbildern. Die Reduktion des sinnlichen Seins führt das Bewußtsein selbst in keine Leere zurück, sondern schlägt um in die Produktion von Bildern: Verschwindenlassen des Anwesenden / Halluzination des Abwesenden. In den Bildern entdeckt Descartes, was weder verschwinden noch halluziniert werden kann. Der Zweifel erstreckt sich nur auf das Sein der Bilder, dort führt Descartes auch die Möglichkeit des Wahnsinns ein:

»[...] daß diese Hände selbst, daß überhaupt mein ganzer Körper da ist, wie könnte man mir das abstreiten? Ich müßte mich denn mit ich weiß nicht welchen Wahnsinnigen vergleichen (nisi me forte comparem)[2], deren ohnehin kleines Gehirn durch widerliche Dünste aus ihrer schwarzen Galle so geschwächt ist, daß sie hartnäckig behaupten, sie seien Könige, während sie bettelarm sind, oder in Purpur gekleidet, während sie nackt sind, oder sie seien gar Kürbisse oder aus Glas; aber das sind eben Wahnsinnige, und ich würde ebenso wie sie von Sinnen zu sein scheinen, wenn ich mir sie zum Beispiel nehmen wollte.« (*MT*, I, 4)

Der Wahnsinn ist, wie Freud oder Foucault gezeigt haben und was seinerseits Descartes sehr wohl vorausgesetzt hat für das Projekt seines Umsturzes, niemals auf die Bilder beschränkt. Er gehört der Rede an. So heißt es bei Daquin, den Foucault zitiert:

»Der Mann, der sich einbildet, daß er aus Glas sei, ist nicht wahnsinnig, denn jeder Schläfer kann dieses Bild in seinem Traum haben; aber er ist wahnsinnig, wenn er in dem Glauben, er sei aus Glas, den Schluß zieht, er sei zerbrechlich, drohe entzweizugehen, dürfe also keinen Gegenstand, der zu resistent ist, berühren, müsse unbeweglich bleiben, usw.« (Foucault, *Wahnsinn*, 234 f.)

Die Beschreibung der Traumszene, in der Descartes vom Wahnsinn auf den Traum übergeht, läßt die Traumbilder ganz in ihrem vorprädikativen Status als gemalte Vorstellungen, an den dann die semiologische Traumanalyse anschließt. Die Beziehung von Traum und Wahnsinn ist in der Halluzination begründet, die aber ihrem cartesianischen Gebrauch gemäß die Vorstellung einschließt. Darum kann Descartes die Traumwahrnehmung ins Wachen verschieben: Ich bilde mir ein, was gar nicht da ist. Und doch würde ein solches Bild nur für den winzigen Augenblick zwischen Träumen und Aufwachen Bestand haben, und am Ende müßte auch Descartes diese Einbildung dem Irrtum zuschreiben, keineswegs aber dem Wahnsinn.

»Nur der Geist kann bewirken, daß das, was im Bild gegeben ist, zur mißbräuchlichen Wahrheit, das heißt zum Irrtum, oder zum erkannten Irrtum, das heißt zur Wahrheit wird: ›Ein betrunkener Mann glaubt, zwei Kerzen zu sehen, wo nur eine ist; wer schielt und gebildet ist, erkennt sofort seinen Irrtum und gewöhnt sich daran, nur eine zu sehen.‹« (Foucault, *Wahnsinn*, 234)

Hier wird deutlich, daß Descartes den Realitätsverlust der Träume auf den Körper beziehen und letzten Endes noch als Analogie des Irrtums behandeln kann. Dagegen muß man sehen, daß der Wahnsinn die Realität weniger verleugnet als der Traum, weil er über die Wortvorstellungen verfügt und von den materiellen Bedürfnissen nicht abgetrennt ist. Insofern kann Derrida zu Recht sagen, der Träumer sei wahnsinniger als der Wahnsinnige, weil wir im Traum mehr an Realität verlieren. Doch gilt das nur strukturell für die Traumschrift selbst, die, wie Freud noch einmal im *Abriß* betont, alle Merkmale der Psychose aufweist; aber diese Psychose bleibt auf das Ich des wachen Bewußtseins ohne

Wirkung. Das Ich war in der topischen Regression soweit aufgelöst, daß es von der psychischen Produktion der Nacht nicht berührt ist. Für den Wahnsinn müssen wir jedoch voraussetzen, daß sich das Ich selbst im psychotischen Text organisiert und bezeichnet. Der Wahnsinn kennt daher, heißt es in der zitierten Stelle aus der *Metapsychologischen Ergänzung* zum Unterschied von Traum und Schizophrenie, eine topische Regression nicht. Der wahnsinnige Text beruht nicht auf den Bildern der Sachvorstellungen, sondern auf den Wortvorstellungen; nicht auf einer Schrift, die in der halluzinatorischen Wahrnehmung gegeben ist, sondern auf der Sprache der Vorbewußten: »Der Traum kennt eine topische Regression, die Schizophrenie nicht; beim Traume ist der Verkehr zwischen (vorbewußten) Wortbesetzungen und (unbewußten) Sachbesetzungen frei; für die Schizophrenie bleibt charakteristisch, daß er abgesperrt ist.« (Bd. III, 185 f.) Weil der Wahnsinn nicht zu den Bildern des Unbewußten zurückkehrt, sondern in der Sprache des Vorbewußten bleibt, ist er immer mehr in der Welt als der Traum. Es ist gerade dieses Mehr an Realität, das den Wahnsinn für das metaphysische Experiment unbrauchbar macht. Vielleicht hat Descartes schon geahnt, daß es ungleich schwieriger sein würde, die Vernunft vom Wahnsinn zu unterscheiden als vom Traum. Insofern kann man sagen, daß Foucault das cartesianische Experiment für den Wahnsinn wiederholt hat.

Traum und Körper: von der Wahrnehmung zur Vorstellung

Der Traum bildet in dem Maß an Realität, das ihm der cartesianische Traumdiskurs gewährt, die Grenze des Zweifels; nicht aber des Wachens. Wenn der Zweifel auf den Traum trifft, ihn spaltet, sich seine hyperbolischen und natürlichen Momente aneignet und sich in ihnen determiniert, dann ist der Meditierende befreit von der Sorge, aus der Welt ins Leere zu stürzen. Wie der Träumende hat auch er in der Anwesenheit der Körper einen zwar minimalen, aber ununterbrechbaren Kontakt zur Realität. In der gemeinsamen Geltung der extensiven Referenz für den Traum und für den Zweifel, hält Descartes die meditative Regression unterhalb der Urteilskraft in der Ontologie der Bilder und des Körpers fest. Zum anderen erlaubt es die extensive Referenz, die Träume aus ihrer Beziehung zur Wahrnehmung zu lösen und der Vorstellung zuzuordnen. So kann Descartes den radikalen Effekt der Halluzination als Instrument des Umsturzes einsetzen und ihn zugleich in der Vorstellung auflösen; und darin die spezifische Eigenschaft der Träume selbst: Die Sirenen des Traums gesellen sich zu denen der Vorstellung. Während es gerade dieser Unterschied selbst war, in dem Descartes die Bewegung zum Umsturz organisiert, verlaufen die halluzinierten Bilder in der Kontingenz des Bedeutens wie im Sande. In dieser Revision der Halluzination geht die hyperbolische Struktur der Meditation in den sinnlichen Reichtum der Bilder ein. Keine Übertreibung kann groß genug sein, das Überfließen der Bilder auszuschöpfen: Nur sie sind eigentlich hyperbolisch in dem Maße, wie sie unschuldig sind. In der Revision, in der Descartes die Träume von der Wahrnehmung zur Vorstellung umschreibt, sichert er dem Zweifel die Teilhabe an der Erbunschuld der Vorstellungskraft: »Imaginatio ipsa non errat quia neque negat neque affirmat, sed fixatur tantum in simplici contemplatione phantasmatis.« (Zacchia, in: Foucault, *Wahnsinn*, 234)

Die Möglichkeit, daß der Meditierende in eine Situation geraten könnte, in der er wie der Träumende die Realität vollständig verleugnet und alles Sein halluziniert, ist nicht in jedem Augenblick, wohl aber für das Ganze des meditativen Prozesses ausgeschlossen, denn sie bleibt kalkulierbar. Auch wenn Descartes davon spricht (*MT*, I, 5), daß er über kein Kennzeichen zur Unterscheidung von Träumen und Wachen verfüge, bleibt der dritte Ausdruck von dieser Ununterscheidbarkeit ausgenommen, das ist der Zweifel selbst. Dagegen gibt diese Konstellation sehr angemessen der Meditation den paradoxen Ausdruck eines zweifelnden Traums. Was Descartes beschwört, das Versinken im Wahnsinn oder in den Halluzinationen des Traums, schließt die Verteilung der Ausdrücke selbst aus, es ist von Anfang an der Fiktion vom Betrüger geschuldet: Immer verfügt der Meditierende auf diesem Schauplatz des Zweifels über ein Mehr an Realität als er in der Meditation verlieren kann. Im Spiel und der Verteilung dieser überschüssigen Realität funktioniert der meditative Prozeß wie ein Traum. Descartes hat den Überschuß dort, wo Freud ihm einen Sinn zuschreibt, in den Sachvorstellungen, in den Bildern belassen; in ihnen findet er keine Sprache, die ins Bewußte übersetzbar wäre. Um diese Grenze des Sinns zu ziehen, läßt sich der Philosoph auf die Bilder ein. Jenseits dieser Grenze konstituiert das cartesianische Denken den Ort eines wilden Bedeutens im hyperbolischen, überschüssigen, fröhlichen Sein der Bilder; es besitzt der cartesianischen Terminologie gemäß sowenig an realitas obiectiva (Bedeutungsgehalt), daß es der Perfektion nicht fähig ist, mit keinem Sein verbunden werden kann, das mehr Realität enthielte als es selbst.

Im cartesianischen Wissen kommt dem Willen die Funktion zu, einen rationalen Begriff des Überschusses darzustellen. Der Wille ist gleichermaßen dem wilden Denken und der Erkenntnis zugerechnet:

überschüssiger Überschuß und aufgeschobener, gehemmter Überschuß; in dieser Differenz liegt die hyperbolische Kraft des Umsturzes; in ihrer Verteilung die Möglichkeit des meditativen Verfahrens. Der Zweifel ist regressiv, er verläßt die moralischen Grenzen des Willens und gibt sich selbst die Form des hyperbolischen Willens zu zweifeln und ist doch in jedem Punkt zugleich Wille zu wissen. Aus dem Verhältnis von überschüssigem und aufgehobenem Willen geht das theatralische Moment der *Meditationes* hervor: den Willen mit sich selbst zu konfrontieren: in der Einheit der ludificationes somniorum. Diese Konfrontation überschreitet aber nicht die Grenze zur Urteilskraft, sonst würde sie nichts als Irrtümer hervorbringen; sie begibt sich auf die Ebene der Bilder, überläßt sich ihrem Sein, das ist das halluzinatorische Moment der *Meditationes*; es ist gesichert und bestimmt in ihrem fiktiven Moment, das die Bilder aus ihrer Gegenwart wieder in den imaginären Raum der Vorstellung zurückweist.[3] In der ersten der meditativen oder experimentellen Reihen überträgt Descartes die meditativen Ausdrücke in die eigenartige Struktur der halluzinatorischen Traumwahrnehmung. Die Halluzination liegt genau am Schnittpunkt von Wahrnehmung und Vorstellung: Bild eines Nicht-Anwesenden, das wir in seiner uneingeschränkten Präsenz nehmen. In diesem Schnittpunkt haben Wahrnehmung, Vorstellung und Halluzination Anteil am körperlichen Sein; dem entspricht ein Minimum an Realität, gerade soviel, um sicher zu sein, daß wir nicht aus der Welt gefallen sind, die das cartesianische Denken erfassen kann. Dagegen können wir auf der Ebene des körperlichen Seins über den Sinn der Bilder nicht entscheiden; dort gehen sie ganz auf in ihrer Präsenz, entsprechend der Produktionsform des wilden Willens, die allerdings bis an die äußerste Grenze der Repräsentation geht. Übertragen in die Terminologie Descartes' ließe sich sagen, daß die Körper wohl über formale Realität (realitas formalis) verfügen, die es erlaubt, sie untereinander und mit den Termen des Diskurses in Beziehung zu setzen, daß sie aber über keine objektive Realität (realitas obiectiva) verfügen, über keinen Bedeutungsgehalt, der es ermöglichte, von der Präsenz der Bilder zur Repräsentation eines perfekteren Sein, zum Bewußtsein und zum Diskurs überzugehen.

Die Hierarchie der Realität impliziert eine Hierarchie der Referenzen: Als primäre gibt die extensive Referenz den Bildern Sein, aber keinen Sinn, dazu bedarf es einer sekundären Referenz. So gibt der cartesianische Diskurs dem Unsinn einen Ort und stellt ihn zugleich in der Kontingenz des Bedeutens fest. Von dort aus kann Descartes die Halluzination vom Traum lösen, aus dem er sie gewonnen hat und den Traum von der Wahrnehmung; aus der Übertragung der Halluzination aufs Wachen geht die Fiktion hervor. Wir können uns im wachen Bewußtsein vorstellen, was wir doch niemals in den Diskurs integrieren können; etwas, dem wir keine objektive Realität verschaffen können. Wahrnehmung und Vorstellung unterliegen gleichermaßen der Notwendigkeit einer Realitätsprüfung, in der Instanz dieser Realitätsprüfung löst sich der prekäre Unterschied von Traum und Wachsein auf in dem Maße, wie die Wahrnehmung auf die Vorstellung, die Halluzination auf die Fiktion übertragen werden kann. Wenn ich wahrnehme, was den Realitätstest nicht besteht, dann kann es eine Halluzination gewesen sein, es kann aber auch eine Fiktion gewesen sein. Für das, was aus der Prüfung als wahr hervorgeht, spielt es keine Rolle mehr, ob wir es im Traum wahrgenommen oder im Wachen vorgestellt haben.

»Denn ich mag wachen oder schlafen, so sind doch stets $2 + 3 = 5$, das Quadrat hat nie mehr als vier Seiten, und es scheint unmöglich, daß so augenscheinliche Wahrheiten in den Verdacht der Falschheit geraten können.« (*MT*, I, 8)

So verliert sich im Traum das Risiko des Wahnsinns und im Denken das Risiko des Traums für den Meditierenden. Sicher vorm Wahn und vorm Traum inszeniert sich das Denken in den *Meditationes* selbst als Traumspiel: Regression bis zur Halluzination, Umverteilung der Realität.

Im Rekurs auf den empirischen Traum eignet sich der cartesianische Diskurs die Halluzination als Möglichkeit an, die Grenzen des Realitätsverlusts zu bestimmen; in der Übertragung der Träume auf den Zustand des Zweifels kann Descartes die Halluzination durch die Fiktion ersetzen; den wilden Traum zum methodischen Traum der philosophischen Initiation machen. In dieser Möglichkeit, die Ausdrücke von Träumen und Wachen zu verschieben, nimmt die cartesianische Philosophie den Traum auf und schließt ihn in sich ein. Es gibt darum nicht nur die Träume Descartes', die uns überliefert sind, Freud hat über die Bedingungen ihrer Lektüre das Nötige gesagt: Von dem, was Descartes uns in seinen Träumen mitteilt, können wir zu ihrer metaphysischen, aber auch zu ihrer metapsychologischen Funktion nicht übergehen, ohne die Allegorese der alten Traumdeutung in Anspruch zu nehmen oder von den Träumen aus den Träumer in den Momenten seiner konkreten Individualität zu erfinden. Es gibt aber im Innern der Metaphysik eine Traumallegorie, in der Descartes die bunten, wilden Bilder einer anderen Rede einfängt und das Denken von ihren Übergriffen sichert. In dem Maße, wie er Wahrnehmung und Vorstellung neutralisiert, an einen Ort unterhalb der Urteilskraft bindet, ihre Unschuld beschwört, kann er ihren Überschuß an Realität methodisch einsetzen, ganz im Sinn dieser Parole der lockeren Zügel:

»[...] meinem Denken macht es Freude abzuirren, es verträgt es noch nicht, sich in den Schranken der Wahrheit zu halten. Sei es also! Lassen wir ihm die Zügel noch einmal locker, um sie dann zur rechten Zeit wieder anzuziehen und es umso leichter lenken zu können.« (*MT*, II, 10)

Der Betrüger und das Spiel der Träume

Die Hyperbolie des meditativen Experiments begrenzt sich in der Möglichkeit zu träumen; zugleich aber ist sie in dieser Möglichkeit fundiert. Die halluzinatorische Reihe spaltet den empirischen Traum, sie kommt zustande schon unter der Bedingung, daß sich die Halluzination ersetzen läßt durch die Fiktion. Es reicht darum nicht, daß wir uns vorstellen zu träumen, noch, daß wir wirklich träumen. Um die universelle Halluzination als Erfahrung zu konstruieren, sie als philosophischen Ausdruck zu sichern und ins Wissen aufzunehmen, ist die extensive Referenz keine ausreichende Bedingung; durch sie werden die Körper davon ausgenommen, halluziniert zu sein. Ihr können wir wohl ontologische Grenzen des Traums entnehmen, jedoch nicht mehr, als daß wir, die Träumer, Körper sind. Darum muß Descartes noch einen zweiten Ausdruck finden, der von der Möglichkeit, halluziniert zu sein, ausgenommen ist. Und er findet ihn im allmächtigen und höchst verschlagenen Betrüger. Der Betrüger ist – wie die Körper für den empirischen Traum – Referenz für den verschobenen Traum. In dieser Fiktion kann Descartes ganz auf der Linie der mantischen Traumtheorie das Ich des Träumers von der Traumproduktion ablösen und nach außen verlagern. Wie die Mantik entlastet Descartes in der Verlagerung des Subjekts der Träume nach außen das Ich, um sich dann von außen den Träumen zuzuwenden. In der Fiktion vom bösen Betrüger gibt sich das Spiel der Träume[4] einen Ort im Innern der metaphysischen Begründung des Wissens selbst.

Die Mantik bleibt an die natürlichen Träume gebunden, sie verfügt nicht über die begrifflichen Mittel, um ein Traumexperiment in Gang zu setzen. Für sie sind die Träume noch Träume, wie sie es erst für Freud wieder werden, während Descartes die Träume inszeniert. Es ist die Idee eines Traums, der vollständig vom Diskurs des Bewußten losgelöst, ganz und gar außerhalb des Denkens bleibt, aus der sich die theatralischen und metaphysischen Momente des cartesianischen Traumarguments entfalten. Solange das Ich noch nicht bestimmt ist, läßt sich ein Ort der universellen Halluzination bezeichnen, an dem das Ich zugleich als anwesend und als abwesend gedacht werden kann; eingeschlossen in die Halluzination und ausgeschlossen. An der

Stelle, wo sich Wachen und Träumen überkreuzen, läßt Descartes den Betrüger auftreten.

»So will ich annehmen, nicht der allgütige Gott, die Quelle der Wahrheit, sondern irgendein böser Geist, der zugleich allmächtig und verschlagen ist, habe alle seinen Fleiß daran gewandt, mich zu täuschen; ich will glauben, Himmel, Luft, Erde, Farben, Gestalten, Töne und alle Außendinge seien nichts als das täuschende Spiel von Träumen (ludificationes somniorum), durch die er meiner Leichtgläubigkeit Fallen stellt; mich selbst will ich so ansehen, als hätte ich keine Hände, keine Augen, kein Fleisch, kein Blut, überhaupt keine Sinne, sondern glaubte nur fälschlich, das alles zu besitzen.« (MT, I, 12)

Hier verdoppelt sich die Traumszene: Es gibt den Träumer, der die Realität halluziniert und mit dem sich der Meditierende verglichen hatte. Jetzt wird die Existenz des Träumers und des Meditierenden selbst fragwürdig. Es könnte sein, daß die sinnlichen Gewißheiten, die für beide vorausgesetzt waren, nur den Träumen geschuldet sind. Diese Annahme ist jedoch eine Fiktion, die so abgründig ist, daß sie nur das Werk eines verschlagenen Geistes sein kann. In dieser Szene ist der Traum endgültig zum metaphysischen Ausdruck geworden. Daß alles als Traum erscheinen kann, schließt die Zeichen des philosophischen Diskurses ein. Es wäre möglich, daß sich die Zeichen auf nichts beziehen, dem Realität zukommt. Weil auch das ja zweifelhaft ist, können wir – solange die Fiktion gilt – über die Zeichen frei verfügen. Diese Verfügungsgewalt kommt uns aus der Absicht zu, alles umzustürzen. Indem Descartes die halluzinatorische Struktur der ersten meditativen Reihe mit der Fiktion vom Betrüger überblendet, kann er ein Stück zusätzlicher Realität beliebig verteilen: Zwischen Halluzination und Fiktion; Wahrnehmung und Vorstellung; Meditierendem und Betrüger; Träumen und Betrogenwerden; Träumendem und Urheber der Träume. Von diesem Augenblick des meditativen Umlaufs an sind es nicht nur die Dinge des realen Außen wie der Himmel, die Sonne oder der eigene Körper, die in den experimentellen, künstlichen Traum der Meditation eingehen, sondern die Ausdrücke des philosophischen Diskurses selbst. In der Überlagerung von Halluzination und Fiktion und ihrer minuziösen Verschiebung gegeneinander sind die *Meditationes* selbst Traumspiel: ludificationes somniorum.

Im deutschen Text der ›Philosophischen Bibliothek‹ heißt es an dieser Stelle: »das täuschende Spiel von Träumen« (MT, I, 12)⁵. In dieser Verschiebung bringt die Übersetzung den Traum um seine Wirkung, indem sie ihn auf den einfachen Ausdruck einer Sinnestäuschung reduziert. Die Stelle öffnet sich dagegen erst in ihrer komplexen Struktur der Transformation und des Spiels, wenn wir ludificationes auf die fiktive Ebene des Traumarguments beziehen, wo der Traum zum Zeichen des metaphysischen Diskurses und die sprachlichen Zeichen zu Träumen werden können. Zugleich muß man ludificationes mit den Ausdrücken »supponam« und »putabo« verbinden: Das heißt, das Spiel wörtlich und den Traum im übertragenen Sinn zu nehmen. Es sind nicht die Träume, die mich täuschen, denn sie haben Anteil an der Erbunschuld der Vorstellungskraft und sind von Wahrheit und Irrtum ausgenommen. Solange wir den Nicht-Sinn der Träume oder der Fiktion keinem Ich zuschreiben, sondern ausschließlich der Produktionsform des primären Willens selbst, handelt es sich stets nur um ein Zuwenig oder Zuviel an Sinn, aber um keinen Irrtum. In der halluzinatorischen Phase der Meditation kann Descartes die Frage nach dem Subjekt der Halluzination noch nicht thematisieren, um den halluzinatorischen Effekt eines Anwesenden, dem wir keinen Urheber zuschreiben können, voll auszuschöpfen. Erst in der fiktiven Phase, die eine prinzipielle Umschreibung der Träume zur Vorstellung ermöglicht und schon ein Aufgehen im Tag und in der Vorstellung ankündigt, erscheint auch der Urheber des Träumens. Er ist nicht Element der halluzinatorischen, sondern der fiktiven Struktur. Ich stelle mir vor, es gibt einen bösen Geist, der mich so sehr betrügt, daß ich all das, was ich gerade wahrnehme, halluziniere. Es kann dann nicht die Rede davon sein, daß es die Träume sind, die mich täuschen. Es ist der Betrüger, so daß ich wahrnehme, was gar nicht anwesend ist; und zwar im Wachen, denn sonst wäre die Fiktion des Betrügers ganz sinnlos. Sie konstituiert sich erst in dem Maße, wie der empirische Ausdruck des Traums überschritten wird. In diesem Überschreiten ist es der Meditierende, der mit den Träumen spielt.

Der meditative Traum

Die Einsamkeit des Meditierenden ist keineswegs notwendige Bedingung der Selbstkonstitution des Cogito. Descartes hat im *Lumen naturale* den meditativen Ablauf in eine maieutische Fassung umzuschreiben begonnen, diesen Text allerdings nicht vollendet. Dort treten drei Protagonisten auf.

»Ich nehme also unter den Namen Eudoxos, Poliander und Epistemon zunächst einen Menschen mit einem Durchschnittsgeist an, dessen Urteil jedoch durch keine falsche Meinung getrübt ist und dessen Vernunft noch ganz so ist, wie er sie von der Natur empfangen hat. Er wird in seinem Landhaus von zwei äußerst lernbegierigen Männern besucht. Beide verfügen über ein sehr ausgedehntes Wissen; der eine hat sich niemals mit wissenschaftlichen Studien abgegeben, der andere dagegen ist ein vorzüglicher Kenner all dessen, was man in den Schulen lernen kann. Da behandelten sie nun [...] in der folgenden Weise den Gegenstand, der sie bis zum Schluß dieser beiden Bücher beschäftigen wird.« (*Lumen*, 115 f.)[6]

Von der sokratischen Strenge und der Atmosphäre des sophistischen Spiels ist wenig geblieben, man kann sich die Teilnehmer dieser Maieutik eher an einem ländlich gedeckten Tisch vorstellen, ein Weinglas in der Hand. Das Ziel dieses gesellig-philosophischen Gesprächs aber soll nicht weniger radikal sein.

»Eudoxos. Leihen Sie mir nur Ihre Aufmerksamkeit und ich will Sie weiter führen, als Sie glauben. Denn aus diesem allgemeinen Zweifel als aus einem festen und unbeweglichen Punkte habe ich beschlossen, die Erkenntnis Gottes, die Erkenntnis Ihrer selbst und aller Dinge, die es in der Welt gibt, abzuleiten.« (*Lumen*, 129)

Dennoch ist der sokratischen Maieutik und sogar den *Meditationes* gegenüber das Moment des Nichtwissens abgekürzt; ohne die Kraft des Daimoniums und immer schon bezogen auf das epistemologische Wissen selbst. Hier wird vielleicht noch deutlicher als in den *Meditationes*, wie wenig sich die cartesianische Maieutik auf die Reden unterhalb oder außerhalb der Vernunft angewiesen glaubt; wie wenig auch auf die affektiven Modi der Seele, die manía, den éros, den enthusiasmós; wie sehr sich umgekehrt die relative Offenheit der platonischen Metaphysik schon zugunsten eines Primats der Erkenntnistheorie bestimmt hat. Was demgemäß im *Lumen naturale* vor allem deutlich wird, das ist die durchgehende Diskursivität im Ablauf der Konstruktion des Cogito und der Erkenntnis, in der Maieutik und Meditation der cartesianischen Philosophie ihre Einheit finden.[7] Eher noch scheint es darum bei Platon das Moment der einsamen Seele zu geben, die allein bei sich ist und darin Zugang zu den Ideen hat, während bei Descartes Maieutik und Meditation das Sein dort erfassen, wo es in den wissenschaftlichen Diskurs übergehen kann. Die Diskursivität ist in keinem Augenblick unterbrochen, auch nicht in der hyperbolischen Phase. Für Descartes ist der Traum, aber auch der Wahn keine andere Rede, die ebenso wie die Rede der Vernunft über austauschbare Zeichen verfügte. Wenn der Traum diskursiv wird, dann nur deshalb, weil das meditierende Subjekt seine diskursive Eigenschaft in keinem Augenblick aufgegeben hat und fortlaufend neue diskursive Elemente hervorbringt. Auf diese Weise kann Descartes den Träumen entnehmen, was die Vernunft ihnen vorschreibt; nicht mehr, sondern immer etwas weniger; er kann von ihnen sprechen, ohne sie zu deuten, und er kann sie schließlich einem Gedächtnis zuordnen, das nicht das des Träumers ist, sondern dem Subjekt der Meditation zugerechnet wird.

Descartes braucht darum den Meditierenden nicht in einer Analogie zum Träumenden einzuführen; nicht im Verhältnis zweier Diskurse, denn das würde die substantielle Unterscheidung von Träumen und Wachen schon voraussetzen. Dann könnte man wie Sartre im Rahmen seiner phänomenologischen Psychologie vom Sophismus des Traumarguments sprechen (*Das Imaginäre*, 256); oder wie die Analytische Philosophie von seiner Unsinnigkeit, wenn sie die logische Form des Satzes »I am sound asleep« nach dem Muster vom lügenden Kreter interpretiert.[8] Beide Positionen verhalten sich cartesianischer als Descartes. Man unterstellt, daß die Indifferenz von Träumen und Wachen in dem Maße, wie sie fiktiv ist, irrelevant sein muß für die logische Konstruktion des Cogito. Im Lichte cartesianischer Rationalität übersieht man allzu leicht, daß Descartes die Träume ins Innere der Metaphysik aufgenommen hat und ihnen Rationalität verschafft gerade als Verhältnis ihrer empirischen und metaphysischen oder allegorischen Eigenschaften. In jedem Augenblick ist der Traum bezeichnet in der signifikanten Kette der metaphysischen Ausdrücke. Deshalb können wir ebensowenig wie Descartes selbst für die meditative Phase der *Meditationes* einen substantiellen Unterschied von Träumen und Wachen in Anspruch nehmen, etwa im Sinne einer rationalen Psychologie. Konstitutiv für die *Meditationes* ist nicht die Unterscheidung von Träumen und Wachen, sondern die Verteilung der Träume aufs Wachen und aufs Träumen oder umgekehrt die Verteilung von Wachen und Träumen auf den Traumausdruck. Descartes spaltet die Zeichen des Wachens und des Träumens in sich selbst, so daß beide gleichzeitig verschoben werden können und daher der eine dem anderen nicht zum analogen Ausdruck dienen kann; statt dessen sind sie bestimmt im Verhältnis struktureller Eigenschaften, die erst der philosophische Diskurs sukzessiv benennen und verteilen kann; im Verhältnis einer Homologie, die ihrer Definition gemäß keine Substanz- oder Inhaltsgleichheit voraussetzt.[9] In der Möglichkeit dieser Verschiebung, d. h. in der Möglichkeit, vom empirischen Traum einen metaphysischen Gebrauch zu machen, liegt die eversive Kraft der meditativen Initiation als Experiment, den Meditierenden selbst zu verschieben, ihm einen anderen Platz zuzuweisen. Man könnte den sartreschen Sophismus ein wenig pointiert umkehren und sagen, daß der meditative Umlauf nicht funktioniert, indem er das Wachsein voraussetzt, sondern das Träumen. Im träumenden Bewußtsein findet Descartes die Möglichkeit des absoluten Erwachens; im Sinne des metaphysischen Experiments sagen wir: aus den Träumen und aus dem Wachen.

Diese Nicht-Unterscheidbarkeit, in der sich der Zweifel konstituiert, führt Descartes ins Wissen ein, indem er ihn an den empirischen Zustand der Träume bindet: zweifelnde Träume:

»Denke ich einmal aufmerksamer hierüber nach, so sehe ich ganz klar, daß Wachsein und Träumen niemals durch sichere Kennzeichen unterschieden werden können, – so daß ich erstaune (ut obstupescam) und dieses Erstaunen (stupor) mich in der Meinung bestärkt, ich träumte.« (*MT*, I, 5)

Diese Implantation des Zweifels in den Traum erlaubt es Descartes, die Struktur des Gedächtnisses aufzulösen; aber nicht, indem er die Inhalte des Gedächtnisses in einem leeren Raum verschwinden läßt, sondern, indem er sie reduziert auf die Gestalt ihrer halluzinatorischen Präsenz. Diese Reduktion betrifft die Wahrnehmung und die Vorstellung gleichermaßen; alles, was anwesend war und alles, was die Vorstellung zum Bewußtsein bringen kann, erscheint, aus allen Bezügen gefallen, nur noch im Brennpunkt der halluzinatorischen Gegenwart. Das ist der äußerste Punkt der Ungewißheit, den die *Meditationes* erreichen: Alles ist Traum.[10]

Descartes braucht nicht mit dem Wahnsinn zu experimentieren, wenn er die Struktur des Gedächtnisses auflöst, das Gedächtnis aller Gewißheiten, die im Korpus des historischen Wissens versammelt sind, zum Inhalt eines universellen Traums macht, um selbst zur Gewißheit zu kommen. Es wäre wahrhaftig sophistisch, wenn man wie Sartre die Ergebnisse der Meditation mit ihrer Struktur verwechselte und die nachträglich vorausgesetzte Unmöglichkeit des Wahnsinns oder des Wachens ununterschieden gelten ließe. Wenn wir von der Wahnsinnsanalyse Foucaults ausgehen, müssen wir ganz auf der Linie der metapsychologischen Bestimmungen Freuds die Beziehungen thematisieren, die der Wahnsinn zur Sprache und zum sekundären Denken unterhält. Vor der Sprache und ihren prädikativen Formen macht der cartesianische Zweifel halt: vor der Möglichkeit, daß es eine andere Sprache als die des Bewußten gibt. Die Träume lassen Descartes nicht am sekundären Denken und an den Formen des Urteils zweifeln wie Freud, wenn er sich den Träumen aussetzt.

»Wem würden nicht Zweifel kommen an der Mitteilung eines Traums angesichts des Abgrunds, der sich zwischen dem tatsächlich Erlebten und dem, was erzählt wird, auftut!« (Lacan, Buch XI, 41)

Descartes entdeckt die Traumspiele als meditatives Instrument und gebraucht sie in dem Maße, wie er den Traum-Sinn verdeckt. Der Zweifel bezieht sich ausschließlich auf den Überschuß des Willens gegenüber dem Verstand in jenem Feld, das der Verstand nicht einschließt (*MT*,

IV, 9). Das ist das Feld der Bilder. Wenn der Wille die Grenze überschreitet, entsteht aus dem falschen Gebrauch der Bilder der Irrtum;
für sich genommen, finden wir aber in diesem wilden Willen cartesianisch die Stelle, wo Signifikant und Signifikat auseinandertreten und
einen signifikativen Überschuß freisetzen.[11] Darin stellt sich der Mechanismus einer unbewußten Produktion dar, diese »subabondance de
l'essence«, von der Gibieuf spricht (vgl. Koyré, 31 f.), in der sich der
strukturelle Konflikt zwischen der Aktivität des Willens und der Passivität des Verstandes Gestalt und Lösung gibt. Aus diesem primären
Willen, der über den Verstand hinausgeht, gewinnt Descartes die Idee
eines Willens zu zweifeln; indem er ihn von der Vorstellungskraft löst
und auf die Wahrnehmung überträgt, gibt er ihm seine universelle Gestalt: im Traum. Es geht für Descartes darum, diesen Überschuß zu
sichern; über ihn zu verfügen und ihn zugleich vom Verstand fernzuhalten. Der Traum bleibt jederzeit rückbeziehbar auf die Vorstellung
oder entsprechend im meditativen Prozeß: Die Halluzination kann in
die Fiktion übergehen. In diesem Wechsel von der Wahrnehmung zur
Vorstellung verschafft Descartes den Träumen Eingang in den philosophischen Diskurs.

Die Mechanik der Vorstellungen

Die Kritik der Analytischen Philosophie an der Traumstruktur läuft
immer darauf hinaus, daß Descartes die Träume falsch klassifiziert
habe. Thomas weist die Bindung der Träume an die Wahrnehmung und
damit ihre halluzinatorischen Eigenschaften zurück. Sie erscheinen
schließlich nur noch als einfache Illusionen und lassen sich auf den
natürlichen Irrtum reduzieren oder an die Psychologie weitergeben.
Manser rechnet sie einer besonderen Klasse von Vorstellungen (images)
zu, die er nach Ryle mit dem Index »seemings to see« versieht.[12] Immer
überspringt diese Kritik den meditativen Prozeß und die implizite Umformulierung der Träume von der Wahrnehmung zur Einbildungskraft, um dann post festum, nachdem die apodiktische Gewißheit des
Cogito gesichert ist, Neuklassifizierungen vorzuschlagen, die ohne
Rücksicht auf die metaphysische Struktur bleiben, in der sich das Cogito konstituieren und bewähren muß. Dabei ist es nur konsequent,
wenn die Kritik mit den Träumen zugleich die Metaphysik eliminieren
will, denn beides ist vollständig aufeinander verwiesen, und man wird
das eine nicht ohne das andere angemessen verstehen können. Wenn
wir die Träume in die Mechanik der Vorstellungen einsetzen, die Descartes in der dritten Meditation entwickelt, zeigt sich, wie wenig die

Behauptung zutrifft, er habe die Träume falsch klassifiziert. An dieser Mechanik, die logisch außerhalb der Hyperbolie situiert ist, wird zum einen deutlich, wie sehr die Rede von der »falschen Klassifizierung« der Träume auf der Nichtunterscheidung von hyperbolischer Phase des Zweifels und dem post festum der apodiktischen Gewißheit des Cogito beruht; zum anderen ist es Descartes selbst, der die Träume aus ihrer halluzinatorischen Kraft löst und sie einer Klasse von Vorstellungen zurechnet, für die sich das Problem ihrer Referenz oder die Notwendigkeit ihrer Wahrheitsfähigkeit in keinem »eminenten« Sinn mehr stellt; schließlich sind die Träume, wie sie der Hyperbolie korrespondieren, in der Mechanik überhaupt nicht klassifizierbar. Anders gesagt, denn darin bleibt der hyperbolische Traumterm auf den natürlichen Traum bezogen: Sie stellen das Nicht-Repräsentierbare dar.

In der Absicht, »all meine Gedanken (cogitationes) in gewisse Klassen (certa genera) einzuteilen«, findet Descartes in einer ersten Reihe drei Klassen:

1. Ideae im eigentlichen Sinn: »Einige davon sind gleichsam Bilder der Dinge (imagines rerum) und nur diesen kommt eigentlich der Name ›Vorstellung‹ (idea) zu, wie wenn ich mir einen Menschen, eine Chimäre, den Himmel, einen Engel oder auch Gott denke.«

2. Willensakte oder Gemütsbewegungen: »Einiges andere aber besitzt außerdem noch einen anderen Charakter: Wenn ich z. B. will, wenn ich fürchte, bejahe, verneine, so stelle ich mir zwar stets etwas als Objekt meines Bewußtseins vor, mir ist darüber hinaus aber noch mehr bewußt als bloß die Ähnlichkeit mit diesem Gegenstande.«

3. Urteile: »Hiervon heißen nun die einen: Willensakte oder Gemütsbewegungen, die anderen Urteile.« (*MT*, III, 5)

Es folgt die schon zitierte Stelle, nach der sich die Möglichkeit der Unterscheidung in wahr und falsch nicht auf die ersten beiden Klassen beziehen kann; nur in ihrer Intentionalität oder als Bewußtseinsbestimmungen (modi cogitationis) genommen, können sie keinen Stoff zum Irrtum abgeben. Von diesem Modus geht die zweite Reihe der Klassifizierungen aus:

1. Ideae innatae: »Denn daß ich verstehe, was ein ›Ding‹, was ›Wahrheit‹, was ›Bewußtsein‹ ist, das scheint es, habe ich nur aus meiner eigenen Natur.«

2. Ideae adventicae: »[...] daß ich aber jetzt ein Geräusch höre, die Sonne sehe, die Wärme des Feuers wahrnehme, das rührt, wie ich bisher angenommen habe, von gewissen außer mir befindlichen Dingen her.«

3. Ideae a me ipso factae: »Sirenen schließlich, Hippogryphen und dergleichen werden von mir selbst ausgedacht.« (*MT*, III, 7)

Aus der Einteilung der Gedanken auf dem Stand von Modi des Bewußtseins geht keine Analyse der Intentionalität selber hervor, Descartes beginnt sogleich damit, die Vorstellungen danach zu befragen, wieviel an Realität sie repräsentieren. Der Übergang zum Verhältnis von Vorstellung und Repräsentation findet von den erworbenen Vorstellungen aus statt, um von dort aus zu überprüfen, ob einige von den Dingen, deren Vorstellungen in mir sind, außerhalb meiner existieren. (*MT*, III, 12). Vom Stand der Bewußtseinsbestimmungen her sieht Descartes keinen Weg der Realitätsprüfung, denn die modi cogitationis können nicht auf Grade der Realität verteilt werden. Und das genau trifft für die Träume zu: Ich kann sie weder auf Dinge beziehen, die außer mir existieren, noch kann ich in Anspruch nehmen, sie willkürlich hervorgebracht zu haben: so daß diese Vorstellung schließlich überhaupt nur Bedeutung haben könnte, indem sie eine andere Vorstellung repräsentierte, die nicht bewußt wäre.[13] In diesem Fall wäre die Entscheidbarkeit des jeweiligen Realitätsgrades der einzelnen Vorstellungen auf dem Stand der apodiktischen Gewißheit des Cogito nicht mehr gewährleistet. Auf diese Weise läßt sich der hyperbolische Augenblick cartesianisch noch einmal bezeichnen als Gefahr eines eigentlich substanzlosen Denkens, in dem die Vorstellungen gleich viel an Realität repräsentieren oder nichts an Realität, was für Descartes aufs gleiche hinausliefe; metapsychologisch aber als Möglichkeit eines unbewußten Denkens. Man sieht, wie sehr die Begründung der Metapsychologie durch die Träume deren Zurückweisung durch die cartesianische Philosophie entspricht; wie sehr die philosophische Zurückweisung der Träume der metapsychologischen Zurückweisung des Cogito entspricht. Und es sind daher auch die Träume, die das gemeinsame Feld abgeben, auf dem sich das Verhältnis von Metaphysik und Metapsychologie thematisieren läßt.

Man muß noch einen Schritt hinter das Traumspiel zurückgehen, in dem Descartes die Meditation organisiert und worin der Traum vom ersten Augenblick an cartesianisch ist oder allegorisch, wie wir (für die Metaphysik überhaupt) gesagt haben, um zu verstehen, daß die Träume Descartes vor das gleiche Problem stellen wie Freud. Die Träume bilden eine Klasse von »Vorstellungen« (halten wir uns zunächst an den cartesianischen Ausdruck »idea«, wie er ihn im siebten Abschnitt der dritten Meditation einführt), denen wir weder im Realen noch im Imaginären eine Referenz verschaffen können.[14] Dennoch ist diese doppelte Nicht-Referenz nicht von gleichem Wert, Descartes zweifelt ebensowenig wie Freud daran, daß wir die Träume wahrgenommen haben. Daraus geht ja ihre paradoxe Eigenschaft hervor, Wahrnehmung zu sein, die wir nicht auf Dinge außer uns beziehen können, die wir aber auch nicht selbst hervorgebracht haben können, weil sie gegeben sind. In der Terminologie Descartes' können wir sagen, daß die Träume auf eine realitas obiectiva nicht beziehbar sind. Im Hinblick auf die metapsychologischen Probleme der Träume ist die Übersetzung von »realitas obiectiva« mit »Bedeutungsgehalt« im Text der ›Philosophischen Bibliothek‹ wenig hilfreich, auch wenn sie sich vertreten läßt. Man sollte sich in diesem Fall eher an die französische Übersetzung halten (c'est-à-dire participient par représentation à plus de degrés d'être ou de perfection, *MT*, 70) und demgemäß »Grad an Repräsentation« oder abgekürzt »Repräsentation« vorschlagen. Denn zum einen ist es eine Theorie der Repräsentation, die es erlaubt, einen cartesianischen Traumterm zu bilden, d. h. den Traum in die Philosophie ein- und von seinem Sinn auszuschließen, zum anderen nimmt Descartes das im Bewußtsein repräsentierte Sein nicht als signifikatives Material, so daß »Bedeutung« sich darin erschöpft, operationell zu sein und insofern das logische Äquivalent zu realitas formalis darstellt; um sicherzustellen, daß die Realität denkbar sei. Als Modus des Bewußtseins repräsentieren die Vorstellungen nichts, weil wir sie nicht auf Grade des Seins beziehen können und es so scheinen kann, als hätten wir sie selbst hervorgebracht; ihre repräsentative Eigenschaft ziehen sie aber aus der Kraft des Realen, das auf sie wirkt. Und sie bedeuten daher mehr in dem Maße, wie sich der Repräsentationsgrad verdichtet. Man versteht aber, daß die Vorstellungen eigentlich nichts bedeuten können, denn es sind nicht ihre sinnlichen Qualitäten, die Beziehungen zwischen ihnen stiften könnten. Insofern war zu Anfang von der Mechanik der Vorstellungen die Rede, hier läßt Descartes wie für die Naturerscheinungen Kraft und Repräsentation ineinander übergehen, um auch die Vorstellungen auf einen physikalischen Raum zu beziehen, in dem ihr möglicher Sinn definiert werden kann. Das schließt die Möglichkeit aus, daß die Vorstellungen oder Dinge als sinnliche Qualitäten bedeutend sein könnten.

Jenseits der Unterscheidung der Vorstellungen in modi cogitationis und realitas obiectiva zum einen, in die Grade der Repräsentation zum anderen, gilt für alle Vorstellungen, daß sie austauschbar oder komprehensionsfähig sind nur in dem Maße, wie sie auf ein Sein bezogen werden können, das gleichermaßen im einheitlichen Raum von Wahrnehmung und Gedächtnis anwesend ist; der Präsenz gemäß, in der sich das Bewußtsein durch sich selbst im Cogito/Sum Gewißheit gibt. Für Descartes kann es kein Denken außerhalb oder vor der Gewißheit geben. Wir müssen aber an dieser Stelle in den meditativen Ablauf zurückkehren, denn der Übergang von der Bestimmung der Vorstellungen als modi cogitationis zu ihrer repräsentativen Eigenschaft erfordert (was Descartes in der zitierten Stelle des 13. Abschnitts der III. Meditation ausdrücklich sagt) eine Realitätsprüfung, die niemals außerhalb der apodiktischen Gewißheit verlaufen kann.

Die Realitätsprüfung hat den Effekt, daß sie allen Modi des Bewußtseins eine Referenz verschafft durch die Bestimmung, daß alle Vorstellungen repräsentativ sind und zugleich von ihrer repräsentativen Eigenschaft einen Überschuß ablöst, der in keiner Substanz aufgeht. Auf diese Weise kann Descartes Substanz und Signifikanz der Vorstellungen voneinander trennen. Und er kann eine Klasse von Vorstellungen isolieren, die wohl substantiell sind, insoweit sie auf einen Sachverhalt der Welt verweisen: auf den Körper. Er kann ihnen das zuschreiben, was wir die extensive Referenz genannt haben, während ihre sinnliche Qualität als Bilder über diese Referenz hinausgeht, dabei das Betätigungsfeld des Verstandes verläßt und so zum Gegenstand des exklusiven oder wilden Willens wird. Es zeigt sich aber auch, daß der meditative Prozeß in seiner hyperbolischen Phase auf der Nichtunterscheidung von Substanz und Signifikanz der Vorstellungen beruht. Ihr Status als Modi des Bewußtseins dient keineswegs nur zur Klassifizierung, wie wir sie in ihrer mechanischen Bestimmung genommen haben, sondern gilt für das ganze Traumspiel der *Meditationes*. Es funktioniert darin, daß alle Vorstellungen reduziert sind auf Modi des Bewußtseins; insofern sind sie alle gleich weit vom Sein entfernt. Darin besteht die hyperbolische Kühnheit der Meditation, sich einem substanzlosen Denken auszusetzen, in der die Welt unterschiedslos in den Bildern des Traums anwesend ist; ihr Effekt aber besteht darin, sicher zu sein, daß in diesem hyperbolischen Augenblick des Traums das Cogito/Sum gilt.

Wenn man die meditative Bewegung in dieser Formel abkürzt, wird deutlich, wie nahe sich natürlicher Traum und sein philosophischer Ausdruck kommen und wie weit sie doch zugleich voneinander entfernt sind. Man kann das Verhältnis so ausdrücken, daß der Diskurs über die Träume für einen Augenblick zum Diskurs der Träume selbst wird[15]; die Träume, die das »Ich-Denke« bezeichnen, zum Ich-Denke werden, das die Träume bezeichnet. Für diesen Augenblick, den die Philosophie zum Verschwinden bringt, kreuzen sich die cartesianischen Traumspiele mit der *Traumdeutung*. Freud entdeckt das Denken noch vor seiner Gewißheit, die es sich in der Realitätsprüfung gibt: Ich denke, auch wenn ich träume. Aber Freud wird diesen Satz nicht zur philosophischen Parabel ergänzen und sagen: Also ist es möglich, daß ich nur träume, wenn ich denke; wohl aber, es sei möglich, daß das, was im Traum gedacht ist, immer schon gedacht wurde – ohne daß es bewußt geworden wäre. Freud hält diesen verschwindenden Augenblick fest, in dem das Ich selbst gedacht, d. h. bezeichnet und in Traum wahrgenommen wird. Den Träumen und später dem Narzißmus entnimmt Freud, daß das Ich nicht mehr Herr im eigenen Haus ist, wie es in einer späteren Formulierung heißt, weil es immer wieder, wie die Träume zeigen, zur einfachen Vorstellung werden und stets durch die Gesamtheit aller Vorstellungen, die im Gedächtnis niedergeschrieben sind, bezeichnet werden kann; weil es sich immer schon, wie der Narzißmus zeigt, zum eigenen Objekt gemacht hat. Aber all das, die Tatsachen des metapsychologischen Feldes, lassen sich noch immer in Beziehung halten zur cartesianischen Philosophie, so sehr, daß man diese Beziehung in einer Relation ausdrücken kann: Die Rationalität, die Descartes den Träumen verwehrt, hat Freud ihnen zurückgegeben; in dem Maße, wie das Denken sich nicht mehr vollständig in der Transparenz des Bewußtseins setzen und erscheinen kann, wie es ärmer wird, erscheint jenseits des Bewußten der Reichtum eines anderen Denkens. Es ist darum weder nötig, das Rationale gegen die Entdeckung des Unbewußten zu verteidigen und das Unbewußte im Stil reflexiver Bewußtseinsphilosophie zu wiederholen wie Ricoeur, noch dem Unbewußten eine neue Rationalität in einer idealen Praxis der Kommunikation zu verschaffen wie Lorenzer; ebenso wenig gibt uns die Metapsychologie Anlaß, die Befreiung von der Rationalität durch die Träume zu feiern. Statt dessen geht es darum, der kopernikanischen Wende der Metapsychologie philosophische Geltung zu verschaffen, das Rationale in der Topologie so zu verschieben, daß die Träume als anderes Denken erscheinen können.

Signifikanz und Rationalität

Für die hyperbolische Phase gilt, daß alles, was wahrgenommen wird, bedeutend ist, während der Meditierende einen Unterschied von Substanz und Bedeutung nicht in Anspruch nehmen kann. Aufgrund der halluzinatorischen Eigenschaften dieser Vorstellungen (ideae), die Descartes ebenso wie Freud annimmt, erfüllen sie die Bedingungen von Traumwahrnchmungen. Dennoch ist die meditative Regression beschränkt auf eine der drei Arten von Regression, die Freud unterscheidet, das ist die Halluzination selbst, worin der Unterschied von Wahrnehmung und Vorstellung aufgehoben ist (was der topischen Regression bei Freud entspricht).[16] Diese eingeschränkte Regression ist gerade so bemessen, daß Descartes sie in den Vorstellungen, sofern sie nur Modi des Bewußtseins sind, abbilden kann. Dieser Modus, der schon der reflexiven Struktur des Cogito angehört, korrespondiert mit dem Augenblick der meditativen Praxis, in dem sich der Philosoph der Möglichkeit aussetzt, daß die Welt selbst nur Modus des Bewußtseins sein könnte. So lassen sich die Bestimmungen zusammenschließen: Die Regression kommt über einen Modus des Bewußtseins nicht hinaus, der Meditierende stellt wohl die Welt in Frage, er sieht sich selbst dargestellt (»... daß ich mit meinem Rock bekleidet, am Kamin sitze...«), keineswegs aber repräsentiert; bedeutend sind die Vorstellungen nur für die hyperbolische Phase der meditativen Praxis selbst, sonst aber sind sie ohne Bedeutung, ohne »Bedeutungsgehalt« (realitas obiectiva), ohne Repräsentation, wie wir übersetzt haben. Der Umschlag, in dem sich die Gewißheit organisiert, findet statt von einer Bedeutung, die ohne Substanz ist, zur Substanz, die als Substanz immer schon bedeutend, d. h. repräsentativ ist; so daß nach diesem Umschlag in der Gewißheit des Cogito die Träume als unbedeutende oder nicht-repräsentative zurückbleiben. Sie sind mit anderen Worten ausschließlich auf den, wie wir jetzt sagen können, regressiven Modus des Bewußtseins bezogen und daher außerhalb der Möglichkeit rationaler Gegenstände überhaupt.

Wir haben probeweise »Bedeutung« durch »Signifikanz« ersetzt; im strengen Sinn genommen, zeigt sich, daß diese Substitution cartesianisch nicht aufgeht: Die Vorstellungen, die in der Regression gewonnen werden, sind nur für die Meditation selbst bedeutend (meditativ), d. h. diese Bedeutung in der Rückkehr aus der Regression mit einem Schlag zu verlieren und gerade deswegen nicht unter die rationalen Gegenstände zu fallen, weil sie ohne Referenz im Realen sind. So daß es schließlich für Descartes nur noch ein kleiner Schritt ist, den Bildwert der Träume, auf dem die Traumspiele von Anfang an beruhen, dem exklusiven Willen zuzurechnen und die Bilder des Traums in ihrer Substanzlosigkeit zu bestätigen. Leibniz trifft genau den Punkt, den wir hier im Auge haben, wenn er davon spricht, daß Descartes Perzeption und Apperzeption nicht ausreichend voneinander unterschieden hat (darin den Bereich möglicher, rationaler Gegenstände beschränkt hat, wie wir hinzufügen).

»Der vorübergehende Zustand, der eine Vielheit in der Einheit oder in der einfachen Substanz einbegreift und repräsentiert, ist nichts anderes als das, was man Perzeption nennt. Diese muß, wie sich in der Folge zeigen wird, von der Apperzeption oder dem Bewußtsein unterschieden werden. Gerade hier haben die Cartesianer einen großen Fehler gemacht, insofern sie diejenigen Perzeptionen, deren man sich nicht bewußt ist, ganz außer acht gelassen haben. Das hat sie auch zu der Annahme geführt, nur die Geister seien Monaden und es gebe weder Tierseelen noch andere Entelechien.« (*Monadologie*, 31)

Aufgrund dieser Einschränkung ist alles, was für den cartesianischen Denker bedeutend sein kann, bezogen auf die reflexive Struktur der Apperzeption, so ist es ausgeschlossen, daß Wahrnehmungen außerhalb der Apperzeption oder ihrer Bestimmung als Modi des Bewußtseins bedeutend sein können – also signifikant.[17] Im strengen – metapsychologischen – Sinn soll signifikant heißen, daß etwas bedeutend sein kann, ohne daß es bewußt geworden wäre. Man versteht, warum die Träume für Descartes zugleich bedeutend und unbedeutend sein können: Die sinnlichen Wahrnehmungen des natürlichen Traums sind in den ídios kósmos eingeschlossen und bleiben bedeutungslos, während der Traum in seiner metaphysischen Funktion bedeutend ist einzig unter dem doppelten Aspekt seiner logisch-demonstrativen und seiner experimentellen Eigenschaften, von denen Foucault spricht (vgl. *Mon Corps*, 515). Insofern wiederholt Descartes die antike Spaltung der Träume in bedeutend und unbedeutend und nimmt ihnen ihre signifikative Kraft, auf der doch die Traumspiele beruhen.

Für den natürlichen Traum hat die Philosophie Descartes' keine Verwendung. Wenn die Vernunft den Verdacht zurückgewiesen hat, alles könne nur ein Traum sein, bleibt nichts, was die Träume zu rationalen Gegenständen machen könnte. Descartes mißt die Träume am Realismus der alten Abbildtheorie; er nimmt sie, wie Freud sagen würde, in ihrem Bildcharakter. Daß die Träume – wie fern der Realität sie auch erscheinen mögen – doch immer das Dasein der Körper abbilden, verschafft ihnen eine Rolle in der Meditation. Darin gleicht das träumende Bewußtsein der Einbildungskraft, deren Operationen durch die Anwesenheit der Körper beglaubigt werden, durch die »Schwere«, wie es in der scholastischen Ontologie heißt, der Descartes hier verpflichtet bleibt.

»Betrachtet man nämlich aufmerksamer, was die Einbildungskraft eigentlich ist, so wird deutlich, daß es nichts weiter als eine Art Anwendung des Erkenntnisvermögens auf den ihm unmittelbar gegenwärtigen Körper ist, der demnach existiert.« (*MT,* IV, 1)

Zugleich unterscheidet sich das träumende Bewußtsein aber von der Einbildungskraft, weil es Vorstellungen (ideae) wie Wahrnehmungen nimmt. Der radikale Zweifel gewinnt seine Bewegung aus diesem Verhältnis von Übereinstimmung und Unterschied zwischen Traum und Einbildungskraft.

Im Traumargument nimmt Descartes an, wir könnten nicht zwischen Wahrnehmung und Vorstellung unterscheiden. Aber selbst dieser Fall einer äußersten Verkennung der Realität gefährdet die Möglichkeit rationaler Erkenntnis nicht. Sie hängt weder von der Wahrnehmung noch von der Einbildungskraft ab, sondern hat ihren Grund in der »inspectio mentis«, in der Einsicht einzig und allein des Verstandes (vgl. *MT*, II, 12). Dort, wo die Spitze des radikalen Zweifels liegt, schlägt die Wahrnehmung in reines Denken um. Wenn jetzt im Cogito das gesuchte Prinzip rationaler Erkenntnis formuliert werden kann, geht damit das Traumexperiment zu Ende: aus diesem Umschlag geht zugleich der Dualismus von ausgedehnter und denkender Substanz hervor. Descartes reduziert am Ende der Meditation Bewußtsein auf reines Denken, und er schließt aus, daß der Ausdehnung selbst eine Form des Denkens eigen sein könnte.

»Descartes' *cogito* ist die größte Leistung dieses Experiments, vielleicht die abschließende, da es bis zu einer Wissensgewißheit vorstößt. Sie zeigt indessen nur um so deutlicher, wie privilegiert das Moment ist, auf das sie sich stützt, und wie trügerisch es ist, dieses Privileg auf alle mit Bewußtsein ausgestatteten Phänomene auszudehnen, um ihnen einen Status zu geben.« (Lacan, *Schriften* II, 209)

Wenn das Cogito an der Spitze der Hyperbolie für einen Augenblick den Realismus der Träume überwunden hat, wird es doch schon bald vom Realismus der eingeborenen Ideen eingeholt. Hier zeigt sich, wie sehr Descartes noch auf ein ontologisches Denken verpflichtet ist, das durch das methodische Ideal des Rationalismus nicht gedeckt ist: In der meditativen Phase ist die Spitze des Zweifels durch den Abbildcharakter des träumenden Bewußtseins gesichert; während das Cogito sich in der unendlichen Substanz Gottes ein Dasein verschafft. Es sind die Bruchstellen zwischen der alten Ontologie und der neuen Methodenlehre, die das Spiel der Träume in den *Meditationes* ermöglichen. Anders als der Rationalismus Descartes' es wollte, sind die Träume nicht in der Vernunft verschwunden.

Für uns verschwindet weder der Traum noch seine Bedeutungslosigkeit; indem wir die Ausdrücke festhalten, in denen diese Bedeutungslosigkeit bezeichnet ist, stoßen wir auf die Grenzen cartesianischer Rationalität, das sind die Grenzen der Repräsentation. Für Freud stellt sich die spezifische Situation des Traumdeuters nicht anders als für die Mantik oder die Philosophie: Es ist etwas wahrgenommen worden von imaginärer Qualität: Bilder, die dem Bewußtsein nicht zugerechnet werden können. Das provoziert die Suche nach einem Subjekt. Die Mantik findet dieses Subjekt in Gott, Platon nicht weniger als Descartes in einem Modus der Seele. Wir haben diese Differenz zum Bewußtsein ›Unsinn oder Überschuß‹ genannt und in der Weise, wie er jeweils aufgenommen wird, die Voraussetzung gesehen für die Differenzierung verschiedener Typen von Traumdiskursen innerhalb des Antiken Traumfeldes. Aber jenseits der Unterscheidung in verschiedene Traumdiskurse, bleiben alle Diskurse immer am manifesten Trauminhalt orientiert, um von dort aus nach den repräsentativen Eigenschaften des Traums zu fragen. Daß die philosophische Suche nach solchen Eigenschaften am Ende nur das Ungedachte findet, macht deutlich, wie sehr die Repräsentation selbst auf das Manifeste bezogen ist: Das Manifeste, in welcher Weise auch immer es gegeben ist, auf etwas zu beziehen, das ebenso manifest anwesend ist. Descartes hat im manifest Präsenten die Bedingung der Gegenständlichkeit gesehen, die als realitas formalis erfüllt sein muß: als realitas manifesta; während das, was Freud als psychische Realität postuliert – realitas latens, wenn man so will – ganz undenkbar, das Undenkbare selbst wäre; aber eben auch das Ungedachte, wie Freud gezeigt hat. Doch die Träume sind ja nicht – um es noch einmal zu sagen – ohne Referenz, insoweit sie metaphysisch bedeutend sind. Diese defiziente Referenz, wie man mit Platon, diese extensive Referenz, wie man mit Descartes sagen kann, stellt für sich einen minimalen Grad an Repräsentation dar, eines bloß körperlichen Seins, das nie klar und unterschieden genug ist, um die Bedingungen als res cogitans eigentlich zu erfüllen. Darum ist der Traum in den *Meditationes* fremd und verloren, ein Stück Wildnis, in der klaren und unterschiedenen Landschaft des Denkens bleibt er der Nicht-Sinn des Bewußten. Freud zerschneidet auch noch das minimale Band, durch das die Philosophie den Traum in der Welt hält. Dadurch, daß er den manifesten Traum auflöst, in dem der Traum im Bewußtsein gegeben ist, löst er auch die Traumallegorie der Philosophie auf, in der sie den Traum für das Wissen erfunden und sich ein Jenseits des Wissens angeeignet hat. Freud bestätigt die Philosophie darin, daß der Traum als Modus der Seele oder des Bewußtseins zu wenig bestimmt ist, um auf etwas anderes zu verweisen als nur auf sich selbst. Wir werden, heißt es in der Einleitung zum VI. Kapitel der *Traumdeutung*, so lange in die Irre gehen, wie wir den Traum nach seinem Bildwert, d. h. in seiner imaginären Qualität lesen und nicht nach seiner Zeichenbeziehung, d. h. in seiner symbolischen Qualität (wenn wir uns an die strukturale Terminologie halten).

Wir können vom Manifesten zum Latenten nur übergehen, wenn wir die Zeichen ausschließlich in ihrer Eigenschaft nehmen, bezeichnend zu sein und sie in das Feld ihres Bedeutens einsetzen, in die signifikante Kette, wie Lacan sagt; denn Bedeutung kann ihnen nur dadurch zu kommen, daß sie auf andere Zeichen verweisen. Der Raum ihrer Beziehungen, topologischer Raum, ist weder real noch imaginär, sondern von ganz eigener Qualität, von der besonderen Existenzform des Psychischen, wie es in der *Traumdeutung* heißt. Durch ihre Eigenschaft, signifikant zu sein, kann Freud die Traumzeichen mit dem gesamten psychischen Material zusammenschließen: mit der Gesamtmenge der Vorstellungen, denn für das, was Freud Vorstellung nennt, ist eben diese Eigenschaft, signifikant zu sein, wesentlich konstitutiv. Man muß »Vorstellung« von jeder Bedeutung, die besagt »ich stelle mir etwas (ein Objekt) vor« ablösen. Freud versteht darunter die Spuren der Wahrnehmung, die gemäß der topologischen Verteilung der psychischen Funktionen als Dauerspuren dem Gedächtnis angehören und daher ohne sensorische Qualität, also unbewußt sind. Die Vorstellung nimmt innerhalb der Topologie einen größeren Raum ein als die Wahrnehmung, von der sie abstammt; sie ist der Wahrnehmung gegenüber nicht einfach in der Präsenz des Wahrgenommenen, sondern mehrfach determiniert in einer Realität, die Freud psychisch nennt, weil sie sich nicht im Realen erschöpft. Auf der einen Seite zerstört Freud die Beziehung, in der die Philosophie die Träume diskursfähig gehalten hat, indem er – gemäß der Idee der psychischen Lokalität – Wahrnehmung und Gedächtnis auf verschiedene Systeme verteilt, um auf der anderen Seite die Träume übersetzbar zu machen in die Sprache des Bewußten. Aufgrund der Eigenschaft aller Elemente des Psychischen, signifikant zu sein, fällt die Schwierigkeit, wie man die nicht gedachten Bilder des Traums dem Denken zuordnen könne, in sich zusammen. Und Freud zögert nicht, daraus die Konsequenz zu ziehen und den Traum als Denken gelten zu lassen. Diese Verschiebung von der Repräsentation, wie sie cartesianisch bestimmt ist, zur metapsychologischen Theorie der Repräsentanz, nimmt dem wachen, sekundären Denken nicht seine Rationalität, wohl aber sein Privileg, einzige Form des Denkens zu sein; das ist seine Dezentrierung.[18]

Cogito und Unbewußtes

Die psychischen Akte, die Freud zum Gegenstand der Metapsychologie macht, liegen außerhalb der Repräsentation, wie sie die Philosophie voraussetzt, um über den Traum zu reden und ihn in den philosophischen Diskurs integrieren zu können. Die minimale Repräsentation oder extensive Referenz, die die Philosophie den Träumen verschafft hat – und darin stimmt Freud ihr zu –, reicht nicht aus, um die Träume zum Gegenstand des Wissens zu machen (es sei denn zum allegorischen Ausdruck eines defizienten Wissens, das aber betrifft die internen Bedingungen des philosophischen Diskurses). Mit der Dezentrierung des Bewußten verschiebt Freud den Anspruch auf Repräsentation bis an ihre äußerste Grenze, das ist nach seinem eigenen Ausdruck die Repräsentanz. Unter Repräsentanz versteht Freud die internen, d. h. topologischen Relationen der Vorstellungen untereinander, um damit sicherzustellen, daß der Traum nicht mehr auf einen vorgängigen Sinn bezogen werden kann, sondern als Effekt der Traumarbeit genommen werden muß. In das Verhältnis, das die Vorstellungen untereinander eingehen, ist aber immer schon die Vertretung des Somatischen im Psychischen eingeschlossen; so daß Körper und Seele selbst zu Grenzbegriffen werden, die nur noch als Orte der Topologie abgebildet werden können. Freud nimmt den Traum aus der minimalen Repräsentation und gibt ihm ein Maximum an Repräsentanz: Der Körper in seinem ewigen Mangel an Signifikaten bildet nicht länger die Grenze der Traumdiskurse. Die Philosophie hat den Traum als Repräsentation des Körpers in der Seele bestimmt. Diese Lösung ist nicht ohne Paradoxie. Sie geht aus von der Erfahrung, daß wir im Traum etwas wahrgenommen haben, was nicht anwesend war, um diese Erfahrung umzukehren und den Traum an die Anwesenheit des Körpers zu binden. In der extensiven Referenz bestätigt die Philosophie den Träumen ein Stück Realität. Es ist leicht zu sehen, daß aus der Repräsentation des Körpers in der Seele die Notwendigkeit hervorgeht, die Leistungen der Seele hierarchisch gegeneinander abzugrenzen, und stets bleibt der Traum in der Schwere der Körper und seiner Affekte das Ungedachte. Freud hat die reine Präsenz des Körpers aufgelöst in die Relation von Trieb und Vorstellung. Weder soll der Trieb die Vorstellung noch die Vorstellung den Trieb repräsentieren: Der Körper ist in der Topologie vertreten, insofern er bezeichnend ist, als signifikative Kraft. (Vgl. *Das Unbewußte*, Bd. III, 136).

Der Sinn der Träume kann in nichts anderem bestehen als in den Relationen der Vorstellungen untereinander, keineswegs in den Vorstellungen selbst. Freud kann den Träumen auf der sinnlich-konkreten Ebene ihres Ausdrucks, der Bilder, Sinn verschaffen, ohne die Bilder auf die Wahrnehmung beschränken zu müssen. Er gibt dem Traum, was die Philosophie dem Denken vorbehalten hat: die Fähigkeit, zu verweisen auf etwas, was selbst nicht anwesend ist. Die Deutung der Träume bringt nichts hervor, was nicht schon immer hätte gedacht werden können, ja möglicherweise schon immer gedacht worden ist, ohne daß es bewußt geworden wäre; das sind die latenten Traumgedanken, wie Freud sagt.

»Erst dann treffen Arzt und Philosoph zusammen, wenn beide anerkennen, unbewußte psychische Vorgänge seien ›der zweckmäßigste und wohlberechtigte Ausdruck für eine feststehende Tatsache‹. Der Arzt kann nicht anders, als die Versicherung, ›das Bewußtsein sei der unentbehrliche Charakter des Psychischen‹, mit Achselzucken zurückweisen, und etwa, wenn sein Respekt vor den

Äußerungen der Philosophen noch stark genug ist, annehmen, sie behandelten nicht dasselbe Objekt und trieben nicht die gleiche Wissenschaft. Denn auch nur eine einzige verständnisvolle Beobachtung des Seelenlebens eines Neurotikers, eine einzige Traumanalyse muß ihm die unerschütterliche Überzeugung aufdrängen, daß die kompliziertesten und korrektesten Denkvorgänge, denen man doch den Namen psychischer Vorgänge nicht versagen wird, vorfallen können, ohne das Bewußtsein der Person zu erregen.« (*TD, 579*)

Das, was Freud hier als Gewißheit gegen die Philosophie ausspricht – es gibt ein unbewußtes Subjekt –, hat für die Metapsychologie doch nicht weniger theoretisches Gewicht als die Evidenz des »Ich-denke« für Descartes. Darin kann man ein metapsychologisches Moment cartesianischer Rationalität sehen; die Entdeckung des Unbewußten hat Freud nicht einen Augenblick lang an der Möglichkeit von Wissenschaft zweifeln lassen. Solange er eine Wissenschaft des Unbewußten noch nicht begründen kann, hält er sich an die Wahrheit nicht-wissenschaftlicher Diskurse; des wilden Denkens, der Nachtseite der Wissenschaft, der Kunst; an all das, wo er die Tatsache des Unbewußten schon dargestellt sieht: »Der Verfasser der *Traumdeutung* hat es gewagt, gegen den Einspruch der gestrengen Wissenschaft Partei für die Alten und den Aberglauben zu nehmen«, schreibt Freud in der ›Gradiva‹-Arbeit, wo er – einige Jahre nach der *Traumdeutung* – noch einmal zu zeigen versucht, in welch erstaunlichem Maße die Literatur psychoanalytische Erkenntnisse vorausgenommen hat; und er hält sich schließlich an die Träume selbst. Freud hat dieses Verfahren unermüdlich wiederholt, noch in den letzten Jahren läßt er sich auf eine »Mythologie der Triebe« ein, wie er sagt, und vertraut sich der »Hexe Metapsychologie« an, um zu spekulieren; um Fragen in die Psychoanalyse einzubringen, die sie selbst noch nicht beantworten kann. Man muß darin den Kern der Rationalität Freuds sehen und die eigentlich subversive Kraft seines Denkens: Rationalität selbst am »Rande der Prosa des Lebens« (Pontalis) zu vermuten.

Die Gesamtheit dieser Reden macht das wilden Denken als Gegenstand der Metapsychologie aus. In dieser Bestimmung ist ausgedrückt, daß all diese Reden immer schon über intelligible Qualitäten verfügen, weil sie nicht im Sensiblen fundiert sind, sondern das Reale bezeichnen und wir sie einer topologischen Struktur zurechnen können. Das wilde Denken arbeitet mit überdeterminierten Elementen, und es ist die Überdetermination, die im manifesten Ausdruck als Unsinn erscheint. So kann der Metapsychologie die Aufgabe zukommen, die expressiven Momente des wilden Denkens aufzulösen, zu analysieren im ganz wörtlichen Sinn und das Manifeste auf eine latente Struktur zurückzuführen, die notwendig unbewußt ist; auf die Struktur einer Rationalität, in der sich das Funktionieren der Elemente des wilden Denkens beschreiben läßt. Es handelt sich also eher darum, wie Lévi-Strauss gesagt hat, einen Typ der Realität in einen anderen zu übersetzen, was immer einen Übergang vom Manifesten zum Latenten impliziert; weit entfernt von aller Schwärmerei fürs Irrationale bringt ein solches Verfahren im Gegenteil eine Art von Supra-Rationalismus hervor. Dieses »Über« an Rationalität entspricht dem Überschuß an Sinn, den das wilde Denken nach dem Gesetz der Überdetermination hervorbringt; denn für die Metapsychologie liegen Genesis und Geltung von Rationalität nicht auf einer Ebene oder in sich selbst, sie hat es nicht mit immer schon wissenschaftlich erzeugter Rationalität zu tun.

»Auf einer anderen Realitätsebene schien mir der Marxismus auf die gleiche Weise vorzugehen wie die Geologie und die im Sinne ihres Begründers verstandene Psychoanalyse: alle drei zeigen auf, daß Verstehen darin besteht, einen Typ der Realität auf einen anderen zurückzuführen; daß die wahre Realität niemals die an der Oberfläche sichtbare ist; und daß die Natur des Wahren schon durch die Sorgfalt hindurchscheint, die es darauf verwendet, sich zu verbergen. In all diesen Fällen stellt sich das gleiche Problem, nämlich das des Zusammenhangs zwischen dem Wahrnehmbaren und dem Rationalen, und das angestrebte Ziel ist jeweils das gleiche: eine Art *Supra-Rationalismus*, der darauf abzielt, das erste dem zweiten, ohne irgend etwas von seinen Besonderheiten zu opfern, zu integrieren.« (Lévi-Strauss, *Traurige Tropen*, 49)

Die Metapsychologie hat es mit einer Rationalität zu tun, die latent ist; man gefährdet aber den Sinn von »latent«, wenn man darunter einen verborgenen oder vorausgegangenen Sinn versteht. Es handelt sich vielmehr um einen Modus der Vollständigkeit nach dem Maß der Verdichtung. Wir haben gesehen, daß Freud die Verdichtung sowohl als den einen der beiden Mechanismen des Primären einführt, als auch zur Unterscheidung von Primär- und Sekundärprozeß. Gerade aus diesem Verhältnis läßt sich verstehen, daß das Unbewußte selbst das Latente sein muß: Der Traum und damit die Verdichtungen sind bewußt geworden (sonst wüßten wir nichts von ihm, wie Freud lakonisch hinzufügt). Was nicht bewußt geworden ist, das ist die Gesamtheit der Relationen, in denen sich die Elemente des Traums bezeichnet haben: Die Topologie der Traumzeichen oder die Struktur des Traums. Die Struktur besteht nicht aus verdichteten, sondern aus einfachen Elementen, aus Vorstellungsrepräsentanzen oder Signifikanten, die, wie Freud ausdrücklich betont hat, von Wahrnehmungen abstammen (Bd. III, 375), was ihrem semiologischen Charakter als Sachvorstellungen entspricht; die Elemente der Struktur sind erst durch die psychische Verarbeitung verschoben und verdichtet worden. Man muß aber betonen – noch stärker als Freud selbst es in der *Traumdeutung* getan hat –, daß die

Latenz des Traums seine Struktur ist, von der aus die Übersetzung des manifesten Traums in die Sprache des Bewußten erst möglich ist; das Bewußte (oder genauer das Vorbewußte) verfügt sowohl über die Sach- als auch über die Wortvorstellungen, worin sich im übrigen noch ein- mal zeigt, nicht die Sachvorstellungen sind unbewußt, sondern nur die Plätze, die sie zueinander eingenommen haben; anderenfalls würde das Unbewußte kaum mehr als einen deskriptiven Wert haben.

In der doppelten Bestimmung des cartesianischen Zweifels, zugleich repressiv und progressiv zu sein, konstituiert sich die meditative Zeit des Erwachens: der Reflexion. In seiner regressiven Funktion reduziert der Zweifel die Welt auf die Form ihrer halluzinatorischen Präsenz; der Meditierende wird zum Träumer, indem er das Aufwachen hinauszö- gert. In seiner progressiven Funktion verschafft der Zweifel dem Traum Referenzen in der Welt und geht dabei schon von seiner hyper- bolischen zu seiner natürlichen Form zurück; der Meditierende wird zum Erwachenden. In der Vereinigung von progressiver und regressi- ver Funktion des Zweifels in der Leistung der Realitätsprüfung kann das Subjekt der Realitätsprüfung vom Zweifel zur Gewißheit des Den- kens kommen. Für Descartes gibt es kein Denken außerhalb oder vor der Gewißheit; dort ist nur der Traum, das sind die gedankenlosen Bil- der. Für die *Traumdeutung* aber ebenso sehr für die metapsychologi- sche Ethik selbst soll der Zweifel als Widerstand überwunden werden, indem man sich frei macht »von der ganzen Sicherheitsschätzung« (*TD*, 495). Aber das metapsychologische Denken, das sich in der Überwin- dung des Zweifels Gewißheit gibt, begründet im »Akt« dieser Gewiß- heit sich selbst nicht. Wenn Freud den Träumen den Status von Gedan- ken gibt, Traumgedanken, ist er darin für einen Augenblick Cartesianer an einer Stelle des Systems, das Descartes selbst nicht bezeichnet; denn die Metapsychologie konstituiert die Träume nicht in der Reflexion des Bewußtseins als Form des Denkens, sie findet im Unsinn des Bewußten einen Sinn des Unbewußten. Man könnte sagen, daß Freud das Verfah- ren Descartes' für den Teil des Sinns wiederholt, den die Philosophie ausgeschlossen hat. In der Überwindung des Zweifels entdeckt Freud die Verspätung des Denkens, die in keinem reflexiven Akt eingeholt werden kann. Der Verspätung gegenüber ist auch die Gewißheit nicht im Ursprung des Denkens, es gibt zugleich mit diesem Denken, das sich im Cogito Gewißheit gibt, ein Denken, das ist, ohne gewiß zu sein. Und Freud findet dieses Denken dort, wo Descartes uns ein Undenk- bares vorführt: auf dem Feld der Träume. Descartes hält die Träume am äußersten Rand der Realität, bedeutend sind sie für seine Philosophie, insofern sie die Spitze des Zweifels darstellen, um dann mit dem Zwei- fel selbst endgültig ausgeschlossen zu werden. Descartes gibt dem

Traum, wie man in Anlehnung an einen Ausdruck Freuds sagen könnte, die »Würde des Intelligiblen«, die den Zweifel selbst innerhalb der reflexiven Struktur hält. Dennoch ist auch diese Würde den Träumen nur geliehen von den Körpern: Insofern sie etwas repräsentieren, was vor ihnen in der Welt war; einzig in dieser Unaufhebbarkeit der Repräsentation liegt ihre Intelligibilität. Auf diese Weise bleibt der cartesianische Traumdiskurs in den Grenzen der alten Traumdeutung, die darauf besteht, daß wir die Traumsignifikanten einem Korpus von Signifikanten zuordnen müssen, einer Lexik, die dem Traum immer schon vorausgeht. Unter diesen Voraussetzungen läßt sich das Projekt einer cartesianisch begründbaren Traumdeutung gerade nicht denken.[19]

»[...] so brauche ich nicht weiter zu fürchten, daß das mir von den Sinnen täglich Dargebotene falsch sei, sondern darf alle übertriebenen Zweifel (dubitationes hyperbolicae) dieser Tage als lächerlich verwerfen, vor allem den allgemeinsten bezüglich des Traums, den ich nicht vom Wachen unterscheiden konnte [...].« (*MT*, VI, 24)

Der Traumdiskurs geht zu Ende, indem die meditative Spannung zwischen dem empirischen Traum und seinem verschobenen Ausdruck zusammenfällt und der Traum in die fiktive Struktur des überschüssigen Willens eingeht, um wie er kontingentes Bedeuten zu werden. Jetzt kann Descartes endgültig den hyperbolischen Zweifel zurückweisen, den seine Metaphysik so eng mit dem Traum verknüpft hatte; jetzt kann er alles das Traum nennen, was im homogenen und konsistenten Raum der Rede des Bewußten nicht wiederkehren kann, all das, was nicht Sprache ist.

»Begegnet mir aber etwas, wovon ich deutlich bemerke, woher, wo und wann es kommt, und vermag ich seine Wahrnehmung ohne jede Unterbrechung mit dem gesamten übrigen Leben zu verknüpfen, so bin ich ganz gewiß, daß es mir nicht im Traum, sondern im Wachen begegnet ist. Auch brauche ich an dessen Wahrheit nicht im Geringsten zu zweifeln, wenn mir, nachdem ich alle Sinne, das Gedächtnis und den Verstand zur Prüfung versammelt habe, von keinem unter ihnen etwas gemeldet wird, das dem übrigen widerstritte. Denn daraus, daß Gott kein Betrüger ist, folgt jedenfalls, daß ich mich in solchen Fällen nicht täusche.« (*MT*, VI, 24)

Für die Traumdeutung der Metaphysik gehört auch dieses letzte Verschwinden der Träume aus der Rationalität noch der Traumstruktur der *Meditationes* an: die Träume zum Undenkbaren zu machen. Den Träumen ihre Rationalität zurückzugeben, das heißt also immer auch, der Rationalität ihre Träume zurückzugeben. Daher braucht man das

Cogito nicht noch einmal in seiner Defizienz zu bestätigen, die man seither der metaphysischen Konstruktion zugeschrieben hat, wenn sich zeigt, wie tief die Spuren der Träume ins Cogito eingegraben sind, wie sehr es aus den Traumspielen hervorgegangen ist. Es sind diese Spuren, in denen das Ich-denke ein anderes Denken war, in deren Bahnen sich der Rationalismus Descartes' als Topologie wiederholen läßt. Es sind diese Spuren, denen man folgen muß, um zu verstehen, daß Freud die Rationalität der Träume nicht entdecken konnte, ohne die Rationalität selbst auf die verkannten Träume in ihr zu befragen. Von dem Augenblick an, da die Träume gedeutet werden können, erhält auch das Cogito seinen signifikativen Wert zurück: in den Träumen der Vernunft.

III
Die Träume der Romantik

Novalis, *Heinrich von Ofterdingen*

Niemals hat man den Träumen mehr zugetraut als in der Romantik. In vielen ihrer Erscheinungsformen hat die Romantik die Grenze des Verstandes allzu umstandslos im Traum aufgehoben, hat in den Träumen – wie Schubert – schon reine Poesie oder sogar eine Universalsprache gesehen. All das mutet Novalis den Träumen nicht zu. Er hat den Träumen Realität verschafft, indem er ihren Überschuß an Sinn zum Gegenstand der Reflexion machen konnte, was jedoch voraussetzt, das Reflexionsmodell zu überschreiten, das Ich zu dezentrieren. Darin ist schon der »Trennungsort« zur »Wissenschaftslehre« bezeichnet, wie Benjamin ihn beschrieben hat: An die Stelle des Ich tritt das »Selbst«, das die reflexive Bewegung nicht begrenzen, sondern potenzieren soll. Novalis muß für seinen Traumdiskurs weder das Nicht-Ich der Transzendentalphilosophie noch das Unbewußte der Psychoanalyse in Anspruch nehmen. Er findet alle Gegenständlichkeit der Träume in der Struktur der Selbstreflexion, die sich im Roman organisieren soll. Auf diese Weise sind Traum und Buch aufeinander verwiesen, wie es sich schon in der Mantik gezeigt hat. So wird der Roman zum idealen Ort der Träume, und darin verschwindet das Bedürfnis nach ihrer Auslegung, eine Technik der Deutung hat die Romantik nicht hervorgebracht. Dafür hat sie die Träume ganz ins Innere, ins »Gemüth« zurückgenommen und sie mit einem Reichtum an Bestimmungen versehen: Hier, in der Romantik, ist die Theorie der Träume kaum weniger einfallsreich als die Träume, das Leben ebenso phantastisch wie sie.

Für die Träume und gegen ihre Deutung

»Der Jüngling lag unruhig auf seinem Lager, und gedachte des Fremden und seiner Erzählungen. Nicht die Schätze sind es, die ein so unaussprechliches Verlangen in mir geweckt haben, sagte er zu sich selbst; fern ab liegt mir alle Habsucht: aber die blaue Blume sehn' ich mich zu erblicken. Sie liegt mir unaufhörlich im Sinn, und ich kann nichts anderes dichten und denken. So ist mir noch nie zu Muthe gewesen: es ist, als hätt' ich vorhin geträumt, oder ich wäre in eine andere Welt hinübergeschlummert [...]« (*Heinrich von Ofterdingen,* 240; im folgenden ›*HO*‹, die Seitenzahlen beziehen sich auf Bd. II der ›Werkausgabe‹).

So beginnt der Roman zwischen Träumen und Wachen, so wird er enden. In diesem Zwischenraum entfaltet er sich, verschiebt er die Grenzen von Träumen und Wachen und gibt dem Traum seinen romantischen Sinn. Schon in dieser Eingangsszene lösen sich Träumen und Wachen als Zustände der Seele vom Unterschied in Tag und Nacht ab. In den letzten Augenblicken des wachen Bewußtseins scheinen Heinrich die Erlebnisse des vergangenen Tages wie ein Traum: »wunderlicher Zustand«, von dem er nicht reden, wohl aber träumen kann: Wovon man nicht reden kann, davon kann man doch träumen, das wäre vielleicht eine romantische Antwort an Wittgenstein.

»Daß ich auch nicht einmal von meinem wunderlichen Zustande reden kann! Es ist mir oft so entzückend wohl, und nur dann, wenn ich die Blume nicht recht gegenwärtig habe, befällt mich so ein tiefes, inniges Treiben: das kann und wird Keiner verstehn. Ich glaubte, ich wäre wahnsinnig, wenn ich nicht so klar und hell sähe und dächte, mir ist seitdem alles viel bekannter. Ich hörte einst von alten Zeiten reden; wie da die Thiere und Bäume und Felsen mit den Menschen gesprochen hätten. Mir ist gerade so, als wollten sie allaugenblicklich anfangen, und als könnte ich es ihnen ansehen, was sie mir sagen wollten. Es muß noch viel Worte geben, die ich nicht weiß: wüßte ich mehr, so könnte ich viel besser alles begreifen. Sonst tanzte ich gern; jezt denke ich lieber nach der Musik. Der Jüngling verlohr sich allmählich in süßen Fantasien und entschlummerte. Da träumte ihm erst von unabsehlichen Fernen, und wilden, unbekannten Gegenden.« (*HO,* 24 f.)

Es kommt weniger darauf an, die einzelnen Bilder in Heinrichs Traum auf ihren Symbolgehalt zu befragen, denn entscheidend ist, daß die sinnlichen Wahrnehmungen im Traum Beziehungen eingehen, in denen sie überhaupt erst bedeutend werden; entscheidend ist, daß Heinrich selbst dem Zusammenhang der Dinge untereinander als Element des Bedeutenden angehört. In diesem Traum träumt Heinrich sich als

Dichter, er wird diesen Traum so lange festhalten, bis er sich erfüllt. So bleibt die Zweiteilung des Romans in »Erwartung« und »Erfüllung« direkt auf den Traum bezogen. Dieser erste Traum Heinrichs, dann der Traum, von dem der Vater am Morgen berichtet und schließlich der zweite Traum Heinrichs im VI. Kapitel gehören zum Inventar des Realen: empirischer Ausdruck, der eingeführt wird in der Relation von Träumen und Wachen.[1] Aber der Rückkehr aus den Träumen, dem Zyklus von Träumen und Wachen, folgt die Deutung nicht. Heinrich wird seinen Traum niemals erzählen, nur wir erfahren davon durch die dritte Person des Erzählers. Für den Vater ergibt sich die Notwendigkeit der Deutung seines »römischen« Traums gar nicht, so »hell« und »geordnet« erscheint er ihm, daß er ihn ganz und gar theorematisch nimmt wie einen Kindertraum. Dem Vater bedeutet der Traum, was er darstellt; zentriert auf das Bild seiner zukünftigen Frau, geht er ganz in Realität auf. Der Zugriff des Vaters auf seinen Traum liegt noch unterhalb der mantischen Deutung, die ja erst mit dem allegorischen Traum eigentlich beginnt. In dem Sinn, wie Freud davon spricht, daß sich manchmal in den Träumen der Kinder die Wünsche ganz und gar auf der Ebene des Realen darstellen, könnte man von einer infantilen Traumtheorie des Vaters sprechen, die den Träumen gerade dort Bedeutung verschafft, wo sie der Deutung nicht bedürfen; deswegen entgeht der zentrierten Aufmerksamkeit des Vaters auch, daß er selbst im Traum von der Bedürftigkeit nach Auslegung des Traums träumt, durch Gott, wie es heißt. Denn der Vater hatte ja nicht nur von seiner Frau geträumt, sondern auch von der »blauen Blume« und von Heinrich.

»Ich war wieder oben auf dem Berge. Mein Begleiter stand bey mir, und sagte: du hast das Wunder der Welt gesehn. Es steht bey dir, das glücklichste Wesen auf der Welt und noch über das ein berühmter Mann zu werden. Nimm wohl in Acht, was ich dir sage: wenn du am Tage Johannis gegen Abend wieder hieher kommst, und Gott herzlich um das Verständniß dieses Traumes bittest, so wird die das höchste irdische Loos zu Theil werden; dann gieb nur acht, auf ein blaues Blümchen, was du hier oben finden wirst, brich es ab, und überlaß dich dann demüthig der himmlischen Führung.« (HO, 247)

Der Vater vertritt die Position einer realistischen Traumdeutung, für ihn ist der Traum bedeutend in dem Maße, wie er sich erfüllt hat. Er mißachtet die Warnung, die ihm der »Alte« im Traum mit auf den Weg gibt, sich um das »Verständniß« des Traums zu bemühen. Nur für diesen Fall wird ihm die »blaue Blume« als erfüllte Wirklichkeit angekündigt, tatsächlich nimmt der Vater den poetischen Zustand, für den die »blaue Blume« steht, im Traum voraus, und er wird für ihn immer

Traum bleiben, längst vergangener Traum: »Wie gelöst war meine Zunge, und was ich sprach, klang wie Musik. Darauf ward alles wieder dunkel und eng und gewöhnlich [...].« (*HO*, 247) Doch für den Vater bleibt der Traum zentriert auf das Bild seiner zukünftigen Frau, die er ja schon vorher kennengelernt hatte. So erfüllt sich der Traum für den Vater ganz in der Heirat. Später werden wir von seinem Schwiegervater, dem »alten Schwaning« erfahren, daß sich der Vater selbst zum Künstler berufen gefühlt habe, diesem Gefühl aber nicht nachgegangen, statt dessen zu einem »tüchtigen Handwerker« geworden sei. Daher wird auch verständlich, daß der Vater der Schlußszene seines Traums keine Bedeutung gibt, denn dort stellt sich sein eigener Wunsch, Künstler zu werden, im Bild der Apotheose seines Kindes zum Dichter dar.

»Ich sah deine Mutter mit freundlichem, verschämtem Blick vor mir; sie hielt ein glänzendes Kind in den Armen, und reichte es mir hin, als auf einmal das Kind zusehends wuchs, immer heller und glänzender ward, und sich endlich mit blendendweißen Flügeln über uns erhob, uns beyde in seinen Arm nahm, und so hoch mit uns flog, daß die Erde nur wie eine goldene Schüssel mit dem sauberstem Schnitzwerk aussah. Dann erinnere ich mir nur, daß wieder jene Blume und der Berg und der Greis vorkamen; aber ich erwachte bald darauf und fühlte mich von heftiger Liebe bewegt.« (*HO*, 247f.)

Es ist der Traumtext selbst, der durch die Fülle seiner Signifikanz die infantile Traumtheorie des Vaters bezeichnet und korrigiert. In allen seinen Aspekten stellt der Traumtext mehr dar, als es das Bewußtsein des Vaters weiß. Besonders offenkundig wird das am Fall der (blauen) Blume, an dessen Farbe er sich nicht mehr erinnert, als Heinrich danach fragt und die der Text der Traumerzählung doch als »blaue Blume« bezeichnet. In dieser Disproportion von Traumtext und Rede des wachen Bewußtseins ist prinzipiell jede realistische Traumdeutung ausgeschlossen: Vom manifesten Trauminhalt aus haben wir zu seinem Sinn keinen Zugang.

Das ist auch die Position Platons, wie Sokrates sie uns in seinem Traum vorführt; aber für Novalis folgt daraus nicht, daß der Traum überhaupt ohne Referenzen ist. In dieser doppelten Bestimmung, daß die Träume bedeutungsvoll sind, daß wir uns ihren Sinn aber nicht vom Manifesten her aneignen können, steht der romantische Traumdiskurs, wie wir ihn im *Heinrich* nachkonstruieren können, außerhalb der mantischen und philosophischen Tradition; er steht diesseits der kopernikanischen Grenze, die Freud durch die Traumdeutung gezogen hat; und dennoch fundiert Novalis das Verhältnis von manifest und latent nicht im Projekt einer Traumdeutung, Sinn der Träume soll vielmehr das Romantische selbst sein. Auch Heinrichs Traum ist wie der Traum des Sokrates geträumte Theorie der Träume. Der erste Teil wird uns mitgeteilt im Stil abgekürzter Erzählungen.

»Da träumte ihm erst von unabsehlichen Fernen, und wilden, unbekannten Gegenden. Er wanderte über Meere mit unbegreiflicher Leichtigkeit; wunderliche Tiere sah er; er lebte mit mannichfaltigen Menschen, bald im Kriege, in wildem Getümmel, in stillen Hütten. Er gerieth in Gefangenschaft und schmäliche Noth.« (*HO*, 241)

Das sind Ellipsen der Ferne, alles ist wild, bunt, vor allem aber wunderlich und unbekannt; unerreichbar für eine Deutung, die sich vom Augenblick des Erwachens aus organisieren sollte. Und nicht anders ist der zweite Teil (der ›Morgentraum‹), in dessen Landschaft sich die »blaue Blume« einstellt und wo es bestimmter um die Theorie des poetischen Zeichens geht. Wie der Traum des Sokrates ist auch der Traum Heinrichs in seinen beiden Teilen ein Traum gegen die Möglichkeit einer rationalen Traumdeutung. Gegen die Traumdeutung, aber für die Träume: Das ist der paradoxe Ausgangspunkt von Novalis' Traumdiskurs. Auch der psychoanalytische Blick durch die erotische Landschaft dieses Traums, wie ihn die Interpreten sich bisweilen ausleihen, könnte dem Traum keinen als nur die Selbstreferenz der erotischen Symbole geben, es bliebe der mantische Blick einer realistischen Traumdeutung; aber ebenso wenig kann der synchrone Blick auf den Symbolvorrat im Ganzen des Romans die romantische Botschaft der Träume ausblenden, daß sie ihren Sinn nicht aus dem Realen beziehen. Die Funktion des Romans für die Theorie der Träume konstituiert sich gemäß dieser Botschaft.

Auch Sokrates hatte in seinem Traum ja nicht bezweifelt, daß wir im Traum Urbestandteile wahrnehmen können, wohl aber, daß wir von dieser Wahrnehmung zum philosophischen Diskurs übergehen können; es ist dagegen in Heinrichs Theorietraum die Referenzlosigkeit der Träume selbst, die einen Übergang vom Traum zum poetischen Diskurs gestattet. Dieser Traumtheorie entsprechend, wird Heinrich seinen Träumen keinen diskursiven Ausdruck geben, um sie deuten zu können.[2] In dieser Zurückhaltung der Traumdeutung läßt sich der romantische Zugang zu den Träumen bestimmen. Foucault hat in der Einleitung zu Binswangers *Traum und Existenz* auf die zeitliche und sachliche Nähe von *Traumdeutung* und *Logischen Untersuchungen* hingewiesen. Ganz in seinem Sinn, in dem er Husserl zitiert, um die Reste einer realistischen Traumtheorie bei Freud zu kritisieren, die entgegen ihrem Anspruch die semantische Ebene dominant gegen die morphologischen und syntaktischen Aspekte setze, in diesem Sinn könnte man sagen, daß Novalis die Erzählungen des Fremden, die

seinem ersten Traum vorangehen ebenso wie die Gespräche über
Träume, die sich unmittelbar ans Aufwachen anschließen, als Indizes
der Realität einführt: Spuren, die keine Daten der Realitätsprüfung angeben, keinen festen Punkt, von dem aus sich eine Traumdeutung organisieren könnte, die aber Sinnspuren auf der Ebene des Romans anzei-
gen. Auch die »blaue Blume« fungiert als Indiz, das auf den Raum, die
Topologie der Bestimmbarkeit der Elemente des Traums verweist: Zeichen ihrer Fülle an Bestimmungen, ihres Überschusses, in dem sie erst
blüht.

Die Deutung unterbrechen

Novalis findet die Latenz der Träume nicht in der Form der Traumgedanken wieder, die der bewußten Rede angehören werden und immer
schon angehört haben. Der Raum des Erwachens ist für die mantische
Deutung ebenso wie für die analytische auf eine Gegenwart bezogen,
eine Präsenz. Das ist die Deponie der Traumsignifikate der Mantik, das
sind die Traumgedanken der Psychoanalyse. Von dieser Gegenwart aus
bezeichnet die Mantik die Zukunft, die Psychoanalyse die Vergangenheit des Träumers. Mit dem Erwachen ist der Prozeß des Träumens
abgeschlossen, und auf diesen Fixpunkt können die Deutungen den
signifikativen Überschuß der Träume beziehen: Er ist vergangen, ver-
klungenes Wort Gottes, Wunsch, der sich niedergeschrieben hat in der
Traumschrift; für den Träumer der Mantik beginnt dann wieder der
Alltag, für den Träumer der Psychoanalyse die Normalität; für Heinrich soll mit der Rückkehr aus den Träumen die Poesie beginnen. Im
Aufschieben des Erwachens konstituiert sich der Übergang vom empirischen Ausdruck der Träume zu ihrem romantischen.

Gegen den Spruch des Vaters »Träume sind Schäume« und gegen
dessen infantile Traumtheorie hält Heinrich daran fest, daß die Träume
ein bedeutsamer »Riß« im Diskurs des Bewußtseins sind, der sich
durchs Erwachen und durch alle Strategien des Sinns, die davon ausgehen, nicht verdecken läßt. Novalis sucht die Latenz des Traums nicht in
den Vermittlungen des wiedererwachten Ich, er bezieht umgekehrt das
Ich in die Strategie einer Latenz (der Darstellung) ein. Die Regression
des Ich auf ein Traumzeichen soll demgemäß nicht in der Progression
des Wachens aufgehoben werden, sondern sich erhalten als spezifischer
Zustand der Seele, des »Gemüths«, wie es bei Novalis heißt. Freud hat
die Dezentrierung des Ich in ein signifikatives Traumelement in der
»Rücksicht auf Darstellbarkeit« eingeführt. Das Ich kann im Traum
nur dann wahrgenommen werden, wenn es sich inszeniert, das heißt
darstellt als Signifikant, der wie jedes andere Element des Traums auch

den Mechanismen der unbewußten Produktion unterliegt, selbst verdichtet und verschoben werden kann. Den Primärprozeß hat Freud jenseits jeder möglichen Unterscheidung von Wahrnehmen und Vorstellen an die Wahrnehmung gebunden: jenseits der Realitätsprüfung. Alle Träume handeln ihrem egoistischen Charakter gemäß, wie es bei Freud heißt, von der eigenen Person, das Ich ist in allen Träumen anwesend, aber wie es sich jedesmal inszeniert auf »diesem anderen Schauplatz«, das hängt ganz vom Kontext der Traumelemente ab. Durch sie ist es bezeichnet und muß durch alle Elemente der Traumschrift hindurch bestimmt werden. Das ist die Regression des Ich auf ein Zeichen, das sich nicht selbst bedeuten kann und daher ergänzt werden muß: Supplemente des Ich.

»Wo im Trauminhalt nicht mein Ich, sondern nur eine fremde Person vorkommt, da darf ich ruhig annehmen, daß mein Ich durch Identifizierung hinter jener Person versteckt ist. Ich darf mein Ich ergänzen.« (*TD*, 320)

Daran schließt sich die Frage Lacans an:

»Ist der Platz, den ich als Subjekt des Signifikanten einnehme in Bezug auf den, den ich als Subjekt des Signifikats einnehme, konzentrisch oder exzentrisch? Das ist die Frage.« (*Schriften* II, 42)

Freud, der sich diese Frage ebenso stellt, verdeckt in seiner Antwort eher ihren Grund, wenn er durch den Hinweis auf den reflexiven Gebrauch von »Ich« im Diskurs des Bewußten, das Wunder der Dezentrierung des Ich verständlich machen will.

»Daß das eigene Ich in einem Traum mehrmals oder in verschiedenen Gestalten auftritt, ist im Grund nicht verwunderlicher, als daß es in einem bewußten Gedanken mehrmals und an verschiedenen Stellen oder in anderen Beziehungen enthalten ist, z. B. in dem Satze: Wenn *ich* daran denke, was für ein gesundes Kind *ich* war.« (*TD*, 320/1)

Doch im Traum macht das Ich keine Aussage über sich selbst, die es sich reflexiv aneignen könnte. In der topologischen Regression zum Ding umgekehrt, kann sich das Ich im Stande der Wahrnehmungsidentität nur darstellen, insofern es wahrgenommen werden kann; bezeichnet werden kann durch die Elemente der signifikanten Kette, die jeweils den Kontext bildet. Benjamin hat dieses Prinzip der Wahrnehmungsidentität als auratische Wahrnehmung in der Idee eines korrespondierenden Blicks definiert. In jedem dieser Blicke liegt die Erwartung, daß er erwidert werden kann durch das, was er wahrnimmt. Im strengen Sinn gilt das für die Logik der Wahrnehmungsidentität im Traum, wie es bei Valéry heißt.

»Wenn ich sage: ich sehe das da, so ist damit nicht eine Gleichung zwischen der Sache und mir niedergelegt [...]. Im Traume dagegen liegt eine Gleichung vor. Die Dinge, die ich sehe, sehen mich ebensowohl wie ich sie sehe.« (Zit., Benjamin, Bd. II, 647)

Im Sinne einer Übertragung soll das aber auch für die Poesie gelten, für die bei Benjamin der Aurabegriff grundlegend ist.

Der auratische Blick

In die Konstitution des Aurabegriffs geht direkt der Satz von Novalis ein, die Wahrnehmbarkeit sei eine Aufmerksamkeit. In diesem erstaunlichen Satz, dem Benjamin schon in seiner Dissertation theoretisches Gewicht gegeben hatte, liegt der Schlüssel für die Übertragbarkeit der Träume ins Wachen und damit zugleich für die Fundierung der Poesie in einem Zustand der Seele.

»›Die Wahrnehmbarkeit‹, so urteilt Novalis, ist ›eine Aufmerksamkeit‹. Die Wahrnehmbarkeit, von welcher er derart spricht, ist keine andere als die der Aura. Die Erfahrung der Aura beruht also auf der Übertragung einer in der menschlichen Gesellschaft geläufigen Reaktionsform auf das Verhältnis des Unbelebten oder der Natur zum Menschen [...]. Diese Belehnung ist ein Quellpunkt der Poesie. Wo der Mensch, das Tier, ein Unbelebtes, vom Dichter belehnt, seinen Blick aufschlägt, zieht es diesen in die Ferne; der Blick der dergestalt erweckten Natur träumt und zieht den Dichtenden seinem Traume nach.« (Benjamin, Bd. II, 646f.)

Diese doppelte Übertragung vom dialogischen Blick zweier Subjekte auf den regressiven Blick des Träumenden zum einen und auf die Dinge zum anderen erlaubt es, die Genese des romantischen Traumterms im *Heinrich* und zugleich die romantische Theorie der Reflexion nachzukonstruieren.

Im fünften Kapitel kehren die Träume wieder; nicht mehr als Ausdruck des Träumenden, sondern als Landschaft, als Traumwelt. Im kühnen und präzisen Vergleich vom Mond als Traum der Sonne bezeichnet sich die Übertragung der Träume von ihrem empirischen zu ihrem romantischen Gebrauch. Die Elemente dieser Transformation stellen sich in der Ordnung dieser Landschaft dar.

»Der Mond stand in mildem Glanze über den Hügeln, und ließ wunderliche Träume in allen Kreaturen aufsteigen. Selbst wie ein Traum der Sonne, lag er über der in sich gekehrten Traumwelt und führte die in unzählige Grenzen getheilte Urzeit zurück, wo jeder Keim noch für sich schlummerte, und einsam und unberührt sich vergeblich sehnte, die dunkle Fülle seines unermeßlichen Daseyns zu entfalten.« (*HO*, 298)

Die These des Vaters, nach der die Träume keine Botschaften des Überirdischen mehr enthalten, in der er die Träume aus dem theologischen Bezug der Mantik nimmt, wird in der künstlichen Landschaft der Träume näher bestimmt. Schon im ersten Kapitel hatte Heinrich direkt mit der Idee einer säkularisierten Prophetie auf den Vater geantwortet, wenn er von der Bedeutsamkeit der Träume spricht, »auch ohne noch an göttliche Schickung dabey zu denken« (*HO*, 244). Die Vertikale der Traumrichtung, »der Verkehr mit dem Himmel«, wie es in der Traumrede des Vaters heißt, wird im Traumbild des fünften Kapitels zur Horizontale des Verkehrs der Kreaturen untereinander, einschließlich der anorganischen Natur. Das ist der erste Umschlagspunkt des Traums: Übertragung der Möglichkeit zu träumen auf die Natur: universeller Traum. So löst sich die räumliche Ordnung der Traumlandschaft selbst auf: Der Mond und die Sonne sind oben, aber ebenso wie der Mond ein Traum der Sonne ist, könnte die Sonne ein Traum der Sterne sein, die der Mond bescheint. Die Synchronisierung der Landschaft, wie sie der Idee des universellen Traums entspricht, würde auch vor Gott nicht halt machen, ihr gemäß müßte auch Gott träumen.[3]

Man versteht, daß die eigenartige Theorie der frühromantischen Reflexion in der Dezentrierung des Ich fundiert ist. Der unendliche Reichtum der signifikanten Welt, auf die das Ich trifft, kann in keiner Ursetzung mehr abgebildet werden; er kann systematisch auf ein Verhältnis von innen und außen nur noch bezogen werden, indem den Dingen selbst eine reflexive Eigenschaft zukommt als Vermögen, sich selbst zu denken, so daß der Stoff der Reflexion sich nicht im unendlichen Regreß, nicht in den vorgefundenen oder gesetzten Inhalten des Ich leer läuft und der Romantik dennoch ihre Unmittelbarkeit sowohl als ihre Unendlichkeit erhalten bleiben. Denn das Ich findet sich als bezeichnet und setzt sich als bezeichnend. Es steht darum auch keinem Nicht-Ich gegenüber, sondern dem Selbstdenken des Seins, zu dem es selbst als Moment gehört. Die Mondlandschaft stellt diese Selbstreflexion der »Kreaturen« nicht nur dar, sie gehört zugleich zu den Stellen, in denen sich der Roman immer wieder selbst reflektiert, zu den »poetischen Summen«, wie man gesagt hat. Sie markieren jeweils einen bestimmten Grad in der Selbstdarstellung des poetischen Subjekts und des Realen in ihrer wechselseitigen Selbstdurchdringung. Im fünften Kapitel ist die Mondlandschaft noch bezogen auf die Ereignisse während der Reise nach Augsburg und auf die Tagträume Heinrichs. Wir erfahren, daß die Wahrnehmung der Landschaft unter der Form des Märchens zustande gekommen ist, in der Heinrich die Erzählungen des Bergmanns über die Welt der Kristalle, die er gerade gehört hat, auf die Wahrnehmung des Realen projiziert.

»In Heinrichs Gemüth spiegelt sich das Mährchen des Abends. Es war ihm, als ruhte die Welt aufgeschlossen in ihm, und zeigte ihm, wie einem Gastfreunde, alle ihre Schätze und verborgenen Lieblichkeiten. Ihm dünkte die große einfache Erscheinung um ihn so verständlich. Die Natur schien ihm nur deswegen so unbegreiflich, weil sie das Nächste und Traulichste mit einer solchen Verschwendung von manigfachen Ausdrücken um den Menschen her thürmte.« (HO, 298 f.)

Was in der Mondlandschaft angekündigt war, erfüllt sich dann im neunten Kapitel auf einem abstrakteren Niveau; dort erscheint die Mondlandschaft wieder und diesmal als Landschaft auf dem Mond, wo Ginnistan für Eros ein Fest arrangiert. Wir finden dort das Verhältnis von Innerlichkeit und realer Welt, von Realem und poetischer Abstraktion in der Weise verschoben, in der sich im Roman stets die Selbstreflexion des poetischen Gemüths gegen die literarische Realität (die fiktionale Ebene, wie es in der Literaturwissenschaft heißt) erhält: Abgelöst von allen Momenten der Biographie und der konkreten Individualität Heinrichs, ist die Schilderung der Mondlandschaft dort desto realistischer. Schließlich wird auch diese Beschreibung ins Märchen übergehen, das an der Stelle des Übergangs zum zweiten Teil des Romans Element der potenzierten oder romantisierten Welt geworden ist und seine Bestimmung als literarische Gattung und als Gestalt des Gemüths übergreift.

Mondlandschaft und Bergwelt: Der Traum ist unendlich und universell

In der Mondlandschaft stellt sich der Umschlag der Träume zu ihrer Universalität dar; im Unterreich der Bergwelt, die ja die Mondlandschaft als »Mährchen des Gemüths« schon stimuliert und inhaltlich geprägt hat, liegt der zweite Umschlagspunkt: vom endlichen zum unendlichen Traum. In der Bergwelt trifft Heinrich auf den Einsiedler und wiederum auf seine Träume. Während er im Buch ohne Titel blättert, das er unter den Büchern des Einsiedlers entdeckt hat, glaubt er zu träumen.[4] In den Bildern des Buches sieht er die unmittelbare Umgebung dargestellt, die Personen seiner Vergangenheit und in allen Lagen sich selbst, auch in solchen, die nicht zum Inventar seiner Geschichte gehören; und er sieht Gestalten seines ersten Traums. Aber auch das, was er beim Betrachten sofort seinem Gedächtnis zuordnen kann, ist doch den Daten seiner bewußten Erinnerung nur ähnlich, Zeit und Habitus sind verändert. »Er glaubte kaum seinen Sinnen«, heißt es, und »er erschrak und glaubte zu träumen«; aber er träumt nicht. Die Folge der Bilder ist begleitet von ständiger Realitätsprüfung. Fortwährend vergleicht Heinrich die Bilder mit den Daten seines Gedächtnisses, teilt sie ein in solche, für die er keinen Ausdruck hat; in solche, die klar und in solche, die dunkel und unverständlich sind; in solche, die evident sind und in solche, die ihn überraschen. Er träumt nicht, und er stellt sich die Bilder nicht vor. In dieser Bestimmung haben wir den zweiten Transformationspunkt der Träume in einen romantischen Term: Übertragung der Wahrnehmung im Traum aufs Wachen; Ausdruck einer spezifischen Wahrnehmung, die sich von den Merkmalen der sinnlichen Wahrnehmung ebenso unterscheidet wie von den Merkmalen der Vorstellung: Auf sie treffen die Merkmale der auratischen Wahrnehmung zu. Benjamin hat die auratische Wahrnehmung von Wahrnehmung und Vorstellung unterschieden, indem er einen dritten Term einführt, der jedes dialektische Verhältnis von anwesend und abwesend unterbricht, indem er die Wahrnehmung sistiert, so daß ihr Eigenschaften des Abwesenden zugeordnet werden können, ohne das Abwesende in der Vorstellung aufzuheben: das ist die Ferne.[5]

Freud hat im Prinzip der Wahrnehmungidentität dem Traum eine Wahrnehmung des Fernen zugeordnet; was sich im Traum darstellt, kann sich nur als Fernes darstellen. Das, was den Begriff eines Anwesenden erfüllte, das Befriedigungsding in seiner Selbstreferenz oder semiologischen Einheit, ist abwesend; daß die Wahrnehmungsidentität aber auf dieses Reale zieht, ist das unaufhebbar Materielle der Wunschproduktion. Und umgekehrt ist, was im Traum anwesend ist, nicht Repräsentant des Realen oder vorgestellte Realität. In der Traumwahrnehmung hat Freud Merkmale entdeckt, die die philosophische Tradition im Verhältnis eines Übergangs von der Wahrnehmung zur Vorstellung gedacht hat. Auf diese Tradition beruft sich noch die Bestimmung, der Traum sei zeitlos. Aber das heißt eher, daß die traditionelle Kategorie der Zeit als Einheit ihrer anwesenden und abwesenden Momente für das Unbewußte keine Geltung hat (und an vielen Stellen seines Werks schlägt Freud uns vor, Kant neu zu lesen). Wenn Freud den Traum als Text oder genauer als Schrift einführt, gibt er ihm doch eine Zeit, an die auch die Deutung gebunden ist: Der Traum verläuft in der Zeit auf einer Achse des Fernen im topologischen Raum. Die Erinnerungszeichen fallen auf dem Weg der regressiven Umkehrung des psychischen Ablaufs aus ihrer Einheit und Anwesenheit, die ihnen als Wortvorstellungen des Vorbewußten zukamen und werden zu Traumzeichen. Der Wahrnehmungstext, den die Wunschproduktion erstellt, verläuft stets in den Grenzen, die das Gesetz der Wahrnehmungsidentität zieht: Die Referenzen des Wahrgenommenen liegen nirgendwo anders als im Text selbst, und sie unterliegen daher wie das Wahrgenommene den Bedingungen der unbewußten Produktion. Sie sind niemals abwesend, um vorgestellt, niemals anwesend, um wahrgenommen werden zu können; sie gehören darum dieser besonderen Existenzform an, die Freud das Psychische nennt.

Im 342. Stück des Allgemeinen Brouillon führt Novalis den Terminus der Ferne schon als Element einer Theorie des Bedeutens ein, der den tropischen Gebrauch eines Fremden – es war einmal – überschreitet. So muß man auch die Märchen lesen, die im *Heinrich* vorkommen. Dort findet sich der Grundsatz der romantischen Reflexionstheorie: Wir kennen nur das eigentlich, was sich selbst kennt.

»Philosophie. Das Unbekannte, Geheimnisvolle ist das Resultat, und der Anfang von Allem. (Wir kennen nur eigentlich, was sich selbst kennt) [...] Die Philosophie ist die Prosa. Ihre Consonanten. Ferne Philosophie klingt wie Poesie – weil jeder Ruf in die Ferne Vokal wird. Auf beyden Seiten oder um sie her liegt + und minus Poesie. So wird alles in der Entfernung Poesie – Poem. Actio in distans. Ferne Berge, ferne Menschen, ferne Begebenheiten etc. alles wird romantisch, quod idem est – daher ergibt sich unsere urpoetische Natur. Poesie der Nacht und Dämmerung. Das Nützliche ist per se prosaisch. Jeder bestimmte Zweck ist ein consonierter – gehemmter Zweck überhaupt. Ferne Zwecke.«[6]

Die Ferne soll das Abwesende der sinnlichen Erfahrung zurückgeben unter der Bedingung, daß auch das Anwesende fern wird. In dieser Konstellation kommt dem Traum seine romantische Funktion zu, wie sie sich darstellt in den zwei Aspekten seiner Übertragung vom empirischen zum romantischen Traumterm.

Der Traum ist universell:
Alles was ist, kann träumen.
Der Traum ist unendlich:
Die Wahrnehmung im Fernen ist Traumwahrnehmung im Wachen.

Novalis gibt dem Traum seine Bedeutung nicht in der Beziehung zum Wissen oder zum Bewußtsein wie die Philosophie, sondern als Selbstdarstellung. Und er entdeckt darin diesen anderen Schauplatz des Sinns, auf dem das Ich in die Sachvorstellungen eingeht und sich in ihnen bedeuten, d.h. inszenieren kann. Das ist die zweite Traumthese neben der anderen, daß wir dem Traum vom manifesten Inhalt aus keine Merkmale verschaffen können, in der die Traumtheorie von Novalis diesseits der kopernikanischen Grenze liegt, die Freud metapsychologisch gezogen hat.

Der Aufschub, die Epoche des Erwachens, bildet eigentlich das romantische Traumfeld: auratischer und zugleich reflexiver Raum. Dort stimmt es mit der metapsychologischen Idee der Latenz überein, nach der sich die Übersetzung der manifesten Träume richten soll; und doch ist zugleich der Bereich der Übersetzungen, ist der romantische Text dem metapsychologischen Text gegenüber verschoben. Wenn Freud die Grade der Verborgenheit auf der Seite der Signifikanten vermindert, so vermehrt er sie auf der Seite des Subjekts. Weil es sich nicht mehr um einen fremden, sondern um einen eigenen Text handelt, gehört die Latenz selbst zur Produktion des Sinns und ist nicht mehr Defizienz des Wissens. Freud drückt das Verhältnis von latentem und manifestem Traum in der Relation von Original und Übersetzung aus, aber eher verdeckt dieser Vergleich, daß die analytische Intention die Tradition kritisiert, die stets den Augenblick einer unverborgenen Traumrede in Anspruch nehmen muß (das ist Gott oder das Traumbuch oder der offenkundige Betrug des bösen Geistes), um den Träumen überhaupt Sinn zu verschaffen. Für die Psychoanalyse kann es, dieser Kritik entsprechend, kein Original geben. Sie müßte sonst, ganz im Sinn der Tradition, die Latenz als Abweichung der Übersetzung vom Original bestimmen, was der Entzifferung des Traums Buchstabe für Buchstabe als Topologie des Bedeutens nicht entsprechen könnte. Dem manifesten Trauminhalt geht kein unverborgener, d. h. anderswo präsenter Text voraus. Dennoch eröffnet Freud keine unendliche Reihe der Übersetzungen, wenn er vom Manifesten zum Latenten übergeht. Die Begrenzung der Traumdeutung ist im doppelten Sinn pragmatisch und metapsychologisch begründet, zwischen beiden Gründen dieser Grenze entsteht zugleich mit der Praxis einer endlichen Analyse ein Konflikt, den Freud in der *Traumdeutung* pragmatisch einklammert, dessen Dimensionen er später in *Die unendliche und die endliche Analyse* (1937) ausführlich erörtert.

Die analytische Deutung bricht die Übersetzung des manifesten Trauminhalts dann ab, wenn die Traumzeichen auf dem Wege der freien Assoziation durch die Erinnerungsspuren des Vorbewußten hindurchgegangen, zu Zeichen des bewußten Diskurses ergänzt und der Rede des Bewußten integrierbar geworden sind. Das ist der Weg vom Präsens des Manifesten zum Optativ des Latenten. Man muß sich daran erinnern, daß Freud die Überdetermination im VI. Kapitel der *Traum-*

deutung als Verhältnis von manifestem Traum und Traumgedanken einführt und im VII. Kapitel als Regel der unbewußten Produktion. Demgemäß können wir die Rate der Überdetermination jedesmal auflösen, keineswegs aber die Überdetermination selbst, insofern sie dem Primärvorgang angehört; denn sie definiert nicht nur das Verhältnis von (Traum-)gedanken und (Traum-)bildern, sondern das Verhältnis zum Realen überhaupt. Die *Traumdeutung* zeigt, daß wir es weder im Begriff noch im Bild ausschöpfen können, daß die Realität selbst überdeterminiert ist, was die Möglichkeit ihrer rationalen Analyse jedoch nicht berührt. Die Traumanalyse muß durch die Vorstellungsreihen des Traumtextes hindurch; sie muß selbst zur Praxis eines wilden Denkens werden und kann bei einer einfachen Hermeneutik nicht stehenbleiben. Ihre Aufgabe besteht vielmehr darin, das Expressive oder das Überdeterminierte aufzulösen und mit anderen Ebenen des Ausdrucks übersetzbar zu machen.[7]

Natur und Sprache: der versteckte Poet

Auch der zweite Traum Heinrichs (im sechsten Kapitel) ist ausgewiesen als empirische Erfahrung, beziehbar aufs Inventar des Realen.[8] Und auch dieser Traum wird nicht zum Gegenstand einer Deutung, nicht einmal Mathilde berichtet Heinrich beim morgendlichen Picknick davon, daß er von ihr geträumt habe. Es sind nicht die manifesten Träume, die Heinrich zum Dichter werden lassen, sondern die Bedeutungen, die er ihnen gibt. »Gewiß ist der Traum«, sagt Heinrich nach dem ersten seiner Träume, »den ich heute Nacht träumte, kein unwirksamer Zufall in meinem Leben gewesen, denn ich fühle es, daß er in meine Seele wie ein weites Rad hineingreift, und sie in mächtigem Schwunge forttreibt.« (*HO*, 244) Man könnte in Heinrichs oder auch des Vaters Traum Ankündigungen zukünftiger Ereignisse lesen, aber das ist gerade nicht die Funktion, die Heinrich selbst den Träumen gibt. Wenn er die Träume wichtig nimmt, dann nicht als Prophetie, die sich im Realen erfüllte; denn alle Prophetie kann sich für Novalis immer nur in der Selbstreflexion erfüllen, die als Nachträglichkeit des Sinns in der Sprache spielt. Darum kann zwischen den Träumen selbst das Verhältnis einer Prophetie bestehen: Der Traum Heinrichs bezeichnet nachträglich den Traum des Vaters; was dieser ankündigt ist nur durch den zweiten Traum hindurch übersetzbar, in Daten, die der Lebensgeschichte Heinrichs angehören.

Schubert spricht in der *Symbolik des Traumes* von der »prophetischen Combination«:

»[…] das Schicksal in und außer uns, oder wie wir das bedeutende Ding sonst nennen wollen, redet dieselbe Sprache, wie unsere Seele im Traume. Dieser gelingt es deshalb, sobald sie ihre Traumbildersprache redet, Combinationen in derselben zu machen, auf die wir im Wachen freilich nicht kämen […].« (*Symbolik*, 2 f.)

Ganz in diesem Sinn hat die Romantik sich an die antike Mantik angeschlossen. Der romantischen Hermeneutik des Schicksals geht es jedoch nicht um die Zukunft von Handlungen, sondern um die Potenzierung von Bedeutungen. Sie überläßt die Traumzeichen deswegen auch nicht der Lebenswelt des Individuums, sondern liest sie als Zeichen eines poetischen Textes.

»Nichts ist poetischer, als Erinnerung und Ahndung, oder Vorstellung der Zukunft. Die gewöhnliche Gegenwart verknüpft beyde durch Beschränckung – Es entsteht Contiguitaet, durch Erstarrung – Crystalisation. Es giebt aber eine geistige Gegenwart – die beyde durch Auflösung identificirt – und diese Mischung ist das Element, die Atmosfäre des Dichters. Nicht Geist ist Stoff.« (Novalis, *Vermischte Bemerkungen* 123; Bd. II, 282)

Für den romantischen Traumdiskurs ist die mantische Tradition bedeutsam. Wie die *Traumdeutung* und anders als die Philosophie nimmt sie den Traum als Artikulation eines Sinns, der gedeutet oder übersetzt werden muß. Schubert hat im ersten Teil seiner *Symbolik*, der sich im Diskussionsrahmen vielleicht weniger der Theoretischen Philosophie der Romantik, so doch ihrer Kunsttheorie bewegt, die Momente dargestellt, nach denen sich der romantische Traumdiskurs als »OneiRomantik« bestimmen läßt; (während der zweite Teil der *Symbolik* sich immer mehr von der Voraussetzung der frühromantischen Theorie entfernt und sich anlehnt an illuministische Konzepte des 18. Jahrhunderts, insbesondere an die Philosophie Saint-Martins, was Schubert die Ablehnung und den Spott der Philosophen, z. B. Schellings eingebracht hat, zugleich aber auch die begeisterte Aufnahme durch Dichter wie Hoffmann oder Jean-Paul; Freud erwähnt ihn nur in einer Nebenmerkung, fast in einem Atemzug mit Novalis; vgl. das Nachwort von Sauder zur *Symbolik*).

Wie die Psychoanalyse geht auch das romantische Traumprojekt davon aus, daß wir den Sinn der Träume nicht von ihrem manifesten Ausdruck her erfassen können. Damit entzieht die Romantik – wie später Freud – der Mantik die Grundlage, die ihr zur Futuralisierung der Zeichen gedient hat, auf der sie die Zeichen des Traums in Sachverhalte übersetzt hat. Die Futuralisierung der Traumzeichen ersetzen jedoch Psychoanalyse und Romantik auf verschiedene Weise. Freud ersetzt die Zukunft des Träumers durch seine Vergangenheit.

»Und der Wert des Traums für die Zukunft? Daran ist natürlich nicht zu denken. Man möchte dafür einsetzen: für die Kenntnis der Vergangenheit.« (*TD*, 588)

Dennoch scheint Freud selbst zu bemerken, daß die einfache Ersetzung der mantischen Zukunft durch die Vergangenheit die psychoanalytische Einsetzung des Träumers in die Deutung nicht angemessen wiedergibt. So endet die *Traumdeutung* in ihren letzten Sätzen, wie sie begonnen hat, mit einer Hommage an die Mantik.

»Zwar entbehrt auch der alte Glaube, daß der Traum uns die Zukunft zeigt, nicht völlig des Gehalts an Wahrheit. Indem uns der Traum einen Wunsch als erfüllt vorstellt, führt er uns allerdings in die Zukunft; aber diese vom Träumer für gegenwärtig genommene Zukunft ist durch den unzerstörbaren Wunsch zum Ebenbild jener Vergangenheit gestaltet.« (*TD*, 588)

In der Einsetzung des Träumers zum Subjekt der Deutung in der ganzen Doppelbedeutung, die mit dieser Einsetzung für die Stellung des Subjekts einhergeht, löst die Psychoanalyse die Amnesie des mantischen Träumers vollständig auf und schließt das konkrete Individuum an seine Träume an. Darin erfüllt sie auf ihre Weise das Wort Heraklits vom ídios kósmos der konkreten Individualität. Die Psychoanalyse entfaltet die Möglichkeit der Traumdeutung – in dem ganz konkreten Sinn, in dem Freud Selbstanalyse als Traumdeutung betrieben hat – indem sie die Traumzeichen dem ídios kósmos der konkreten Individualität zurechnet. Die Romantik dagegen löst das Verdikt Heraklits gegen die Träume vollständig auf, läßt aber auch den ídios kósmos am konkreten Individuum nicht mehr erscheinen. Auch Schubert nimmt den Traum aus dieser eigenen Welt des persönlichen Ausdrucks zurück.

»Merkwürdig ist es immer, daß jene Sprache nicht bey jedem Menschen eine verschiedene, gleichsam nach der Willkühr einer jeden Individualität selbsterschaffene ist, sondern daß sie bey allen Menschen so ziemlich als dieselbe, höchstens dem Dialekt nach etwas verschiedene erscheint.« (*Symbolik*, 3)

Die Romantik muß sich darum auf eine Weise, die ebenso von der Psychoanalyse wie von der Mantik verschieden ist, einer Lexik versichern. Das soll die Bestimmung von der Traumsprache als ursprünglicher Sprache leisten, der gegenüber der erwachte Träumer nicht im Ursprung ist. Das meint die Ablösung der Sprache Gottes durch die Sprache der Natur: Ursprünglich ist die Natur Ausdruck und jeder Ausdruck ursprünglich natürlich: Darin bezeichnet sich naturphilosophisch und ästhetisch zugleich die romantische Hieroglyphe.

»Von jenen Bildern und Gestalten, deren sich die Sprache des Traumes, so wie der Poesie und der höheren prophetischen Region als Wort bedienen, finden wir die Originale in der umgebenden Natur, und diese erscheint uns schon hierinnen als eine verkörperte Traumwelt, eine prophetische Sprache in lebendigen Hieroglyphengestalten.« (*Symbolik*, 24)

Zwar verweist die Rücknahme der Sprache aus der antiken Theologie auf die christliche Tradition der Natur als Hieroglyphe Gottes; als romantischer Ausdruck kann die Hieroglyphe jedoch ohne Rekurs auf Gott als Schöpfer der Zeichen funktionieren. Das entspricht der prinzipiellen Rückverlagerung der Produktion der Träume vom allegorisierenden Traumgott der Mantik in die Subjektivität des Träumenden und erlaubt ihre Potenzierung. Die Natur ist ursprünglich Ausdruck, im Schlaf kehrt die Seele in den Ursprung des Ausdrucks zurück, den sie sich selbst in den Traumhieroglyphen gibt: Vielleicht wäre das die kürzeste Formel, die das Traumprojekt Schuberts bezeichnet und zugleich die Probleme offenhält, die aus diesem Projekt hervorgehen. Schuberts Traumdiskurs gerät vom Vierten Kapitel der *Symbolik* an in die Tautologie einer Naturphilosophie, die den Traum am Ende von seiner signifikativen Funktion überhaupt abschneidet. Schon in der Vorrede hatte Schubert uns mitgeteilt, er habe »in den nachstehenden Blättern keine eigentliche Theorie des Traums geben wollen«; immer weiter verläßt er die Probleme der Traumdeutung selbst, die sich stellen in der prinzipiellen Annahme, daß die Träume sinnvoll seien, wie es der Einführung von Hieroglyphe und Prophetie ins Traumfeld direkt entsprochen hätte.

Für Schubert ist in dieser Konstellation auch die Vermittlung von Traum und Poesie schon gegeben: Als ursprünglicher Ausdruck ist die Sprache zugleich Offenbarung, Traum, Poesie. Man könnte in dieser Zurechnung von Traum und Poesie zur Natur schon fast ein surrealistisches Moment der *Symbolik* sehen, wenn sich der Traum nicht dort in der phantastischen Physiologie der Ganglien und den somnambulen Strategien verlöre: der Traum als Künstler, als der versteckte und doch zugleich unmittelbare Poet, von dem Schubert spricht. Wie Vordtriede in *Novalis und die Symbolisten* gezeigt hat, würde eine solche naturphilosophische Konzeption des Traums gerade für den Surrealismus und nicht für die Romantik gelten, es sei denn, man würde einen Teil der Romantik als »Vulgärromantik«, wie es bei Vordtriede heißt, bestimmen.[9] Im Rahmen der Naturphilosophie der Träume bleibt der Traum ganz bei sich, bei seiner Natur, an die Stelle der Traum-Deutung oder der Selbstreflexion treten Strategien zur Wiederherstellung einer ursprünglichen Traumzeit. Und es ist darum schon der Schlaf selbst, sei es des Körpers wie bei Platon oder des Bewußtseins wie bei Schubert, der zwischen dem natürlichen Traum der Seele und der Traumzeit der Natur vermitteln soll.

Die Reflexion ist wie der Traum: unendlich und universell

Daraus, daß Novalis den Träumen Sinn verschafft, geht weder die Technik einer Traumanalyse noch der Träumer als Künstler hervor. Solange Heinrich träumt, ist er noch kein Dichter, der Schlaf gehört dem ersten Teil des Romans, der »Erwartung« an; für die »Erfüllung« des zweiten Teils ist die Differenz von Träumen und Wachen nicht mehr konstitutiv.

»Die Welt wird Traum, der Traum wird Welt
Und was man glaubt, es sei geschehn
Kann man von weitem erst kommen sehn.«
(*HO*, 367)

Oder an anderer Stelle heißt es vom armen Pilgrim: »Es dünkte ihn, als träume er jetzt oder als habe er geträumt.« (*HO*, 368). In einem Brief an Caroline Schlegel spricht Novalis, den man sich so sehr als Träumer vorgestellt hat, von seinem heimlichen Wunsch, immer zu wachen.

»Ich weiß, daß die Fantasie das Unsittlichste – das geistig-tierische am liebsten mag – Indeß weiß ich auch, wie sehr alle Fantasie, wie ein Traum ist – der die Nacht, die Sinnlosigkeit und die Einsamkeit liebt – Der Traum und die Fantasie sind das eigenste Eigenthum – sie sind höchstens für 2 – aber nicht für mehrere Menschen. Der Traum und die Fantasie sind zum Vergessen – Man darf sich nicht dabey aufhalten – am wenigsten ihn *verewigen* – Nur seine Flüchtigkeit macht die Frechheit seines Daseyns gut. Vielleicht gehört der Sinnenrausch zur Liebe, wie der Schlaf zum Leben – der edelste Theil ist es nicht – und der rüstige Mensch wird immer lieber wachen, als schlafen. Auch ich kann den *Schlaf* nicht vermeiden – aber ich freue mich doch des Wachens und wünsche *heimlich* immer zu *wachen*.« (Brief 108 vom 27.2.1799, Bd. I, 690 f.)

Anders als Schubert mutet Novalis den Träumen nicht zu, den Ausdruck der konkreten Individualität mit seiner Natürlichkeit zu versöhnen. Auch in der Briefstelle, wo der manifeste Trauminhalt an den Ausdruck der konkreten Individualität verwiesen ist, bleibt der ídios kósmos der Träume dennoch suspendiert. Er berührt die Träume nicht, er schließt sie weder ein noch aus. An den empirischen Träumen ist für Novalis ausschließlich wichtig, daß es einen Modus der Seele oder des Gemüths gibt, in dem die Dinge auf spezifische Weise wahrnehmbar werden; daß diese Wahrnehmbarkeit nicht außerhalb der Reflexion verläuft, sondern selbst reflexives Moment ist. Allerdings ist das ein Begriff von Reflexion, der schon dem Eingriff in die »Wissenschaftslehre« entstammt und jenen »Trennungsort« zwischen der frühromantischen und der Theorie Fichtes markiert, von dem Benjamin in seiner Romantikarbeit spricht (*Kritik*, 15). Man kann in diesem Trennungsort auch die Voraussetzungen finden, die es Novalis erlauben, die empirischen Träume einer reflexiven Struktur zuzuordnen und zugleich in den Übertragungen des Traums das poetische Verfahren sich darstellen zu lassen. In diesem Trennungsort bezeichnet sich das Gemeinsame von Traum, Poesie und Reflexion in der Theorie der Gegenstandserkenntnis. Sie kommt nach Benjamin in der romantischen Kritik an der Philosophie Fichtes zustande durch die Übertragung des Reflexionsbegriffs vom Ich auf das »Selbst«.

Erstens: Die Reflexion ist universell. Sie gilt nicht nur für das Ich, sondern für alles, (was sich denken läßt). Das Nicht-Ich ist keine unbewußte Funktion des Ich mehr, sondern Selbst, das sich wie das Ich denken kann.

Zweitens: Die Reflexion ist unendlich. Das sprengt die Beschränkung der unendlichen Aktion des Ich auf die praktische Philosophie. Auch die Unendlichkeit des Selbst ist nicht als Fortgang der Reflexion bestimmt, sondern als synchrone Unendlichkeit des Zusammenhangs. (Vgl. *Kritik*, 14, 21)

Man muß nicht davon ausgehen, daß es die Erfahrung der Träume war, die Novalis' Eingriff in die Transzendentalphilosophie zugrunde liegt, um zu verstehen, daß dieser Trennungsort zugleich für die Theorie der Träume und die Theoretische Philosophie gilt. In diesem Trennungsort bezeichnet sich ein Verhältnis von Wissen und Wahrnehmung, das es erlaubt, das Verdikt des bloß defizienten Wissens von den Träumen zu nehmen; es erlaubt, sie philosophisch für bedeutsam zu halten und sie für eine Theorie der Kunst in Anspruch zu nehmen, auf die ja die Theoretische Philosophie der Frühromantik immer bezogen bleibt. Für die romantische Traumanalyse sehen wir, daß der Übergang des natürlichen Traums auf den Traumterm, wie wir ihn im *Heinrich* vorgefunden haben, äquivalent ist der Übertragung vom Ich aufs Selbst, als die Benjamin den romantischen Eingriff in die »Wissenschaftslehre« beschrieben hat. Das ist noch näher zu bestimmen.

Wir haben der Traumanalyse im *Heinrich* entnommen, daß Novalis die Träume für bedeutsam hält; daß er – wie Freud – ihre Bedeutung nicht im Manifesten sichern will; daß er – im Gegensatz zu Freud – die Latenz der Träume aufs Romantische selbst verweist und nicht auf eine

Traumdeutung. Wir haben von einer romantischen Epoche des Erwachens gesprochen, um auszudrücken, daß Novalis nicht unter dem philosophischen Anspruch steht, den manifesten Träumen eine Referenz im Realen zu verschaffen. In dem Maße, wie das Reale seine Geltung verliert, erscheint der Traum auch nicht mehr als Nicht-Sinn des Bewußten. Das heißt noch keineswegs, die Träume einem Sinn des Unbewußten zuzurechnen. Man kann das, was wir Aufschub oder Epoche genannt haben, erweitern zum Terminus »Abstraktion«, der bei Novalis selbst vorkommt; man kann ihn aber sogar über seine Funktion hinaus, in der er die Funktion der poetischen Sprache begründen soll (vgl. Link, *Abstraktion*) für das Ich in Anspruch nehmen. Dafür steht im metapsychologischen Sinn der strukturale Terminus »Dezentrierung«. Allen Ausdrücken kommt die gleiche Funktion zu: in den Träumen eine Sprache zu entdecken, die nicht in einer Logik des Diskursiven fundiert ist. Verfolgen wir diesen Eingriff in die »Wissenschaftslehre« noch einen Schritt weiter, um zu verstehen, warum Novalis die Traumwahrnehmung als Modus der Reflexion begreifen und auf das Selbst übertragen konnte; und was es schließlich für die Träume bedeutet, im Selbst ihren theoretischen Grund gefunden zu haben.

Für Fichte stellt sich das Problem, die Reflexion als unmittelbare Beziehung der Intelligenz auf sich selbst zu erhalten, sie aber als unendliche Tätigkeit zu beschränken. Im *Begriff der Wissenschaftslehre* ist die Rolle der Reflexion, ein unmittelbares Bewußtsein der ursprünglichen Setzung des Ich zu garantieren, am deutlichsten, sie umfaßt dort sogar das, was Fichte später als Anschauung einführt, und ist ganz auf die Selbstbewegung der Bewußtseinsformen bezogen.

»[…] es liegt im Begriffe des Satzes überhaupt, daß er beides, Gehalt sowohl als Form habe. Mithin müßte das, was in der Wissenschaftslehre bloße Form ist, in der Logik Gehalt sein, und dieser Gehalt bekäme wieder die allgemeine Form der Wissenschaftslehre, die aber hier bestimmt als logische Form eines Satzes gedacht würde. Diese zweite Handlung der Freiheit, durch welche die Form zu ihrem eigenen Gehalte wird, und in sich selbst zurückkehrt, heißt *Reflexion*.« (Fichte, Bd. I, 67)

Mit der Einführung der intellektuellen Anschauung ist die Unmittelbarkeit nicht mehr in der Reflexion fundiert, während Fichte die Reflexion einschränkt, als unendliche Tätigkeit aus der Theoretischen Philosophie ganz ausschließt und auf die Praktische verweist. Sehr drastisch führt er im *Versuch einer neuen Darstellung der Wissenschaftslehre* von 1797 die Reflexion als schlechte Unendlichkeit vor, um zu zeigen, daß ein unmittelbarer Zugang zur Erkenntnis nicht erst in einer Reihe reflexiver Bewegungen hergestellt werden muß. Innerhalb der Theoretischen Philosophie beschränkt Fichte die Reflexion in doppelter Weise: Zum einen bindet er sie an die Setzung der Tathandlung, so daß sie außerhalb der Selbstbegründung der »Wissenschaftslehre« philosophisch leer ist; zum anderen ans Ich, so daß die Selbstbegrenzung des Ich durch die Entgegensetzung in der Vorstellung des Nicht-Ich geradezu als Bedingung der Reflexion erscheint (vgl. Fichte, Bd. II, 218).

»– *Du* bist – *deiner* dir bewußt, sagst du; du unterscheidest sonach notwendig dein *denkendes* Ich von dem im Denken desselben *gedachten* Ich. Aber damit du dies könnest, muß abermals das Denken in jenem Denken *Objekt* eines höhreren Denkens sein, um Objekt des Bewußtseins sein zu können; und du erhältst zugleich ein neues *Subjekt*, welches dessen, das vorhin das Selbstbewußt*sein* war, sich wieder bewußt sei. Hier argumentiere ich nun abermals wie vorher; und nachdem wir einmal nach diesem Gesetze fortzuschließen angefangen haben, kannst du mir nirgends eine Stelle nachweisen, wo wir aufhören sollten; wir werden sonach ins Unendliche fort für jedes Bewußtsein ein neues Bewußtsein bedürfen, dessen Objekt das erstere sei, und sonach nie dazu kommen, ein wirkliches Bewußtsein annehmen zu können.« (Fichte, Bd. I, 526)

Die Romantik will die ontologische Beschränkung auf die Tathandlung und damit aufs Ich auflösen, und sie wendet, wie Benjamin gezeigt hat, Fichtes Kritik an der ontologischen Fundierung des cartesianischen Cogito (»Das Denken ist gar nicht das Wesen, sondern nur eine besondere Bestimmung des Seins«, Fichte, Bd. I, 100) gegen die »Wissenschaftslehre« selbst, um die Grenzen der Reflexion zu verschieben.

»Während Fichte die Reflexion in die Ursetzung, in das Ursein verlegen zu können meint, fällt für die Romantiker jene besondere ontologische Bestimmung, die in der Setzung liegt, fort. Die Romantiker gehen vom bloßen Sich-Selbst-Denken als Phänomen aus; es eignet allem, denn alles ist Selbst. Für Fichte kommt nur dem Ich ein Selbst zu, d. h. eine Reflexion existiert einzig und allein korrelativ zu einer Setzung [...] bei Fichte bezieht sich die Reflexion auf das Ich, bei den Romantikern auf das bloße Denken [...].« (Benjamin, *Kritik*, 24)

In dem Maße, wie die Reflexion aus der ontologischen »Sfäre« der Tathandlung abgelöst wird, und zugleich das Moment ihrer Unendlichkeit in den Bereich der Theoretischen Philosophie zurückfließt, verliert das Reale seinen Grund als ontologische Kategorie und seine dominante Stellung; »befreit sich das Ich vom Realitätsdruck durch das Wissen, bricht es die Gewalt der Sachen auf, indem es sie bewußt macht«, wie es Summerer ein wenig zu schön sagt (*Fichterezeption*, 131). So viel aber ist sicher, daß in dieser Verschiebung vom Ich aufs Selbst ein Denken erscheinen kann, das außerhalb der reflexiven Struktur des Ich liegt. Im Raum, der sich dem Denken öffnet, kommt auch den Träumen ein anderer Platz zu als in den philosophischen Traumdiskursen; ist das Verhältnis von Traum und Realität anders bestimmbar. Das romantische Denken weist die Träume nicht als minimale Repräsentation zurück, weil es sich selbst auf einer anderen Ebene der Repräsentation des Realen denkt als die Philosophie.

In den *Fichte-Studien* beginnt Novalis sogleich damit, nach dem Realitätsgrund des Wissens zu fragen. Er findet ihn im Bild.

»Was für eine Beziehung ist das Wissen? Es ist ein Seyn außer dem Seyn, das doch im Seyn ist.

/ Theilen – vereinen /

Das Bewußtseyn ist ein Seyn außer dem Seyn im Seyn. Was ist das?

Das Außer dem Seyn muß kein rechtes Seyn seyn.

Ein unrechtes Seyn ist ein Bild – Also muß jenes außer dem Seyn ein Bild des Seyns im Seyn seyn.

D(as) Bewußtseyn ist folglich ein Bild des Seyns im Seyn. Nähere Erklärung des Bildes. / Zeichen / Theorie des Zeichens. / Theorie der Darstellung oder des Nichtseyns im Seyn, um das Seyn für sich *auf gewisse Weise da* seyn zu lassen / « (Fragment 2, Bd. II, 10)

Für die Lektüre der *Fichte-Studien* kommt alles darauf an, daß man sie nicht festhält in den Momenten, in denen sie die Transzendentalphilosophie einschränken, weil sie die Möglichkeit der Nachkonstruktion des Unbedingten bezweifelten, denn darin wird man eher den Verlust an philosophischem Gehalt beklagen können.

Man muß in dieser Einschränkung zugleich die Möglichkeit verstehen, in der sich dem Denken ein neuer Raum öffnet auf einer anderen Ebene des Bedeutens, wie Benjamin in seiner Romantikarbeit darlegt. So kann deutlich werden, daß der Verschiebung vom Ich aufs Selbst die Ersetzung des Unbedingten zum Bezeichneten entspricht: Das Ich ist nicht bedingt, d. h., die logischen Kategorien des Realen gelten für es nicht, wenn es sich in der Reflexion erfaßt; wohl aber ist es bezeichnet durch das Selbst, das es selbst ist; und doch kommt ihm diese Qualität nicht allein zu wie dem absoluten Ich; denn alles, was gedacht werden kann, ist Selbst: alles, was sich selbst denken kann. Im Mittelpunkt der frühromantischen Theorie steht nicht das Ich, wie Benjamin gezeigt hat, sondern die Kunst, als Struktur der Reflexion, wie wir hinzufügen wollen – so daß »im Denken des Denkens kein Ich-Bewußtsein verstanden wird« (*Kritik*, 35), sondern das Erzeugen einer Unendlichkeit des Zusammenhangs. Darin berühren sich romantisches und strukturales Interesse.[10]

Das Ich muß sich, als darstellend setzen

Kehren wir zurück zu den *Fichte-Studien*; die »Nähere Erklärung des Bildes/Theorie der Darstellung oder des Nichtseyns im Seyn...«, die Novalis im Fragment 2 gefordert hatte, versucht er im Fragment 5 zu geben. Vom »Verhältnis des Zeichens zum Bezeichnenden« heißt es:

»Beide sind in verschiedenen Sfären, die sich gegenseitig bestimmen können. Das Bezeichnende ist eine freye Wirkung [,] das Zeichen ebenfalls«

Man muß von vornherein darauf bestehen, daß die »freye Wirkung« des Bezeichnenden etwas anderes meint als die Arbitrarität der linguistischen Zeichen bei Saussure, die gerade auf eine reflexive Struktur nicht beziehbar sind. Für die *Fichte-Studien* gilt auch das Kommunikationsmodell von Sender/Empfänger nicht, das auf Konvention beruht und nicht auf Reflexion, so daß Kommunikation immer nur durch den Positionswechsel innerhalb der Beziehung von Sender und Empfänger erklärt werden kann. Novalis setzt aber nicht voraus, daß die Zeichen im Bezeichnenden eine Referenz haben müssen. Eher entspricht die »freye Wirkung« dem Strich, den Lacan in seinen Algorithmus zwischen Signifikant und Signifikat gezogen hat, um die prinzipielle Überdeterminiertheit des metapsychologischen Zeichens darzustellen; das sind die beiden »Sfären«, von denen Novalis spricht. Die einzig notwendige Beziehung besteht im doppelten Verhältnis des Bezeichnenden auf sich selbst und auf einen anderen Bezeichnenden, der auf den ersten reflexiv bezogen ist; in der notwendigen Beziehung von Intersubjektivität und Reflexivität.

»Insofern der Bezeichnende *ganz frey* entw[eder] in der Wirkung des Bezeichnenden oder in der Wahl des Zeichens, nicht einmalig abhängig von seiner in sich selbst bestimmten Natur, ist – insofern ist beydes nur für ihn in wechselseitiger Beziehung da und keins von beyden steht für einen zweyten Bezeichnenden in einer nothwendigen Beziehung auf das Andere.« (Bd. II, 13, Fragment 5)

Für die Zeichen der romantischen Struktur gilt, daß sie weder im Verhältnis zum ersten Bezeichnenden noch zu einem anderen ausreichend determiniert sind; von ihnen gilt, daß sie im Hinblick auf Konventionalität und Intersubjektivität überdeterminiert sind, wie wir sagen wollen, und nur in einer reflexiven Struktur erfaßt werden können.[11] An der Stelle der Ursetzung Fichtes finden wir bei Novalis den Akt des Bezeichnens oder des Darstellens. Dazu heißt es in Fragment 633 der *Studien* schon im Verhältnis zur Struktur unendlicher Reflexion, die das Kunstwerk sein soll:

Wir erwecken die Thätigkeit, wenn wir ihr reizenden Stoff geben. / Das Ich muß sich, als darstellend setzen. / Das Wesentliche der Darstellung ist – was das Beywesentliche des Gegenstandes ist / Gibt es eine besondre darstellende Kraft – die bloß um darzustellen, darstellt – darstellen, um darzustellen, ist ein Freyes Darstellen. Es wird damit nur angedeutet, daß nicht das Obj[ect] qua solches sondern das Ich, als Grund der Thätigkeit, die Thätigkeit bestimmen soll. Dadurch erhält das Kunstwerck einen freyen, selbstständigen, idealischen Karacter – einen imposanten Geist – denn es ist *sichtbares* Produkt eines Ich – Das Ich aber setzt sich auf diese Art bestimmt, weil es sich, als ein unendliches Ich setzt – weil es sich als ein unendlich darstellendes Ich setzen muß – so setzt es sich frey, als ein bestimmt darstellendes Ich [...] Das Sinnliche muß geistig, das Geistige muß sinnlich dargestellt werden.« (Bd. II, 194)

»Das Ich muß sich, als darstellend setzen.« Wenn man diese Formel Novalis' ausschließlich in den Bahnen der »Wissenschaftslehre« beläßt und sie unvermittelt mit der (erweiterten) Formel aus der *Grundlage der gesamten Wissenschaftslehre* konfrontiert (»Das Ich soll sich nicht nur selbst setzen für irgendeine Intelligenz außer ihm, sondern es soll sich für sich selbst setzen; es soll sich setzen als durch sich selbst gesetzt.« Fichte, Bd. I, 274), erscheint die Eliminierung des ›sich‹ bei Novalis nur als Mangel an Bestimmtheit und man kann zu Recht sagen (vgl. Summerer, *Fichterezeption*, 108), das Darstellen des Ich habe keinen eindeutigen Adressaten mehr. Für uns erscheint in dieser Eliminierung gerade der Übergang zum synchronen Moment der Reflexion, in dem das Ich sich durch anderes (was ist) bezeichnet findet und umgekehrt dieses andere durch das Ich:

»Die Erkenntnis ist nach allen Seiten in der Reflexion verankert, wie die Fragmente des Novalis es andeuten: das Erkanntwerden eines Wesens durch ein anderes fällt zusammen mit der Selbsterkenntnis des Erkanntwerdenden, mit der des Erkennenden und damit Erkanntwerden des Erkennenden durch das Wesen, das es erkennt. Das ist die genaueste Form des Grundsatzes der romantischen Theorie der Gegenstandserkenntnis.« (Benjamin, *Kritik*, 52)

Der Akt der Darstellung, um den es bisher in Fragment 2 gegangen ist, führt keineswegs zu einer »private language«, wie es bei Summerer heißt (*Fichterezeption*, 80), zu keinem ídios kósmos. Zunächst ist bei Novalis von Kommunikation und Intersubjektivität noch gar nicht die Rede; noch geht es nicht um Mitteilung, sondern darum, daß die Zeichen auch ohne Referenz im Bezeichnenden dennoch signifikant sind. Erst danach führt Novalis einen zweiten Bezeichnenden ein. Die Selektion der Zeichengebung, von der jetzt die Rede ist, wird nicht konventionell begründet und markiert keinen Übergang von einer privaten zu einer öffentlichen Sprache, sondern setzt ein reflexives Schema in Gang.

»Der erste Bezeichnende braucht also nur, um sich mitzutheilen, solche Zeichen zu wählen, die eine in dem homogenen Wesen des 2ten Bezeichnenden begründete Notwendigkeit der Beziehung auf das Bezeichnete haben.« (Bd. II, 13)

Von diesem Augenblick an kann das Zeichen sowohl den (ersten) Bezeichnenden ausdrücken oder darstellen als auch einen anderen Bezeichnenden, was für das Ich heißt, daß es das einzig unmittelbare Verhältnis zu sich selbst hat, indem es sich selbst als Bezeichnetes darstellt; niemals außerhalb dieser Bestimmung. Verständlich sind die Zeichen daher nicht durch Konvention, sondern nur, insofern sie im Schema der Reflexion als Selbstreflexion bestimmbar sind; was jedes transzendentale Signifikat außer dieser Beziehung ausschließt. Zeichen und Bild setzt Novalis in den *Fichte-Studien* synonym, woraus aber folgt, daß wir jedes Bild in seinem Zeichencharakter, seiner reflexiven Eigenschaft oder als Reflexionsmedium nehmen müssen. Das schematische Verhältnis von Bezeichnendem und Zeichen ist nicht konventionell, sondern inversiv und potentiell. Als »ordo inversus« oder als »Wechselrepräsentation«, wie es immer wieder bei Novalis heißt, muß das Zeichen selbst zum Bezeichnenden werden und umgekehrt der Bezeichnende zum Zeichen; das setzt die »Potenzierung« oder »Romantisierung« der Reflexionsmedien in Gang, die immer auf das synchrone Umfeld der Zeichen bezogen sind, auf ihre Aura, wie wir im Kontext der Ästhetischen Theorie Benjamins die reflexive Eigenschaft der Zeichen nennen. »Romantisieren«, heißt es bei Novalis, »ist nichts als eine qualitative Potenzierung. Das niedere Selbst wird mit einem besseren Selbst in dieser Operation identifiziert. So wie wir selbst eine solche Potenzreihe sind [...] Romantische Philosophie [...] Wechselerhöhung und Erniedrigung.« (*HKA*, Bd. II, 545)

Das Ich ist immer schon bezeichnet

Novalis hat für diese Einheit von Medialität und Reflexion den Terminus »Selbstdurchdringung« eingeführt. »Die Möglichkeit aller Philosophie [...] daß sich die Intelligenz durch Selbstberührung eine selbstgesetzte Bewegung, d. i. eine eigene Form der Tätigkeit gibt [ist] der Anfang einer wahrhaften Selbstdurchdringung, die nie endet [...]. Das erste Genie, das sich selbst durchdrang, fand hier den Keim einer unermeßlichen Welt.« (Zit. Benjamin, *Kritik*, 33). Der Bezeichnende ist ebenso Selbsttätigkeit wie das Zeichen, und es ist dies, was in der Urdarstellung zu erkennen ist.

»Frage? wie d[as] Erste dieses Schema erkennen und sich darnach richten könne?

/Das erste Bezeichnende wird unvermerkt vor dem Spiegel der Reflexion sein eigenes Bild gemahlt haben, und auch der Zug wird nicht vergessen seyn, daß das Bild in der Stellung gemahlt ist, daß es sich selbst mahlt. /«   (Bd. II, 15. Fragment 5)

Die Bestimmung des Ich, immer schon Bezeichnetes zu sein, wenn es sich als Darstellendes setzt, ist der materielle und ästhetische Kern der romantischen Reflexionstheorie; sie verhindert es gerade, daß die Reflexion sich im unendlichen Regreß auf die Bilder oder Zeichen leer läuft, was man befürchten kann, wenn man das Schema der *Fichte-Studien* in die »Wissenschaftslehre« rückübersetzt, ohne den »Trennungsort«, von dem ja immer noch die Rede ist, ausdrücklich zu bedenken. Man kann auch nicht sagen, Novalis habe in diesem Schema das Unbedingte im Bedingten aufgelöst, denn die Reflexion bleibt immer bezogen und geöffnet auf ein Absolutum, das er im Kunstwerk gesehen hat; wohl aber hat Novalis die Stellung des Unbedingten der Transzendentalphilosophie dadurch in Frage gestellt, daß er es als Bezeichnetes oder Dargestelltes aufgefaßt hat und daher auch als Bezeichnendes, dessen Medium die Kunst sein soll.

Man versteht, warum Novalis den Traum weder auf eine Referenz im Realen noch auf ein als defizient bestimmtes Ich zu beziehen braucht; daß sein Traumdiskurs im Medium des Romans vom manifesten Trauminhalt ausgehen kann, ohne sich auf die Latenz in der Subjektivität des Träumers zu beziehen, ohne eine Traumdeutung zu begründen: Er kann ihn als Selbstdarstellung nehmen. Und es wird deutlich, daß Novalis im Traum einen Zustand des Gemüths findet, den er auf die Urhandlung beziehen kann nach dem Mechanismus der Übertragung vom natürlichen auf den romantischen Traum, für den keine Deutung gesucht wird, sondern der von seinem manifesten Ausdruck her potenziert werden soll. Und tatsächlich findet sich die Formel vom potenzierten Traum unter Novalis' Fragmenten; für ihn ist im Traum die Grundsituation der Reflexion als Selbstdarstellung gegeben, in der sich die als Selbst bestimmten Reflexionsmedien gegenseitig wahrnehmen und darstellen. »In allen Prädikaten, in denen wir das Fossil sehen, sieht es uns«, heißt es bei Novalis. Ein Traumsatz. Denn man kann, wie Benjamin ergänzt, darunter nur die Fähigkeit des Dinges, verstehen, sich selbst zu sehen (vgl. *Kritik,* 50). So läßt sich der Übergang vom natürlichen auf den romantischen Traum, der unendlich und zugleich universell sein soll, im Schema der Reflexion abbilden: Im Traum nehmen wir das Ich wahr, insofern es durch die Eigenschaften der Dinge bezeichnet und wahrgenommen worden ist. Daß die Dinge träumen können, ist nur die andere Seite der Bestimmung, daß sich die Wahrnehmung im Traum aufs Wachen übertragen läßt; nur im Verhältnis dieser beiden Momente kann Novalis die Reflexivität in den Bildern begreifen und braucht sie nicht als sinnliche Darstellung von Begriffen zu nehmen, die ihnen vorausgegangen wären. Auf diese Weise kann Novalis das metaphysische Traumargument umkehren. Die Metaphysik hat im halluzinatorischen Charakter der Träume einen Mangel an Realität gesehen, ohne doch übersehen zu können, daß der Traum als Tatsache des Bewußtseins gegeben war; daß dieser Mangel niemals total genug war, um den Traum einfach zum Nichts zu machen; und sie hat auf den eigenartigen Charakter halluzinatorischer Gegebenheiten reagiert, indem sie die Träume einer minimalen Repräsentation des Seins zugerechnet und zum defizienten Wissen gemacht hat. Das ist der logische Aspekt der metaphysischen Traummetaphern, die immer zum Ziel haben, das Ungedachte als Modus der natürlichen Seele zu kennzeichnen, um von dort aus die Konstitution der Erkenntnis in Gang zu setzen. Mit der Geltung der gewordenen Erkenntnis erweisen sich der Traum und seine Metaphern als das Ungedachte Andere des diskursiven Wissens.

Für Novalis gibt gerade die Eigenschaft der Traumzeichen, halluziniert und zugleich gegeben zu sein, den ontologischen Grund der Reflexion ab: Alles Gegebene durch Erklärung zum scheinbar Gegebenen zu machen und damit zu etwas, das wir in uns gefunden haben; so muß man das Schema aus Fragment 19 der *Fichte-Studien* lesen (Bd. II, 22). Die Erklärung als Umwandlung dessen, was wir in uns finden, bleibt immer am Charakter des Fremden orientiert, am Traumhaften und bezogen auf die Selbstdurchdringung, wiederum ordine inverso: »Durch Erklärung hört der Gegenstand auf, fremd zu sein«, heißt es in den *Terplitzer Fragmenten*; umgekehrt muß der Geist sich fremd machen: »Der *größeste Zauberer* würde der seyn, der sich zugleich so bezaubern könnte, daß ihm seine Zaubereyen, wie fremde, selbstmächtige Erscheinungen vorkämen – Könnte das nicht mit uns der Fall seyn.« (Bd. II, 401) In dem Maße, wie wir von der Realität abstrahieren, gewinnen wir einen autonomen Bereich der Selbstdarstellung. Als Poesie der natürlichen Seele braucht Novalis den Traum nicht zurückzuweisen, wenn er vom Traum zur Kunst übergeht wie die Metaphysik; wenn der Traum seine Rolle in der Konstruktion des Wissens ausgespielt hat. Durch die Verfahrensweise des poetischen Geistes geht auch der natürliche Traum in den potenzierten Traum des poetischen Subjekts über, er ist darin nicht mehr unmittelbar auf die Lebensgeschichte des Träumers beziehbar, sondern aufs Buch. »Ein Roman ist ein Leben, als Buch.« (Bd. II, 388) Es ist daher der Verlust an Realität, den Novalis poetisch als Abstraktion faßt. Der manifeste Trauminhalt des ersten Traums im *Heinrich* wird wie die Märchen, Sagen oder Gesänge dem literarischen Material zugerechnet, ohne daß der Bezug auf den Träumer und seine Wirklichkeit aufgehoben wäre. Heinrich träumt sich selbst als zukünftigen Dichter, erträumte Zukunft, die im Erwachen wiederum zum Traum wird, Kontrast, der noch verstärkt wird durch die skeptische Haltung der Eltern. »Träume sind Schäume«, sagt der Vater, und er spricht darin nur aus, daß Novalis den Träumer selbst nicht wie die Surrealisten oder wie Schubert schon als Poeten nimmt.

Wahrnehmung und Reflexion

Novalis geht im *Heinrich* ganz vom manifesten Traum aus, er entwickelt weder eine Technik der Traumdeutung, noch prüft er den Traum nach kategorialen Verhältnissen des Logischen; darum verschwindet die Zweite Person des Traumdeuters oder seiner Äquivalente für eine mantische, maieutische oder therapeutische Praxis.[12] Man kann die Gründe dafür weniger in der Tradition des bürgerlichen Bildungsromans sehen, den Novalis kritisiert, wenn er den *Wilhelm Meister* unromantisch findet, sondern eher in dem Maß, wie er die innere Welt für signifikant hält; dort ist das Ich schon so sehr in seinen konkreten Beziehungen zur Welt dargestellt, daß sich das poetische Verfahren nach dem Muster des natürlichen Gemüths organisieren kann. Die transzendentalphilosophischen Kategorien der Empfindung und des Gefühls, die Novalis in den *Fichte-Studien* immer wieder durchprobiert, sind am Ende doch wenig geeignet, die Leistungen zu erfassen, die Novalis der natürlichen Seele zuschreibt. Fundamentaler ist, wie die *Fichte-Studien* zeigen, die Kategorie der Darstellbarkeit oder der Signifikanz, wie wir sagen. Sie sichert die Übergänge von natürlicher und poetischer Poetik in der Einheit des Gemüths. Auch für Novalis gilt insofern Schuberts Wort vom Traum als verstecktem Poeten; mit der Einschränkung, die wir gemacht haben, denn für Novalis ist nicht der Schlaf Quelle poetischer Einbildungskraft, sondern der Traum als Ausdruck, als Sprache:

»Der Traum ist oft bedeutend und prophetisch, weil er eine Naturseelenwirkung ist – und *also* auf Associationsordnung beruht – Er ist, wie die Poesie bedeutend – aber auch darum unregelmäßig bedeutend – *durchaus frey.*
   Ein Mährchen ist eigentlich wie ein Traumbild – ohne Zusammenhang – Ein Ensemble wunderbarer Dinge und Begebenheiten – z. B. eine *musicalische Fantasie* – die Harmonischen Folgen einer Aeolsharfe – die *Natur selbst*« (Novalis, *HKA*, Bd. II, 454)

Und gerade weil dem Traum auf diese Weise schon poetische Qualitäten zukommen, kann er vor allen anderen Eigenschaften der natürlichen Seele in die Konstitution des poetischen Subjekts eingehen. Man versteht, daß die doppelte Bestimmung des Traums aus dem *Heinrich*, universell und unendlich zu sein, weder nur auf die Inhalte der einzelnen Träume (der Mondlandschaft, der Bergwelt) bezogen, noch ausschließlich in der ästhetischen Form des Romans begründet ist, sondern notwendig in der Theorie der Poesie selbst: beide Eigenschaften gelten für den Traum als Signifikanz, und erst in dieser Kategorie hat Novalis den individuellen Ausdruck des Traums von seiner allgemeinen Produktionsform trennen können. Nach ihrer allgemeinen Bestimmung können wir die beiden Traumeigenschaften umformulieren: Alles, was ist, ist bedeutend; alles, was ist, kann wahrgenommen werden. Im Übergang vom natürlichen zum romantischen Traum läßt sich das Verhältnis von natürlichem und poetischem Gemüth denken und im Schema der Darstellbarkeit aus den *Fichte-Studien* abbilden. Novalis nimmt den natürlichen Traum schon als Reflexionsmedium, in dem, wie Benjamin gezeigt hat, kein Ich-Bewußtsein vorausgesetzt ist. So entfällt die Notwendigkeit, die Unmittelbarkeit der Reflexion in der Anschauung zu sichern oder die Anschauung der Reflexion voranzustellen, was Fichte tun muß, denn in der Transzendentalphilosophie ist die Anschauung immer auf ein Ich bezogen. Als Reflexionsmedium bestimmt, schaut sich aber im Traum das Ich nicht an, sondern die Gegenstände stellen sich dar, um sich wahrzunehmen; das heißt, sich zu denken. Das Ich ist selbst Gegenstand, darstellbar wie wahrnehmbar. Wir finden in der romantischen Theorie der Träume, daß der Primärvorgang nicht verschoben wird, um im Sekundärvorgang ein wildes Denken zu bezeichnen. Novalis nimmt den Primärvorgang selbst schon für ein wildes Denken. Man kann darin die besondere Stellung bestimmen, die der romantische Traumdiskurs innerhalb des Antiken Traumfeldes, aber auch der *Traumdeutung* gegenüber, einnimmt: Anders als Freud blendet Novalis den ídios kósmos des Träumers aus und verzichtet auf die Deutung der natürlichen Träume. Man hat oft von der Nähe der Romantik zur Theorie des Unbewußten gesprochen, dabei aber den »Trennungsort« zwischen frühromantischer Theorie und Transzendentalphilosophie zu wenig beachtet, eins fürs andere gesetzt und die Rede von der unbewußten Tätigkeit des Ich bei Fichte oder Schelling für die Romantik und zugleich für die Metapsychologie in Anspruch genommen. Die transzendentalphilosophische Rede vom Unbewußten bleibt immer aufs Ich und aufs Nicht-Ich bezogen: Aufs Bewußtsein und auf die Natur als bewußtlose Tätigkeit des Ich. Das impliziert nicht notwendigerweise eine naturphilosophische Theorie des Unbewußten, doch aber soviel, daß dieses Unbewußte Natur repräsentiert und nicht schon Sinn, der nach sprachlichen Regeln funktioniert wie bei Freud.

Novalis braucht ein Unbewußtes weder in seiner transzendentalphilosophischen noch in seiner metapsychologischen Bestimmung vorauszusetzen; daß den Reflexionsmedien kein Ich-Bewußtsein zu Grunde liegen muß, macht sie weder zum Verdrängten noch zur Natur. Erst in diesen Momenten können wir metapsychologisch ein Unbewußtes denken. An die Stelle eines so bestimmten Unbewußten setzt Novalis das unendliche Kontinuum der Selbstwahrnehmungen als Kunstwerk und macht aus den Träumen einen bedeutenden Traum, der den poetischen Grund der Welt repräsentiert, nicht aber das Unbewußte.[13] Mit der Reflexion ist romantisch immer auch Bewußtsein gegeben als Wahrnehmung nicht des Ich (also transzendentalphilosophisch als Anschauung), sondern als fundamentale Beziehung der Gegenstandserkenntnis. Um diese Beziehung, in der alles, was ist, als Selbst und nicht als Ich aufeinander verweisen kann, zu potenzieren, ist kein Unbewußtes zu überschreiten, sondern der Bestimmung der Reflexion, universell und unendlich zu sein, Geltung zu verschaffen: zwischen Bewußtsein und Nicht-Bewußtsein gibt es ein Verhältnis, das eher quantitativer Art ist, dem Roman kommt daher die Aufgabe zu, die Vollständigkeit der Selbstdarstellungen zu sichern. Dem romantischen Übergang vom Ich aufs Selbst entsprechend, verlieren sekundäres Denken und diskursive Sprache ihre dominante Stellung für die Konstitution des Selbst. Dem nicht diskursiven Denken rechnet Novalis poetische Eigenschaften zu. Deswegen kann er auch im Traum schon eine Form des Denkens sehen, ohne ihn erst ins Wachen verschieben zu müssen. Das Selbst gehört sowohl dem nicht diskursiven Denken des Primären an wie dem diskursiven Denken des Sekundären.

Novalis kann den Traum als autonome Produktion anerkennen, ohne das Ich bedroht zu sehen. In dieser Übertragung vom Ich aufs Selbst kann man die eigentliche Leistung der frühromantischen Gegenstandserkenntnis und der Reflexion sehen; ihre Eigentümlichkeit aber darin, daß sie diese Dezentrierung hat denken können, ohne ein Unbewußtes in Anspruch zu nehmen.

Unser Leben mag nur ein Traum sein...

Der Übergang vom Ich aufs Selbst berührt zugleich das Nicht-Ich, das Fichte dem Ich entgegensetzt und als unbewußte Tätigkeit des Ich bestimmt hat. In der Romantik soll das Selbst nicht mehr durch das

Nicht-Ich eingeschränkt sein; das, was das Nicht-Ich in der »Wissenschaftslehre« repräsentiert, soll zum Selbst werden, wie es Novalis in der Forderung vom »Fichtism ohne Anstoß, ohne Nicht-Ich in seinem Sinn« formuliert hat. Die Romantiker haben gesehen, daß die Beschränkung der Reflexion aufs Ich bei Fichte es notwendig macht, die Tätigkeit des Ich zu teilen in eine bewußte und in eine unbewußte Seite. Die Beschränkung des Ich im Verhältnis von Selbstdarstellung und Selbstwahrnehmung ist für die Romantik in der Reflexion schon gegeben und daher bewußt; relativ zu den verschiedenen Reflexionsniveaus kann diese Beschränkung im Verfahren der Potenzierung immer wieder aufgehoben werden im Vermögen des Ich, das Schlegel Wille genannt hat: in der »Fähigkeit, die Reflexion aufzuhalten und die Anschauung beliebig auf irgendeinen bestimmten Gegenstand zu richten«. An anderer Stelle ist der Wille noch deutlicher als Vermögen des Potenzierens gefaßt: »[...] der Wille [...] ist das Vermögen des Ichs, sich selbst zu vermehren oder zu vermindern bis zu einem absoluten Maximum oder Minimum, da dies frei ist, so hat es keine Grenzen.« (Schlegel, *Vorlesungen*, 6, 35)

Novalis hat dieses Vermögen »Aufmerksamkeit« genannt und an die Wahrnehmung gebunden, dafür steht der eigenartig bedeutsame Satz »die Wahrnehmbarkeit ist eine Aufmerksamkeit«. Dem Traum kann Novalis entnehmen, daß das Vermögen zur Selbstwahrnehmung den empirischen Zuständen der Seele angehört; daß der Traum keine Rückkehr in den Naturzustand des Nicht-Ich ist; aus all dem kann Novalis schließlich ein Verfahren zur Selbstdarstellung begründen, das sowohl die Beschränkung des sekundären Denkens als auch die des primären Denkens durchbricht und sich doch als Modus des Gemüths, als Tätigkeit der Seele erfassen läßt. Auf diese Weise wird die besondere Leistung des romantischen Traumdiskurses zwischen Mantik, Metaphysik und Metapsychologie deutlich. Novalis bindet den möglichen Realitätsgrad der Träume nicht wie Mantik oder Metaphysik an ihr manifest Gegebenes als Tatsache des Bewußtseins; er löst den manifesten Trauminhalt nicht wie Freud im ídios kósmos der latenten Traumgedanken in der konkreten Individualität des Träumers auf; d. h. er organisiert weder eine Selbstanalyse, noch bezieht er den Träumer in eine therapeutische Praxis ein. Er nimmt den Traum als Selbstdarstellung im Ausdruck der natürlichen Seele, in dem sich die Dinge und das Ich wechselseitig bezeichnet und wahrgenommen haben und darin ein Signifikantes hervorgebracht haben, das wesentlich prophetisch ist, weil wir diese Zeichen auf nichts beziehen können, was dem Traum vorausgegangen wäre. Aber der Traum muß nicht gedeutet werden, er bildet vielmehr den Ausgangspunkt für eine Serie von Selbstdarstellungen, die so lange wiederholt werden müssen, bis der Träumer zum Subjekt seiner Träume geworden ist; bis er geworden sein wird, was er geträumt hat. Für diese Selbstorganisation des Traums, die immer auch mantisch ist, braucht man den Begriff eines Unbewußten nicht vorauszusetzen. In dem Maße, wie Novalis den Traum als Darstellung nicht des Ich, sondern des Selbst bestimmt hat, ist das Vermögen zur Selbstdarstellung nicht mehr auf eine unbewußte Tätigkeit des Ich angewiesen, sondern bezogen auf die Wahrnehmung eines anderen Selbst, das zugleich immer auch selbst wahrnehmen kann. Insofern gehört die romantische Theorie der Träume weiterhin dem Antiken Traumfeld an, basiert – wie alle Traumdiskurse dieser Ordnung – auf der Unterscheidung von bedeutendem und unbedeutendem Traum: Bedeutend sind die Träume für Novalis nur insofern, als sie dem Ich dazu dienen, Poesie zu werden, wie ja ausdrücklich die Parole Schlegels lautet und die uneingeschränkt auch für Novalis gilt. So gibt die Romantik dem Traum, was Freud ihm nicht zugestehen konnte: authentischer Ausdruck des Selbst zu sein, worin die Beschränkung des Ich immer schon aufgehoben ist; Zeichen, das sich im Roman erfüllen wird.

Für Freud ist die Wahrnehmbarkeit wohl ein Wunsch, aber es gibt in der *Traumdeutung* keine Stelle, an der sich ein »Wunsch« (ein Wille, wie es in der Terminologie Schlegels heißen müßte), ein Wunsch zur Wahrnehmung darstellen könnte. Freud hat Wahrnehmung und Wunsch so aufeinander bezogen, daß wir unter dem Gesetz des Realitätsprinzips nur im Traum, wenn unser Ich suspendiert ist, oder im pathogenen Schock ungehemmt, unaufgeschoben wahrnehmen, weil die Wahrnehmung für Freud stets die Last des Verdrängten mit sich trägt. Wie sich der Wunsch, das Unbewußte wahrzunehmen, außerhalb der Träume und der Pathologie darstellen kann, zeigt Freud an der Funktion des Witzes.[14] Die Aufmerksamkeit bei Novalis, die ihrer Funktion nach mit dem, was F. Schlegel Wille nennt, direkt übereinstimmt, soll die Fähigkeit der Dinge, sich im Traum wahrzunehmen und zu bezeichnen aus der Beschränkung des Schlafs lösen und zum poetischen Verhalten der Welt gegenüber machen.

»Auf alles, was der Mensch vornimmt, muß er seine *unge*theilte Aufmerksamkeit oder sein Ich richten, sagte endlich der Eine, und wenn er dieses getan hat, so entstehn bald Gedanken, oder eine neue Art von Wahrnehmungen, die nichts als zarte Bewegungen eines färbenden oder klappernden Stift, oder wunderliche Zusammenziehungen und Figurationen einer elastischen Flüssigkeit zu seyn scheinen, auf eine wunderbare Weise in ihm [...]. Er kann dieses Spiel oft gleich wieder vernichten, in dem er seine Aufmerksamkeit wieder theilt oder nach Willkür herumschweifen läßt, denn sie scheinen nichts als Strahlen und Wirkungen, die jenes Ich nach allen Seiten zu in jenem elastischen Medium erregt, oder seine Brechungen in demselben, oder überhaupt ein seltsames Spiel der Wellen dieses Meers mit der starren Aufmerksamkeit zu seyn.« (*Die Lehrlinge zu Sais*, Bd. I, 219f.)

In der Überschreitung des empirischen Traums ist der état de poesie nach den beiden Seiten seines romantischen Gebrauchs bestimmt: Übertragung der Möglichkeit zu träumen vom Ich aufs Selbst; Übertragung der Traumwahrnehmung auf alles, was ist. In seinen beiden Aspekten soll der verschobene Traum die Fähigkeit der Selbstwahrnehmung bezeichnen und in einem Zustand der Seele begründen. Auf diese Weise sollen Traumproduktion und Traumdeutung ineinander übergehen. Nichts ist bedeutend, nichts kann gedeutet werden, was nicht vorher in den unendlichen Traum der Wahrnehmbarkeit und der ungeteilten Aufmerksamkeit eingegangen ist; alles ist bedeutend, was dazu dient, daß sich das Ich als poetisches Selbst wahrnehmen kann.

»Zu dem Ende müßte man alle Eindrücke aufmerksam betrachten, das dadurch entstandene Gedankenspiel ebenfalls genau bemerken, und sollten dadurch abermals neue Gedanken entstehen, auch diesen zusehn, um so allmählich ihren Mechanismus zu erfahren und durch eine oftmalige Wiederholung die mit jedem Eindruck beständig verbundenen Bewegungen von den übrigen unterscheiden und behalten zu lernen. Hätte man dann nur erst einige ihrer Bewegungen als Buchstaben der Natur, herausgebracht, so würde das Dechiffrieren immer leichter von statten gehen [...].« (*Die Lehrlinge zu Sais*, Bd. I, 221)

Sobald Heinrich Dichter geworden ist, kann auch die Zurückhaltung der Traumdeutung aufgegeben werden, können die Träume gedeutet werden, wenn auch in einem sehr besonderen, romantischen Sinn. Denn Referenz der Träume sind nicht die Zeichen des individuellen Gedächtnisses, sondern der Roman selbst: Traumgewordene Geschichte des Lebens und der Welt als Topologie, in der alle Elemente träumen, d.h. einander wahrnehmen. »Unser Leben mag nur ein Traum sein, doch wenn es so ist, sollten wir danach streben, es immer traumähnlicher zu machen.« (Novalis)

IV
Die Metapsychologie der Träume

Freud, *Die Traumdeutung*

In den Träumen entdeckt Freud das, was man mit Cassirer eine »symbolische Form« nennen kann; eine »besondere Form des Denkens«, heißt es in der *Traumdeutung*. Dort wird dieses Denken »primär« genannt und stellt neben dem sekundären Denken einen der beiden Modi des Psychischen dar. Die Traumbilder kann Freud als Gegenstände interpretieren, die im Schema des primären Denkens erzeugt worden sind. Damit ist der Realismus der Träume, der sich in der Abbildtheorie immer wieder Gestalt gegeben hat, endgültig überwunden. Es ist sinnlos, den Wahrheitsgehalt der Träume an der Realität zu messen, die Träume beziehen ihre Bedeutung aus der Traumform. Man darf die Träume nicht länger in ihrem Bildwert nehmen, als Abbilder, heißt es in der *Traumdeutung*; man muß sie als Zeichenbeziehung analysieren. Die Traumzeichen gehören nicht der verbalen Sprache an, sie funktionieren jedoch wie eine Sprache und lassen sich mit den Symbolen der verbalen Sprache verknüpfen: In der Traumerzählung können sie so einen gemeinsamen Text bilden.

Freud hat den Modus der Träume auf die Einheit des Psychischen bezogen, und er kann zu Recht davon sprechen, die Träume seien nach den Regeln des Primärprozesses erzeugt worden. Die Struktur der Zeichen hat Freud nicht untersucht. Er nahm an, sie lägen im Unbewußten immer schon bereit und sah keinen Grund, eine »besondere symbolische Tätigkeit der Seele« vorauszusetzen, wie es ausdrücklich in der *Traumdeutung* heißt. Für die Deutung der Träume genügte die Annahme, daß wir es nicht mit Abbildern, sondern mit Elementen einer symbolischen Form zu tun haben. Eine semiologisch überzeugende Theorie der Traumzeichen konnte Freud nicht vorlegen, weil er über eine angemessene Theorie der Sprache nicht verfügte. Nach Freud läßt sich ein »linguistic turn« in der Psychoanalyse verzeichnen, bei Lacan ebenso wie bei Lorenzer. Für die Darstellung der *Traumdeutung* sind besonders die sprachtheoretischen Hinweise Lacans von Bedeutung. Zu dieser Fortschreibung der Psychoanalyse gehört aber auch die Theorie des wilden Denkens bei Lévi-Strauss. Erst durch diese Ergänzungen und Präzisierungen kann deutlich werden, daß die Logik der Träume auch außerhalb der Träume gilt.

Für die vorangegangene Analyse der Traumdiskurse war die epochale Leistung der *Traumdeutung* immer schon vorausgesetzt: eine rationale Theorie der Träume mit einer Technik der Deutung zu verbinden und darin die antike Spaltung der Träume in Sinn und Kraft zu überwinden. Insofern stellt die *Traumdeutung* eine Folie dar, auf der sich die historischen Reden über den Traum versammeln und als Traumdiskurse analysieren lassen: So sehr sind die Träume durch die *Traumdeutung* modern geworden. Die kopernikanische Wende der Traumdeutung besteht nicht darin, allen vorausgegangenen Reden über den Traum den Boden zu entziehen, sie einer Mythologie der Träume zuzurechnen oder ganz der Poesie zu überlassen. Mit der *Traumdeutung* läßt sich zeigen, wie eng das Interesse an den Träumen mit der Selbstinterpretation der Träumer verknüpft war. Darin liegt auch der philosophische Effekt der *Traumdeutung*: Daß sich die Träume deuten lassen, ist nicht ohne Einfluß auf die Selbstinterpretation des Menschen geblieben.

Die Metaphysik in Metapsychologie umsetzen

Das Antike Traumfeld zu überschreiten, heißt für Freud, zugleich von der Psychopathologie zur Tiefenpsychologie überzugehen und in diesem Übergang die Metapsychologie zu begründen. Seit der *Traumdeutung* läßt sich Psychoanalyse einerseits in Praxis, Theorie dieser Praxis (oder Technik) und Metapsychologie andererseits unterscheiden. Die Überschreitung der Psychoanalyse und die Überschreitung des Antiken Traumfeldes sind gleichermaßen in der »Idee einer psychischen Lokalität« fundiert; auf beiden Ebenen löst Freud das Manifeste als gegebene Realität auf (die Bilder des Traums oder die psychischen Instanzen) und findet es in einer Struktur wieder, die er das »Psychische« nennt: eine besondere Existenzform, wie es in der *Traumdeutung* heißt. In ihrer topologischen Ausrichtung hat die Metapsychologie Anteil an der »Vertreibung aus dem Ort«, von der Derrida spricht, an der Verschiebung des Realen in seiner Beziehung zum reflektierenden Bewußtsein oder zum Imaginären. Erst als Topologie kann die Metapsychologie das Psychische als ihren eigenen Gegenstand erfassen, für die *Traumdeutung* selbst ist es die Topologie, in der Freud die Spaltung des Antiken Traumfeldes in einer Theorie der Bedeutung und einer Technik der Deutung einerseits, in einer Theorie der psychischen Produktion andererseits aufheben kann. Die Vorstellungsrepräsentanzen, die Freud zum Objekt der Psychoanalyse oder der Metapsychologie gemacht hat, gehören der topologischen Ordnung ebenso an wie die Instanzen des psychischen Apparats; auf beiden Seiten will Freud der Autonomie des Unbewußten theoretische Gestalt geben.

Die *Traumdeutung* ist die historische Stelle des Übergangs. Daß die Metapsychologie sich als Diskurs über die Träume konstituiert, hat niemals bloß paradigmatischen Charakter für die spätere Ausarbeitung der Psychoanalyse, sondern gibt ihr Qualitäten ganz eigener Art, und es sind diese Eigenschaften, durch die die Metapsychologie mit der philosophischen Tradition korrespondiert: Für die Philosophie wie für die Metapsychologie ist der Traum einfacher und zugleich universeller Ausdruck, Index und Thema eines Un-Sinns, den beide – wenn auch in unterschiedlicher Weise – für signifikant genommen haben. Der Wechsel von der Hysterie zum Traum erlaubt es Freud, von der Analyse pathologischer Symptome nicht nur zur Theorie des normalen Seelenlebens überzugehen, sondern zugleich zur Analyse und Rekonstruktion von signifikativen Überschüssen oder von unbewußtem Sinn – der Idee nach auf allen Ebenen des gesellschaftlichen Ausdrucks. Von da an, schreibt Freud in der *Selbstdarstellung*, sei der Weg ins Weite, zum Weltinteresse eröffnet; im *Abriß* erinnert er uns noch einmal an die entscheidenden Einsichten dieser Jahre.

»Wir haben erkannt, daß die Abgrenzung der psychischen Norm von der Abnormität wissenschaftlich nicht durchführbar ist, so daß dieser Unterscheidung trotz ihrer praktischen Wichtigkeit nur ein konventioneller Wert zukommt. Wir haben damit das Anrecht begründet, das normale Seelenleben aus seinen Störungen zu verstehen, was nicht gestattet wäre, wenn diese Krankheitszustände, Neurosen und Psychosen spezifische, nach der Art von Fremdkörpern wirkende Ursachen hätten.« (Freud, *Abriß*, 31)

Von diesem Augenblick an, in dem Freud darauf verzichtet, die Differenz von pathologisch und normal als ursprünglich zu setzen, kann er all die Reste aufnehmen, die die Diskurse des bewußten Subjekts zurückgelassen haben, kann er sich an den »Rand der Prosa des Lebens« (Pontalis) begeben, wo sich die eigentlich romantischen Sujets der frühen Jahre der Psychoanalyse finden: die Gesten des Körpers, die Spuren des Schlafs, die Lücken der Erinnerung, die Einfälle des Witzigen, die Fehlleistungen des Alltags. Was Freud außerhalb der Klinik an den Rändern des öffentlichen Lebens entdeckt, gewinnt theoretische Kraft gerade in dem Maße, wie er es auf die Pathologie zurückbeziehen kann: Hier wie dort ist etwas signifikant geworden, was nicht der Rede des Bewußten angehört und eben doch bezeichnend ist, denn »das Bewußtsein ist nicht der allgemeinste Charakter der seelischen Vorgänge«, heißt es in *Jenseits*, »sondern nur eine besondere Form derselben«. Dagegen ist es ihr allgemeinster Charakter, bezeichnend zu sein: »Das sprechende Subjekt ist nicht das bewußte Subjekt« (Lacan). Man sieht aber, daß die Unterscheidung von Sprechen und Bewußtsein ein pathologisches Moment freisetzt, das die Philosophie als defizienten Sinn festgehalten hat; dafür steht auch die enge Verbindung, die Traum und Wahnsinn eingehen konnten und die sich in der Rede, der Wahnsinn sei ein langer Traum, den kürzesten Ausdruck gegeben hat.

In der Pathologie der Klinik wie in der Pathologie des Alltags ist es der Nicht-Sinn des Bewußten, der zum eigentlichen Gegenstand von Freuds Interesse wird, zum Programm einer Psychologie, die »hinter das Bewußtsein« führt, wie er sagt, einer Metapsychologie. Man kann sicher in mehrfacher Hinsicht von der Notwendigkeit sprechen, bestimmte Theorieteile des Freudschen Werks zu rekonstruieren (die Entwicklung der Trieblehre etwa oder der Topiken), für die Metapsychologie gilt dieser Ausdruck jedoch in ganz besonderer Weise. Denn die metapsychologischen Momente sind nicht so sehr über das Werk verstreut, sondern eigentlich in den Anfängen der Psychoanalyse versteck und durch die Entwicklung, die das Denken Freuds genommen hat, eher verdeckt. Niemals mehr hat Freud die Emphase erneuert, mit der er in den Briefen an Fließ oder dann noch einmal auf den letzten Seiten der *Psychopathologie des Alltagslebens* das Programm einer Metapsychologie einführt.

»Ich glaube in der Tat, daß ein großes Stück der mythologischen Weltauffassung, die weit bis in die modernsten Religionen hineinreicht, nichts anderes ist als in die Außenwelt projizierte Psychologie. Die dunkle Erkenntnis (sozusagen endopsychische Wahrnehmung) psychischer Faktoren und Verhältnisse des Unbewußten spiegelt sich – es ist schwer, es anders zu sagen, die Analogie mit der Paranoia muß hier zur Hilfe genommen werden – in der Konstruktion einer übersinnlichen Realität, welche von der Wissenschaft in Psychologie des Unbewußten zurückverwandelt werden soll. Man könnte sich getrauen, die Mythen vom Paradies und Sündenfall, von Gott, vom Guten und Bösen, von der Unsterblichkeit und dgl. in solcher Weise aufzulösen, die Metaphysik in Metapsychologie umzusetzen.« (Freud, *Psychopathologie*, 203)

Wenn Freud den Ausdruck Metapsychologie im Rahmen der *Metapsychologischen Schriften* von 1915 aufgreift, dann ausschließlich für eine theoretische Bestimmung der bisherigen Ergebnisse der Psychoanalyse selbst.

»Ich schlage vor, daß es eine metapsychologische Darstellung genannt werden soll, wenn es uns gelingt, einen psychischen Vorgang nach seinen dynamischen, topischen und ökonomischen Beziehungen zu beschreiben. Es ist vorauszusehen, daß es uns bei dem gegenwärtigen Stand unserer Einsichten nur an vereinzelten Stellen gelingen wird.« (Bd. III, 140)

Es ist diese Definition, die Freud gelegentlich an anderen Stellen zitiert, der er aber nichts Neues hinzufügt, wenn man davon absieht, wie in der kleinen behandlungstheoretischen Schrift ›*Die endliche und die unendliche Analyse*‹ von 1937 auf recht spektakuläre Weise die Metapsychologie erscheint.

»Man muß sich sagen: ›So muß denn doch die Hexe dran‹. Die Hexe Metapsychologie nämlich. Ohne metapsychologisches Spekulieren und Theoretisieren – beinahe hätte ich gesagt: Phantasieren – kommt man hier keinen Schritt weiter. Leider sind die Auskünfte der Hexe auch diesmal weder klar noch sehr ausführlich.« (*Ergänzungsband*, 365 f.)

Seit der *Psychopathologie*, die Freud ein Jahr nach der *Traumdeutung* abgeschlossen hatte, verliert die Metapsychologie ihren applikativen Charakter. Die kulturkritischen Schriften sind gerade nicht als metapsychologische Arbeiten konzipiert.[1]

Für die Kritik von Diskursen, die Freud unter dem Ausdruck »Metaphysik« zusammengefaßt hat, schlägt er nicht das Konzept einer Ideologiekritik vor. Im Programm einer »Rückverwandlung von übersinnlicher Realität in Metapsychologie« will er das Funktionieren eines metaphysischen Sinns analysieren. Dafür ist der Begriff der Überdetermination ebenso unerläßlich, wie es die Analyse der konkreten Träume in der Genese der *Traumdeutung* war. Das erfordert zweifellos, die Metaphysik ernst zu nehmen als unabgegoltenen Sinn, und es heißt, sich ihr weiterhin auszusetzen mit allen Risiken, die an einem solchen Unternehmen haften:

»[...] es ist sinnlos, auf die Begriffe der Metaphysik zu verzichten, wenn man die Metaphysik erschüttern will. Wir verfügen über keine Sprache – über keine Syntax und keine Lexik – die nicht an dieser Geschichte beteiligt wäre.« (Derrida, *Die Schrift,* 425)

Man versteht, daß die Umsetzung von Metaphysik in Metapsychologie (wie Freud es fordert) voraussetzt, »übersinnlich« durch »überdeterminiert« zu ersetzen. Daß Freud von »umsetzen« spricht, kennzeichnet die metapsychologische Arbeit, und man sollte noch genauer von »übersetzen« sprechen, um deutlich zu machen, daß die »Konstruktion einer übersinnlichen Realität« einen signifikativen Effekt erzeugt, der in ein System der Bedeutungen übersetzt werden muß.

Der metapsychologische Traumdiskurs stellt nichts anderes dar als der metaphysische: den Überschuß an Sinn in der Bewältigung des Realen. Die Wissenschaft von der Überdeterminanz konstituiert sich als Metapsychologie der Träume und nicht als Theorie der Therapie; die Metapsychologie geht in einer psychoanalytischen Praxis nicht auf. Gegen diese Reste hat sich das soziologische Interesse, aber auch das philosophische gewandt, man hat allzu gern die Rede Freuds von der Triebmythologie aufgegriffen und sie gegen die Metapsychologie als ganzes gerichtet. Dementsprechend ist man wesentlich von der Therapie ausgegangen, um sie außerhalb des Freudschen Werks zum theoretischen Gegenstand zu machen; ihr gegenüber erscheint dann die Metapsychologie als »szientistisches Mißverständnis« (Habermas, *Erkenntnis,* 300f.) oder »als ein Resultat solipsistischer Stilisierung der therapeutischen Erfahrung«, wie es bei Dahmer im Anschluß an Ricœur heißt (*Libido,* 200). Gegen die Privilegierung der Therapie, der die Tendenz eigen ist, die analytischen Effekte der Psychoanalyse ausschließlich in der Praxis zu situieren, nicht aber auf der diskursiven Seite selbst, und die stets begleitet ist von der Klage über den defizienten Stand der psychoanalytischen Theoriebildung, hat Lévi-Strauss, pointiert, wie er es bisweilen liebt, die theoretische Eigenständigkeit Freuds betont.

»[...] denn in der Psychoanalyse möchte ich zwei Aspekte unterscheiden: Einerseits die von Freud entwickelte Theorie des Geistes, die auf einer Kritik der Bedeutung beruht (und hier habe ich den Eindruck, daß der Ethnologe am Kollektiven das gleiche betreibt wie der Psychoanalytiker am Einzelnen); und andererseits eine Theorie der Heilbehandlung, die ich völlig außer acht lasse. Ich glaube nämlich keineswegs, daß der menschliche Geist durch die Analyse, die er an sich selbst vollzieht, verbessert wird; in dieser Hinsicht ist es daher keine Psychoanalyse, und schließlich ist es mir vollkommen gleichgültig, ob er sich bessert oder ob er sich nicht bessert. Was mich interessiert, ist, wie er funktioniert.« (Lévi-Strauss, *Mythos*, 104)

Es läßt sich sehr wohl ein metapsychologischer Begriff von Therapie denken, der nicht auf der vorausgesetzten Unterscheidung von pathologisch und normal beruht, sondern innerhalb des Normalen selbst auf einem Gegensatz von primärem und sekundärem Denken oder von bewußt und unbewußt, wie ihn ja Lévi-Strauss selbst benutzt, wenn er in der »Strukturalen Anthropologie« zwischen dem schamanischen Heilverfahren und der Psychoanalyse Analogien herzustellen versucht. Es ist dann schließlich auch möglich, die Philosophie oder die Mantik nach immanenten therapeutischen Prozessen zu befragen und umgekehrt die Therapie nach philosophischen oder auch mantischen Implikationen.

Die Philosophen auf eine ganz bestimmte Art und Weise lesen

Man hat in der Transzendentalphilosophie (ebenso wie in der Romantik) historische Einsatzpunkte für eine Theorie des Unbewußten gesehen. In Gehlens Aufsatz *Über die Geburt der Freiheit aus der Entfremdung* sind die Grundlinien, in denen die Theorie des Unbewußten rezipiert und auf die Tradition bezogen worden ist, schon weitgehend gezogen. Ihnen folgen Marquard und Dahmer, aber auch die Arbeiten von Lorenzer und Habermas lassen dieses Muster noch erkennen, das hier weitgehend die theoretische Diskussion der Psychoanalyse bestimmt hat. In all diesen Vorschlägen ist die Klage über einen Mangel an Theorie in der Psychoanalyse unüberhörbar; sie gehen aus vom Primat der Therapie, machen sich dann auf die Suche nach theoretischen Vätern Freuds, um so seinem Denken überhaupt erst einen Gegenstand und theoretische Konsistenz zu geben.

Gehlen verweist auf einen »roten Faden« der Entfremdung, der sich von Fichte über Marx zu Freud ziehe, und schreibt diesen roten Faden einem Modell zu: von defizienter Produktion (des Ich / des Subjekts der Gattung als Klasse / des neurotischen Ich) – Entfremdung – Aneignung der Entfremdung als Differenz in der Erinnerung. Die Reihenfolge Fichte–Marx–Freud soll einen doppelten Terrainwechsel implizieren: von der Genese des Transzendentalsubjekts zum revolutionären Subjekt und von dort zur Therapie. Die Folge, in der die Felder der Entfremdung gewechselt haben, hält Gehlen für unumkehrbar, und er leitet daraus die These ab, daß heute einzig auf dem Feld der Therapie das Programm einer Dialektik von Entfremdung und Aufhebung überhaupt Geltung beanspruchen kann. Das sieht er darin begründet, daß die dialektischen Programme, die sich auf das Sein im Ganzen oder auf das Ganze der Gesellschaft beziehen, an den Sachzwängen der gegenwärtigen hochindustrialisierten Gesellschaften scheiterten, während einzig das Ich des Patienten noch einer dialektischen Bewegung zur Disposition steht, das wenigstens in der Lebenswelt noch »Herr im eigenen Haus« bleiben soll, wenn es sich als transzendent nicht mehr begreifen kann.[2] Die Serie von Paradigmenwechseln, in deren Folge das Ich von seiner transzendentalen Höhe in die Klinik stürzt, kommt zustande, weil Gehlen das Modell der Transzendentalphilosophie dominant setzt, um dann Politische Ökonomie und Psychoanalyse darunter zu subsumieren. Der Übergang vom absoluten zum neurotischen Ich bleibt der Idee zunehmender Defizienz gemäß, an der transzendentalphilosophischen Konstruktion des Ich orientiert, gegen die Marx sich gewandt und die Freud nicht mehr in Anspruch genommen hat. Um die Kontinuität der transzendentalphilosophischen Setzungen zu garantieren, reduziert Gehlen den psychischen Raum, den Freud entdeckt hat, auf die Dimension des Fichteschen Nicht-Ich, um dann die Theorie des Unbewußten in die bewußtlose Tätigkeit des Ich einzusetzen, wie sie die »Wissenschaftslehre« bestimmt hat:

»Denn was sind die Träume, die Ticks, die unüberwindlichen Zwänge und überhaupt das ganze neurotische Arsenal anders, als bewußtlose Produkte der Selbsttätigkeit des Ich, die sich ihm entfremden und als Übermacht gegenübertreten, und die nun die Analyse auflöst, indem sie sie ›bewußtmacht‹, in ihrer Genesis und Entstehungsgeschichte nachvollzieht, so die Freiheit und Verfügungsgewalt des Ich über seine eigenen Nachtgeburten wiederherstellend?« (Die Geburt, 340)[3]

Es ist eine Sache, die Metaphysik des Ich zu rekonstruieren als Medium der Bedeutungen, die das Ich im abendländischen Denken eingenommen hat, und dabei ist es unerläßlich, auch die Metapsychologie danach zu befragen, welche Bedeutung sie dem Ich gibt. Eine andere Sache ist es, in die Theorie der psychischen Produktion, wie Freud sie in der Traumdeutung entfaltet hat, willkürlich einzugreifen und ihre Resultate zu ignorieren. Unabhängig davon, was das Ich außerhalb der Träume sein oder bedeuten kann, begründet Freud die Theorie der

Träume in der Voraussetzung, daß sie keine Produkte des Ich sind. Auf seine Weise wiederholt Gehlen das Ressentiment gegen die Psychoanalyse, das immer darin bestanden hat, ein Denken außerhalb des Ich abzulehnen. Zu Recht hat Lacan den eigentlichen Skandal, den die Psychoanalyse ausgelöst hat, in der Verschränkung von Affekt und Denken gesehen. Über diese Konstellation glaubte das aufgeklärte Denken immer schon hinaus zu sein.

Wir nehmen den metapsychologischen Diskurs dort auf, wo er sich konstituiert hat, in der *Traumdeutung* selbst. Dabei folgen wir den Lektürehinweisen Lacans in ihrem Motiv, die Freudschen Begriffe in ihrer Synchronie herzustellen; dem Projekt Derridas, im Werk Freuds den Bruch im modernen Denken, den Bruch der philosophischen Tradition sich thematisieren zu lassen; dem Vorschlag von Lévi-Strauss, die Psychoanalyse als Theorie der Bedeutung zu nehmen. Es ist diese Lektüre, die es am ehesten ermöglicht, die philosophische Dimension der Träume im metapsychologischen Feld zu entfalten und umgekehrt, die historischen Traumdiskurse schon auf ihre metapsychologischen Grenzen hin zu befragen. Zum einen bleibt die strukturale Lektüre offen gegenüber der philosophischen oder metaphysischen Tradition, zum anderen geht sie davon aus, daß der Metapsychologie ein eigener Gegenstand zukommt, daß dieser Gegenstand Äquivalenzen hat in der metaphysischen Tradition, die man befragen muß, um ihn in seiner Originalität und Autonomie zu definieren. Schließlich erlaubt es eine strukturale Lektüre, die Spannungen in der Verschiebung des Rationalen bei Freud theoretisch durchzuhalten und nicht durch falsche Alternativen zu verstellen.

»Bisher hat man in vielerlei Gestalt versucht, die Psychoanalyse in irgendeine umfassendere Theorie aufzunehmen… Eine derartige Aufnahme wurde gemeinhin mit dem Trugschluß fundiert, daß die Psychoanalyse keine selbstständige Theorie, ja, im Grunde nur eine Praxis, d. h. theoretisch objektlos sei. Mit der wissenschaftlichen Bestimmung des Objekts der Psychoanalyse durch die strukturalistische Lektüre von Freud soll dieser Situation nun ein Ende gesetzt sein.« (Broekman, *Strukturalismus*, 123)

Für eine solche Lektüre kommt es darauf an, die Unterschiede von Psychoanalyse und Metapsychologie, von Philosophie und Metapsychologie im Kontext gemeinsamer Gegenstände zu entfalten und auf voreilige Abschiede zu verzichten.

»Ich will nur hervorheben, daß über die Philosophie hinauszugehen, nicht heißen kann, ihr den Rücken zu kehren (was meistens schlechte Philosophie zur Folge hat), sondern, die Philosophen auf eine ganz bestimmte Art und Weise zu lesen.« (Derrida, *Die Schrift*, 435)

Und vielleicht gibt es außerhalb der Philosophie kaum eine Theorie dieses Jahrhunderts, die so sehr wie die Metapsychologie Index der Notwendigkeit und der Möglichkeit wäre, die Probleme des philosophischen Diskurses noch einmal zu stellen. Wir setzen voraus, daß der Diskurs, den Freud in der *Traumdeutung* beginnt, auf der Ebene der Traumdiskurse selbst hinreichend bestimmt ist, um eine doppelte Aufgabe erfüllen zu können: Medium der Analyse der historischen Traumdiskurse und Gegenstand seiner eigenen Rekonstruktion auf diesem Feld selbst zu sein. Insofern stellt sich das Problem der Metapsychologie für das Ganze des Freudschen Werks vom *Entwurf* bis zu ihrem Ausdruck als spekulative Figur in Gestalt der Hexe, auf deren Hilfe Freud auch in diesen letzten Jahren glaubt angewiesen zu sein. In dem Maße, wie Freud eine signifikative Kraft entdeckt, die weder ausschließlich in einer Theorie der Kraft noch ausschließlich in einer Theorie des Sinns abgebildet werden kann, ist sein Diskurs metapsychologisch. Für die *Traumdeutung* heißt das, die Mantik mit einer Theorie der psychischen Leistungen zu verbinden und einen gemeinsamen Gegenstand zu konstituieren. Gegen den Ausschluß der signifikativen Funktion der Träume durch die Wissenschaft kann Freud in den Jahren nach 1895 die Ergebnisse seiner Hysterie-Studien ins Feld führen. Die hysterischen Gesten haben Bedeutung als Ausdruck des Körpers: Sie können in einer Theorie der somatischen Artikulation, die zugleich Theorie des Sinns sein muß, analysiert werden. Auf diese Weise führt Freud in die naturwissenschaftlichen Diskurse die Kategorie der Signifikanz ein als Möglichkeit der Deutung, und darin sprengt er immanent das Schema der Somatisierung der Traumproduktion. Traum und hysterische Symptome liegen jetzt auf einer Ebene. Daß der Körper sich selbst artikulieren kann, verändert das Verhältnis von psychisch und somatisch, wie es in den wissenschaftlichen Diskursen geregelt ist; das führt aber keineswegs zur Idee des Leibes als transzendentalem Signifikat des Unbewußten, wie manche Existenzphilosophen Freud gelesen haben. Freud erhält den Unterschied von somatisch und psychisch, indem er ihn an die Signifikanz bindet: der Körper ist psychisch, insofern er sich artikuliert; das Psychische ist an den Körper gebunden, um sich zu artikulieren.

Nicht anders stellt sich das Problem der Metapsychologie im *Entwurf*, er ist Freuds frühester Versuch, im naturwissenschaftlichen Modell der Gehirnanatomie gegen den wissenschaftlichen Ausschluß der Artikulation des Somatischen zu denken.

»Freud möchte schon gleichzeitg die Kraft und den Ort denken. Er ist der Erste, der nicht an den deskriptiven Charakter dieser hypothetischen Repräsentationen der Bahnung glaubt. Für die Unterscheidung von Neuronenkategorien ist ›morphologisch wenigstens, d. h. histologisch [...] keine Unterstützung [...] bekannt‹. Sie ist der Index einer topischen Beschreibung, die vom äußeren, vertrauten und konstituierten Raum, dem Außen der Naturwissenschaften, nicht umfaßt werden kann.« (Derrida, *Die Schrift,* 312 f.)

Der metapsychologische Kern des *Entwurfs* ist schon wesentlich von den herrschenden Theorien unterschieden durch die These der Repräsentanz oder der Artikulationsfähigkeit der Neuronen. Das Psychische ist nicht mehr im Bewußtsein zentriert, sondern es hat seinen genuinen Ort in der Differenz der Neuronenbahnungen, in der sich auch der quantitative Unterschied der beiden Neuronenarten ausdrückt. Die These der Verspätung des sekundären Denkens führt bereits die Idee ein, daß sich die Primärvorgänge außerhalb des Bewußtseins artikulieren können. (»Die Pubertätsverspätung ermöglicht posthume Primärvorgänge.« *Anfänge,* 359)

Der Trieb artikuliert sich: Er ist in einem Modell somatischer Funktionen nicht abzubilden, denn er erscheint als Psychisches; ebenso wenig aber in einem Modell psychischer Leistungen, denn was erscheint, ist nicht der Trieb, sondern seine Repräsentanz. Dazu heißt es in *Das Unbewußte* von 1915:

»Ein Trieb kann nie Objekt des Bewußtseins werden, nur die Vorstellung, die ihn repräsentiert. Er kann aber auch im Unbewußten nicht anders als durch die Vorstellung repräsentiert sein. Würde der Trieb sich nicht an eine Vorstellung heften oder nicht als Affektzustand zum Vorschein kommen, so könnten wir nichts von ihm wissen.« (Bd. III, 136)

Wenn Freud den antiken Sinn der Traumdeutung überschreitet, in den Träumen eine signifikative Kraft entdeckt, erhalten die historischen Traumdiskurse selbst eine signifikative Funktion, die ihre erneute Lektüre ermöglicht. Und man kann sagen, daß Freud weniger den Träumen ihre Rationalität zurückgegeben habe – denn das wäre doch nur die halbe Wahrheit – als eher den Traumdiskursen. Die Verdikte der Philosophie über der Traummantik, die Verdikte der Wissenschaften über die Philosophie der Träume haben wechselseitig und nacheinander sich ihren Mangel an Rationalität bestätigt, sich ausgeschlossen nach Graden an Nichtrationalität. Der metapsychologische Blick löst die Verdikte in ihrer restriktiven Voraussetzung auf, dergemäß nur das bezeichnend ist, was im Bewußten abgebildet oder dort nachkonstruiert werden kann. Dagegen hat Freud entdeckt, daß auch das, was nicht im Bewußtsein erscheint, signifikant sein kann. Er hebt darum die für die historischen Traumdiskurse konstitutiven Dichotomien auf, um sie –

wie das Verhältnis von somatisch und psychisch, von pathologisch und normal – als Grenzbegriffe gelten zu lassen. Dementsprechend wird das Verhältnis von rational/nicht-rational zur Grenze des Signifikanten, das Verhältnis von bezeichnend/nicht-bezeichnend zur Grenze der Verdichtung; das von determiniert/nicht-determiniert zur Grenze der Überdetermination; das Verhältnis von bewußt/nicht-bewußt zur Grenze des Unbewußten; während umgekehrt die Dichotomien selbst bezeichnend und damit zum Gegenstand der metapsychologischen Kritik werden können. Die Einheit des Unterschieds von metaphysischem und metapsychologischem Traumfeld ist im Verhältnis von Signifikanz und Rationalität bestimmt und zugleich im Thema eines anderen oder wilden Denkens. Metapsychologisch erlaubt die Deutung der Träume überhaupt erst die Analyse der Reden über die Träume, die notwendig – wie wir jetzt sagen können – traumhaft sind: Index und Thema eines wilden Denkens.

Daß die Traumanalyse in Selbstanalyse übergehen kann, setzt den Übergang von der Hysterie zum Traum bereits voraus. Geht Freud in seiner Selbstanalyse auch nicht von pathologisch Manifestem aus, so steht sie doch unter dem Aspekt der Pathologie, und zwar insofern, als es für das Subjekt der Selbstanalyse ebenso wenig einen direkten, d. h. bewußten Zugang zur eigenen Geschichte gibt, wie für das Subjekt der Hysterie zur Geschichte der Symptome. Freud muß daher das Problem der Amnesie so lösen, daß ihr pathologisches Moment als Grenze des Normalen erhalten bleibt. Erst unter dieser Voraussetzung kann er sich das Material verschaffen, in dem eine Ordnung der biographischen Daten rekonstruiert werden kann. Zugleich ist dies aber die Situation des Traumdeuters, denn die Träume haben, wie es im *Abriß* heißt, alle Anzeichen der Psychose und gehören doch dem normalen Seelenleben an. In der Analyse der Träume trifft Freud auf sich selbst, aus der Konjunktion von Traumanalyse und Selbstanalyse geht ein allgemeiner Begriff von Deutung hervor, der seinem Status gemäß über jede bloß technische Verwendung hinausweist.[4] Freuds Selbstanalyse konstituiert sich in dem Maße über die Deutung seiner Träume, wie die Vergangenheit sich in der Weise der Träume artikuliert, das heißt wesentlich nicht mehr als einfache Chronologie der Ereignisse, sondern als Synchronie der Bedeutungen. Aber entgegen dieser Proustschen Konzeption vertraut Freud nicht auf die Wirkungen der mémoire involontaire, die uns in jenem illuminativen Strahl, von dem Proust spricht, authentische Augenblicke unserer Vergangenheit präsentiert. Der Traum präsentiert der Idee seiner Synchronie gemäß keine Vergangenheit; er inszeniert eine Zeit, die es nie gegeben hat, bevor sie nicht geträumt und gedeutet worden ist.

Freud muß mit dem Realismus aller Traumdeutungen bisher brechen; nicht nur mit dem Realismus der Traumdeutungen, sondern aller Theorien der Seele. Dennoch hat er diesen Realismus zunächst wiederholt in der Suche nach der verlorenen Zeit; wenn auch nur im Kontext der Krankengeschichte: in der Suche nach der Verführungsszene. Was den Patienten Freuds zum Problem geworden ist, keinen bewußten Zugang zu bedeutenden Momenten ihrer Erfahrung zu haben, macht Proust zum ästhetischen Prinzip. Es ist nicht verwunderlich, wenn wir die Idee eines privilegierten und doch unwillkürlichen Zugangs zum Gedächtnis des Individuellen in einer ästhetischen Theorie finden, noch weniger, daß es sich dabei um eine Theorie der Moderne handelt. Wie Benjamin gezeigt hat, versucht Proust in den *Recherches*, die ja immer auch philosophischer Roman sind, der Moderne die Figur des Erzählers zu restaurieren.

»Prousts achtbändiges Werk gibt einen Begriff davon, welcher Anstalten es bedurfte, um der Gegenwart die Figur des Erzählers zu restaurieren. Proust unternahm das mit großartiger Konsequenz. Er geriet dabei von Anfang an an eine elementare Aufgabe: von der eigenen Kindheit Bericht zu geben. Er ermaß ihre ganze Schwierigkeit, indem er es als Sache des Zufalls darstellt, ob sie überhaupt lösbar sei. Im Zusammenhange dieser Betrachtung prägt er den Begriff der mémoire involontaire. Dieser trägt die Spuren der Situation, aus der heraus er gebildet wurde. Er gehört zum Inventar der vielfältig isolierten Privatperson.« (Bd. II, 611)

Wenn auch dort die Anlässe, die die Erinnerung in Gang setzen, zufällig sind, so bewegt sich die mémoire involontaire doch im Rahmen der Repräsentation der Vergangenheit. Im Geschmack der Madelaine findet Proust das Combray seiner Kindheit wieder, reicher und vollständiger zwar, als er es damals hat wahrnehmen können, aber auch in seinen entfalteten Korrespondenzen doch nicht anders als das, was immer schon in der Erinnerung war und nur darauf wartete, bewußt zu werden. Man könnte, wenn man diese ästhetische Theorie des Gedächtnisses noch einmal auf die Psychoanalyse zurückbezieht, vielleicht davon sprechen, daß Freud auf der Suche nach authentischen Erlebnissen seiner Patienten war, solange er daran festhielt, daß die Verführungsszene von ihnen wirklich erlebt worden ist. Wenn er später diese These aufgegeben hat – und zwar aufgrund seiner Selbstanalyse –, dann nicht in der Weise, daß er die reale Determination der Szene durch eine psychische ersetzt hätte, vielmehr stelllt er die traumatische Szene topologisch dar: Das reale Material, an das sich die

Verführungsszene hält und ihre traumatische Wirkung liegen auf zeitlich (was zugleich genetisch heißt) verschiedenen Ebenen. Wenn man die topologischen Gegebenheiten des VII. Kapitels der *Traumdeutung* auf die frühe Theorie der Verführung zurückprojizierte, könnte man die mémoire involontaire auch metapsychologisch abbilden: Sie würde dann der Regression entsprechen, als Reproduktion realer Szenen der Vergangenheit (wobei man sicher noch ökonomische Bedingungen hinzuführen müßte). Die Regression jedoch, wie sie in der *Traumdeutung* bestimmt ist, bringt keine vergangene Realität zurück, sie läßt sich darum auch nicht mehr in einer Theorie der Repräsentation fassen, sondern nur noch als Grenze der Repräsentation, d. h. nach dem Ausdruck Freuds als Repräsentanz: nicht als Zeichen einer Vergangenheit, die in ihrer verborgenen Wahrheit vergegenwärtigt werden müßte, sondern als Rede, die noch nie zuvor gehalten wurde. In diesem Sinn spricht Lacan davon, daß die Vorstellungsrepräsentanzen als Signifikanten zu nehmen seien: »C'est le signifiant qui est refoulé, car il n'y a pas d'autre sens à donner dans ces textes au mot: Vorstellungsrepräsentanz.« (*Écrits*, 714)

Es trifft nicht zu (wie z. B. Ricœur behauptet), Freud habe die Realität der infantilen Verführungsszene erst nach der Veröffentlichung der *Traumdeutung* aufgegeben; bereits im Brief 69 vom 21.9.97 (*Anfänge*, 186) an Fließ zieht er diese Hypothese zurück (»Ich glaube an meine Neurotika nicht mehr«). Man kann wohl sagen, daß der Effekt dieser Hypothese im Schema des VII. Kapitels nachwirkt und für das theoretische Schwanken zwischen Bild und Sprache zum einen, im Begriff der Regression zum anderen verantwortlich ist.[5] Trotzdem besteht auch in der *Traumdeutung* kein Zweifel daran, daß die Träume keine Wahrnehmungen reproduzieren, sondern Sinn erzeugen. In der Analyse des Wolfsmannes spielt der Unterschied von wirklicher oder vorgestellter Wahrnehmung für die Deutung der pathologischen Situation (Urszene) schon keine Rolle mehr: »Mit einundeinhalb Jahren holte er sich die Eindrücke, deren nachträgliches Verständnis ihm zur Zeit des Traums durch seine Entwicklung, seine sexuelle Erregung und seine Sexualforschung ermöglicht wurde.« (Bd. VIII, 157) Das gilt nicht nur für die pathogene Wirkung von Vorstellungen, sondern auch für die *Traumdeutung*, schließlich für die Metapsychologie selbst. Gerade die »Verspätung der Pubertät« macht deutlich, daß die Erinnerungsspuren nachträglich Sinn erzeugen; dazu heißt es schon im Entwurf: »Überall findet sich, daß eine Erinnerung verdrängt wird, die nur *nachträglich* zum Trauma geworden ist. Ursache ist die Verspätung der Pubertät gegen die sonstige Entwicklung des Individuums.« (*Anfänge*, 356) Man versteht, daß die Entdeckung der frühkindlichen Sexualität für das

Konzept der Metapsychologie von ähnlicher Bedeutung ist, wie die Enträtselung der Träume. Es geht dabei weniger um die sexuellen Quellen der Traumarbeit, im Gegenteil haben die *Drei Abhandlungen* die Sexualität vom Primat des Genitalen gelöst, was es nicht mehr erlaubt, die Sexualität einer bestimmten Klasse privilegierter Vorstellungen eindeutig zuzuordnen. Denn dieses Privileg wäre immer im Primat des Genitalen begründet, in den Vorstellungsreihen, die sich darauf beziehen können. Die Dezentrierung des Genitalen ist nur ein Ausdruck dafür, daß sich die Sexualität nicht in ihrer natürlichen Triebhaftigkeit erschöpft. Insofern hätte Freud uns nicht mehr gesagt, als wir seit Platon wußten; neu aber ist, daß Freud die Sexualität auf eine signifikative Funktion bezogen hat, ohne ihren Triebcharakter zu bestreiten. Als Trieb erzeugt die Sexualität zugleich Bedeutungen. Und es ist wichtig, dieses »Zugleich« zu betonen, das ist die Ebene, auf der die Vorstellungs- oder Triebrepräsentanzen spielen. Noch vor der Pubertät ist die Sexualität im Denken anwesend; nicht als reales Verhältnis, sondern in den Bedeutungen, die der Trieb sich geben kann; in seinen Vorstellungsrepräsentanzen; bezogen aber immer schon auf andere Personen wie zugleich auf sich selbst als andere Person: Das ist schließlich der Kern der ödipalen Struktur, in der sich die Metapsychologie begründet: daß sich in der Befriedigung der Bedürfnisse ein Trieb ablöst, der nicht mehr in der Befriedigung (der »großen Körperbedürfnisse«, wie Freud sagt), aufgeht, sondern danach strebt, sich im Denken oder als Denken zu artikulieren: Diesen Trieb hat Freud Wunsch genannt.

Traumdeutung und Selbstanalyse

Mit der *Traumdeutung* kehrt der ídios kósmos des Träumers in den Diskurs zurück, und es ist immer auch der ídios kósmos Freuds. Bereits im Juli 1895 gelingt Freud die Auflösung des Traums von »Irmas Injektion«, der als Muster der Traumanalyse in den *Entwurf* und später in die *Traumdeutung* eingegangen ist.

> »Hier enthüllte sich am 24. Juli 1895 dem
> Dr. Sigm. Freud
> das Geheimnis des Traums«

In einem Brief an Fließ fragt Freud, ob er wohl glaube, daß man dies »dereinst« lesen werde auf einer Marmortafel vor dem Haus, in dem er diesen Traum hatte. »Die Aussichten sind bis jetzt hierfür gering«, fügt er hinzu (Brief 137). Die exemplarische Analyse dieses Traums führt Freud noch nicht zur *Traumdeutung*, sondern zurück in seine Kindheit; zu sich selbst, wenn man diesen Ausdruck ohne Emphase versteht. Den Briefen an Fließ können wir entnehmen, daß Freud im Sommer 1897 mit der Selbstanalyse begonnen hat, ein halbes Jahr nach dem Tod seines Vaters, den er später als Anlaß der Selbstanalyse gesehen hat, und der zugleich unmittelbar die Arbeit an der *Traumdeutung* betrifft.

>Für mich hat dieses Buch nämlich noch eine andere subjektive Bedeutung, die ich erst nach seiner Beendigung verstehen konnte. Es erwies sich mir als ein Stück meiner Selbstanalyse, als meine Reaktion auf den Tod meines Vaters, als auf das bedeutsamste Ereignis, den entscheidenden Verlust im Leben eines Mannes.« (*TD*, 24)

Die spezifische Situation, die Freud als Traumdeuter mit seinen Träumen eingeht, gilt gleichermaßen für seine Stellung, die er als Therapeut den Symptomen und als Analytiker sich selbst gegenüber einnimmt; und es ist schließlich auch die spezifische Situation der Metapsychologie. In dieser dreifachen Rolle als Symptomanalytiker, Traumanalytiker, Selbstanalytiker gewinnt Freud einen gemeinsamen Gegenstand, den er das Psychische nennt. Kehren wir zur spezifischen Situation des Traumdeuters zurück. Sie ist bestimmt durch einen Nicht-Sinn, durch eine Barriere zwischen dem Bewußtsein des erwachten Träumers und dem manifesten Traum. Alle bisherigen Traumdeuter, heißt es in der *Traumdeutung*, haben diese Barriere übersprungen; den Nicht-Sinn verdeckt, wie man hinzufügen kann.

>Alle anderen bisherigen Versuche, die Traumprobleme zu erledigen, knüpften direkt an den in der Erinnerung gegebenen manifesten Trauminhalt an und bemühten sich, aus diesem die Traumdeutung zu gewinnen oder, wenn sie auf eine Deutung verzichteten, ihr Urteil über den Traum durch den Hinweis auf den Trauminhalt zu begründen. Nur wir allein stehen einem anderen Sachverhalt gegenüber; für uns schiebt sich zwischen den Trauminhalt und die Resultate unserer Betrachtung ein neues psychisches Material ein: der durch unser Verfahren gewonnene latente Trauminhalt oder die Traumgedanken.« (*TD*, 280)

Und Freud beginnt sogleich damit, aus dieser spezifischen Situation eine generelle Leseanweisung abzuleiten, indem er die Barriere zwischen Traum und Deuter auf die Traumzeichen selbst überträgt. Der Bruch zwischen den beiden Seiten der Traumzeichen ist so radikal, daß er in keiner Konvention des Ausdrucks geschlossen werden kann; daß wir darauf verzichten müssen, im Realen nach Urbildern der Träume zu suchen. Und es ist dieser Bruch, der der Applikation linguistischer Termini zugleich Grenzen setzt, darum kommt dem Balken im Algorithmus Lacans eine Bedeutung zu, die er bei Saussure nicht hat:

»Das S und das s des Saussureschen Algorithmus liegen nicht auf derselben Ebene, und der Mensch würde sich täuschen, wenn er meint, er sei auf ihrer gemeinsamen Achse, die nirgendwo ist. Dies zumindest, bis Freud es entdeckt hatte. Denn wenn es nicht das ist, was Freud entdeckt hat, ist es nichts.« (Lacan, *Schriften* II, 43)[6]

In den Momenten dieser Barriere übertrifft Freud die skeptische Position der Philosophie an der Traumdeutung. Die Philosophie läßt den Bildern selbst einen Sinn, der jedoch defizient ist, weil er ausschließlich in seiner augenblicklichen Präsenz, der Wahrnehmung, determiniert ist. Im klassischen Traumargument ist der Realismus der Träume keineswegs überwunden. Die Metaphysik der Träume sucht nach Urbildern und reduziert die Träume am Ende auf eine bloße Abbildfunktion.

Für Freud haben die Bilder in ihrer Präsenz oder als manifester Trauminhalt keinen Sinn. Die skeptische Position hebt sich in dem Augenblick selbst auf, in dem Freud darauf verzichtet, hinter dem manifesten Unsinn einen Sinn zu suchen, einen Sinn, so müßte man vielleicht im Blick auf die Tradition hinzufügen, der seiner manifesten Gestalt vorausgegangen und daher nur reflexiv einholbar wäre. Den alten Traumdeutern gegenüber besteht Freud – wie auch Lévi-Strauss gegenüber Ricœur – auf der signifikativen Funktion des Unsinns:

»Was Sie also suchen, – und ich glaube Ihnen da nichts zu unterstellen, denn Sie sagen und fordern es sogar –, das ist ein Sinn des Sinns, ein Sinn hinter dem Sinn; in meiner Perspektive ist der Sinn dagegen nie ein ursprüngliches Phänomen: Der Sinn ist immer auf etwas zurückzuführen. Anders gesagt, gibt es hinter jedem Sinn einen Unsinn, und das Gegenteil ist nicht wahr.« (Lévi-Strauss, *Mythos*, 86)

Tatsächlich impliziert die Lektüreanweisung im Vorspann zum VI. Kapitel das, was auch Lévi-Strauss beansprucht: eine Topologie des Sinns; eine Topologie, die Freud als Theorie des psychischen Geschehens erst im VII. Kapitel ausarbeitet. Die Ausdrücke »manifest« und »latent« lassen sich erst in einer Struktur des Psychischen bestimmen, die es dann erlauben würde, die Zeichen von jeder Beziehung zum Realen (Mantik), zum Körper (*Theätet*) oder zum Imaginären (*Meditationes*) fernzuhalten und sie, der Anweisung des VI. Kapitels gemäß, anstatt nach ihrem Bildwert, nach ihrer Zeichenbeziehung zu lesen.

Am Verhältnis von Bildwert und Zeichenbeziehung wird noch einmal deutlich, daß die *Traumdeutung* nicht von der binären Struktur linguistischer Zeichen ausgeht, d. h. nicht von der Beziehung zwischen Signifikant und Signifikat, sondern von der Beziehung, die der Signifikant zu anderen Signifikanten eingehen kann:

»Was den wahrhaft unbewußten Wert des Traums ausmacht, was auch immer seine ursprünglichen und infantilen Anklänge sein mögen, ist die Suche nach dem Wort, die direkte Frontstellung gegen die geheime Realität des Traums, die Suche nach der Bedeutung als solcher.« (Lacan, Buch II, 205)

Wie sehr Saussure auch die Arbitrarität zwischen den beiden Seiten des Zeichens betont hat, so kommt doch jedem Zeichen seiner Definition nach eine Bedeutung zu in dem Maße, wie die Beziehung zwischen den beiden Seiten selbst nicht arbiträr ist. Freud bezweifelt nicht, daß die Traumbilder konventioneller Bedeutung fähig sind; er setzt es sogar voraus, insofern die Elemente des Traums zugleich dem bewußten Diskurs angehören können. Es ist jedoch nicht diese Bedeutung, auf der die Traumarbeit basiert (wenn auch niemals ausgeschlossen ist, daß diese Bedeutung sich im Traum durchhält). Im strengen Sinn können wir die Bedeutung der Zeichen in ihrem konventionellen Wert nicht voraussetzen: und daher die Zeichen selbst nicht. Statt dessen müssen wir, wie Lacan vorgeschlagen hat, indem er Freuds Leseanweisung noch einmal präzisiert, die Zeichenbeziehung als Signifikantenwert lesen.

»Im Traum nämlich verfolgen wir die Einwirkungen eben der verbuchstäblichenden (oder anders gesagt phonematischen) Struktur (structure littérante), in welcher sich der Signifikant im Diskurs artikuliert und sich analysieren läßt. Wie die in der Natur nicht vorkommenden Bilder des Boots auf dem Dach oder des Mannes mit dem wegapostrophierten Kopf, auf den Freud ausdrücklich hinweist, sind die Bilder des Traums nur in ihrem Signifikantenwert zu nehmen, das heißt nur soweit wie sie die Möglichkeit eröffnen, den ›Spruch‹ des Traumrebus nachzubuchstabieren. Diese die Operation des Lebens ermöglichende Sprachstruktur steht am Anfang der ›Traumsignifikanz‹, ›Traumdeutung‹.« (*Schriften* II, 35)

Die doppelte Sperre im Verhältnis von Traumdeuter und Traum sowie in den Traumzeichen läßt sich nicht aufheben, wenn sich nicht zugleich auch das Ich des Traumdeuters selbst zurücknimmt: »Ich verlange darum bei der Analyse eines Traums, daß man sich von der ganzen Skala der Sicherheitsschätzung frei mache« (*TD*, 495). An die Stelle des Deuters tritt in der *Traumdeutung* der Träumer selbst: der Träumer in seiner konkreten Individualität und als Produzent von Zeichen. Er steht, wenn er aus den Träumen erwacht ist, dem Produkt einer Arbeit, der Traumarbeit gegenüber, und er ist es jetzt auch, der die Arbeit, die der Mantiker übernommen hatte, selbst zu leisten hat. In diesem Augenblick, in dem der Träumer erscheint, fallen alle traditionellen Bezugspunkte aus, in denen sich der Traum bezeichnet hatte. Alle bisherigen Traumdiskurse haben den Traum einer zyklischen Ordnung eingefügt, in der die Nacht des Traums im Tag des Bewußtseins ohne Rest verschwinden konnte; so daß sich die alte Traumdeutung allein in der Tatsache, erwacht zu sein, begründen konnte, sei es im bloß psychologischen Sinn der Mantik oder der Naturwissenschaften oder im emphatischen der Philosophie. Der Träumer, der zum Traumdeuter wird, kann keine dieser Referenzen ersetzen, sein Erwachen, das Erwachen seines Bewußtseins garantiert ihm den Sinn seiner Träume nicht, und er findet schließlich die Barriere – analog derjenigen in den Traumzeichen – bei sich selbst. Wir können den Nicht-Sinn im Verhältnis von erwachtem Träumer und Traum nur dann auf einen Sinn beziehen, wenn wir die manifeste Position von Bewußtsein und Traum selbst auflösen. Die Topologie ist ebenso Ort des Bewußten wie des Traums, wesentlich aber Ort des Unbewußten.

Träume – Ort des Unbewußten

Stets haben die Träume die philosophischen Theorien des Gedächtnisses vor unlösbare Probleme gestellt. Wenn man auch annahm, daß die Träume sich im Innern der Seele ereignet haben, so konnte man doch den Traumsignifikanten keine Signifikate zuordnen, die der willkürlichen Erinnerung zugänglich gewesen wären. Und gerade weil die Träume in der Wahrnehmung erschienen waren, knüpft die Philosophie an die Möglichkeit, ihnen Bedeutung zuzuschreiben, die Bedingung, daß die Signifikate selbst wahrnehmbar sein müssen. Tatsächlich würde nur der theorematische Traum die Bedingung erfüllen, durch dessen Erfindung die historischen Traumdiskurse die Notwendigkeit einer spezifischen Traumdeutung zugleich zurückweisen, denn diese Art von Träumen kann jederzeit dem Gedächtnis eingeschrieben werden; während andererseits die Realitätsprüfung für die allegorischen Träume solange zu keinem Ergebnis führen kann, wie die Träume nicht in die Sprache übersetzt werden können. Das negative Ergebnis der Realitätsprüfung hat für die Philosophie einen doppelten Effekt: die Träume von der Deutung auszuschließen und die Träume in den philosophischen Diskurs einzuschließen. Dennoch stimmen Philosophie und Metapsychologie im negativen Befund überein. Freud rechnet die Realitätsprüfung zu den »großen Institutionen des Ich« (vgl. Bd. III, 189 f.) und fundiert sie ganz auf der Ebene der großen Körperbedürfnisse, in der »Not des Lebens«, wie er sagt. Die Realitätsprüfung soll uns davor bewahren, unsere Bedürfnisse regressiv (halluzinatorisch) zu befriedigen wie jener Patient aus dem Beispiel Foucaults, der selbst seinen Hunger noch der wahnsinnigen Idee, tot zu sein, unterordnet; für die Metapsychologie begründet die Realitätsprüfung an sich keine wissenschaftliche Kritik an der Realität. Im Scheitern des Versuchs, die Traumproduktion aus dem Bewußtsein abzuleiten, endet auch schon die Symmetrie zwischen Philosophie und Metapsychologie. Weil die Philosophie den Sinn der Träume im Bewußtsein nicht findet und zugleich von der Tatsache nicht absehen kann, daß die Träume ja im Bewußtsein erschienen waren, hält sie die Träume so lange als Nicht-Sinn des Bewußten fest, bis sie sich diesen ungedachten Rest des Bewußten angeeignet hat; bis sie die Träume reflexiv aufgelöst hat. Dagegen kann Freud gerade deswegen den Sinn der Träume in der Wahrnehmung finden, weil er den Traum nicht als Element der Wahrnehmung bestimmt, sondern des Gedächtnisses.

»Du Prel sagt: Die Frage, was die Seele ist, erheischt offenbar eine Voruntersuchung darüber, ob Bewußtsein und Seele identisch seien. Gerade die Vorfrage nun wird vom Traume verneint, welcher zeigt, daß der Begriff der Seele über den des Bewußtseins hinausragt, wie etwa die Anziehungskraft eines Gestirns über seine Leuchtsphäre.« (*TD*, 580, Anm. 1)

Die topologische Verteilung der Funktionen von Wahrnehmen und Erinnern auf verschiedene Orte innerhalb des psychischen Apparats betrifft nicht nur das Verhältnis von Bewußtsein und Seele, wie es die philosophische Tradition bestimmt hat, sondern ebenso das Verhältnis von Bewußtsein und Denken und schließlich das Verhältnis von Bewußtsein und Ich; sie hat nicht nur Konsequenzen für die Traumdeutung, vielmehr wird die Frage nach dem Zugang zu den Träumen, zur Frage nach dem Zugang zum Gedächtnis überhaupt. Betonen wir noch einmal, daß die Träume niemals bloß Beispiel für die Metapsychologie waren, sondern Medium, in historischer Hinsicht ebenso wie in theoretischer. Es waren die Träume, die eine Topologie provoziert haben, während die Frage nach dem Zugang zum Gedächtnis schon Effekt der topologischen Traumdeutung ist: Seiner topologischen Bestimmung nach ist das Gedächtnis immer unbewußt, man kann es darum nicht als Rezeptakulum von Engrammen verstehen, sondern muß es als Struktur nehmen, in der die Engramme zu Zeichen werden, um sich artikulieren zu können. Auch hier geht es darum, die Abbildtheorie der Träume zu verlassen, um zur Traumsignifikanz übergehen zu können. Die Regression ist daher keineswegs die umgekehrte Progression; beide sind topologisch nicht äquivalent, d. h. nicht abbildbar auf einer zeitlichen Achse von der Innervation zur Motilität, deren Punkte vollständig reversibel wären; Progression und Regression sind nicht von gleicher Ausdehnung innerhalb der Topologie, es gibt darum einen nicht-reversiblen

Ort im Verhältnis der beiden Richtungen des psychischen Geschehens, der sich selbst dann erhält, wenn die Topologie in beiden Richtungen vollständig durchlaufen worden ist. Freud hat diesen Ort, der nur als Differenz von Orten der Topologie dargestellt werden kann, das Unbewußte genannt. Das Unbewußte ist die eigentliche Lokalität der Topologie, in der sich deren Idee und Notwendigkeit vollständig ausdrückt. In dem Maße, wie Freud das Unbewußte streng topologisch definiert, kann er die Spaltung von Körper und Sinn endgültig aufheben und der Metapsychologie ihren Gegenstand zuweisen, das ist die signifikative Funktion der Seele, die symbolische Funktion, wie Lévi-Strauss sagt.

»Das Unbewußte hört auf, der unnennbare Zufluchtsort der individuellen Besonderheiten zu sein, der Aufenthaltsort einer einzigen Geschichte, die aus jedem von uns ein unersetzliches Wesen macht. Es beschränkt sich auf einen Ausdruck, mit dem wir eine Funktion bezeichnen: die symbolische Funktion [...] Als Organ einer spezifischen Funktion beschränkt es sich darauf, unartikulierten Elementen, die von außen kommen – wie Antrieben, Emotionen, Vorstellungen, Erinnerungen – Strukturgesetze aufzuerlegen, die seine Realität erschöpfen. Man könnte also sagen, daß das Unterbewußtsein das individuelle Lexikon ist, in dem jeder das Vokabular seiner persönlichen Geschichte sammelt, daß aber dieses Vokabular nur soweit für uns selbst und für die anderen Bedeutung gewinnt, als das Unbewußte es gemäß seinen Gesetzen formt und eine Rede daraus macht.« (Lévi-Strauss, *Anthropologie*, 223 f.)

Nun ist, wie Freud sagt, der Traum die radikalste Umkehrung der progredienten Richtung, die tiefste Regression (regressiver noch als die Schizophrenie, die zugleich immer dem vorbewußten Material zugewandt bleibt), die sich topologisch denken läßt; und dennoch führt der Traum uns niemals in irgendeine Vergangenheit zurück. Die Zeichen, die er in der Wahrnehmung zurückläßt, sind im Traum selbst erzeugt worden; sie repräsentieren nichts, was an anderer Stelle präsent gewesen wäre und nur darauf gewartet hätte, durch den Schlaf zum Bewußtsein erweckt zu werden; keine Realität.

Was die Suche nach dem Sinn der Träume betrifft, ist es richtig zu sagen, daß sich erst an dieser Stelle philosophischer und metapsychologischer Traumdiskurs trennen. Die Philosophie sucht das Bewußtsein des Träumers nach Eigenschaften ab, aus denen sich die Produktionsform der Träume ableiten ließe, und findet sie dort nicht; die Träume aber beläßt sie ganz und gar dort, wo sie unmittelbar erschienen waren und hält sie absolut in ihrem Status als Elemente der Wahrnehmung fest. Die Philosophie konstatiert für den empirischen Traum, daß eine Wahrnehmung, die sich nicht wiederholen läßt, das Undenkbare par excellence sei. Aus diesem Zirkel gibt es keinen Ausweg, solange man die Träume nach ihrem »Bildwert anstatt nach ihrer Zeichenbeziehung liest«. Man sieht aber doch, daß im Ausdruck dieser einmaligen Wahrnehmung die beiden Seiten der Philosophie des Traums ganz eng beieinanderliegen: Surplus und Defizienz: Wahrnehmung auf der einen Seite, die außerhalb des determinierten Wissens liegt und dennoch intelligible Qualitäten hat, das ist der bedeutende Traum des Überhimmlischen oder des hyperbolischen Orts der Philosophie; Wahrnehmung auf der anderen Seite, die ebenso außerhalb des Wissens liegt, von der aber nichts zurückbleibt, das ist der unbedeutende, der bloß empirische Traum. Dieser Traum schmilzt, wenn es Tag wird, im Lichte des Verstands ebenso wie das Wachs in den *Meditationes*. Doch vom Wachs konnte Descartes sagen, daß es als etwas bleibt, das weder wahrnehmbar noch vorstellbar sei: remanet cera. Vom Traum bleibt dagegen nichts, was einen Übergang zum Denken gestattet. Es gibt im philosophischen Traumdiskurs einen Augenblick, in dem die Möglichkeit einer Sprache jenseits des Diskursiven oder des Repräsentativen erscheint. Das ist der Augenblick, in dem die natürlichen Träume zum Traum der Metaphysik werden. Und solange sie, wenn sie vom Traum spricht, stets nur den manifesten Traum meint, würde die Philosophie allerdings einen schizophrenen Diskurs provozieren, wenn sie die Bilder des Traums wie Worte behandelte und sie in ihrer manifesten Gestalt in den Diskurs einsetzte. Für die Metapsychologie eröffnet sich gerade in dem Maße, wie sie vom Bewußtsein absieht, das Feld möglicher Bedeutungen. Dennoch würde auch nach der Dezentrierung des Bewußten die Suche nach dem Sinn der Träume immer noch in die Leere des bloßen Nicht-Sinns führen, wenn dieser ersten Dezentrierung nicht die zweite der Traumzeichen selbst folgte, wenn man sie nur aus dem Bewußtsein, und nicht auch aus der Wahrnehmung entlassen würde. Freud hat die Traumbilder nicht mehr als Elemente der Wahrnehmung, sondern als Elemente des Denkens bestimmt, eines primären Denkens. Im Verhältnis dieser beiden Dezentrierungen wird noch einmal deutlich, daß der topologische Gesichtspunkt zugleich und untrennbar sowohl die Kraft als auch den Sinn der Träume betrifft. Erst in dieser Einheit kann Freud überhaupt den alten Konflikt von Mantik und Wissenschaft der Träume aufheben. Die Technik der Deutung ist nicht weniger topologisch als die Theorie der psychischen Produktion. Es geht um eine Verschiebung vom Sinn zum Unsinn. In dem Maße, wie der Nicht-Sinn des Bewußten für die Metapsychologie keine konstitutive Rolle mehr spielen soll, kann Freud zum Sinn des Unbewußten, das heißt, vom determinierten zum überdeterminierten Sinn übergehen. Der Mangel an Bewußtsein bildet nicht länger die Grenze der Traumdiskurse; dem defizienten Bewußtsein steht gegenüber, daß die Erinnerungsspuren nicht einfach, sondern mehrfach vorhanden, in verschiedenen Arten von Zeichen, niedergelegt sind, wie es schon in der Stelle aus dem Brief an Fließ vom 6.11.96 heißt (*Anfänge*, 151f.). Dezentrierung und Lokalisierung sind die zwei Seiten des metapsychologischen Vorgehens, ihre analytische, deren Gegenstand die Träume ebenso sind wie die Traumdiskurse und ihre konstitutive. Dabei muß Freud Traum und bewußtes Seelenleben so lange auf Orte verteilen, bis er das Verhältnis von Träumen und Wachen selbst als topologisches Verhältnis definieren kann: als Übergang zwischen zwei Arten der Erregung; als Übersetzung zwischen zwei Ausdrucksweisen der Seele.

Wenn Freud selbst als Träumer, der zum Traumdeuter und zum Metapsychologen werden soll, in der *Traumdeutung* erscheint, zweifelt er, aber in keinem metapsychologisch relevanten Sinn. (»Wem würden nicht Zweifel kommen an der Mitteilung eines Traums angesichts des Abgrunds, der sich zwischen dem tatsächlich Erlebten und dem, was erzählt wird, auftut.« Lacan, Buch XI, 41.) Während er den Zweifel in dem Maße, wie er ihn metapsychologisch bestimmt, nicht wie die Philosophie auf die Realität des Wahrgenommenen bezieht, sondern auf dessen Bedeutung, weist er ihn dementsprechend zurück als »Abkömmling der Traumzensur, des Widerstands« (vgl. *TD*, 494). Freud setzt den Träumer nicht dem Zweifel an der Realität des Wahrgenommenen aus, sondern löst ihn aus der Beziehung zum Realen, gemäß der Lektüreanweisung des VI. Kapitels, der zufolge wir so lange in die Irre gehen würden, wie wir dem Traum im Realen Referenzen verschaffen wollten; schließlich erhält der Zweifel in der Zwangsneurose seine pathologische Funktion als folie du dout. (Bd. VI, 33) Die Barriere, die Freud zwischen dem Ich des erwachten Träumers und dem Traum errichtet, schließt den philosophischen Zweifel aus. In der Realitätsprüfung setzt die Philosophie die mantische Amnesie fort: Auch den Philosophen soll der Traum an nichts erinnern. Es ist die Amnesie innerhalb der Traumdiskurse, die es der Mantik, aber auch der Philosophie erlaubt, vom manifesten Traum zum Traumdiskurs überzugehen. Solange die Realität die einzige Referenz der Träume sein soll, läßt sich innerhalb einer Struktur von Traum und Realität keine andere Regel denken, die angesichts des eklatanten Unsinns der Träume, es erlaubte, dennoch über sie zu sprechen: sei es, um sie zu deuten, sei es, um ihnen einen Platz im Wissen zuzuordnen. Dabei handelt es sich in dem Sinn, in dem Freud von infantiler oder auch von hysterischer Amnesie spricht, keineswegs um ein einfaches Ausfallen der Erinnerung, sondern um ihre Verschiebung, um ihre Verdrängung, wie es im genetischen, bzw. pathologischen Kontext der Psychoanalyse heißen müßte. Die spezifische Form der futuralen Amnesie drückt dies Doppelte aus: In den Erinnerungen an die Zukunft, in der eigenartigen Zeit des Zweiten Futurs, die die Sprache zur Verfügung stellt, kann die Amnesie ursprünglich aufrechterhalten und zugleich der Traum in den Diskurs integriert werden. Ganz homolog zur futuralen Amnesie gibt sich die Nicht-Erinnerung in der Philosophie Gestalt als reflexive Amnesie. Und auch darin setzt die Philosophie die Spaltung der Träume in bedeutend und unbedeutend fort: Traum der Zukunft für die Mantik, Traum des Wissens für die Philosophie. Dennoch verläuft die philosophische Linie der Teilung nicht wie in der Mantik zwischen den empirischen Träumen selbst, sondern zwischen dem empirischen Traum und seinem allegorischen Ausdruck, den der philosophische Diskurs erzeugt; zwischen dem empirischen Traum und seiner metaphysischen Funktion. Bedeutend ist der Traum in den *Meditationes* nur insofern, als sich das Denken in ihm und durch ihn bestimmen kann, um ihn schließlich zum Ungedachten zu machen; bedeutend ist er nur für den Augenblick der Meditation selbst, an deren Ende er wieder in die Nacht des Kontingenten versinkt, vom Zentrum der meditativen Bewegung zurückfällt an den äußersten Rand der Welt, die das Cogito erfassen kann, gehalten nur noch in der extensiven Referenz der Körper im Minimum der Repräsentation. Die Amnesie läßt sich so lange nicht aufheben, wie sich die manifesten Ausdrücke von Traum und Bewußtsein gegenüberstehen; sie drückt das Befremdende der Traumzeichen aus, das, was man den ídios kósmos der Träume genannt hat, und sie vertritt innerhalb der Struktur der Traumdiskurse einen Nicht-Sinn: des Bewußten, wie wir hinzufügen müssen. Ihm seine Signifikanz zurückzugeben, ist das Ziel der Topologie. Wenn die Metapsychologie es erlaubt, vom Nicht-Sinn des Bewußten zum Sinn des Unbewußten überzugehen, läßt sich das, was in den Traumdiskursen als Nicht-Sinn bezeichnet ist, neu bewerten und interpretieren.

Die Topologie und ihre Metaphern

Die Metaphysik der Träume hat die Barriere übersprungen, die Freud vor die Traumdeutung gesetzt hat; sie hat den Traum erfunden, um ihm einen Platz im Wissen zuweisen zu können. Dagegen hält Freud den Sinn der Träume zurück in der Art dieser umgekehrten Epoche, von der Ricœur spricht (»es geht nämlich nicht um eine Reduktion auf das Bewußtsein, sondern um eine Reduktion des Bewußtseins«, *Die Interpretation*, 128, 434); sie führt Freud zu keinem transzendentalen, sondern zu einem topologischen Standpunkt: Nullpunkt der Reflexion, wie Ricœur sagt. Die metapsychologische Reduktion ist zugleich von kritischer (die Traumdiskurse analysieren) und von methodischer Bedeutung (die Metapsychologie bestimmen). In den Momenten dieser Barriere übertreibt Freud die philosophische Skepsis an den Träumen so sehr, daß er ihr zugleich ihre Grundlage nimmt: Es gibt keinen Übergang vom Bewußten des Träumers zu den Träumen, und doch sind die Träume Artikulation eines Sinns. In dieser spezifischen Situation, der Freud sich als Träumender aussetzt, ist das ganze Risiko seines Traumprojekts investiert; sie ist Ausdruck einer theoretischen Krise, die sich im besonderen Verhältnis darstellt, das die ersten sechs zum VII. Kapitel der *Traumdeutung* einnehmen; Ausdruck auch einer persönlichen Krise, in die Freud das Verhältnis zu Fließ einspannt und für die seine Selbstanalyse den Stoff abgibt. Schon im I. Kapitel bei der Durchsicht der wissenschaftlichen Literatur der Traumprobleme gibt uns Freud einen Hinweis auf das Konzept einer Theorie, in der sich die Krise Ausdruck und Lösung geben wird, wenn er Fechners Satz zitiert, der Schauplatz der Träume sei ein anderer als der des wachen Vorstellungslebens (*TD*, 72), später wird das Wort vom anderen Schauplatz zu den Lieblingszitaten Freuds gehören. Fechner hatte in den *Elementen der Psychophysik* von 1889 sich gegen die Somatisierung der Träume durch die Naturwissenschaften gewandt, wo der Traum als defizienter Zustand des wachen Körpers bestimmt war nach dem Vorbild der Amentia, wie Freud an anderer Stelle hinzufügt. Im Abschnitt B des VII. Kapitels kommt Freud auf die *Psychophysik* zurück:

»Unter allen Bemerkungen zur Theorie des Träumens, welche man bei den Autoren finden kann, möchte ich eine als anknüpfenswert hervorheben. Der große G. Th. Fechner spricht in seiner *Psychophysik* (1889, Bd. 2, 520 f.) im Zusammenhange einiger Erörterungen, die er dem Traume widmet, die Vermutung aus, daß der Schauplatz der Träume ein anderer sei als der des wachen Vorstellungslebens. Keine andere Annahme gestatte es, die besonderen Eigentümlichkeiten des Traumlebens zu begreifen.« (*TD*, 512)

Und lakonisch, wie so oft, wenn es um entscheidende theoretische Einsichten geht, entnimmt Freud den Worten Fechners die Idee, die für die metapsychologische Traumtheorie grundlegend ist: die Idee einer psychischen Lokalität: »Die Idee, die uns so zur Verfügung gestellt wird, ist die einer psychischen Lokalität.« (*TD*, 512)

Es ist diese Idee, die es Freud erlaubt, die Barriere zwischen Traum und Bewußtsein aufrecht und den Traum zugleich für sinnvoll zu halten. Von diesem Augenblick an kann die Traumdeutung darauf verzichten, den Traum aus den Strukturen des Bewußtseins abzuleiten. (»In dem Maße, als wir uns zu einer metapsychologischen Betrachtung des Seelenlebens durchringen wollen, müssen wir lernen, uns von der Bedeutung des Symptoms ›Bewußtheit‹ zu emanzipieren.«

Bd. III, 151). Das Bewußtsein ist selbst nur noch ein Ort innerhalb der Landschaft der Seele, die Freud sogleich im Anschluß an die zitierten Stellen im Abschnitt B des VII. Kapitels zu entfalten beginnt. Zweifellos ist die Idee der psychischen Lokalität älter als die *Traumdeutung*. Freud nimmt sie für seine erste Theorie des Gedächtnisses bereits in Anspruch, die er im *Entwurf*, in den Briefen an Fließ und in den *Studien zur Hysterie* (gemeinsam mit Breuer) formuliert hat und die ohne Abänderungen in die *Traumdeutung* eingeht. Sie betrifft zum einen die Verteilung der Erinnerungsspuren auf verschiedene Orte innerhalb des Gedächtnisses, »also die Behauptung, daß das Gedächtnis nicht einfach, sondern mehrfach vorhanden ist, in verschiedenen Arten von Zeichen niedergelegt« (Brief, 52 vom 6. 11. 96; *Anfänge*, 151 f.); zum anderen die Verteilung psychischer Funktionen auf verschiedene Orte innerhalb des psychischen Apparats: »Bewußtsein und Gedächtnis schließen sich nämlich aus.« (A. a. O.) In diesen wenigen Worten ist die Metapsychologie im Kern enthalten als Programm einer Dezentrierung des Bewußten. Die Idee psychischer Lokalitäten erlaubt es Freud, auf das begriffliche Instrumentarium der Reflexionsphilosophie zu verzichten. In der Topologie erscheint jetzt die Form eines Denkens, das nicht in den repräsentativen Strukturen des Bewußtseins oder der diskursiven Sprache fundiert ist. Was die Metaphysik immer nur als verschwindendes Moment genommen hat – ein anderes als das diskursive Denken – kann Freud als Ort in der Seele und als psychische Produktionsform bestimmen.

Erst als Topologie kann die Metapsychologie das Psychische zu ihrem eigenen Gegenstand machen. Für die *Traumdeutung* selbst ist es die Topologie, in der Freud die Spaltung des Antiken Traumfeldes in eine Theorie der Bedeutung und eine Technik der Deutung einerseits und eine Theorie der psychischen Produktion andererseits aufheben kann. Die Vorstellungsrepräsentanzen, die Freud zum Gegenstand der Psychoanalyse oder auch der Metapsychologie macht, gehören der topologischen Ordnung ebenso an wie die Instanzen des psychischen Apparats; auf beiden Seiten gibt die Topologie der Autonomie des Unbewußten theoretische Gestalt. Die *Traumdeutung* ist der Brennpunkt der Metapsychologie. Dort lassen sich die widerstrebenden Tendenzen des Freudschen Werks auf einer metapsychologischen Folie darstellen: »Das Ich ist nicht mehr Herr im eigenen Haus«, ist ein Satz der Topologie. »Wo Es war, soll Ich werden« ist es gleichermaßen.[7] Die Topologie ist kein Triebmodell, sondern Modell einer Differenz, in der die Triebe bedeutend geworden sind; einer Differenz, in der Freud das metapsychologische Feld erschließt: freie und gebundene Energie; Wahrnehmungs- und Denkidentität; Primär- und Sekundärprozeß; Lust- und

Realitätsprinzip; Sexual- und Selbsterhaltungstrieb; Lebens- und To-destrieb; schließlich Bewußt (Vorbewußt) und Unbewußt. Man sollte vielleicht noch einmal sagen, was die Topologie nicht ist: Sie ist weder eidetischer Raum reiner Bedeutungen, noch bildet sie die Natur als na-tura naturans ab; ihr ist weder ausschließlich der Trieb oder der Primär-vorgang zugeordnet noch die Vorstellungen oder der Sekundärprozeß: sondern immer nur diese grundlegende Differenz, die man metapsy-chologisch nennen kann und die sich in der Serie der Unterschiede Aus-druck gibt: das Verhältnis von Trieb und Vorstellung als Vorstellungs-repräsentanz. Die Ebene, auf der sich topologisch alles abspielt, muß man in den Vorstellungsrepräsentanzen sehen. Wenn Lacan dafür Si-gnifikant setzt, wird so nur noch deutlicher, daß Freud hinter diese Ebene der Bedeutung nicht zurückgehen kann, wie sehr das auch in seinem Selbstverständnis vom Naturforscher der Seele als Absicht gele-gen haben mag. Dieses Selbstverständnis hat ihn bis zuletzt an der Idee festhalten lassen, man könne eines Tages Psychologie als Physiologie betreiben. Es ist aber die Signifikanz, in der die Topologie in ihren logischen Eigenschaften bestimmt ist, in der zugleich die Grenzen to-pologischer Formalisierbarkeit gegeben sind. Alles im topologischen Feld bleibt gebunden an den sprachlichen Ausdruck der Vorstellungs-repräsentanzen, die aber keinesfalls den Status von Phonemen haben wie in der Linguistik. Auch Lacan hat keine psychoanalytische Lingu-istik begründet, sondern beigetragen zum Projekt einer allgemeinen Semiologie, die Saussure als Aufgabe einer kommenden Wissenschaft in Aussicht gestellt hatte. Im Gegensatz zu dem, was immer noch ver-breitet wird, hat Lacan selbst nicht davon gesprochen, das Unbewußte sei eine Sprache, sondern viel genauer, daß es wie eine (natürliche) Spra-che funktioniere; genauer, weil es sich weniger um eine ontologische Aussage handelt als vielmehr um einen methodologischen Grundsatz, nach dem wir das Unbewußte rekonstruieren können. Man muß daher – in dem Sinn, wie Lacan Vorstellungsrepräsentanz durch Signifikant ersetzt – unter Sprache ein Bedeutungssystem verstehen, das nicht im diskursiven Zeichen fundiert und nicht auf Wortvorstellungen be-schränkt ist. Ohne den Anwendungsbereich von Sprache in Richtung auf eine allgemeine Theorie des Symbolischen zu erweitern, wäre es unmöglich, das zu erfassen, was Freud Sachvorstellungen genannt hat. Gegen jede allzu schnelle Vereinnahmung der Psychoanalyse durch die Linguistik entspricht es Freuds linguistischem Sachverstand, wenn er ausdrücklich von der Schrift der Träume spricht, von der Schrift, die Saussure aus der Linguistik ausgegliedert hatte. Dennoch organisiert sich die Topologie nicht in der Performanz der unbewußten Äußerun-gen. Die grundlegende Unterscheidung von parole und langue, von der

Saussure ausgegangen ist, kehrt metapsychologisch wieder in der Unterscheidung von manifest und latent, die ihrerseits grundlegend für die *Traumdeutung* ist. Man wird im Übergang vom Manifesten zum Latenten nicht auf Archetypen im Sinne Jungs treffen, denn die Latenz des Bewußten bezieht sich ausschließlich auf die unbewußten Relationen bewußt gewordener Vorstellungen; nicht auf die Inhalte des Unbewußten, wie man vielleicht allgemeiner sagen kann, sondern auf seine Form als gegliedertes, d. h. artikuliertes Bedeutungssystem. Metapsychologisch ist das Unbewußte nicht anders darstellbar als in der Differenz der beiden Prinzipien des psychischen Geschehens (wie ja zugleich der Titel einer Arbeit von 1911 lautet): zwischen dem Primärprozeß und dem Sekundärprozeß; d. h. zwischen zwei Ablaufsarten der psychischen Energie (frei und gebunden), denen zwei Modi des Bedeutens oder der Sprache zugeordnet sind (Sach- und Wortvorstellungen). Im strengen Sinn ist die Differenz von primär und sekundär fundamentaler als die von unbewußt und bewußt. Von dieser letzten Unterscheidung aus käme man nicht umhin zu sagen, das Unbewußte sei bewußt (weil wir sonst nichts von ihm wüßten) und das Bewußte sei unbewußt (weil bewußt zu sein den Status der seelischen Vorgänge nicht hinreichend definiert). Man kann aber diesen paradoxen Sinn erhalten und zugleich auflösen, wenn man das Unbewußte als notwendige Beziehung von primär und sekundär einführt; erst im Verhältnis dieser vier Momente ist die Topologie vollständig definierbar. Und erst unter dieser Voraussetzung wird verständlich, daß Freud das Unbewußte als psychische Realität bezeichnen kann:

»Das Unbewußte ist das eigentlich Psychische Reale, uns nach seiner inneren Natur so unbekannt wie das Reale der Außenwelt und uns durch die Daten des Bewußtseins ebenso unvollständig gegeben wie die Außenwelt durch die Angaben unserer Sinnesorgane.« (*TD*, 580)

All das stellt noch einmal die Frage nach der Repräsentierbarkeit des Psychischen, der Darstellbarkeit dieses Realitätstyps. Und es geht daraus auch die »metaphorische Struktur« (Pontalis) der psychoanalytischen Theoriebildung hervor. Denn Freud befindet sich stets in der Gefahr, daß die Begriffe, die er der psychologischen oder philosophischen Tradition entnehmen konnte, diese besondere Realität verfehlen, d. h. aufs Bewußte reduzieren.

»Wenn, wie wir glauben, dieser Begriff der psychischen Realität in der Psychoanalyse grundlegend ist, sofern er den unbewußten Wunsch und dessen Anordnung zu einer ›Phantasmatik‹ bezeichnet, dann erkennt man augenblicklich seine Implikationen bezüglich der Sprache, die ihn bezeichnen möchte; in dem Maße, wie diese selbst in der Alternative Realität / Illusion befangen bleibt, schwankt sie zwischen zwei Zielen und scheint bald an einem Übermaß an Objektivismus, bald an einem Übermaß an Imaginärem, sogar Phantasmagorischem zu kranken. So scheinen auch die Psychoanalytiker ihre Worte stets in Anführungszeichen zu setzen [...].« (Pontalis, *Nach Freud*, 144)

Und es bleibt als einzige Antwort die Idee der psychischen Lokalität, das Programm einer Topologie des Psychischen. Man muß die Idee der psychischen Lokalität vom *Entwurf* an (und gerade dort) durch die »neurologische Fabel« (Derrida) der Gehirnanatomie hindurch lesen und im metaphorischen Charakter des psychischen Systems die notwendige Rücksicht auf Darstellbarkeit sehen, nicht der Träume, sondern ihrer Theorie; wie zum Traum nur das werden kann, was wahrnehmbar ist, oder allgemeiner gesagt, wie der Wunsch eine Wahrnehmbarkeit ist. Diese Wahrnehmbarkeit läßt sich nicht dort lokalisieren, wo die Metaphysik das Wahrnehmbare oder das Imaginäre angesiedelt hat; es kann ebensowenig durch den Gegensatz zum Intelligiblen hinreichend bestimmt sein. Unter »Darstellbarkeit« hat Freud ausdrücklich die topologische Arbeit von Zerlegen des Manifesten und Arrangement des Latenten verstanden, um die Signifikanz des Manifesten oder die Manifestationen der Signifikanz ausschöpfen zu können.[8] Das Psychische ist nicht neurologisch, der neurologische Ort ist kein Ort in der Topologie. Das Psychische ist auch nicht psychisch, denn alles, was dargestellt, was Gegenstand unserer inneren Wahrnehmung werden kann, ist virtuell.

»[...] und wollen der Versuchung sorgfältig aus dem Wege gehen, die psychische Lokalität etwa anatomisch zu bestimmen [...]. Die psychische Lokalität entspricht dann einem Orte innerhalb eines Apparats, an dem eine der Vorstufen des Bildes zustande kommt. Beim Mikroskop und Fernrohr sind dies bekanntlich zum Teil ideelle Örtlichkeiten, Gegenden, in denen kein greifbarer Bestandteil des Apparats gelegen ist. Für das Unvollkommene dieser und ähnlicher Bilder um Entschuldigung zu bitten, halte ich für überflüssig. Diese Gleichnisse sollen uns nur bei einem Versuch unterstützen, der es unternimmt, uns die Kompilation der psychischen Leistung verständlich zu machen, indem wir diese Leistung zerlegen und die Einzelleistung den einzelnen Bestandteilen des Apparats zuweisen.« (*TD*, 512)

Im letzten Abschnitt der *Traumdeutung* kommt Freud dann noch einmal auf das Problem der Darstellung zurück in der Sorge, man könne die Funktion der metapsychologischen Metaphern immer noch als Abbildtheorie mißverstehen:

»Wir weichen jedem Mißbrauch dieser Darstellungsweise aus, wenn wir uns erinnern, daß Vorstellungen, Gedanken, psychische Gebilde im allgemeinen überhaupt nicht in organischen Elementen des Nervensystems lokalisiert werden dürfen, sondern *zwischen ihnen*, wo Widerstände und Bahnungen das ihnen entsprechende Korrelat bilden. Alles, was Gegenstand der Wahrnehmung werden kann, ist *virtuell*, wie das durch den Gang der Lichtstrahlen gegebene Bild im Fernrohr.« (*TD*, 579)

Die optische Metapher macht das Psychische räumlich darstellbar und gibt ihm auch schon eine spezifische Bedeutung: Alles, was wahrgenommen wird, kann auch psychologisch dargestellt werden; alles, was wahrgenommen wird, ist signifikant: Insofern verweist die optische Metapher, die noch wesentlich in der Kraft spielt, auf die zweite konstitutive Metapher der Metapsychologie, das ist die Schrift.[9] Der skripturalen und der optischen Metapher gemäß ist das Psychische im Verhältnis seiner Darstellung virtuell und signifikant. Es ist leicht zu sehen, daß beide Bestimmungen auch für den Traum gelten; der Traum selbst aber ist die dritte (die oneirotische) Metapher des Psychischen. Sie beschreibt einen doppelten Übergang: von der Hysterie zum Traum und von der Analyse der Träume zu ihrer Metapsychologie. Kopernikanische Wende der *Traumdeutung* meint dann sowohl den Übergang vom Antiken Traumfeld zur Traumdeutung als auch die Grenzüberschreitung von den ersten sechs Kapiteln der *Traumdeutung* zu ihrem siebten. Diesem VII. Kapitel kommt die Aufgabe zu, die an den einzelnen Traumbeispielen gelungene Zerlegung des manifesten Traums und seine Rekonstruktion als latenten Traum oder als Traumgedanken auf das Psychische selbst zu übertragen. Die Metapsychologie benutzt den Traum als Metapher des Psychischen ausschließlich topologisch, während sie in der Reihe der empirischen Zustände der Seele eine Metapher des Träumens nicht zulassen kann. Deswegen betont Freud unablässig, daß wir die ursprüngliche Regression eines psychischen Apparats, der nur über Primärvorgänge verfügte, empirisch nicht vorfinden und theoretisch nur als Fiktion abbilden können: als Fiktion allerdings, die theoretisch völlig unverzichtbar ist. Es ist gerade der fiktive oder metaphorische Charakter der ursprünglichen Regression, in der sich die Metapsychologie vom metaphysischen Gebrauch der Träume unterscheidet, denn die Metaphysik kann das Problem, das der Traum dem Wissen stellt, nur auflösen, indem sie das Träumen ins Wachen verschiebt. Der Traum in der Metaphysik geht ganz darin auf, ein Moment in der Konstitution des Wissens zu bezeichnen; wenn die Metaphysik den Traum benutzt, um den Zweifel an der Realität des Wahrgenommenen darzustellen, wird mit dem Zweifel auch der Traum im Wissen überwunden. Solange man den Traum in der Strategie des Zweifels hält, bleibt er auf der Oberfläche der philosophischen Argumentation stecken, auf der manifesten Ebene des philosophischen Diskurses. Auf diese Weise läßt sich die privilegierte Stellung, die der Traum sowohl in der Metaphysik als auch in der Metapsychologie einnimmt, aber gerade nicht verstehen. Sie geht hervor aus der Beziehung, die der Traum zur Sprache oder zur Signifikanz unterhält.

Das Bewußtsein ist nicht der allgemeinste Charakter der seelischen Vorgänge

Man muß an der theoretischen Fiktion festhalten, an ihrer Notwendigkeit für die Genese der Topologie und an ihrer Geltung für die metapsychologische Arbeit. Sie macht noch einmal deutlich, daß der Gegenstand der Metapsychologie nicht jenseits der Differenz liegen kann, in der Primär- und Sekundärprozeß auseinandergetreten sind; daß weder der Analytiker in der Therapie noch der Träumer, der Witzige oder der Neurotiker zu einem Ursprung zurückkehren, der jenseits dieser Unterscheidung läge. Insofern ist es diese Differenz selbst, die ursprünglich ist und daher nicht weiter abgeleitet werden kann. Die theoretische Fiktion schränkt das genetische Verhältnis von Primär und Sekundärprozeß so weit ein, daß es für die Genese des psychischen Apparats nicht brauchbar erscheint; vielmehr bildet die Topologie, die Freud schon im *Entwurf* auszuarbeiten beginnt, Primär- und Sekundärprozeß als funktionelles Verhältnis ab; als Verhältnis zwischen den Orten der Seele. Erst von der topologischen Ordnung aus kann man zu zeitlichen Bestimmungen übergehen.

»Ein psychischer Apparat, der nur den Primärvorgang besäße, existiert zwar unseres Wissens nicht und ist insoferne eine theoretische Fiktion; aber soviel ist tatsächlich, daß die Primärvorgänge in ihm von Anfang an gegeben sind, während die sekundären erst allmählich im Laufe des Lebens sich ausbilden, die primären hemmen und überlagern und ihre volle Herrschaft über sie vielleicht erst mit der Lebenshöhe erreichen. Infolge dieses verspäteten Eintreffens der sekundären Vorgänge bleibt der Kern unseres Wesens, aus unbewußten Wunschregungen bestehend, unfaßbar und unhemmbar für das Vorbewußte, dessen Rolle ein für allemal darauf beschränkt wird, den aus dem Unbewußten stammenden Wunschregungen die zweckmäßigen Wege anzuweisen.« (*TD*, 573)

Sowohl für die Frage nach dem Ursprung des psychischen Lebens als auch für die Frage nach seinen Mechanismen ist der Primärprozeß zugleich sekundär; was umgekehrt für den Sekundärprozeß heißt, daß er das Primäre nicht aufheben kann. Das ist insbesondere für die Träume von Bedeutung, weil daraus folgt, daß wir sie nicht mehr einem einfachen Zyklus von Tag und Nacht oder Träumen und Wachen zuordnen können. Der Traum geht dem Wachen ebenso voraus, wie er ihm folgt, im Alltag der Träume nicht weniger als in ihrer Theorie. Dieses funktionelle Verhältnis von primär und sekundär wird durch den Begriff der Regression, den Freud im Schematismus-Kapitel der *Traumdeutung* einführt, eher verdeckt, woran auch die Unterscheidung in die drei Formen der Regression, die er 1914 hinzufügt, wenig ändert. Nachdem die Träume gedeutet worden sind, stellt sich für jeden, der mit dieser Technik vertraut ist, die Frage, die Gallas an Freuds eigenen ›Traum von der botanischen Monographie‹ (vgl. *TD*, 183 f.) gestellt hat:

»Was aber wäre an diesem Wunsch so ungeheuerlich, daß er in die tiefsten Tiefen des Unbewußten verdrängt werden mußte? Hätte der Träumer sich diese Wünsche nicht auch im Wachzustand eingestehen können? Diese Frage stellt sich unweigerlich, wenn man gewohnt ist, das Unbewußte als Reservoir von Triebrepräsentanzen oder Trieben zu denken, zu denen das Ich im Traum einen regressiven Zugang findet [...]. Was Freud uns mitteilt, ist, daß ein Gespräch vom Tage nicht bis zu dem Punkt geführt wurde, zu dem es jetzt im Traum geführt wird. Das aber kann nur heißen, der Traum übernimmt die Funktion des Sprechens. Genau darauf läuft Lacans Konzept hinaus: Der Traum hat Sprechfunktion und Sprachstruktur.« (Gallas, *Textbegehren*, 60)

Das Schema der Seele aus dem VII. Kapitel der *Traumdeutung* gibt der Idee der psychischen Lokalität Gestalt und soll die beiden Mechanismen der Seele darstellen. Das setzt ein zeitliches Verhältnis voraus: zwischen Traum und Deutung auf der einen, zwischen Träumen und Wachen auf der anderen Seite. Dennoch ist der funktionelle Aspekt zwischen den beiden grundlegenden Mechanismen der Seele vorrangig, oder anders gesagt: Die Genese des Primärprozesses ist von der Genese des Sekundärprozesses nicht zu trennen. Weder geht der Traum im Primärprozeß auf, noch beginnt das seelische Leben eigentlich mit dem Primärprozeß. Freud geht vom progredient gerichteten Ablauf der Erregung aus, vom Sekundärprozeß, um dann eine Zirkulationsweise der Erregung freizulegen, die es erlaubt, »den Gegensatz zwischen Bewußtleben und Traumleben zu entwerten«, wie es im letzten Abschnitt der *Traumdeutung* heißt:

»[...] so werden eine Reihe von Traumproblemen abgestreift, welche frühere Autoren noch eingehend beschäftigt haben. So manche Leistungen, über deren Vollziehung man sich wundern konnte, sind nun nicht mehr dem Traum anzurechnen, sondern dem auch bei Tage arbeitenden unbewußten Denken [...]. Wir neigen wahrscheinlich in viel zu hohem Maße zur Überschätzung des bewußten Charakters auch der intellektuellen und künstlerischen Produktion.« (*TD*, 580 f.)

Die Parole, sich in der metapsychologischen Arbeit vom »Symptom des Bewußten« zu emanzipieren, zieht sich durch das ganze Werk Freuds hindurch, und man kann darin den – wie Freud sagt – spekulativen Grundsatz der Topologie sehen. So heißt es etwa in *Jenseits des Lustprinzips*:

»Die psychoanalytische Spekulation knüpft an den bei der Untersuchung unbewußter Vorgänge empfangenen Eindruck an, daß das Bewußtsein nicht der allgemeinste Charakter der seelischen Vorgänge, sondern nur eine besondere Funktion derselben sein könne. In metapsychologischer Ausdrucksweise behauptet sie, das Bewußte sei die Leistung eines besonderen Systems, das sie Bw benennt. Da das Bewußtsein im wesentlichen Wahrnehmungen von Erregungsvorgängen liefert, die aus der Außenwelt kommen, und Empfindungen von Lust und Unlust, die nur aus dem Inneren des seelischen Apparats stammen können, kann dem System W-Bw eine räumliche Stellung zugewiesen werden.« (Bd. III, 234)

Jenseits der Unterscheidung von bewußt/nicht-bewußt bestimmt Freud den allgemeinsten Charakter des Seelenlebens als Repräsentanz oder als Signifikanz, wie wir sagen wollen. Von da an wird man mit Erinnerungsspuren zu rechnen haben, die nicht bewußt und dennoch bezeichnend sind. Das Bewußtsein erhält dann – im Kontext der zitierten Stelle – die Funktion, Erregungsvorgänge aufzunehmen, nicht aber zu bewahren; so daß die Funktion, Dauerspuren der Erregung zu binden, anderen Orten der Seele zukommen muß: »In diesem Sinne ist auch das Schema entworfen, welches ich dem spekulativen Abschnitt meiner *Traumdeutung* 1900 eingefügt habe.« (a. a. O. 234) Es handelt sich um die früheste topologische Einsicht, sie setzt immer schon voraus, daß ein Unbewußtes existiert, ohne das die Einheit der Differenz von Bewußtsein und Gedächtnis nicht gedacht werden könnte.

Der seelische Apparat – Wahrnehmung und Gedächtnis

Gehen wir das Schema des psychischen Apparats aus dem VII. Kapitel der *Traumdeutung* durch, um zu sehen, wie sich hier die Idee der psychischen Lokalität als Dezentrierung des Bewußten Ausdruck verschafft hat. Man muß noch einmal betonen, daß die Lokalität des Psychischen seiner Bestimmung gemäß, Repräsentanz oder Signifikanz zu sein, sowohl für die Seite der Kraft als auch für die Seite des Sinns gilt, wie es sich im Terminus »Triebrepräsentanz« darstellt. Das muß für »Signifikanz« immer mitgedacht werden, wenn man diesen Ausdruck metapsychologisch bestimmen und von seinem linguistischem Gebrauch unterscheiden will. Schließlich geht es darum, zu verstehen, daß die topologische These notwendig die Dezentrierung des Bewußten und die Einsetzung des Unbewußten fordert, was es dann nötig macht, das Signifikante als Überdeterminiertes zu bestimmen. Die Unterscheidung der psychischen Orte in Instanzen oder Systeme setzt einen Unterschied in der Zeit. Die Instanzen sind in einer Folge einander zugeordnet und werden in einer Richtung durchlaufen.

»Wir stellen uns also den seelischen Apparat vor als ein zusammengesetztes Instrument, dessen Bestandteile wir *Instanzen* oder der Anschaulichkeit zuliebe *Systeme* heißen wollen. Dann bilden wir die Erwartung, daß diese Systeme vielleicht eine konstante räumliche Orientierung gegeneinander haben, etwa wie die verschiedenen Linsensysteme des Fernrohres hintereinanderstehen.« (*TD*, 513)

Der Status der Topik ist progredient eingerichtet, d. h., er beginnt am sensiblen Pol mit der Wahrnehmung und endet am motorischen mit der Innervation. In der ersten Figur (*TD*, 514) ist die Topik Reflexionsapparat, reines, nicht-aufgeschobenes Fließen. In der zweiten (*TD*, 515) und der dritten (*TD*, 517) Figur führt Freud am sensiblen und am motorischen Pol Differenzierungen ein.

»Wir haben nun Grund, am sensiblen Ende eine erste Differenzierung eintreten zu lassen. Von den Wahrnehmungen, die an uns herankommen, verbleibt in unserem psychischen Apparat eine Spur, die wir ›*Erinnerungsspur*‹ heißen können. Die Funktion, die sich auf diese Erinnerungsspur bezieht, heißen wir ja ›*Gedächtnis*‹.« (*TD*, 514)

Das System Wahrnehmung, dem später das Bewußtsein zugeschrieben wird, wie Freud in einem Zusatz von 1919 anmerkt, wird zum Organ der sinnlichen Qualitäten. Es kann aber, um seiner Aufgabe, Erregungen aufzunehmen, gerecht zu sein, diese Wahrnehmungsreize selbst nicht bewahren. Zur Aufbewahrung von Dauerspuren setzt Freud ein eigenständiges System ein als Gedächtnis. Die Wahrnehmungen verlieren, wenn sie ins Gedächtnis gelangen, ihre sinnliche Qualität.

»Das W-System, welches keine Fähigkeiten hat, Veränderungen zu bewahren, also kein Gedächtnis, ergibt für unser Bewußtsein die ganze Mannigfaltigkeit der sinnlichen Qualitäten. Umgekehrt sind unsere Erinnerungen, die am tiefsten eingeprägten nicht ausgenommen, an sich unbewußt.« (*TD*, 516)

Die dritte Figur ergibt sich parallel zur zweiten. Im System Er, Er'... sind Spuren von Wahrnehmungen aufbewahrt, die an sich ohne Qualität sind, d. h. nicht wieder wahrgenommen werden. Der Differenzierung von Aufnehmen und Bewahren am sensiblen Pol entspricht die

Differenzierung von Unbewußt (Ubw) und Vorbewußt (Vbw) am motorischen. Alle Erinnerungsspuren sind unbewußt, einige lassen sich bewußt machen, andere bleiben unbewußt.

»Das letzte der Systeme am motorischen Ende heißen wir das *Vorbewußte*, um anzudeuten, daß die Erregungsvorgänge in demselben ohne weitere Aufhaltung zum Bewußtsein gelangen können, falls noch gewisse Bedingungen erfüllt sind, z. B. die Erreichung einer gewissen Intensität, eine gewisse Verteilung jener Funktion, die man Aufmerksamkeit zu nennen hat u. dgl. Es ist gleichzeitig das System, welches die Schlüssel zur willkürlichen Motilität innehat. Das System dahinter heißen wir das *Unbewußte*, weil es keinen Zugang zum Bewußtsein hat, *außer durch das Vorbewußte*, bei welchem Durchgang sein Erregungsvorgang sich Abänderungen gefallen lassen muß.« (*TD*, 517)

Regression ist schon als Moment innerhalb der progredienten Richtung gesetzt. Die Operationen des Denkens ebenso wie die hysterischen oder andere pathologische Produktionen funktionieren in der Umkehr der progredienten Richtung. Der Rücklauf der Erregung hält sich aber innerhalb der Grenzen, die durch die Ordnung der Instanzen geboten ist: Die Erinnerungsspuren erreichen nicht die Qualität von Sinneswahrnehmungen. Im Traum dagegen kehrt sich die Richtung des Ablaufs so vollständig um, daß die Erinnerungsspuren das Wahrnehmungsende erreichen und wie Wahrnehmungen behandelt, halluziniert werden.

»Was im halluzinatorischen Traum vor sich geht, können wir nicht anders beschreiben, als indem wir sagen: Die Erregung nimmt einen *rückläufigen* Weg. Anstatt gegen das motorische Ende des Apparats pflanzt sie sich gegen das sensible fort und langt schließlich beim System der Wahrnehmungen an. Heißen wir die Richtung, nach welcher sich der psychische Vorgang aus dem Unbewußten im Wachen fortsetzt, die *Progrediente*, so dürfen wir vom Traum sagen, er habe *regredienten* Charakter.« (*TD*, 518)

Innerhalb der progredienten Phase ist immer ein regredientes Moment gesetzt als relative Umkehr der Erregung auf den sensiblen Pol hin; begrenzt ist diese Umkehrung aber im Unterschied von Wahrnehmen und Halluzinieren. Unter den Bedingungen des Schlafs ist die Umkehrung vollständig, d. h. nicht-aufgeschoben. Der geschlossene Zugang zur Motilität erlaubt die volle Besetzung der Erinnerungsspuren.

»Während des Wachens aber reicht dieses Zurückgreifen niemals über die Erinnerungsbilder hinaus; es vermag die halluzinatorische Belebung der Wahrnehmungsbilder nicht zu erzeugen. Warum ist das im Traum anders?« (*TD*, 518 f.)

Regression: Wunsch und Bedürfnis

Diese Frage hat Freud keineswegs eindeutig beantwortet, tatsächlich enthält sie das Problem des unbewußten Denkens selbst in der Beziehung von Sach- und Wortvorstellung, von Primär- und Sekundärprozeß. Durch diese Beziehungen gehen die Bruchlinien, von denen Freud spricht, nicht nur der *Traumdeutung*, sondern des gesamten metapsychologischen Projekts hindurch; die Brüche in den Feldern der Innerlichkeit und der Subjektivität. Man kann diese Linie durch die beiden Parolen hindurchziehen, die jede für sich und in ihrem Verhältnis zugleich den Bruch im modernen Denken selbst bezeichnen: »Das Ich ist nicht mehr Herr im eigenen Haus«; »Wo Es war, soll Ich werden«. Und man kann vom Verhältnis dieser Sätze zu den beiden wesentlichen Positionen übergehen, in denen das Werk Freuds heute diskutiert wird: Betonung des Unbewußten und Kritik an den tragenden Begriffen der philosophischen Tradition wie Bewußtsein und Ich; Betonung des Bewußten und Umformulierung des Unbewußten in Termini der Soziologie oder der Kommunikationswissenschaft. Man muß der Versuchung widerstehen, diese Positionen in der Unterscheidung von irrational und rational zu denken; darin würde man nur das Rezeptionsmuster der Psychoanalyse aus den Anfängen des 20. Jahrhunderts wiederholen, dessen Quellen aber wohl im 19. Jahrhundert liegen. Es geht nicht darum, zu kritisieren, daß man die Psychoanalyse für rational oder für irrational gehalten hat; auch heute findet dieses Spiel noch statt, und in vielem wiederholt sich die frühe Debatte um die Psychoanalyse gegenwärtig in Sachen Strukturalismus. Allerdings geht es ebenso wenig darum, diese beiden Positionen zu versöhnen. Man muß sich vielmehr fragen, ob nicht die Psychoanalyse schon lange diesem Spiel seine Grundlagen entzogen hat, indem sie längst den Begriff der Rationalität, der hier die Grundlage ist, verschoben hat.

Es wäre leicht, diese Positionen mit Beispielen oder Eigennamen zu belegen, weniger leicht dagegen ist es, das Werk Lacans der einen oder der anderen Position zuzurechnen. Wenn man es doch versucht, wird man schnell die Stellen zusammen haben, in denen Lacan gegen das Cogito als Brennpunkt der Verkennung, gegen das Ich als narzißtische Befangenheit polemisiert; und andererseits kann man sich ebenso darauf berufen, daß Lacan das Unbewußte als Bedeutungssystem oder als Struktur des Signifikanten rekonstruiert hat, das strenger determiniert ist als jede Rede des Bewußten, und man müßte dann für Lacan eher diese Art von Superrationalismus gelten lassen, von dem Lévi-Strauss spricht.

»Was bei Freud als rational erscheint, imponiert bei Lacan als irrational und umgekehrt. Macht das Es, das Unbewußte den ›Kern unseres Wesens‹ aus, insofern es in jedes bewußtrationale Verhalten ein triebhaft-irrationales Moment einspielen kann, so sehen wir uns bei Lacan in ein symbolisches Universum eingerahmt, das ›alle Momente und alle Grade‹ unserer Existenz bestimmt. Stellt das Unbewußte unsere eigentliche Realität dar, dann hat hier Hegels Satz zu gelten: ›Was vernünftig ist, das ist wirklich; und was wirklich ist, das ist vernünftig.‹ So zeichnet sich, um mit Claude Lévi-Strauss zu sprechen, eine Art ›superrationalisme‹ ab.« (Lang, *Freud*, 867)

Wie sehr Lacan auch in einem wohlkalkulierten understatement betont hat, er tue nichts anderes als Freuds eigene Intention wiederherzustellen und sie von ihrer ideologischen Verkürzung zu befreien, sei es einer Ich-Psychologie oder einer theorielosen Klinik, so zeigt doch seine Freud-Lektüre, aus wie vielen Linien sich das Werk Freuds zusammensetzt, wie unterschiedlich seine einzelnen Momente entfaltet sind und was es heißt, Freuds Arbeit an den gegenwärtigen Stand der Wissenschaften anzuschließen. Das gilt für die Metapsychologie besonders, wo sich die Intentionen Freuds mit der Tradition der Metaphysik berühren; wo er nach einem Vokabular sucht, um seine Erfahrungen zu verallgemeinern. Man hat diese heterogenen Momente immer wieder zu eliminieren versucht, indem man die Therapie ins Zentrum des Freudschen Werks gerückt und die Momente, in denen die klinische Erfahrung über sich selbst hinausgegangen ist, an die Transzendentalphilosophie oder an die Mythologie verwiesen hat. Für die strukturale Freud-Interpretation liegt der Gegenstand der Psychoanalyse in der Entdeckung des Unbewußten als System differentieller Artikulation. Sie kann deswegen Therapie und Metapsychologie auch als die beiden Seiten dieser Entdeckung bestimmen und darin die Aufgabe, die Einheit dieser beiden Momente zu definieren. Lacan hat darauf bestanden, daß ein Diskurs über das Unbewußte selbst nach den Merkmalen des Unbewußten strukturiert sein müsse. Daher die hohe Verdichtungsrate seiner *Schriften*, das rhetorische Arsenal, das wir von der Traumarbeit kennen. Aber täuschen wir uns nicht, sein Diskurs steht auf dem Boden der Rationalität Freuds, und Lacan hat an dieser Rationalität bei Freud keinen Zweifel gelassen:

»Sein Denken verdient es, als höchstgradig und in unerschütterlichster Weise rationalistisch gekennzeichnet zu werden, im vollen Sinne des Ausdrucks und durch und durch. Dieser so schwierig zu durchdringende Text, um den wir uns drehen, vergegenwärtigt die lebendigsten, aktuellsten Forderungen einer Vernunft, die vor nichts abdankt, die nicht sagt – *Hier beginnt das Opake und Unsägliche*. Er geht darauf ein, und selbst wenn er den Eindruck erwecken sollte, sich im Dunkel zu verlieren, er macht weiter mit der Vernunft. Ich glaube nicht, daß es bei ihm irgendein Abdanken gibt, irgendeinen letztendlichen Kniefall, daß er jemals darauf verzichtet, mit der Vernunft zu operieren, daß er sich ins Gebirge zurückzieht und denkt, daß schon alles gut gehen wird.« (Buch II, 93)

Lacan hat an der Einheit von Therapie und Metapsychologie stets festgehalten. Auch in der Theorie will er das Unbewußte sprechen lassen. In der Öffnung des psychoanalytischen Diskurses zu narrativen oder poetischen Verfahrensweisen sah er den rationalen Kern der Psychoanalyse weniger bedroht als im Beharren auf einer Diskursivität, die sich vom Unbewußten abgekoppelt hat. In der Reduktion auf eine Ich-Psychologie hat Lacan ein Moment theoretischer Regression gesehen.

Kehren wir zur *Traumdeutung* zurück, zu den Einsatzpunkten für einen Begriff von Regression. Dem ›Traum vom brennenden Kind‹, der ja als Beispiel für das gesamte VII. Kapitel gelten soll, läßt sich entnehmen, was Freud bis dahin noch nicht gesagt hatte, daß sich das Verhältnis von Träumen und Wachen als Aufschub darstellt. Der Vater schiebt das Erwachen auf zugunsten des Wunsches, das tote Kind noch einmal wahrzunehmen als lebendiges. Dabei bleibt der Traum in äußerster Nähe zur Realität, träumend zieht der Vater den Schluß, den er auch im Wachen gezogen hätte und tatsächlich wenige Augenblicke später zieht (daß die Leiche seines Kindes Feuer gefangen habe); der Traum trägt sogar der Realität des Todes Rechnung, indem er das Kind von der Bahre aus sprechen läßt, und zwar genau das, was kein Lebendiger hätte angemessener sagen können: »Vater siehst du denn nicht, daß ich verbrenne?« (*TD*, 488) Aber es ist nicht nur der Traum, der das Erwachen aufschiebt, umgekehrt schiebt das Erwachen seinerseits den Traum auf, der abgeschnitten von seiner Wahrnehmung sich doch als Primärprozeß erhält. Das psychische Leben beginnt mit einer ursprünglichen Regression, in der Wunsch und Bedürfnis, Körper und Bedeutung auseinandertreten. Diesen Begriff einer ursprünglichen Regression führt Freud in der Analyse des Befriedigungserlebnisses ein.

»Die durch das innere Bedürfnis gesetzte Erregung wird sich einen Abfluß in die Motilität suchen, die man als ›Innere Veränderung‹ oder als ›Ausdruck der Gemütsbewegung‹ bezeichnen kann. Das hungrige Kind wird hilflos schreien oder zappeln. Die Situation bleibt aber unverändert, denn die vom inneren Bedürfnis ausgehende Erregung entspricht nicht einer momentan stoßenden, sondern einer kontinuierlichen wirkenden Kraft. Eine Wendung kann erst eintreten, wenn auf irgendeinem Wege, beim Kinde durch fremde Hilfeleistung, die Erfahrung des *Befriedigungserlebnisses* gemacht wird, das den inneren Reiz aufhebt.« (*TD*, 539)

Diese erste Befriedigung ist ganz in der natürlichen Bedürftigkeit des Körpers fundiert, sie hat einen doppelten Effekt: Sie hebt nicht nur die Triebspannung auf, sondern hinterläßt auch eine Spur im Gedächtnis. »Ein wesentlicher Bestandteil dieses Erlebnisses ist das Erscheinen einer gewissen Wahrnehmung (der Nahrung zum Beispiel), deren Erinnerungsbild von jetzt an mit der Gedächtnisspur der Bedürfniserregung assoziert bleibt.« (*TD*, 539) Aber das psychische Leben beginnt nicht mit einer zweiten Befriedigung, sondern mit dem Scheitern der ersten. Denn von der ersten Befriedigung an war es möglich, daß mit der Wiederholung der Körperbedürfnisse auch die Erinnerungsspur wiederholt werden kann, und Freud unterstellt, daß sich die Erinnerungsspuren oder die Neuronenbahnungen durchsetzen und sich selbst an die Stelle der Befriedigung setzen.

»Sobald dies Bedürfnis ein nächstes Mal auftritt, wird sich, dank der hergestellten Verknüpfung, eine psychische Regung ergeben, welche das Erinnerungsbild jener Wahrnehmung wiederbesetzen und die Wahrnehmung selbst wieder hervorrufen, also eigentlich die Situation der ersten Befriedigung wiederherstellen will. Eine solche Regung ist das, was wir einen Wunsch heißen; das Wiedererscheinen der Wahrnehmung ist die Wunscherfüllung, und die volle Besetzung der Wahrnehmung von der Bedürfniserregung her der kürzeste Weg zur Wunscherfüllung.« (*TD*, 539)

Aber das, was Freud hier als Wunsch einführt, erfüllt diesen Begriff noch in keinem strengen Sinn; mißglückt wie die Befriedigung, bedeutet er nicht das Leben, sondern den Tod [10]; als unerfüllter Wunsch läßt er sich in der Topologie nicht abbilden, er würde nicht mehr als nur einen solipsistischen Kurzschluß darstellen. Am ersten Wunsch scheitert die Befriedigung, aber das Scheitern schließt den Wunsch erst mit den Bildern des Unbewußten zusammen. Das Befriedigungserlebnis setzt den Wunsch, und es hat darum wesentlich eine thetische Funktion. Es selbst ist in keinem Moment solipsistisch konzipiert, sondern als Beziehung zwischen dem Kind und einem »erfahrenen Individuum«, das auf den Zustand des Kindes aufmerksam gemacht wird, wie es im *Entwurf* heißt: »die anfängliche Hilflosigkeit des Menschen ist die *Urquelle* aller *moralischen* Motive« (*Anfänge*, 326). Diese Beziehung geht nicht mehr im Bedürfnis des Körpers auf, sondern richtet sich an einen anderen und schafft so »das Bedürfnis, geliebt zu werden, das den Menschen nicht mehr verläßt« (Freud, Bd. VI, 293). Analog der Entwicklung auf der Seite des befriedigenden Objekts spaltet sich das fremde Individuum »in 2 Bestandteile, von denen das eine durch konstantes Gefüge imponiert, als Ding zusammenbleibt, während das andere durch Erinnerungsarbeit verstanden, d. h. auf eine Nachricht vom eigenen Körper zurückgeführt werden kann« (*Anfänge*, 338). Aber »verstehen«, das heißt hier zunächst: mit Erinnerungsspuren, die aus dem Befriedigungserlebnis hervorgehen, verknüpft zu werden und damit zugleich zu Objekten des Wunsches werden zu können.[11]

All das macht noch einmal deutlich, wie gerechtfertigt es ist, wenn Freud die ursprüngliche Regression für eine theoretische Fiktion hält: Diesem ersten, aber unerfüllten Wunsch kommt ein topologischer Status nicht zu; daß Freud ihn theoretisch postuliert, ist unumgänglich, denn die Topologie ist im Aufschub des ursprünglichen Wunsches fundiert, des primären Wunsches, wie man sagen könnte, der aber keineswegs mit dem Primärvorgang identisch ist. Zwar wird Freud davon sprechen, daß der Primärvorgang gehemmt werde, aber in diesem Fall ist die Rede schon topologisch: Die Topologie soll empirische Zustände der Seele abbilden und nicht spekulativ sein, während die Rede bisher spekulativ war, soweit sie nicht-empirische Zustände der Seele zum Gegenstand hatte. Darum streicht Freud die ursprüngliche Regression wieder durch und rechnet sie der theoretischen Fiktion zu. Und tatsächlich läßt sich auf diese Weise die Genese der psychischen Realität denken, ohne den Überhimmlischen Ort Platons vorauszusetzen oder allgemeiner die Präsenz eines erfüllten Sinns, der dem sekundären Denken vorausläge und die Form der Wahrnehmungsidentität hätte. Zugleich scheint es so, als habe Freud diese logischen oder spekulativen Momente der Setzung des Psychischen wohl mitgedacht, sie in ihrer funktionellen Bedeutung aber nicht ausreichend berücksichtigt. Es würde sich dann um eine dieser Stellen im Werk Freuds handeln, wo das Vokabular der energetischen Physik der Ausarbeitung der Metapsychologie im Wege stand. Aber das heißt keineswegs, wie Habermas unterstellt, Freud habe die Seele als Energieverteilungsmodell konzipiert. Die quantitativen oder ökonomischen Probleme stellen sich immer schon vom Gegenstand des Psychischen aus, den Freud bereits im *Entwurf* erreicht hat. Es genügt nicht, den Anachronismus des energetischen Vokabulars der Physik zu kritisieren; von Anfang an ist der Trieb als Grenzbegriff zwischen dem Körper und der Seele bestimmt und daher auch von Anfang an im Verhältnis seiner quantitativen und qualitativen Momente, während die Metapsychologie die Aufgabe hat, die Einheit dieses Unterschiedes zu garantieren. Sie könnte diese Aufgabe nicht erfüllen, wenn der psychische Apparat nach dem Modell bloßer Energieverteilung funktionierte, und insofern ist es konsequent, wenn Habermas die Metapsychologie für den mythologischen Rest im Denken Freuds hält und sie aus dem psychoanalytischen Feld ausschließen will. Für die Traumanalyse zeigt sich im übrigen, daß in den ökonomischen Problemen noch immer die antike Spaltung in Kraft und Sinn nachwirkt. Es geht aber darum, die verschiedenen Ebenen des Ausdrucks in der Sprache Freuds der Konstitution des Psychischen selbst zuzurechnen, d. h. davon auszugehen, daß Freud seinen Gegenstand längst gefunden hatte, als er noch nach einer angemessenen Sprache suchte.

Die Schwierigkeiten im Begriff der Regression, auf die Lacan aufmerksam gemacht hat, liegen innerhalb des metapsychologischen Feldes (vgl. Lacan, Buch II, 183 f.); und zwar zwischen der ursprünglichen Regression, die die Genese der Topologie und der (im weiten Sinn) topologischen Regression; sie betrifft die Funktionsweise des psychischen Apparats. Vielleicht kann man der unterschiedlichen Ausdrucksweise von Regredienz und Regression einen Hinweis in dieser Richtung entnehmen, obwohl die Verwendung bei Freud nicht ganz konsequent ist. Man kann im strengen Sinn unter Regredienz die Umkehr des psychischen Ablaufs zurück zum sensiblen Pol verstehen. Die regrediente Richtung bringt eine besondere Klasse von Wahrnehmungen hervor, die Freud halluzinatorisch nennt, und es ist nötig, am Wahrnehmungscharakter dieser Halluzination festzuhalten, denn Freud versteht darunter nicht irgendwelche Phantasmen, wie sie den Paranoiker überfallen, sondern die Wiederbelebung von Wahrnehmungen. Doch von dem Augenblick an, da die Umkehr des psychischen Ablaufs Wahrnehmungen erzeugt hat, ist die quantitative Bestimmung des Unterschieds in den beiden Zirkulationsweisen der Erregung bereits verlassen. Diese Wahrnehmungen sind bewußt geworden, was sich nicht mehr quantitativ darstellen läßt; von allen Eigenschaften »des einst allmächtigen, alles verdeckenden Bewußtseins«, schreibt Freud, bleibt nichts anders als die »eines Sinnesorgans zur Wahrnehmung psychischer Qualitäten« (*TD*, 583). Wenn die umgekehrte Erregung das Wahrnehmungsende erreicht hat, müssen wir von der Quantität zur Qualität des Psychischen übergehen und zugleich von der Wahrnehmung zum Bewußtsein oder genauer zu den Bedingungen des Bewußtwerdens; vom Bedürfnis zum Wunsch und schließlich von der Wahrnehmung zur Signifikanz.

»Auf dem Niveau der topischen Regression verleitete der halluzinatorische Charakter des Traums Freud seinem Schema gemäß dazu, ihn mit einem regredienten Prozeß zu verknüpfen, insofern er gewisse psychische Erfordernisse auf ihre primitivste Ausdrucksweise zurückführte, die auf dem Niveau der Wahrnehmung situiert sein soll [...] Müssen wir berücksichtigen, daß das, was sich auf dem Niveau der assoziativen Systeme Er', Er'', Er''' usw. abspielt, auf kürzestem Wege von der primitiven Eingangspforte der Wahrnehmung herkommt? [...] Wenn wir vom Ausweg unbewußter Prozesse hin zum Bewußtsein sprechen, dann sind wir tatsächlich gezwungen, das Bewußtsein an den Ausgang zu stellen, während die Wahrnehmung, zu der es sich doch solidarisch verhält, sich an den Eingang gestellt sah.« (Lacan, Buch II, 209 f.)

Der Traum ist eine Schrift

Das Psychische beginnt nach dem Scheitern der ursprünglichen Regression. Erst von da an differenziert es sich, treten Sekundär- und Primärprozeß auseinander; entsteht mit dem Sekundärprozeß die progrediente Richtung, die das freie Abströmen der Energie an einen Neuronenvorrat bindet. Dort muß man den Kern des Ich sehen. Die ursprüngliche Regression verläuft außerhalb des Psychischen, seiner Setzung. Sie allein könnte der Begriff der einfachen Halluzination einer Wahrnehmung erfüllen – wenn sie nicht scheiterte und in der Folge dieses Scheiterns aufgeschoben werden müßte. Und aus diesem Aufschub geht nicht nur der Sekundärprozeß hervor, sondern ebenso der Primärprozeß, der nicht als einfache Halluzination funktioniert, sondern nach den Mechanismen von Verschiebung und Verdichtung. Was den Mechanismen des Primärprozesses unterliegt, sind keine Wahrnehmungen, sondern die Elemente des Psychischen selbst, d. h. Vorstellungsrepräsentanzen. Der Primärprozeß zielt nicht auf die Wiederholung von Wahrnehmungen; er soll die Vorstellungsrepräsentanzen darstellen. Erst auf diese Weise wird verständlich, daß der Primärprozeß an die Wahrnehmung gebunden bleibt und Freud ihn als Wahrnehmungsidentität bestimmen kann; daß er aber zugleich an die Vorstellungsrepräsentanzen gebunden ist, an die Sprache.

Das Scheitern der ursprünglichen Regression hat an die Stelle der Halluzination (der Befriedigung) ihre sprachliche Darstellung gesetzt, was Freud für den Traum als »Rücksicht auf Darstellbarkeit« bestimmt hat: Dem Traum kommt seine Qualität nicht erst im Bewußtsein zu, aber analog zum Bewußtwerden, nämlich als Artikulation eines Sinns oder als Signifikanz. In der *Traumdeutung* heißt es noch zögernd, aber doch mit theoretischer Eindeutigkeit:

»Die Denkvorgänge sind nämlich an sich qualitätslos bis auf die sie begleitenden Lust- und Unlusterregungen, die ja als mögliche Störung des Denkens in Schranken gehalten werden sollen. Um ihnen eine Qualität zu verleihen, werden sie beim Menschen mit den Worterinnerungen assoziiert, deren Qualitätsreste genügen, um die Aufmerksamkeit des Bewußtseins auf sich zu ziehen und von ihm aus dem Denken eine neue mobile Besetzung zuzuwenden.« (*TD*, 585)

Aber es könnte immer noch so scheinen, als würde Freud die Sprache erst mit dem Wort beginnen lassen. Allerdings versteht man durch Lacans Rekonstruktion der Mechanismen von Verschiebung und Verdichtung als sprachliche Artikulation, daß Freud zögern mußte, in der *Traumdeutung* eine einheitliche Theorie der Sprache zu formulieren; vorausgesetzt, man mißversteht Lacan nicht mit der Behauptung, das Unbewußte sei eine Sprache. Hier ist es allzu leicht, Lacan mißzuverstehen, wenn man nicht im Auge behält, daß er mit Sprache eine symbolische Funktion meint, die jedoch ans Modell der natürlichen Sprache gebunden bleibt. Wenn man den Traum einseitig als verbale Sprache nimmt, müßte man zum Symbolismus der antiken Mantik (zumindest zu den Archetypen Jungs) zurückkehren, weil wir keine Sprache außerhalb der Kodierung seiner Elemente denken können. Lacan hat stets davon gesprochen, wir könnten das Unbewußte nach den Mechanismen einer Sprache rekonstruieren, einer Sprache jedoch, die nicht in der Identität der Wortvorstellungen bestimmbar ist und an den Trieb gebunden bleibt. Es ist offenkundig, daß wir es hier mit Symbolen zu tun haben, die nicht der verbalen Sprache angehören. Für eine solche Auffassung hätte sich Freud nicht auf wissenschaftliche Sprachtheorien berufen können, es sei denn, er hätte versucht, die frühromantische Theorie der poetischen Sprache auf die Metapsychologie zu übertragen.

Man versteht also, daß Freud zögern mußte, der *Traumdeutung* eine Theorie der Sprache zugrunde zu legen, die das Gleiten des Sinns in der Verschiebung und die Affektquanten der Verdichtung in solchen nichtdiskursiven Zeichen zugleich hätte erfassen können. Doch Freud hat nicht daran gezweifelt, daß der Traum nach Mechanismen der Sprache zustande gekommen ist, wie man – mit Lacan – Freuds eigene Intention angemessen ausdrücken kann. Freud selbst spricht an den entscheidenden Stellen der *Traumdeutung* (z. B. in der Anweisung zur Traumlektüre zu Anfang des VI. Kapitels) davon, der manifeste Trauminhalt sei als Bilderschrift gegeben, als Rebus. Ausdrücklich beruft er sich auf die ägyptische (*TD*, 319) und die chinesische Schrift (*TD*, 348). In *Das Interesse an der Psychoanalyse* heißt es mit einer Deutlichkeit, die man sich auch schon für die *Traumdeutung* gewünscht hätte:

»Ich überschreite gewiß die gebräuchliche Wortbedeutung, wenn ich das Interesse des *Sprachforschers* für die Psychoanalyse postuliere. Unter Sprache muß hier nicht bloß der Ausdruck von Gedanken in Worten, sondern auch die Gebärdensprache und jede andere Art von Ausdruck seelischer Tätigkeit, wie die Schrift, verstanden werden [...]. Wenn wir daran denken, daß die Darstellungsmittel des Traumes hauptsächlich visuelle Bilder, nicht Worte sind, so wird uns der Vergleich des Traums mit einem Schriftsystem noch passender erscheinen als der mit einer Sprache. In der Tat ist die Deutung eines Traums durchaus analog der Entzifferung einer alten Bilderschrift wie der ägyptischen Hieroglyphen. Es gibt hier wie dort Elemente, die nicht zur Deutung, respektive Lesung bestimmt sind, sondern nur als Determinativa das Verständnis anderer Elemente sichern sollen. Die Vieldeutigkeit verschiedener Traumelemente findet ihr Gegenstück in diesen alten Schriftsystemen ebenso wie die Auslassung verschiedener Relationen, die hier wie dort aus dem Zusammenhange ergänzt werden müssen.« (*Darstellungen*, 113 f.)

Was Freud an den alten Schriftsystemen wahrnimmt, ist ihre Möglichkeit, figurative Beziehungen herzustellen; daß sie nicht das Konkrete abbilden, sondern Beziehungen zwischen dem Konkreten herstellen. Das prädestiniert sie zu dieser Eigenschaft, an der Freud am meisten interessiert sein mußte, »Überdeutungen zuzulassen«, wie es von den chinesischen Zeichen (*TD*, 348) heißt: Überdeterminiert zu sein. Genau das ist die Grundforderung, die wir an eine metapsychologische Theorie der Bedeutung zu stellen haben, denn einzig in der Überdetermination hat der Primärprozeß Anteil an der Sprache: als Überschuß an Sinn, dessen Modell die Topologie ist. Sie wiederum erlaubt es, den Überschuß zu verteilen, aufzuteilen zwischen Sprache und Realem. Von hier aus kann man auch damit beginnen, die quantitative Rede Freuds in ihr Recht zu setzen.

»Dieser Aspekt seiner Trieblehre wird generell sehr schnell als bloßes Überbleibsel einer veralteten naturwissenschaftlichen Betrachtungsweise abgetan. Dabei verkennt man die Bedeutung von Freuds quantitativen Ökonomiebegriff: weit davon entfernt, den Trieb zu etwas Meßbarem zu machen, bestimmt die quantitativ-energetische Struktur des Triebes dessen eigentümliche Art von Repräsentation, und zwar als eine, die nicht vom qualitativen, d. h. im Trieb repräsentierten Vorstellungsinhalt ausgeht, sondern vom Artikulationsprozeß des Unbewußten.« (Weber, *Rückkehr*, 63)

Erst im Rekurs auf die ökonomischen oder affektiven Bedingungen der Überdetermination wird verständlich, warum der Traum als Unsinn ins Bewußtsein eingehen kann, warum er bewußt geworden ist, ohne doch dem Bewußten (oder genauer dem Vorbewußten) anzugehören; daß der Traum nicht deswegen in einen Sinn überführt werden kann, weil er durch sein Bewußtwerden mit Wortvorstellungen assoziierbar geworden ist, sondern weil er über eine Zielvorstellung verfügt, in der das differentielle Spiel von Verdichtung und Verschiebung zum Stillstand gekommen ist. Freud hat daran festgehalten, daß der Wunsch oder der Primärvorgang diese Zielvorstellung im Befriedigungserlebnis haben, um sich in dieser Beziehung die Form einer Identität zu geben, einer Wahrnehmungsidentität: »Diese erste psychische Tätigkeit zielt also auf eine Wahrnehmungsidentität, nämlich auf die Wiederholung jener Wahrnehmung, welche mit der Befriedigung des Bedürfnisses verknüpft ist.« (*TD*, 539) Man kann Freud darin zustimmen, vorausgesetzt, man hält daran fest – wie Lacan vorgeschlagen hat –, daß es sich jenseits der ursprünglichen Regression, d. h. auf der Ebene der Wünsche, nicht um eine einfache Wiederholung einer Wahrnehmung handelt, sondern um die Darstellung dieser Wahrnehmung; daß keine Realität reproduziert, sondern Sinn erzeugt wird. Es ist dann die Darstellung, die wahrgenommen wird. Es geht also um die Aneignung des Realen im Psychischen, um die sprachliche »Berührung« des Befriedigungserlebnisses, wie Weber sagt, wenn er daran erinnert, daß Freud in *Totem und Tabu* die beiden Assoziationsmechanismen von Kontiguität (Metonymie) und Similarität (Metapher) als Berührung zusammenfaßt.

»Dieser Prozeß, den Freud den *Primärvorgang* nennt, besteht aus dem Spiel nicht-meßbarer, weil differentieller Quantitäten von Energiebesetzungen, das sich nach den Gesetzen des Signifikanten, wie sie Lacan beschreibt, vollzieht. In *Totem und Tabu* faßt Freud diese Gesetze als Berührung zusammen.« (Weber, *Rückkehr*, 63)

Es ist das Befriedigungserlebnis, das den Traum auf die Wahrnehmung des Realen bezieht, während der Traum dieser Wahrnehmung eine andere Realität verschafft hat, einen anderen Ausdruck.

Die Setzung des Psychischen und die Rückkehr des Verdrängten

Der Primärprozeß entsteht zugleich mit dem Sekundärprozeß diesseits der ursprünglichen Regression, das ist entscheidend für die Stellung des Ich in der Metapsychologie. Freud muß unter den ökonomischen Bedingungen dieser Regression eine Instanz annehmen, die die Befriedigung des kurzen regredienten Wegs aufschiebt. Die Regression hat nicht nur eine Enttäuschung mit sich gebracht, sondern, wie Freud sagt, ein Schreckerlebnis.

»Suchen wir uns das Gegenstück zum primären Befriedigungserlebnis auf, das äußere *Schreckerlebnis*. Es wirkte ein Wahrnehmungsreiz auf den primitiven Apparat ein, der die Quelle einer Schmerzerregung ist. Es werden dann so lange ungeordnete motorische Äußerungen erfolgen, bis einer derselben den Apparat der Wahrnehmung und gleichzeitig dem Schmerz entzieht, und diese wird bei Wiederauftreten der Wahrnehmung sofort wiederholt werden (etwa als Fluchtbewegung) bis die Wahrnehmung wieder verschwunden ist. Es wird aber keine Neigung übrigbleiben, die Wahrnehmung der Schmerzquelle halluzinatorisch oder anderswie wiederzubesetzen [...] Diese mühelos und regelmäßig erfolgende Anwendung des psychischen Vorgangs von der Erinnerung des einst Peinlichen gibt uns das Vorbild und das erste Beispiel der *psychischen Verdrängung*.« (*TD*, 569 f.)

Im *Entwurf* noch deutlicher als in der *Traumdeutung* hat Freud angenommen, daß sich der psychische Apparat vor dem Schreckerlebnis schützt, indem er einen Neuronenvorrat anlegt, der den Abfluß der Erregung binden soll (vgl. *Anfänge*, 330). Dieser Vorrat ist seiner Quantität nach nicht konstant, er kann vergrößert werden wie in den pathologischen Formen der Melancholie oder im schizophrenen Narzißmus, er kann vermindert werden wie im Traum, für den Freud im *Entwurf* einen Wert gegen Null annimmt, einen Nullpunkt des Ich, wenn er von »Ichentladung« spricht (vgl. *Anfänge*, 342). Man muß in dieser Ichentladung den Grund dafür sehen, daß der Traum in dem Maße, wie er die Realität verleugnet, ganz in der psychischen Realität, in den topologischen Bedingungen der Seele selbst funktioniert; den Grund auch dafür, daß metapsychologisch keine Verschiebung der Träume im Stil der metaphysischen Allegorien möglich ist. Und dennoch wird ja in der Rückkehr aus der regredienten in die progrediente Richtung im Erwachen der Primärprozeß nicht aufgehoben, sondern gehemmt. Diese Differenz kann man der Darstellung des psychischen Apparats aus dem VII. Kapitel nicht ohne weiteres entnehmen. Dort wird man eher zu der Vermutung verleitet, Progression und Regression seien äquivalente Operationen, nicht zuletzt auch dadurch, daß die Position des Unbewußten nicht angemessen abgebildet ist. Insofern bleibt das Modell der Seele hinter dem Diskurs des VII. Kapitels zurück. Was vor allem nicht deutlich werden kann, ist die Rolle des Primärprozesses außerhalb des Traums, denn das Schema ist ganz der Aufgabe gewidmet, den Traumvorgang zu rekonstruieren, während das VII. Kapitel zum Ziel hat, eine allgemeine Theorie des psychischen Lebens zu liefern. Die Analyse der Traumproduktion zeigt, daß der »Neuronenvorrat« selbst signifikant ist und daher dem Primärprozeß unterliegt, daß das Ich im Traum immer anwesend ist, selbst dann, wenn es nicht als Traumbild erscheint: »Ich darf mein Ich ergänzen« (*TD*, 320). Die ursprüngliche Triebhemmung betrifft den Sekundärprozeß und den Primärprozeß zugleich: der Sekundärprozeß ist der aufgeschobene Primärprozeß (»Das Denken ist doch nichts anderes als der Ersatz des halluzinatorischen Wunsches«, *TD*, 540); aber der Primärprozeß ist in dieser Hemmung nicht außer Kraft gesetzt, vielmehr kraft dieses Aufschubs erst eingesetzt als eine der beiden Mechanismen des psychischen Geschehens. Und erst durch diesen Aufschub werden die Triebe zu

Trieb- oder Vorstellungsrepräsentanzen, wird die quantitative Abfuhr zur qualitativen Artikulation der Vorstellungsrepräsentanzen: als Bedeutungssystem (système signifiant), wie Lacan ganz in diesem Sinn sagt. Das Ich geht selbst aus der Struktur des Aufschubs hervor. Es hemmt zwar den Primärprozeß, aber es ist selbst immer auch dessen Effekt; es bleibt dem Primärprozeß ausgesetzt. Das gilt besonders für die pathologischen Abwehrformen, aber auch im Traum zeigt sich, daß das Ich affektiv besetzt ist und Gegenstand der Wünsche und der Wahrnehmung werden kann.

Die Konstitution des Ich hat einen doppelten Effekt: Das Ich hemmt die direkte Triebabfuhr auf der Ebene der Bedürfnisse und gibt so dem psychischen Apparat insgesamt ein höheres Erregungsniveau. Es setzt damit zugleich den Austausch der gehemmten Triebe in Gang; nicht mehr auf der Ebene der Bedürfnisse, sondern der Wünsche; es ersetzt die unmittelbare Abfuhr der Triebe durch ihre Artikulation im Unbewußten. Auf diese Weise ist wohl das Ich für den Trieb zum Tabu geworden, unbesetzbar und unauflösbar, es sei denn in den Formen der Psychose; und doch zugleich besetzbar als Vorstellungsrepräsentanz, so daß es sich selbst als Element des Psychischen im Unbewußten wiederfindet.

Der Unterschied von Primär- und Sekundärvorgang ist immer schon auf die Funktion des Ich bezogen. Das Ich hat, sofern wir es nach den Regeln des Sekundärprozesses betrachten, keinen Zugang zum Unbewußten. Freud löst das Unbewußte von jeder Teleologie des Bewußten, in der man es als Noch-nicht-Bewußtsein verstehen könnte. Unbewußt sind nicht die Inhalte, sondern die Beziehungen zwischen ihnen, die Formen, wenn man so will, in denen sie bedeutend sein können. Es reicht also nicht, daß etwas bewußt geworden ist, um sagen zu können, es sei nicht mehr unbewußt. Da sich das Unbewußte auf die Formen bezieht, ist es immer möglich, daß die Inhalte zugleich bewußt und unbewußt sind. Das gilt für alle Elemente des Psychischen, und im Blick auf diese Unbestimmtheitsrelation muß man sagen, daß alle Elemente überdeterminiert sind. Das schließt die Eindeutigkeit des Sekundärprozesses, die Determination in der Denkidentität nicht aus.[12] In den Beziehungen der Wortvorstellungen zueinander ist der Zugang des Sekundären zum Bewußtsein definiert. Demgemäß beschränkt sich der Sekundärprozeß darauf, Beziehungen zwischen Wortvorstellungen herzustellen, um sich darin als Denkidentität zu organisieren. Wenn man in dieser res cogitans den Kern der Rationalität sehen will, muß man zugestehen, daß sie die Totalität des Psychischen niemals erfaßt, weil sie die Überdetermination ausschließt. Die Überdetermination ins metapsychologische Feld einzuführen, heißt nicht weniger, als die cartesianische Konzeption der Rationalität zu verschieben und sie um die Kategorie der Signifikanz zu erweitern. Tatsächlich fällt das »Ich-Denke« als Instanz der Überdetermination aus, sowohl in seiner empirischen Leistung als auch für jede mögliche theoretische Repräsentation. Sowenig das Ich die psychischen Elemente in ihrer Qualität als Signifikanten erfassen kann, so ist es umgekehrt selbst signifikant und unterliegt in dieser Bestimmung dem Primärprozeß. Es handelt sich dabei nicht um ein reflexives Verhältnis, in dem das Ich sich in unterschiedene Wortvorstellungen teilt, um sich in den Wortvorstellungen auf sich selbst zu beziehen; es geht darum, daß die Gesamtheit der Vorstellungen, in denen sich das Ich repräsentiert (der Neuronenvorrat, von dem Freud spricht), affektiv besetzt werden kann, um in der Wahrnehmung eine andere Identität zu suchen, wie Freud vom (primären) Narzißmus gezeigt hat. Das Ich ist zum Objekt geworden, es ist bezeichnet worden in einer Bedeutung, die nicht dem Sekundärprozeß angehört. Die Hemmungsleistung des Ich zeigt sich zugleich als Verdrängung, und zwar der Überdetermination der psychischen Elemente, wenn man sie in ihrem allgemeinsten Ausdruck faßt. Die Verdrängung ist in der Struktur der ursprünglichen Regression mitgesetzt, und Freud hat sie später im Blick auf ihre metapsychologische Funktion als Verneinung bestimmt.

»Ein verdrängter Vorstellungs- oder Gedankeninhalt kann also zum Bewußtsein durchdringen, unter der Bedingung, daß er sich *verneinen* läßt. Die Verneinung ist eine Art, das Verdrängte zur Kenntnis zu nehmen, eigentlich schon eine Aufhebung der Verdrängung, aber freilich keine Annahme des Verdrängten. Man sieht, wie sich hier die intellektuelle Funktion vom affektiven Vorgang scheidet. Mit Hilfe der Verneinung wird nun die eine Folge des Verdrängungsvorgangs rückgängig gemacht, daß dessen Vorstellungsinhalt nicht zum Bewußtsein gelangt. Es resultiert daraus eine Art von intellektueller Annahme des Verdrängten bei Fortbestand des Wesentlichen an der Verdrängung.« (Bd. III, 373 f.)

Das weist noch einmal darauf hin, daß wir den Unterschied von bewußt und unbewußt nicht vom Bewußtsein aus denken können, was immer nur zu einer deskriptiven Fassung des Unbewußten führen kann, sondern daß wir das Unbewußte nach seiner Form, d. h. topologisch bestimmen müssen.

Freud hatte zunächst im Umkreis der *Traumdeutung* (so zum Beispiel auch in der ›Gradiva‹-Arbeit) den Aspekt der Rückkehr des Verdrängten betont, aus guten metapsychologischen Gründen; während sich nach und nach das klinische Interesse durchsetzt, das den pathologischen Effekten der Verdrängung nachgeht, so daß etwa im Aufsatz

Die Verdrängung von 1915 die »Rückkehr des Verdrängten« nur noch einen der Abwehrmechanismen darstellt. Dennoch läßt Freud keinen Zweifel darin, daß die Rückkehr des Verdrängten zum immanenten Triebziel gehört. Zwar spricht er davon, daß der Trieb es nie aufgebe, nach seiner vollen Befriedigung zu streben, die in der Wiederholung einer primären Befriedigung bestehen würde, aber er gesteht zugleich zu, daß der Weg zur vollen Befriedigung verlegt ist: »und somit bleibt nichts anders übrig, als in der anderen, noch freien Entwicklungsrichtung fortzuschreiten, allerdings ohne Aussicht, das Ziel erreichen zu können« (Bd. III, 252). Man muß nicht auf die Rückkehr zur primären Befriedigung warten, um die Vollständigkeit des Psychischen zu bestimmen, denn das Verdrängte gehört dem Psychischen ebenso an wie das Bewußte. Man kann nicht sagen, das psychische Leben sei durch die Verdrängung nur ärmer geworden. Es ist – wenn wir von der Verdrängung weiterhin im Verhältnis zur Setzung des Psychischen sprechen – zugleich reicher geworden in seinen Triebschicksalen; das Verdrängte unterliegt unaufhörlich der psychischen Bearbeitung. Insofern hat der Primärprozeß Anteil an der Bewältigung und Aneignung des Realen, indem er auch das artikuliert, was das Ich nicht denken kann und daher ausblenden muß. Daher bildet die Rückkehr des Verdrängten die Nahtstelle zwischen dem Primär- und dem Sekundärprozeß. Im Sinn des Realitätsprinzips ist das Denken auf die verdrängten Inhalte des Bewußten angewiesen, die ins Bewußtsein gelangen können, sofern sie im Unbewußten bereits bearbeitet und zu Repräsentanzen geworden sind; selbst dann, wenn das Ich sie zugleich verwirft: »Vermittels des Verneinungssymbols macht sich das Denken von den Einschränkungen der Verdrängung frei und bereichert sich um Inhalte, deren es für seine Leistung nicht entbehren kann.« (Bd. III, 374) Man sollte im Blick auf diese Bearbeitung des Verdrängten zum sprachlichen Ausdruck vielleicht besser von der Darstellung des Verdrängten im Bewußtsein sprechen, um die Notwendigkeit des Austausches zwischen dem Primär- und dem Sekundärprozeß zu betonen und um deutlich zu machen, daß sich das psychische Leben nur jenseits der vollen Befriedigung des Primären organisiert, ebenso aber auch, daß der Reichtum des psychischen Lebens einzig im Austausch zwischen den beiden Mechanismen besteht. Was verdrängt war, ist für immer verloren. Freud hat das Unbewußte nicht zur unauflösbaren Erinnerung an einen verlorenen Ursprung gemacht, sondern es in seiner Funktion bestimmt, das Reale zu bezeichnen und eine psychische Realität auszubilden.

Wir müssen daran festhalten, daß auch in der Darstellung des Verdrängten die Überdetermination nicht zu Bewußtsein kommt. Darin begründet sich die Notwendigkeit der Deutung. Wir finden in der metapsychologischen Bestimmung der Überdetermination die Grundlage für die Rede vom Überschuß an Sinn, die ja immer schon auf das Unbewußte bezogen war und nur aus dieser Beziehung ihre Berechtigung zieht: Den Teil an der Realität, den sich das Ich nicht aneignen kann, stellt das Unbewußte dar; bezogen sind das Ich und das Unbewußte aufeinander durch den Anteil, den sie an der Sprache haben. Das Ich erschöpft die Realität nicht, weil es die Bedeutungen nicht erschöpfen kann, während der Überschuß an Sinn gerade aus der doppelten Beziehung hervorgeht, die das Ich zum Realen und zur Sprache unterhält. Und man muß sagen, daß einzig in dieser Beziehung die Totalität des Psychischen denkbar ist; daß das psychische Leben unter der Bedingung existiert, das Reale zu artikulieren. Darin ist der allgemeinste Charakter der seelischen Vorgänge zu sehen, während das Bewußtsein »nur eine besondere Funktion derselben sein kann«, wie man den »spekulativen« Grundsatz aus *Jenseits* ergänzen könnte (vgl. Bd. III, 234). Soweit bezieht sich die Rede vom Überschuß auf die Produktion von Sinn, den die Metapsychologie aus der Kombination von Signifikanten ableitet, die immer ein Übermaß an Sinn hervorbringt: »Das Denken verfügt immer über zuviele Bezeichnungen für die Objekte.« (Lévi-Strauss, *Anthropologie*, 202) Der Überschuß bezieht sich aber auch auf die Rezeption durch das Ich, das diesen Überschuß vielmehr als Mangel an Sinn aufnehmen muß, solange es im Bewußten zentriert bleibt: »Die Welt hat nie genau Bedeutung.« (Lévi-Strauss, *Anthropologie*, 199) Im metapsychologischen Feld ist die Überdetermination in einem doppelten Überschuß bestimmt: im Primärprozeß selbst und im Verhältnis von Primär- und Sekundärprozeß. Für die analytische Traumdeutung geht daraus die doppelte Barriere hervor, von der zu Anfang die Rede war: zwischen dem erwachten Träumer und dem Traum zum einen, zwischen den Traumbildern und der Realität zum anderen. Auf diese doppelte Überdetermination antwortet die *Traumdeutung* sowohl in ihrem theoretischen wie auch in ihrem praktischen Teil mit der doppelten Dezentrierung: des Ich und der Traumzeichen.

Diesseits und jenseits der Sprache

Die Frühromantiker haben versucht, den Begriff der Reflexion so zu erweitern, daß er einen Begriff von Darstellung einschließen kann. In dem Maße, wie Reflexion und Darstellung die gleiche Geltung erhalten, erscheint die Sprache nicht mehr nur als Instrument der Reflexion. In den Reflexionsmedien können verschiedene Modi von Zeichen auftreten, sie werden durch die Einheit des Romans vermittelt. Die Romantiker hatten keine Schwierigkeiten, die Träume als Reflexionsmedien zu verstehen und die Verfahrensweise des poetischen Geistes auch dort wiederzuerkennen. Wie die Romantik die Reflexion hat Freud das Psychische mit einer Theorie der Bedeutung verknüpft. Für das Psychische ist – wie in der Romantik für die Reflexion – die ausschließliche Bindung an das Bewußtsein und die Kategorien diskursiver Logik aufgehoben: Das primäre Denken ist ein Modus des Psychischen wie das sekundäre. Aber die Ähnlichkeiten, die man zwischen der Ästhetik der Romantik und der Therapeutik der Psychoanalyse feststellen kann, erstrecken sich auf die Schwierigkeiten im Begriff von Sprache. Als symbolische Funktion soll sie die Einheit unterschiedener Modi der Darstellung sein; dann soll sie an der verbalen Sprache orientiert bleiben und zugleich nicht bloß Werkzeug des Vernünftigen sein. Für die *Traumdeutung* heißt das: Der Traum ist eine Form des Denkens – die Zeichen, mit denen er arbeitet, behalten jedoch einen Wert in der Triebökonomie. Gehen wir diese eigenartige Konstellation von Trieb und Signifikanz, von Zeichen und Affekt an einem Traumbeispiel noch einmal durch.

Im topologischen Schema der *Traumdeutung* erscheint der manifeste Traum im Bewußtsein. Er ist ins Ich nicht integrierbar und geht in der Denkidentität nicht auf: als Nicht-Sinn des Bewußten, wie man allgemein sagen kann; als Überdetermination oder als Überschuß an Sinn, wie man für die *Traumdeutung* im besonderen sagen muß. Dieser Überschuß macht es nötig, vom Manifesten zum Latenten zurückzugehen: vom Sekundär- zum Primärprozeß. Aber dieser »Übergang« bringt auf der Ebene der metapsychologischen Darstellung einen Unterschied hervor, der zugleich entscheidend ist für den Übergang vom Antiken Traumfeld zur *Traumdeutung*: zunächst den Unterschied von Theorie der Träume und ihrer Deutung. Denn im strengen Sinn gilt der Unterschied nur für die Theorie der Träume. Der Primärprozeß ist der Deutung vorausgegangen, und er hat den manifesten Trauminhalt erzeugt, die Überdetermination, nicht aber zugleich die Latenz der Träume, sie werden wir weder in der Wahrnehmungs- noch in der Denkidentität wiederfinden, denn die Latenz bezieht sich auf beide Identitätsformen des Psychischen zuglcich. Wir müssen daher nicht nur vom Sekundärprozeß zum Primärprozeß übergehen, sondern zur Topologie des Psychischen. Das metapsychologische Interesse ist immer topologisch und relational gerichtet, oder anders gesagt, es ist weder am Realen noch am Imaginären orientiert. Ihr Gegenstand ist das, was Freud die psychische Realität genannt hat, was Lévi-Strauss oder Lacan das Symbolische nennen. In der Topologie gibt es weder vom Sekundären zum Primären noch umgekehrt eine einfache Beziehung:

Hier ist alles überdeterminiert. Für die Praxis der Traumdeutung folgt daraus, daß sie sich weder vom Primären noch vom Sekundären aus organisieren kann, sondern nur in diesem Verhältnis.

Vom Augenblick der Deutung an gilt das gesamte psychische Material als überdeterminiert; die Träume selbst, aber auch das, was der erwachte Träumer nach der »Grundregel« hervorbringt, also unabhängig davon, ob es sich um unbewußte Elemente handelt oder nicht. Die Arbeit der Deutung überschreitet die halluzinatorische Grenze nicht, die wir im Schlaf passiert haben. Sie erzeugt keineswegs einen neuen Traum, wenn man auch sagen kann, daß durch die topologische Gleichbehandlung aller psychischen Elemente so etwas zustande kommt, wie ein künstlicher Traum: daß die Traumdeutung die Differenz von Traum und Bewußtsein so weit vermindern muß, um beide gleichermaßen auf die Einheit des Psychischen beziehen zu können. Nach der »Grundregel« muß der erwachte Träumer selbst (und nicht der Deuter wie in der Mantik) das assoziative Material hervorbringen, das macht den expressiven Teil der Deutung aus; zugleich muß die Gesamtheit des vorbewußten Materials danach befragt werden, ob es in einer anderen Rede bezeichnet war, das macht den analytischen Teil der Traumdeutung aus.

Wenden wir uns aber endlich einem Traumbeispiel zu.

»Mein Freund Otto sieht schlecht aus, ist braun im Gesicht und hat vortretende Augen.« (*TD*, 273–75, 530, 534)

So hat sich der Traum in Freuds Erinnerung erhalten. Der Traum gehört – wenn wir nach seinem Ort innerhalb des psychischen Apparats suchen – sowohl der Wahrnehmung und der Vorstellung an und zugleich weder der Wahrnehmung noch der Vorstellung. Das eine, weil er während der regressiven Phase wahrgenommen und aus Erinnerungsspuren oder Vorstellungen gebildet worden ist (und eben nicht aus Wahrnehmungen); das andere nicht, weil er während der progressiven Phase weder auf ein Reales, das der Wahrnehmung, noch auf ein Imaginäres, das der Vorstellung zugänglich wäre, beziehbar ist. Freud bestimmt die Traumbilder in einer Eigenschaft, die sie mit den Vorstellungen gemeinsam haben, nämlich bezeichnend zu sein. Man muß den Ausdruck »Vorstellung« von jeder Bedeutung des Ausdrucks »ich stelle mir etwas (ein Objekt) vor« loslösen, Freud versteht unter »Vorstellung« die Spuren der Wahrnehmung, die gemäß der topologischen Verteilung der psychischen Funktionen als Dauerspuren dem Gedächtnis zugerechnet sind; daher sind sie ohne sensorische Qualität, also unbewußt. Die Vorstellung nimmt innerhalb der Topik einen größeren Raum ein als die Wahrnehmung, von der sie abstammt; sie ist der Wahr-

nehmung gegenüber nicht einfach in der Realität des Wahrgenommenen, sondern mehrfach determiniert in einer Realität, die Freud psychisch nennt, weil sie sich nicht im Realen erschöpft. Für die Metapsychologie erfüllt sich »Vorstellung« darin, bezeichnend zu sein. Man
kann diesen Ausdruck darum durch »Signifikant« ersetzen. Die Signifikanten, mit denen wir es im Traum zu tun haben, sind nicht eindeutig
einem Signifikat zugeordnet:

»Das S und das s des Saussureschen Algorithmus liegen nicht auf derselben
Ebene, und der Mensch würde sich täuschen, wenn er meint, er sei auf ihrer
gemeinsamen Achse, die nirgendwo ist. Dies zumindest, bis Freud es entdeckt
hat. Denn wenn das, was Freud entdeckt hat, nicht genau dies ist, ist es nichts.«
(Lacan, *Schriften* II, 43)

Die Traumsignifikanten sind von größerer referentieller Reichweite als
die sprachlichen Zeichen der Linguistik; denn gemäß ihrer metapsychologischen Bestimmung ist jeder Signifikant nicht nur einfach im Paradigma, das ihn definiert, sondern mehrfach in anderen Vorstellungen
determiniert, insgesamt also überdeterminiert.[13] Es wäre möglich, daß
man die Überdetermination auch linguistisch denken kann, konstitutiv
für die Linguistik aber ist sie nicht. Lacan kann den Sinn der Zeichen
radikaler von ihrer repräsentativen Eigenschaft lösen als Saussure. Man
kann dieser metapsychologischen Bestimmung der Überdetermination
die psychoanalytische »Grundregel« der freien Assoziation zuordnen.
In ihr fordert Freud vom Traumdeuter, sich von allen »Sicherheits-
schätzungen des Bewußten« frei zu machen, zur regredienten Wahrnehmung zurückzukehren bis zu jener halluzinatorischen Grenze, die
der Träumer überschritten hatte, und assoziatives Material hervorzubringen. Die assoziativen Reihen oder signifikativen Ketten (Lacan)
sollen der Grundregel folgend von den manifesten Termen aus gebildet
werden, die aber im übrigen gleichrangige Elemente der Reihen sind.
Der Traum ›Otto sieht schlecht aus‹ läßt sich auf zwei Terme reduzieren: »Otto« und »Basedowsche Krankheit« (B. K.). Wie wir wissen, ist
der Träumer in jeder Szene anwesend, und wir müssen ihn daher als
virtuellen dritten Term einführen, so daß sich drei Reihen bilden lassen.

1. Reihe: Otto	*2. Reihe: B. K.*	*3. Reihe: Freud*
a) Otto	a) B. K.	a) Sorge um Ottos
b) Arzt/Erzieher	b) Baron L.	Gesundheit
c) Bitte von F., er	c) Prof. R.	b) häßliche
möge sich um die	d) Bitte von R. an L.	Gedanken
Kinder kümmern	e) Ablehnung durch L.	c) Professor
d) besonders in der	f) Nachthemd	werden
Pubertät	g) Basedow: Pädagoge	

Heben wir noch einmal die metapsychologische Grundlage der technischen Regel der freien Assoziation hervor:

»Man kann also sagen, daß der Sinn in der Signifikantenkette insistiert, daß aber nicht ein Element der Kette seine Konsistenz hat in der Bedeutung, deren es im Augenblick gerade fähig ist. Es drängt sich also der Gedanke auf, daß das Signifizierte unaufhörlich unter dem Signifikanten gleitet [...].« (Lacan, *Schriften* II, 27)

Das assoziative Material, das übrigens im Sinne der fraktionierten Traumdeutung nicht vollständig zu sein braucht (vgl. *TD*, 501), soll auf der Ebene der Signifikanten einen Kontext möglicher Ersetzungen bilden. Im Traum wird Otto mit Baron L. identifiziert. Die Person des Baron L. wird nicht bewußt, von seinen Eigenschaften wird nur die Krankheit bewußt, die ja durch ihre Kontiguität zum Tagesrest determiniert ist. Wenn Baron L. durch Otto substituierbar geworden ist, lassen sich in bezug auf Otto folgende Kombinationen herstellen: Otto lehnt eine Bitte ab / Otto hat die Basedowsche Krankheit. Die Bitte, die Otto ablehnt, entspricht dann 2 e; der Inhalt der Bitte (Nachthemd) verknüpft 2 f mit 1 d. Für die zweite Reihe folgt aus der Substitution von Baron L. durch Otto, daß auch Freud selbst eingeführt ist, Freud identifiziert sich mit Prof. R. Die Sorge um Otto stammt, wie Freud uns mitteilt, aus einem Tagesrest, der aber für sich noch keinen Traum macht. Die regrediente Richtung nimmt ihren Weg innerhalb der Topik durch das Unbewußte, der Tagesrest gelangt an den sensiblen Pol nur dann, wenn er sich durch eine unbewußte Vorstellung verstärkt, ihren Energiebetrag auf sich überträgt.

»Ich stelle mir vor, daß der bewußte Wunsch nur dann zum Traumerreger wird, wenn es ihm gelingt, einen gleichlautenden unbewußten zu wecken, durch den er sich verstärkt.« (*TD*, 527)

Der Wunsch, wie er im Traumgedanken benannt ist, ist nicht eigentlich unbewußt. Unbewußt ist das Moment der Regression, das sich von ihr selbst durch eine Hemmung oder durch einen Aufschub unterscheidet, indem sie nicht bis zum Ende ihres Weges, zur Wahrnehmung gelangt. Als diese Differenz konstituiert das Unbewußte einen Ort, zu dem das Bewußte niemals Zugang hat; das deswegen exzentrisch liegt, weil das Bewußte das gehemmte, aufgeschobene Unbewußte ist. Die Bedingung dafür, daß der Tagesrest zum Traum werden konnte, war es, ein Vorstellungselement zu finden, das sowohl durch die Sorge um Otto, die häßlichen Gedanken gegen ihn wie durch ein drittes, und zwar nicht bewußtes Element, gleichzeitig determiniert, insgesamt also überdeterminiert ist. Das Zeichen Basedowsche Krankheit erfüllt diese Bedingungen, es ist verdichtet in einem semiologischen Sinn ebenso wie in einem ökonomischen oder energetischen. Die Zeichen sind nicht eindeutig:

»Dies ist die Tatsache der *Kompression* oder *Verdichtung*, die wir während der Traumarbeit kennengelernt haben. Sie trägt die Hauptschuld an dem befremdenden Eindruck des Traums, denn etwas Analoges ist uns aus den normalen und dem Bewußtsein zugänglichen Seelenleben ganz unbekannt. Wir haben auch hier Vorstellungen, die als Knotenpunkte oder als Endergebnisse ganzer Gedankenketten eine große psychische Bedeutung besitzen, aber diese Wertigkeit äußert sich in keinem für die innere Wahrnehmung *sinnfälligen* Charakter; das in ihr Vorgestellte wird darum in keiner Weise intensiver. Im Verdichtungsvorgang setzt sich aller psychischer Zusammenhang in die *Intensität* des Vorstellungsinhalts um.« (*TD*, 565)

Die Zeichen sind nicht eindeutig, weil sie gleichzeitig allen signifikanten Elementen aus allen drei Reihen zugeordnet werden können. Die Verdichtung ist also, Freud weist ausdrücklich darauf hin, nicht Begriff dessen, was unter einer Einheit subsumiert und in ihr dann vertreten ist; in der Verdichtung sind alle Elemente, die das Zeichen auf sich übertragen hat, voll präsent, das verdichtete Zeichen ist selbst nur Element aus einer Reihe; es hat außerhalb dieser Stellung, die es zu anderen Elementen einnimmt, keinen Sinn. Ökonomisch heißt das, daß die gesamte Besetzungsenergie, die Intensität aller Elemente, die den Kontext seines Bedeutens bilden, voll auf das Zeichen übertragen oder verschoben worden ist. Die Sorge um Ottos Gesundheit wird längs einer Signifikantenkette verschoben und mit dem Element Basedowsche Krankheit kombiniert. Insofern bilden Otto und Basedowsche Krankheit das Verhältnis einer Metonymie (Hyperbel). Zugleich sind aber alle anderen Elemente aus der Reihe vollständig auf es übergegangen. So bildet die Reihe jetzt selbst einen Kontext möglicher Ersetzungen; insofern ist Basedowsche Krankheit Metapher für alle Elemente, die sich substituieren lassen.

Da der Wunsch (Professor zu werden) nicht unbewußt war, kann seine Erfüllung im Traum nur darin bestehen, sich artikuliert zu haben und wahrnehmbar geworden zu sein als dargestellter. Indem der Trieb sich benannt und sich an eine Vorstellungsrepräsentanz geheftet hat, ist er zum Wunsch geworden, der über die Vorstellungsrepräsentanzen verfügt und sie reproduzierbar macht. Daher verschwindet in der Traumarbeit auch der Unterschied von Wort- und Sachvorstellung, denn es handelt sich, wie Freud sagt, um eine Schrift, deren Autor jedoch nicht gegenwärtig ist; um eine nicht-phonologische Schrift, in der sich die Traumzeichen darstellen und bezeichnen konnten, ohne auf die

Stimme angewiesen zu sein. Es geht nicht um die Befriedigung des Wunsches, die sich nur außerhalb der Sprache realisieren könnte, sondern um seine Erfüllung in der Wahrnehmung nicht des Gegebenen, sondern des Bezeichneten. Und das heißt, wie Lacan dargelegt hat, daß es um die Anerkennung des Wunsches oder des Begehrens geht, die sich nur über die sprachliche Artikulation vollziehen kann. Darin muß man den sprachlichen Kern der Wünsche sehen.

»Das Sprechen ist diejenige Dimension, durch die das Begehren des Subjekts auf der symbolischen Ebene authentisch integriert wird. Nur indem es sich formuliert, sich vor dem anderen benennt, wird das Begehren, welches auch immer, im vollen Sinn des Begriffs anerkannt. Es geht nicht um die Befriedigung des Begehrens, noch um was weiß ich für eine *primary love*, sondern ganz genau, um die Anerkennung des Begehrens.« (Lacan, *Buch I*, 234f.)

Tatsächlich ist diese Anerkennung immer auch in der Praxis der Deutung vorausgesetzt, in der der erwachte Träumer die Dezentrierung des Bewußten nach der »Grundregel« betreibt. Und nicht nur das, denn überhaupt nur in der Deutung kann der Wunsch anerkannt werden, während er sich im Traum nur dargestellt hatte. Insofern kann man wohl sagen, der Traum erfülle sich erst in der Deutung; sie setzt voraus, was wir mit Pontalis die »Dezentrierung des Ich« genannt haben.

Daß der Traum sich erst in der Dezentrierung des Ich eigentlich erfüllt, ist gegen das surrealistische Traumprojekt gerichtet. Es reicht nicht aus, das Unbewußte wahrzunehmen, um es anzuerkennen; das Subjekt des Träumers ist nicht das Subjekt des Unbewußten oder das Unbewußte des Subjekts. Die Notwendigkeit der Deutung – oder im weiten Sinn der Analyse – schließt sowohl die Unendlichkeit der surrealistischen Traumprotokolle aus als auch einen Strukturalismus, der sich darin erschöpfte, paradigmatische oder syntagmatische Reihen aufzustellen. Dagegen hat Lacan an den Kategorien des Sinns und des Subjekts festgehalten, um die Notwendigkeit des Analytischen zu begründen. Der Sinn der Träume, der Symptome, kurz, des Unbewußten ist immer auf ein Subjekt bezogen. Dieses Subjekt ist aber weder das Ich des Bewußten noch das Unbewußte selbst; es ist definierbar einzig im Verhältnis des Primären und des Sekundären: zwischen zwei Modalitäten des Symbolischen. Was Deleuze vom Strukturalismus sagt (und darin ausdrücklich die Position Lacans einbezieht), gilt auch für die Metapsychologie:

»Der Strukturalismus ist keineswegs ein Denken, welches das Subjekt beseitigt, sondern ein Denken, welches es zerbröckelt und es systematisch verteilt, welches die Identität des Subjekts bestreitet, es auflöst und von Platz zu Platz gehen läßt, ein Subjekt, das immer Nomade bleibt, aus Individuationen besteht, aber aus unpersönlichen oder aus Besonderheiten, aber aus vorindividuellen.« (*Strukturalismus*, 299)

Erst in die Topologie eingesetzt, kann man Lacans Parole, »das Unbewußte ist die Rede des Anderen«, von einer Ontologie des Unbewußten oder von einer Theologie des Anderen ausreichend unterscheiden. Denn darin sagt Lacan nicht mehr, als auch Freud schon gesagt hatte, daß sich das Unbewußte notwendig als Unsinn darstellt und sich in »scheinbar sinnlosen Bildern ins Bewußtsein schleichen« muß (*TD*, 586); und daß wir diesen Unsinn auf einen Sinn des Unbewußten beziehen können. Erst im Verhältnis dieser beiden Dimensionen des Sinns läßt sich metapsychologisch ein Begriff vom Subjekt gewinnen.

Am Ende dieses Traums und der Traumbeispiele kann man sich noch einmal fragen, wie wild die Träume eigentlich sind. Der Struktur nach ist das wilde dem primären Denken äquivalent: Für beide gilt, daß sie mit Zeichen arbeiten, die zwischen Bild und Begriff liegen. Der Traum ist an die Physiologie des Schlafs und an die Psychologie des Narzißmus gebunden. Dennoch gilt die Logik der Träume über den Schlaf hinaus. Die Vermutung, daß wir es in den Träumen mit Formen des Denkens und der Sprache zu tun haben, hat alle Traumdiskurse motiviert. Insofern galt das Interesse an den Träumen immer einem anderen Denken jenseits des Diskursiven – einem wilden Denken, wie man jetzt ohne Einschränkung sagen kann. Über einen metapsychologisch fundierten Begriff des wilden Denkens verfügen wir nicht. Ein solcher Begriff ließe sich nur erreichen, wenn sich die Psychoanalyse für die Ethnologie öffnete. Für die *Traumdeutung* selbst gilt zunächst der Unterschied von primärem und wildem Denken. Man kann diesen Unterschied für den Primärprozeß wiederholen, wobei man betonen muß, daß er nicht auf dem Gegensatz von Natur und Kultur beruht. Freud hat als Grenze des psychischen Lebens den Primärprozeß bestimmt, in einem doppelten Sinn: Der Primärprozeß zielt auf die Wiederholung der primären Befriedigung, d. h. auf eine motorische Abfuhr der Erregung; er zielt auf die Realität der Bedürfnisse des Körpers, doch er würde sie, wenn diese Befriedigung gelänge, vollständig verfehlen. Tatsächlich hätte – und man muß die folgenden Ausdrücke in die Anführungszeichen der theoretischen Fiktion setzen – das »Gelingen« dieser primären Regression der Tendenz nach die vollständige Abfuhr der Erregung zur Folge, weil dieser »Apparat« ja noch nicht über die Mechanismen zur Regulierung von »psychischer« Energie verfügt, und es würde sich dabei nicht nur um ein »Jenseits des Lustprinzips«, sondern sogar um ein »Jenseits des Konstanzprinzips« handeln. Erst mit dem Aufschub dieser primären Regression beginnt das psychische Leben. Der Aufschub hat zur Folge, daß Trieb und Vorstellung zur Vorstellungsrepräsentanz werden und so zu psychischen Elementen. Sie erlauben die qualitative Regulierung der Erregung als differentielle Artikulation der Vorstellungsrepräsentanzen. Von diesem Augenblick an ist es möglich, daß sich der Trieb an Vorstellungen heften und bedeutend werden kann. Der Traum und der Wunsch spielen ganz auf dieser Ebene des Signifikanten. Daß sich der Wunsch im Traum erfüllt, heißt dann, daß sich der Trieb als Vorstellung benannt hat und, umgekehrt, daß eine Vorstellung affektiv besetzt worden ist. Dennoch hat Freud keinen Zweifel daran gelassen, daß sich das Triebziel dieser primären Regression erhält und darin bestehen würde, den Aufschub selbst aufzuheben, d. h. aus der differentiellen Artikulation eine undifferenzierte Abfuhr der Erregung zu machen. Dieser Gefahr bleibt das psychische Leben immer ausgesetzt, sogar in dem doppelten Sinn, daß die Befriedigung aufzuschieben ebenso den Tod bedeuten würde, wie ihr nachzugeben. Diese Tendenz des Lebens selbst, sich als differentielle Artikulation aufzulösen, hat Freud in der späteren Trieblehre Todestrieb genannt. Entgegen aller Kritik, die man gegen diesen Begriff vorgebracht hat (und die dazu geführt hat, daß er kaum in die psychoanalytische Theoriebildung nach Freud eingegangen ist), muß man doch sagen, daß er ganz auf der Linie von Freuds Denken liegt und in der Struktur des Befriedigungserlebnisses schon impliziert war. Der Todestrieb ist eng mit der ökonomischen Hypothese des Konstanzprinzips verbunden.[14] Dennoch ist es nicht einfach, die verschiedenen Trieblehren aufeinander zu beziehen. Für unseren Zusammenhang genügt es vielleicht zu sagen, daß Freud jenseits der Verdrängung, worunter wir die Darstellung des Verdrängten verstehen, eine Verdrängung annimmt, die sogar das Verdrängte noch verdrängt, wofür Lacan den Ausdruck »Verwerfung« vorgeschlagen hat. Die Verwerfung würde immer mehr Vorstellungsrepräsentanzen an einen affektiven Kern binden, der psychischen Bearbeitung entziehen und sich immer mehr der primären Regression annähern; der sprachlichen Artikulation immer mehr Elemente entziehen: »Was nicht symbolisiert wird, kehrt als Reales wieder.« (Lacan) Hier kann die Psychoanalyse zeigen, daß Traum und wildes Denken nur verschiedene Modi des Symbolischen sind; daß ihnen gleichermaßen die Aufgabe zukommt, das Sein zu artikulieren, das Leben. Das sind Einsatzpunkte für eine allgemeine Theorie der Kultur.

Schlußbemerkungen: Die Zeichen zwischen
Mantik und Psychoanalyse

Für die eigentliche Leistung der *Traumdeutung* hielt Freud die Überwindung einer Abbildtheorie, an die er die historischen Traumdiskurse gebunden sah. Zitieren wir noch ein letztes Mal die Stelle aus dem VI. Kapitel der *Traumdeutung*, wo er den Wechsel in der Methode der Traumdeutung beschreibt: »Der Trauminhalt ist gleichsam in einer Bilderschrift gegeben, deren Zeichen einzeln in die Sprache der Traumgedanken zu übertragen sind. Man würde offenbar in die Irre geführt, wenn man diese Zeichen nach ihrem Bildwert anstatt nach ihrer Zeichenbeziehung lesen wollte.« (*TD*, 280) Solange wir von den manifesten Träumen ausgehen, können sie uns – wie Goethes Märchen – an nichts und an alles erinnern. Wie auch immer die Traumbilder behandelt wurden, ob sie in der empirischen Erfahrung beglaubigt oder in der Vorstellung assoziativ aufgelöst werden sollten, vorausgesetzt blieb stets, sie würden vorhandenes Sein repräsentieren. Dieser Realismus der Träume gilt über die Unterschiede der historischen Traumdiskurse hinweg für den antiken Sinn der Träume im ganzen. Solange man hinter den Traumbildern ein Sein auszumachen versuchte, konnte man dem manifesten Unsinn der Träume nicht anders begegnen, als ihn auf einen Grad im Sein zu reduzieren, wie er den Gegenständen der Vorstellung oder dem Körper zukommt. Auch dort, wo die Träume phantastisch aufgelöst werden in die Serie von Metaphern und Allegorien, wie sie die Traumdiskurse durchziehen, sind sie am Ende nicht mehr als »Gebärden des Körpers«: So sind sie in die wissenschaftlichen Traumdiskurse eingegangen. Wenn die nächtlichen Gebärden überhaupt als Ausdrucksphänomen wahrgenommen wurden wie bei Aristoteles oder Hippokrates, dann beschränkte sich ihr Sinn auf den Wert prognostischer Hinweise über den Verlauf von Krankheiten. Im antiken Modell der Pneumatik des Körpers sind die Träume im Prinzip schon ebenso von der Sprache abgeschnitten, wie in den Modellen der Gehirnanatomie aus dem 19. Jahrhundert.

An die Wissenschaft der Träume konnte Freud nicht anschließen. Gegen den »Einspruch der gestrengen Wissenschaft« setzt er auf das Wissen über die Träume im Mythos oder in der Kunst; theoretisch lehnt er sich an die Mantik an. Dem Prinzip der *Traumdeutung* gemäß gilt auch für die antike Mantik, daß sie den manifest gegebenen Traum nicht überschreitet. Von Artemidorus heißt es jedoch bei Freud, er mache das Mechanische einer Deutung, die am Manifesten bleibt, fast wieder wett, indem er die Umstände seiner Klienten berücksichtige. Das ist ein technisches Argument; entscheidender ist, daß die Mantik im Traum überhaupt einen Sinn hat entziffern können. Der »Sinn der Träume« war aber auch für die Mantik nicht von der manifesten Oberfläche der Träume ablesbar, sondern an eine Latenz des Sinns gebunden, der sich in der Zukunft erfüllen sollte. Im letzten Absatz der ›Traumdeutung‹ kommt Freud noch einmal auf das Verhältnis zur Mantik zurück. »Und der Wert des Traums für die Kenntnis der Zukunft? Daran ist natürlich nicht zu denken. Man möchte dafür einsetzen: für die Kenntnis der Vergangenheit.« (*TD*, 588) Dieser Unterschied bleibt stets vorausgesetzt, wenn Freud das Gemeinsame von Mantik und Psychoanalyse betont hat: in den Träumen nicht die Gebärden des Körpers zu sehen, sondern eine Sprache zu hören.

Freud hat bemerkt, daß die Mantik sich von Mythos und Magie unterscheidet, daß wir es mit einer Hermeneutik zu tun haben, mit einer Hermeneutik der Vorzeichen. Die Mantik hat die Vorzeichen der göttlichen Rede zugeordnet; aber auch Freud ist ja eine semiologisch überzeugende Theorie der Traumbilder schuldig geblieben. Mit den Traumzeichen hat Freud eine Klasse von Symbolen entdeckt, für die allerdings keine der gängigen Sprachtheorien zu Ende des 19. Jahrhunderts der Psychoanalyse eine theoretische Grundlage hätte bieten können. Unter all den vielen Begriffen, die Freud geprägt hat, um das psychoanalytische Feld zu erfassen, findet sich kein theoretisch bestimmter Ausdruck für diese Klassen von Symbolen. Freud hat ihre Struktur nicht untersucht, in den Mechanismen jedoch, nach denen diese Symbole funktionieren, hat er eine Form des Denkens gesehen: ein nicht repräsentatives, ein nicht diskursives Denken. Dieses »primäre Denken«, wie Freud auch sagt, haben wir mit Lévi-Strauss »wildes Denken« genannt, sofern es in den kollektiven Bedeutungssystemen erscheint. Die Elemente dieses Denkens stehen zwischen den Bildern der Anschauung und den Begriffen der diskursiven Logik: die »Zeichen« sind wohl austauschbar, zugleich bleiben sie an eine sinnliche Gegenwart gebunden, an eine Präsenz. Bei Lévi-Strauss ist das wilde Denken eine Modalität des Symbolischen; es ist charakteristisch für mythische Bedeutungssysteme, an die Geltung einer mythischen Welt ist es jedoch nicht gebunden. Sofern die Modi des Symbolischen einen kognitiven Wert haben, unterscheidet Lévi-Strauss zwischen dem wilden Denken in Zeichen und dem diskursiven Denken in Begriffen. Lévi-Strauss hat das wilde Denken in stationären Gesellschaften untersucht, die mythisch geprägt sind. Das Verhältnis von Symbolismus und wissenschaftlicher Erkenntnis erscheint deswegen in erster Linie als Thema und Aufgabe einer Selbstreflexion der Ethnologie. In den Traumdiskursen haben wir es immer schon mit einem Verhältnis von Symbolismus und Erkenntnis zu tun. In der Mantik finden wir ein Modell von Subjektivität, die sich über die Eigenschaften des wilden Denkens auslegt. Es war die Philosophie der Stoa, die der Mantik die Gestalt einer reflexiven Hermeneutik gegeben hat.

In der Antike ist die Mantik fast ausschließlich durch die Stoa zum philosophischen Thema geworden. Man ist erstaunt zu sehen, wie wenig Schwierigkeiten die stoische Philosophie hatte, eine Theorie der Mantik zu entwickeln, so daß man geradezu von einer mantischen Dimension in der Stoa sprechen könnte. Die Rekonstruktion der Mantik im Kontext der Stoa zeigt, daß die Grundoperation der Mantik, die Divination, im Orakel der Fragen nach der individuellen Zukunft nicht aufgeht, sondern auf eine Form des Wissens verweist, in der sich empirische und reflexive Momente zu einer »Hermeneutik des Schicksals« verknüpfen. Das Prophetische eröffnet einen Raum der Bedeutung, und der Divination kommt darin die Aufgabe zu, die Dinge nach Zeichen abzusuchen, die es erlauben, ihnen einen Platz im Ganzen der Welt zuzuweisen. Das ist der eine Aspekt; der andere ist jedoch, daß wir uns über eine Auslegung der Vorzeichen selbst interpretieren können. In der Hermeneutik der Vorzeichen sind beide Aspekte aufeinander verwiesen. Die Philosophie der Stoa ist eng ans kulturelle Klima des Hellenismus gebunden. In dem Maße, wie die klassische Tradition der Philosophie und der Mythos zerfallen, wendet sich die Stoa den Formationen des Wissens zu, die in den Räumen dazwischen erscheinen. Charakteristisch ist, daß sie weder die Ausdifferenzierung des Logischen in der philosophischen Tradition noch den Reichtum des Narrativen im Mythos preisgeben will. Daraus erklärt sich die eigenartige Verschränkung des Logischen mit dem Narrativen, wie sie etwa in der Allegorese zum Ausdruck kommt und den Stil stoischer Rationalität prägt. Die Stoa vertritt den Determinismus einer monistischen Physik, den sie mit einer pantheistisch konzipierten Teleologie verknüpfen will: Die Welt ist eine in sich einheitliche Substanz, in der alles nach der Notwendigkeit vernünftiger Kräfte abläuft; diese Kräfte werden von Gottheiten repräsentiert. Daß das, was mit Notwendigkeit geschieht, auch sinnvoll ist, ergibt sich erst aus der Existenz der Götter. Sie treffen Vorsorge (prónoia) für die Zweckmäßigkeit des Seienden, und sie äußern sich, indem sie uns Zeichen geben, aus denen wir den Verlauf der Dinge ersehen können. Auf diese Weise wird das, was die Stoiker »Schicksal« genannt haben, »heimarméne«, für eine sprachliche Interpretation zugänglich.

Aus der kausalen Determination der Heimarmene geht der Sinn dessen, was in der Welt geschieht, nicht hervor. Das wäre nur für ein Wissen der Fall, das die Ursachenkette ganz überschaute; einem solchen

Wissen würde sich auch die Zukunft nach dem Gesetz der Kausalität erschließen. »Wer also die Ursachen des Künftigen weiß, kennt diese selbst«, heißt es bei Poseidonius. »Das Wissen um jene hat nur Gott, von dem die Physis wie die Heimarmene selber stammen, aber er gibt Zeichen, aus denen der Mensch Schlüsse ziehen kann und soll.« (Pohlenz, *Die Stoa*, 337f.) Weil das menschliche Wissen nicht ausreicht, der determinierten, unverfüglichen Welt Sinn abzugewinnen, senden die Götter Zeichen. Diese Zeichen erlauben es den Menschen, die Welt und sich selbst (das »Leben« lesen wir schon bei Poseidonius) zu interpretieren. Erst durch diese Interpretation kann dem, was »durch das Schicksal bestimmt ist«, auch Sinn zukommen. Auf diese Zeichen sind wir ständig angewiesen, sie eröffnen den Raum eines Bedeutens. Ein Wissen über die Zukunft ermöglichen auch sie nicht, während der Ausdruck »Zukunft« jedoch dem Leben das Potential semantischer Möglichkeiten anzeigt. Die Vorzeichen verweisen nicht auf Sachverhalte der Welt, sondern auf Bedeutungen. Sie sind keine Elemente der diskursiven Sprache, deren syntaktisch-logischen Regeln unterliegen sie deswegen auch nicht; wir können sie keinem System der Repräsentation zurechnen, denn sie gehören einer Sprache an, über die wir nicht verfügen. Sofern die Divination gegenständliches Wissen ist, erscheint sie wesentlich als Interpretation der unverfüglichen Welt. Wahrscheinlich hängt es damit zusammen, daß die stoische Teleologie ermäßigt oder »transzendent« funktionieren kann (vgl. Barth, *Die Stoa*, 56ff.). Paradigma ist hier nicht die Kausalität der Natur, sondern die Signifikanz der göttlichen Sprache, was Zuordnungen ermöglicht, die man schon in der Antike als Beispiele für einen platten Rationalismus genommen hat. Es ist aber die latente sprachliche Struktur der Heimarmene, die es erlaubt zu sagen, die Zweckmäßigkeit der Mäuse bestehe darin, uns zum Aufpassen zu mahnen, damit wir die Dinge nicht nachlässig aufbewahren; sie macht es auch möglich, aus den Vorzeichen abzulesen, daß die Welt sinnvoll ist. Dabei müssen wir unter »Sinn« den Platz verstehen, der den Dingen zukommt, wenn wir ihre Zeichen richtig lesen. Die Stoiker haben versucht, Heimarmene von »heirmós« (Reihe, Verknüpfung) abzuleiten, in einer »unmöglichen Etymologie«, wie Pohlenz bemerkt. Aber auch gegen den Einspruch des gestrengen Philologen erhält dieses stoische Sprachspiel doch seinen theoretischen Sinn: die Dinge einzureihen in eine Sprache, von der wir nur Vorzeichen haben.

Wie jede Hermeneutik entdeckt die Mantik den Sinn der Zeichen in einem Verhältnis von Konvention und Applikation auf einen individuellen Fall. Den lexikalischen Bestand der Konventionen, aus dem die Mantik Bedeutungen bezieht, hat sie nicht selbst erzeugt, sie ist auf das semantische Bedeutungspotential der verschiedenen kulturellen Bedeutungssysteme angewiesen. Durch die Notwendigkeit der Applikation – wie sie besonders in der technischen Mantik zum Ausdruck kommt – unterscheidet sich die Mantik vom Mythos selbst dort, wo das kulturelle Umfeld mythisch geprägt ist. Im Hellenismus erhält die Mantik das, was sie ihrer Funktion nach schon immer war: den Status einer Hermeneutik, einer Hermeneutik der Vorzeichen. Ihr kommt die Aufgabe zu, ein konkretes Zeichen der inneren oder der äußeren Natur mit einem Zeichen der kollektiven Tradition zu verbinden und ans Individuum zurückzugeben: aus dem nicht sprachlichen Zeichen ein Symbol der diskursiven Sprache zu machen und es an einen Adressaten zu binden.

In der Struktur der Vorzeichen überlagern sich semiologische und hermeneutische Momente. Semiologisch gehören die Vorzeichen zur nicht verbalen Sprache Gottes. Vielleicht sollte man besser von einer Kraft sprechen, von einer signifikativen Kraft der Götter, durch die sie die Welt mit Sinn versehen. Die Funktion der Vorzeichen selbst ist es, eine Hermeneutik zu eröffnen. Die mantische Divination ist nicht wie die romantische Einfühlung in den Text einer fremden Seele, den wir für uns noch einmal hervorbringen oder »nachkonstruieren« müssen; sie entspricht vielmehr einem Begriff von Divination, wie ihn für das 16. Jahrhundert Foucault beschrieben hat. »Diese setzte stets Zeichen voraus, die ihr zeitlich vorangingen. Infolgedessen war die Erkenntnis völlig in den Raum zwischen einem entdeckten oder bestätigten oder insgeheim übermittelten Zeichen gelagert. Sie hatte die Aufgabe, eine im voraus von Gott in der Welt aufgeteilte Sprache ausfindig zu machen. In diesem Sinne erriet sie durch eine essentielle Implikation, und sie erriet Göttliches.« (*Die Ordnung*, 93) Sicherlich fehlt in den stoischen Texten die Metapher vom Buch der Natur, aber Foucault hat auch deutlich gemacht, daß diese Metapher durch eine andere Übertragung zustande gekommen ist, »die viel tiefer ist und die Sprache dazu zwingt, auf seiten der Welt zwischen den Pflanzen, den Gräsern, den Steinen und den Tieren zu residieren.« (A. a. O., 66) Der Sprache haben die Stoiker ebenso ein Schicksal zugeschrieben wie den Dingen. Dem entspricht der Materialismus der stoischen Sprachtheorie. Dort ist das Bezeichnende aufgeteilt in die Vorstellung und das Ding, das sie affiziert. Das Bezeichnete, das »Sagbare« gehört zwar ausdrücklich zu den vier Arten des Unkörperlichen, es ist aber doch begrenzt durch die Affinität von Ding und Vorstellung. Diese allgemeine Struktur der Zeichen kommt der speziellen der Vorzeichen entgegen. Hier wie dort sind die Zeichen nicht konventionell, sondern bleiben offen für die Motivation durch die Natur der Dinge, mit denen sie durch Äquivalenz verbunden sind; die Bedeutung geht nicht aus der Beziehung zwischen den Zeichen in einem repräsentativen System hervor, sondern bleibt mit dem Sein verknüpft.

Hier erscheint das eigenartige Oszillieren des stoischen Denkens um den Logos: im unbeirrbaren Willen zur Rationalität macht die Stoa vor den Grenzen des Diskursiven nicht halt. In der Welt existiert nichts, was der Bestimmtheit durch den Logos entgeht; dessen Prinzip haben die Stoiker als Zweckmäßigkeit ausgelegt, die sich im Schicksal erfüllt. Erst im Schicksal kann die Determination der Welt als sinnvoll erfahren werden, die Heimarmene hat nicht nur eine logische, sondern auch eine sprachliche Struktur, der die Vorzeichen angehören. Die Totalität des Schicksals läßt sich in der diskursiven Sprache nicht abbilden. Die Vorzeichen sagen das Sein, aber sie tun es in Symbolen. Das Funktionieren solcher Symbole läßt sich an der Struktur der Heimarmene erläutern. Als Element der Heimarmene bezieht nichts in der Welt seinen Sinn aus sich selbst, sondern erst aus der Beziehung auf ein anderes. Hier zeigt sich, daß die Elemente der Heimarmene zwischen Bild und Zeichen stehen; wichtiger als ihre logische Klassifikation ist ihre Signifikanz. In der Logik des Schicksals verlieren Kausalität und Teleologie ihren Unterschied. Die »transzendente Teleologie« (Barth) ist schon die Kausalität: Die Ursache kann gegenüber dem Zweck vernachlässigt werden, der aus der simultanen und integralen Beziehung der Dinge in der Struktur der Heimarmene hervorgeht. In der Stoa haben wir das Modell einer Rationalität, die eine Symbolik nicht diskursiver Zeichen einschließt; das Modell einer Hermeneutik, die aus dem wilden Denken reflexives Wissen gewinnt. Hier liegen Einsatzpunkte für eine Philosophie der Kultur, die sich als Theorie der Symbole konzipiert und die *Traumdeutung* zu ihren Grundtexten zählt.

In den beiden Traumdiskursen der metaphysischen Tradition des Idealismus, bei Platon und bei Descartes, kommt den Vorzeichen kein prophetischer Wert zu; sie vermuten in den Träumen keine Botschaften an die Träumer.

Platon rechnet zwar mit der Möglichkeit einer prophetischen Rede, beschränkt sie jedoch auf die »Staatsorakel«. Hier äußert sich das Prophetische in einem Medium, das durch göttlichen Wahn inspiriert ist. Was die Seherin in Delphi oder die Priesterinnen in Dodona äußern, ist keiner rationalen Erklärung oder hermeneutischen Auslegung fähig. Es muß ebenso unmittelbar aufgenommen und verstanden werden, wie es erzeugt worden ist. Auf der einen Seite erkennt Platon eine Sprache an, die nicht diskursiv ist, in der sich jedoch die Wahrheit eines unmittelbaren Zugangs der Seele zu sich selbst darstellt. Auf der anderen Seite trennt er diese Sprachform von der Erkenntnis, die auf eine diskursive Logik verpflichtet ist. Sofern den Vorzeichen ein prophetischer Wert zukommt, sind sie álogos, bleiben sie dem verständigen Bewußtsein unzugänglich. Davon kann man eine andere Klasse von Vorzeichen unterscheiden, die nicht prophetisch sind und im wörtlichen Sinn noch vor der Erkenntnis liegen: die Zeichen eines defizienten Wissens. Dieses Wissen ist in dem Maße von der Erkenntnis entfernt, wie die Erkenntnis sich von der natürlichen Sprache befreit hat. Ihrer semiologischen Qualität nach sind hier die Vorzeichen eídola: Trugbilder, soweit sie sich an die Stelle von Begriffen setzen, haben sie doch zugleich Anteil an den Begriffen. Weil sie die Realität nicht unmittelbar abbilden, sondern artikulieren, können die eídola zu Zeichen einer Wissensform werden, die eben auch Sprachform ist. In dieser Verschränkung von Wissen und Sprache findet das Traumargument bei Platon seinen Grund. Gerade weil die Träume so nahe am Überhimmlischen Ort sind, war ihnen das philosophische Interesse Platons sicher.

Descartes ist um vieles weiter von einer Hermeneutik der Vorzeichen entfernt als Platon. Die res extensa redet nicht; die Ausdrücke der res cogitans gehören der natürlichen Sprache nicht an. Die Reduktion aller Bewußtseinsinhalte auf das Cogito läßt andere Sprachformen, andere Modalitäten des Symbolischen nicht erscheinen. Dennoch kann man das Verhältnis zwischen der Selbstbegründung der Vernunft und dem Rückgriff auf die alte Ontologie des Daseins auch als Sprachproblem beschreiben. Das Dasein Gottes, in dem Descartes das Ich rückversichert, aber auch das Dasein der Körper unterscheiden sich in ihrer sprachlichen Repräsentation von den Zeichen, in denen sich das reine Denken artikuliert. Daß Gott sich in Zeichen äußert, die der Einsicht der Vernunft und der Ableitung ihrer Prinzipien vorausgehen, bleibt in der Metaphysik Descartes ein Problem; ebenso aber auch, daß sich die Gegenstände der Einbildungskraft mit den Zeichen der verbalen Sprache verknüpfen lassen. Die Gefahr, daß wir die Zeichen der Sprache mit den Inhalten des Bewußtseins verwechseln könnten, liefert dem Traumargument hier das Motiv. Die *Meditationes* sind im Stil eines naturwissenschaftlichen Experiments eingerichtet und verstehen sich nicht als »Weg der Seele«. Was in der Praxis der Medidation an Sprache erscheint, ist deswegen für die Vernunft nicht von Belang. Hätte Descartes eine Theorie der Sprache vorgelegt, würde man ihr entnehmen können, daß die Ausdrücke der Vernunft von der natürlichen Sprache ebenso weit entfernt sind wie das reine Denken von den Körpern. Deswegen kann Descartes den Gegenständen der Vorstellung nicht mehr entnehmen, als daß sie – von der Schwere der Körper affiziert – das Dasein der Körper abbilden. Das reine Denken stützt sich ausschließlich auf eine Logik des Diskursiven; aber das Ich ist nicht ausschließlich in den Prinzipien der Vernunft begründbar. Deswegen vertraut es sich dem Dasein Gottes an, um sicher zu sein, daß die Welt kein Traum ist. In diesem Vertrauen ist das Ich den Träumen näher als es Descartes hätte lieb sein können. »Diese Schicksalsgemeinschaft zwischen dem *ego* und Gott, die wir hier angemerkt haben, ist die gleiche, die in den mystischen Beschwörungen zum Ausdruck kommt, die Angelus Silesius, ein Zeitgenosse Descartes', auf eine so herzzerreißende Weise bekennt und die ihnen dort die Form des Distichons verleiht.« (Lacan, *Schriften* II, 244) In der eigenartigen Ambivalenz zwischen dem starken und den schwachen Ich der cartesianischen Philosophie sind die »Traumspiele« organisiert.

Von allem Traumdiskursen des Antiken Traumfeldes steht der romantische der *Traumdeutung* am nächsten. So sehr, daß man immer wieder versucht hat, in der Romantik die historischen Quellen der Psychoanalyse zu finden. Für jeden solcher Versuche stellt sich ein doppeltes Problem im Übergang von der Kunst zur Klinik und im Begriff des Unbewußten selbst. So hat Marquard z. B. Gehlens Modell vom Paradigmenwechsel zwischen Fichte, Marx und Freud auf einen »Schwächezustand« der bürgerlichen Vernunft bezogen, wobei für ihn das Maß dieser Schwäche im Verhältnis von Vernunft und Natur begründet ist: »Ohnmacht der Vernunft etabliert die Macht des zur Vernunft Anderen, die Macht der Natur.« (*Ästhetik*, 347) Als Erklärung der historischen Genese der Psychoanalyse ist diese Emanationstheorie der Vernunft wenig überzeugend, man könnte in der Psychoanalyse ja auch umgekehrt die Macht der Vernunft repräsentiert finden. Aber das ist noch nicht der entscheidende Punkt, der vielmehr in der Gleichsetzung von Unbewußtem und Natur liegt. »[...] die Natur ›ist nicht‹, nämlich nicht ›bewußt‹; aber die Natur ›ist doch‹, nämlich ›unbewußt‹.« (Marquard, *Theorie des Unbewußten*, 385) Das soll (trotz der Hinweise auf Freuds Verdrängungslehre) für die Romantik ebenso gelten wie für die Psychoanalyse. Man versteht aber, daß diese Theorie des Unbewußten an der Transzendentalphilosophie orientiert bleibt und sowohl den frühromantischen »Trennungsort« übersieht als auch den eigentlichen Gegenstand der Psychoanalyse: das Psychische auf der Ebene der Vorstellungsrepräsentanzen, und nicht die Natur. Gerade von diesem Trennungsort aus zeigt sich, daß (zumindest) die Frühromantik im Nicht-Ich nicht wie Fichte die Natur, sondern das Selbst gesehen hat, das sowohl der Reflexion als auch der Wahrnehmung zugänglich ist und daher dem Bewußtsein. Wenn Freud sagt, die Unterscheidung des Psychischen in bewußt und unbewußt sei die Grundvoraussetzung der Psychoanalyse (Bd. III, 283), braucht Novalis diese Unterscheidung für die Theorie des poetischen Gemüths nicht zu machen. Denn für ihn ist nicht das Verhältnis von bewußt und unbewußt ausschlaggebend, sondern die Beziehung von Wahrnehmung und Reflexion. Darin konstituiert sich das poetische Subjekt als Selbst. Zwar ist das Selbst immer schon bezeichnet und wahrgenommen, und daher ist es von ganz anderer Qualität als das transzendentale Ich bei Fichte, das schränkt jedoch das poetische Subjekt in den Graden seiner Bewußtheit nicht ein.

Das Bewußtsein ist vielmehr abhängig von der Reflexion oder der Potenzierung, die unendlich und universell sein soll und der Aufmerksamkeit unterliegt, »die eine Wahrnehmbarkeit ist«, wie Novalis sagt. Den Traum nimmt Novalis als Medium, in dem sich die Dinge gegenseitig wahrgenommen und bezeichnet haben, aber er deutet ihn nicht. Er befragt ihn auch nicht auf seinen Realitätsgehalt. Der Traum ist für Novalis bedeutend, sofern er in die Struktur des Romans eingehen kann und sich in ihm schon ein poetische Subjekt darstellt. Was für die Mantik der allegorische Traum, das ist für die Romantik der poetische Traum, den sie allerdings nicht im ídios kósmos des Träumers aufnimmt und ans Private zurück-, sondern an die Kunst weitergibt. Deswegen bildet sie keine Technik der Deutung aus. Für die Romantik ist der Dichter der eigentliche Träumer, allerdings nicht wie bei Schubert oder den Surrealisten schon als Träumer, sondern nur darin, daß er die Träume als poetisches Material nimmt, sie bearbeitet und in den poetischen Text einführt. Die Romantik nimmt den manifesten Trauminhalt als Hieroglyphe, er soll sowohl der natürlichen Seele als auch dem poetischen Text angehören; der natürlichen Seele des Dichters, wie man einschränkend sagen muß. Daher gehen die Träume in die Selbstreflexion des poetischen Subjekts ein. Die Romantik macht den Traum nicht zum wilden Denken, um ihn dann aus der Kunst auszuschließen, vielmehr entdeckt sie im Traum schon eine reflexive Struktur, in der nicht das Ich, sondern das Selbst sich wahrnehmen und darstellen kann.

Das philosophische Interesse an den Träumen ist damit auf den Punkt gebracht. In den Träumen manifestiert sich eine Form des Denkens und der Sprache, die über einen langen Zeitraum als Folie der Selbstinterpretation gedient hat. Mit der *Traumdeutung* ist die Geschichte dieser Selbstinterpretation, ist der antike Sinn der Träume zum Ende gekommen. Daß Freud die Träume als Denkform hat rekonstruieren können, eröffnet der *Traumdeutung* eine Perspektive über sich hinaus. Hier konvergiert sie mit der philosophischen Arbeit, die jenseits der diskursiven Logik symbolische Welten entdeckt. Von solchen Welten haben die Träume immer schon gesprochen. Freud hat den Träumen ihre Vernunft zurückerstattet, die sie seit der Mantik verloren hatten; heute geht es vielleicht darum, auch der Vernunft ihre Träume zurückzugeben.

Anhang

Anmerkungen

I. Die Träume der Mantik
Artemidorus von Daldis, *Das Traumbuch*

1 »[...] ich spreche von der theoretischen Einsamkeit [...] Er mußte die folgende
theoretische Situation übernehmen und bewältigen: er mußte sein eigener Vater
sein, den theoretischen Rahmen seiner Entdeckung mit eigenem handwerk-
lichen Geschick konstruieren, er mußte aus Fäden, die er sich nach Gutdünken
rechts und links borgte, das große Netz knüpfen, mit dem in den Tiefen blinder
Erfahrung der mächtige Fisch des Unbewußten gefangen werden sollte, den die
Menschen stumm nennen, weil er gerade dann spricht, wenn sie schlafen.«
(Althusser, *Freud*, 8)
Wenn Althusser im Anschluß daran von den geborgten Begriffen der energetischen Physik spricht, so muß man doch für die *Traumdeutung* in die Quellen
der Metapsychologie die Mantik ebenso einbeziehen wie Freuds Selbstanalyse,
die er 1897 begonnen hat, d. h. neben dem expliziten Vokabular der Physik
immer auch nach anderen Terminologien zu suchen, nicht zuletzt nach metaphysischen Vokabeln. Man wird dann nicht überrascht sein, daß selbst der *Entwurf* durch die »neurologische Fabel« (Derrida) hindurch schon einen metapsychologischen Kern aufweist.

2 »Die Vorbedingungen dieses vorbildlichen Traums sind folgende: Ein Vater hat
tage- und nächtelang am Krankenbett seines Kindes gewacht. Nachdem das
Kind gestorben, begibt er sich in ein Nebenzimmer zur Ruhe, läßt aber die Tür
geöffnet, um aus seinem Schlafraum in jenen zu blicken, worin die Leiche des
Kindes aufgebahrt liegt, von großen Kerzen umstellt. Ein alter Mann ist zur
Wache bestellt worden und sitzt neben der Leiche, Gebete murmelnd. Nach
einigen Stunden Schlafs träumt der Vater, *daß das Kind an seinem Bette steht,
ihn am Arme faßt und ihm vorwurfsvoll zuraunt:* Vater, siehst du denn nicht,
daß ich verbrenne? Er erwacht, merkt einen hellen Lichtschein, der aus dem
Leichenzimmer kommt, eilt hin, findet den greisen Wächter eingeschlummert,
die Hüllen und einen Arm der teuren Leiche verbrannt durch eine Kerze, die
brennend auf sie gefallen war.« (*TD*, 488)
Dieser Traum, der für das gesamte VII. Kapitel Beispiel bleibt, stellt der Deutung keine Probleme und läßt sich doch als psychischer Vorgang nicht auflösen.
Träumend zieht der Vater genau den Schluß, den er auch im Wachen gezogen
hätte. Während er schläft, entgeht ihm die reale Situation nicht, nur artikuliert
sie sich keineswegs realistisch. Der Traum hat Vergangenes, das tote Kind, ins
Präsens gesetzt; er schiebt das Erwachen um einige Augenblicke auf, so daß
sich die Gegenwart und ihr Verkennen zu einer Szene zusammenschließen. Für

die Augenblicke, in denen das Erwachen aufgeschoben wurde, erscheinen Wachen und Träumen als alternative Möglichkeiten zu reagieren. Dann setzt sich das Erwachen durch in einer Notwendigkeit zu handeln. Erwachen heißt, den Traum aufschieben, und Träumen umgekehrt das Erwachen. Wie sich zeigt, ist das Verhältnis von Hemmung und Aufschub für die Genese des sekundären Denkens und seine Stellung zum Primärprozeß grundlegend.

3 Der Unsinn, die Überdetermination, das Wunderbare zeigen an, nicht nach einem Sinn zu suchen, der immer schon vorausgegangen wäre, sondern nach einem anderen Sinn; sie zeigen an, daß sich das Interesse von der Bedeutung zur Herstellung von Bedeutung selbst und zu ihrer Funktion verlagert hat. So kann Barthes davon sprechen, daß der Strukturalismus eine neue Mantik sei: »Und weil dieses Herstellen von Bedeutung in seinen Augen wesentlicher ist als die Bedeutung selbst, weil die Funktion weiter reicht als die Werke, macht sich der Strukturalismus zur Tätigkeit und stellt die Erschaffung des Werks und das Werk selbst in ein und dieselbe Identität: eine serielle Komposition oder eine Analyse von Lévi-Strauss sind nur insofern Objekte als sie *gemacht* worden sind: ihr gegenwärtiges Sein *ist* ihr vergangener Akt: sie sind *Gemachtwordenes*; der Künstler, der Analytiker legt den Weg der Bedeutung noch einmal zurück, er braucht ihn nicht zu bezeichnen: seine Funktion, um Hegels Beispiel aufzugreifen, ist eine *Manteia*; gleich dem antiken Seher *sagt* er den Ort der Bedeutung, aber er nennt ihn nicht.« (*Die strukturalistische Tätigkeit*, 195 f.)
Die Unterscheidung von »sagen« und »benennen« wäre genauer zu fassen in der Unterscheidung von darstellen (représenter) und zeigen (démonstrer), wie Barthes es in seiner Antrittsvorlesung im Collège de France unternimmt (vgl. *Leçon*, 31 f.). Dort ist es nicht die Mantik, sondern der topologische Raum als eine der Möglichkeiten, diese Differenz zu bezeichnen.

4 Die vollständige Reihe lautet: enhýpnion (insomnium), phántasma (visum) als Träume des Körpers; chrematismós (oraculum), hórma (visio), óneiros (somnium) als Träume außerhalb des Körpers und der Seele des Träumenden. Der dritte und der vierte Traum gelten auch als theorematisch innerhalb der bedeutenden Träume. Diese Klassifizierung hat Macrobius im vierten Jahrhundert n. Chr. am weitesten vorangetrieben, man kann aber annehmen, daß sie sich auf Quellen stützt, die auch Artemidorus zugänglich gewesen sein müssen. Doch hat Artemidorus sich offensichtlich für eine exakte Klassifizierung wenig interessiert, auch hierin zeigt er sich als Pragmatiker und professioneller Traumdeuter, beeinflußt, wie Brachertz anmerkt, von der Empirischen Ärzteschule (vgl. *Das Traumbuch*, 362).
Im übrigen sind alle Daten, die zur Analyse der Traummantik notwendig sind, in den Traumbüchern von Freud und Artemidorus enthalten; Freud geht an mehreren Stellen ausdrücklich auf die »Oneirokritika« ein. Von der Literatur, die Freud benutzt hat, ist insbesondere die kleine Abhandlung von Büchsenschütz zu erwähnen. Für zusätzliche Daten: Dodds, Traumform und Kultur, in: Die Griechen. Brelich, The Place of Dreams in the Religious World Concept of the Greeks.
Meier, The Dream in Ancient Greece and its Use in Temple Cure (Incubation), die letzten beiden in: Grunebaum and Caillois, The Dream and Human Societies.

5 Prodigium, téras, Hieroglyphe gehören einer spezifischen Klasse von Zeichen an, die Freud später als Vorstellungsrepräsentanz oder überdeterminierte Zeichen bestimmt hat. In ihnen ist immer das Fremde der Traumerinnerung dem wachen Seelenleben gegenüber gedacht worden. Und ganz im Sinne ihrer metapsychologischen Semiologie sind sie stets der Wahrnehmung und nicht der Vorstellung zugeordnet worden, wobei der Realitätsgewinn, der aus dem Modus dieser Gegebenheitsweise hervorgeht, immer wieder aufgehoben werden mußte, um ihren wunderbaren Charakter gegen das Reale zu erhalten. Wir werden im übrigen téras im *Theätet* wiederfinden als Moment eines wilden Denkens in der Philosophie; dort aber steht eídolon als wunderbarer Rest des prodigiums zur Diskussion. Bei Descartes wird man entsprechend in der Mechanik der Vorstellungen unter den ideae eine finden, die für einen Augenblick die Rolle der wunderbaren Zeichen spielen wird, während die Romantik sich ausdrücklich an die Mantik wendet, um die prophetische Struktur dieser Zeichen für das »Gemüth« zurückzugewinnen.

6 Man muß diese Amnesie in der doppelten Weise nehmen, wie sie für alle Traumtheorien gilt. Zum einen als Ausdruck der Differenz von Bewußtsein und Gedächtnis, in der die Traumbilder dem Vorbewußten nicht zugänglich sind; zum anderen als Ausfall von Selbstreflexion, um – wie in der Mantik – eine Technik der Deutung zu stiften; wie in der Metaphysik, um die Träume an den Körper zurückzugeben. In beiden Fällen erlaubt es die Amnesie, die Träume entweder ganz aus der Seele zu nehmen oder sie eigentlich körperlichen Funktionen innerhalb der Seele zuzurechnen. Wenn Freud die Amnesie aufhebt und die Traumzeichen nach der »Grundregel« sich in ihren unbewußten Beziehungen bedeuten läßt, begründet er die *Traumdeutung* damit keineswegs als Selbstreflexion, sondern verschiebt das Problem der Amnesie zwischen Mantik und Metaphysik, um deutlich werden zu lassen, daß die Zuordnung der Träume zu einem Ich und die Annahme einer Bewußtseinslücke, die in keiner Selbstreflexion geschlossen werden kann, sich nicht ausschließen, sondern metapsychologisch bedingen.

7 Für die Mantik ist es offensichtlich, daß Gott Diskurse hervorbringt und daß die Deutung die syntaktische oder morphologische Struktur dieses Diskurses unbefragt in Anspruch nehmen und sich ganz auf die semantische Ebene beschränken kann. Auch die Metaphysik beläßt den Traum nicht auf der Ebene der Bilder, das Traumargument bezieht seine Radikalität gerade aus der Möglichkeit, daß wir im Traum das gesprochen haben könnten, was wir jetzt sprechen; indem sie den Traum zur Rede macht. (Man muß hier unter Rede »parole« im Sinne Saussures verstehen, um deutlich zu machen, daß sie logisch von den Urteilen unterschieden ist, linguistisch von der Sprache [langue] als System und Gegenstand der Sprachwissenschaft.)

Dennoch ist diese Diskursivität den Träumen nur geborgt, in ihrem manifesten Ausdruck belassen, waren die Traumzeichen entweder auf ein Traumsignifikat aus der Deponie der Traumbücher angewiesen oder umgekehrt genau auf das Maß an Realität, das ihm das Traumargument verschafft, um die Träume aufs Reale beziehbar und dem Realen zum Verwechseln ähnlich zu machen. Erst Freud hat in den Träumen selbst eine Sprachform gesehen und sie als Buchstaben einer Schrift genommen; und sie damit zwischen parole und langue angesiedelt, was zu semiologischen Schwankungen in der Ausarbeitung des Traumzeichens in der *Traumdeutung* führt. Aber Freud hat keinen Zweifel daran gelassen, daß der Traum eine Rede ist, und indem er diese Rede auf sich selbst bezogen hat, konnte er die Verschränkung von Diskurs, Trieb, Vorstellung und Wunsch (von Sexualität, Neurose oder Fehlverhalten) nicht mehr zurückweisen.

Im Begriff des Diskursiven treffen verschiedene Terminologien zusammen. Lacan hat Freuds Entdeckung, daß es außerhalb des Bewußten eine Sprachform gibt, als »Diskurs des Unbewußten« gefaßt. Die philosophische Terminologie tendiert dahin, Diskursivität nur der verbalen Sprache zuzurechnen. Entscheidend ist, daß die Traumzeichen nicht zur verbalen Sprache gehören, und doch wie die Zeichen einer Sprache funktionieren: Nur in diesem Sinn kann Lacan davon reden, der Traum sei ein Diskurs. Mit diesen terminologischen Schwankungen muß man leben, solange die Metapsychologie nicht in einer allgemeinen Theorie der symbolischen Funktion formuliert ist.

8 Im vierten Buch, das mit Ratschlägen an seinen Sohn versehen ist, besteht Artemidorus auf der Notwendigkeit, sich spezifische Kenntnisse anzueignen.

»Falls du über örtliche Sitten und Gebräuche und über Land und Leute nicht Bescheid weißt, so informiere dich. Reisen und Belesenheit werden dir am ehesten ein Wissen darüber verschaffen; denn Bücher über die Traumdeutung allein reichen nicht aus, um dich zu fördern, es müssen alle anderen Wissensgebiete dazukommen [...]. Hinsichtlich der übrigen Sitten und Gebräuche triff deine Auslegungen bei jeder Stadt oder jedem Land entsprechend den örtlichen Verhältnissen. Scheue keine Mühe, jede Einzelheit des Traumerlebnisses gewissenhaft zu erfragen, denn bisweilen ändern sich schon bei einem geringfügigen Zusatz oder einer unbedeutenden Auslassung die Traumausgänge.« (*Das Traumbuch*, 259)

Daß der Deuter über Wissen verfügen muß, ist dem mantischen Verfahren selbst immanent, unabhängig von den Modifikationen, die Artemidorus einführt. Die Traumzeichen gelten als Allegorien, die weder für den Deuter noch für den Träumer in ihren sinnlichen Erfahrungen unmittelbar aufgehen können. Wie jede Allegorese beruht auch das mantische Verfahren nicht auf Intuition, sondern auf Wissen; nur durch die Deponie der Traumsignifikate hindurch läßt sich der Abstand zwischen dem Bild des Traums und seiner Bedeutung vermitteln, so daß im glücklichsten Fall der Reichtum an Bildern im Traum mit dem Reichtum an kulturellen Ausdrücken für die Bilder des Unbewußten zusammenfallen könnte; man muß dennoch daran festhalten, daß jede Allegorese auf der Reduktion von Sinnlichkeit beruht, die nur durch Wissen ergänzt werden kann.

9 Zwischen der »Rehabilitierung der Allegorie« (Gadamer) gegen die klassische Ästhetik und der Rehabilitierung des Traums gegen das rationalistische Vorurteil lassen sich vielfältige Beziehungen herstellen. Sie berühren sich am deutlichsten in dem, was wir den signifikativen Überschuß der Zeichen genannt haben, denn sie gehen in keiner sinnlichen Erfahrung auf, in keiner einfachen Vermittlung von Anschauung und Begriff. Die Rede vom Überschuß war immer als Disproportion von Anschauung und Begriff gegen die Allegorie und den Traum gemeint. Gegen die Allegorie als Überschuß des Begriffs über das Bild:

»In der Allegorie hingegen wird das gegenständliche Bild gerade in bewußter Distanz zum Gemeinten gehalten. Es tritt für ein Anderes ein und kann dieses Andere stellvertretend repräsentieren, weil zwischen beiden eine semantische Beziehung waltet, die ihre Gemeinsamkeit konstituiert. So etwa ist das Gerippe eine Allegorie des Todes, weil eben seine dingliche Erscheinung den totalen Verfall des Lebendigen sichtbar macht. Es leuchtet ein, daß solche Verhältnisse sekundärer und tertiärer Ableitungen fähig sind.« (Holz, *Prismatisches Denken*, 75); gegen den Traum als Überschuß der Bilder über den Begriff, wobei der Traum als rationaler Gegenstand ausfallen würde.

Benjamin hat die Allegorie, Freud den Traum auf die Möglichkeit sprachlichen Ausdrucks zurückbezogen. Das Verhältnis von primärer und sekundärer Bedeutung von Vorstellungsrepräsentanzen im Traum; das Verhältnis von konventionellen Bedeutungen des literarischen Materials auf einer anderen Ausdrucksebene, in der diese primäre Bedeutung nicht mehr gilt und dennoch nicht abgegolten ist: Wenn Freud dieses Verhältnis einer Topologie zuordnet, in der die Bilder ihre primäre Bedeutung verlieren und eine Bedeutung gewinnen aus der Stellung, die sie zu anderen Bildern (oder Vorstellungsrepräsentanzen) einnehmen, so hat Benjamin den allegorischen Raum in die Bibliothek verlegt, dort ist der Allegoriker zu Hause, der im wachen Bewußtsein seiner melancholischen Stimmung durch das Wissen hindurch der disparaten Sinnlichkeit neue Bedeutungen verschafft. Man muß schließlich von einer dritten Rehabilitation sprechen: von der Rehabilitation des wilden Denkens durch Lévi-Strauss. Er hat das wilde Denken aus seiner Bestimmung als vorwissenschaftliches Denken genommen und ihm wissenschaftliche Qualitäten zurückgegeben. Alle drei Rehabilitationen haben das Verhältnis von Sensiblem und Intelligiblem in sich verschoben und den Bereich des rationalen Feldes ausgedehnt gemäß Lévi-Strauss' Parole vom Supra-Rationalismus. Sie haben das konkrete Sein der Bilder als Zeichen genommen und einem Raum zugerechnet, der nicht auf der Teilung von Sensiblem und Intelligiblen beruht: die Bibliothek, die psychische Lokalität, die Struktur.

10 »Der Traum ist also eine Psychose, mit allen Ungereimtheiten, Wahnbildungen, Sinnestäuschungen einer solchen.« (*Abriß*, 31) Gleichfalls im *Abriß* erinnert Freud noch einmal daran, daß er die Dichotomie von pathologisch und normal außer Kraft setzen mußte, um den Gegenstand der Psychoanalyse zu definieren: »Wir haben erkannt, daß die Abgrenzung der psychischen Norm von der Abnormität wissenschaftlich nicht durchführbar ist, so daß dieser Unterscheidung trotz ihrer praktischen Wichtigkeit nur ein konventioneller Wert zukommt. Wir haben damit das Anrecht begründet, das normale Seelenleben aus seinen Störungen zu verstehen, was nicht gestattet wäre, wenn diese Krankheitszustände, Neurosen und Psychosen, spezifische, nach der Art von Fremdkörpern wirkende Ursachen hätten.« (*Abriß*, 51) Dieser Übergang ist auch für die *Traumdeutung* vorausgesetzt und begründet ihre Anwendung auf die Geisteswissenschaften, wie es in der »Selbstdarstellung« heißt; schließlich geht daraus auch die besondere Stellung der Traumdeutung zwischen pathologischen und nicht-pathologischen Verfahren der Bewältigung und Verteilung, wie wir gesagt haben, von überschüssigem Sinn hervor.

11 Das Supplement korrespondiert den Momenten, die das sekundäre Denken zu

spät kommt. Es ist diese Differenz in dem doppelten Sinn, den Derrida ihr zurückgibt, wenn er ihre Etymologie befragt: aufschieben und unterscheiden; es ist diese Differenz, die Freud im VII. Kapitel der *Traumdeutung* als das Unbewußte einführt. (Vgl. Derrida, *Die Schrift*, 311f., 437) Wenn Lacan davon spricht (*Schriften* II, 217), er habe zuerst der »Nachträglichkeit theoretisches Gewicht gegeben«, muß man ihm das lassen. Es ist aber offensichtlich, daß Derrida hier schon metapsychologische Bestimmungen in Anspruch nimmt, um die Metaphysik der Präsenz zu dekonstruieren«. (Zur Verspätung des sekundären Denkens vgl. *TD*, 572f.)

12 Der Überschuß an Sinn ist nicht auf ein Wissen zu reduzieren, sondern er geht aus der Bedingung hervor, daß die individuelle Erfahrung aus Elementen besteht, die immer schon einem Bedeutungssystem angehören, das kollektiv ist: »Diese Erfahrungen bleiben jedoch intellektuell ungeformt und affektiv unerträglich, es sei denn, sie werden in dieses oder jenes Schema eingegliedert, das zu der Kultur der Gruppe gehört und dessen Aneignung allein erlaubt, subjektive Zustände zu objektivieren, unformulierbare Eindrücke zu formulieren und ungegliederte Erfahrungen in ein System einzuordnen.« (*Strukturale Anthropologie*, 188)

Der Mangel an Konkordanz zwischen geordneten und ungeordneten Erfahrungen hat noch keine pathologischen Eigenschaften, denn er geht aus der Kondition des Menschen selbst hervor, und Lévi-Strauss sieht darin zweifellos eine anthropologische Konstante; variabel hingegen ist das Verhältnis, das die individuelle Erfahrung zu den kollektiven Bedeutungssystemen aufnehmen kann. Aus dieser Kondition des Menschen läßt sich auf der Ebene des Individuellen die Notwendigkeit des Primärprozesses ableiten und zugleich auf der Ebene des Kollektiven die Notwendigkeit des wilden Denkens. Der Primärprozeß als Mechanismus des psychischen Apparats und das wilde Denken als Formation des Wissens haben die gleiche Aufgabe, wenn sie diese Aufgabe auch in umgekehrter Richtung und auf verschiedenen Niveaus verwirklichen: Beide ordnen unformulierte, aber affektbesetzte Elemente Bedeutungssystemen zu; wobei es sich für den Primärprozeß um die Struktur des ídios kósmos der konkreten Individualität handelt, für das wilde Denken um die Strukturen kollektiver Ordnungen.

Ganz im Sinne dieses Unterschieds hat Lévi-Strauss das schamanische und das psychoanalytische Verfahren aufeinander bezogen: »Beide zielen darauf ab, ein Erlebnis hervorzurufen, und beiden gelingt das, indem sie einen Mythos rekonstruieren, den der Kranke erleben oder wiedererleben muß. Aber in einem Falle handelt es sich um einen individuellen Mythos, den der Kranke mit Hilfe von Elementen aus seiner Vergangenheit errrichtet, im anderen ist es ein gesellschaftlicher Mythos, den der Kranke von außen empfängt und der keinem früheren persönlichen Zustand entspricht.« (*Strukturale Anthropologie*, 219; vgl. Nagel, *Lévi-Strauss als Leser Freuds*, 259f.) Gegen den Unterschied von individuellem und kollektivem Mythos halten wir fest, daß die beiden Verfahren aus den gleichen Grundbedingungen hervorgehen und eine einheitliche Definition des Unbewußten erlauben.

13 »Es läßt sich zeigen, daß wir immer nur auf die uns bekannten Zielvorstellungen verzichten können und daß mit dem Aufhören dieser sofort unbekannte –

wie wir ungenau sagen: unbewußte – Zielvorstellungen zur Macht kommen, die jetzt den Ablauf der ungewollten Vorstellungen determiniert halten. Ein Denken ohne Zielvorstellungen läßt sich durch unsere eigene Beeinflussung unseres Seelenlebens überhaupt nicht herstellen; es ist mir aber auch unbekannt, in welchen Zuständen psychischer Zerrüttung es sich sonst herstellt.« (*TD*, 505 f.)

Es ist unmöglich, daß wir auf Zielvorstellungen überhaupt verzichten können, umgekehrt aber ist es möglich, daß Vorstellungen zugleich auf bewußte und auf unbewußte Zielvorstellungen bezogen, also überdeterminiert sind.

14 »Die Verschiebung, im Französischen déplacement, was dem deutschen Ausdruck näher kommt, ist dieses Umstellen der Bedeutung, das die Metonymie zeigt, und das seit seinem Erscheinen bei Freud als jenes Mittel des Unbewußten gedacht wird, das am besten geeignet ist, die Zensur zu umgehen. Man kann also sagen, daß der Sinn in der Signifikantenkette *insistiert*, daß aber nicht ein Element der Kette seine *Konsistenz* hat in der Bedeutung, deren es im Augenblick gerade fähig ist.« (Lacan, *Schriften* II, 36)

15 »Der schöpferische Funke der Metapher entspringt nicht der Vergegenwärtigung zweier Bilder, das heißt zwischen gleicherweise aktualisierten Signifikanten. Er entspringt zwischen zwei Signifikanten, deren einer sich dem anderen substituiert hat, indem er dessen Stelle in der signifikanten Kette einnahm, wobei der verdeckte Signifikant gegenwärtig bleibt durch seine (metonymische) Verknüpfung mit dem Rest der Kette.« (Lacan, *Schriften* II, 32)

Es geht hier zunächst nur darum zu zeigen, daß Freuds Postulat der Determiniertheit des psychischen Geschehens die Sprachlichkeit der Vorstellungsrepräsentanzen impliziert; eine Sprachlichkeit, die allerdings die Sachvorstellungen selbst einschließt und daher einen Bereich, den die Linguistik nicht erfaßt. Wenn Lacan damit beginnt, Verschiebung und Verdichtung auf die Zwei-Achsen-Theorie Jacobsons zu beziehen, um zu belegen, daß das Unbewußte wie eine Sprache funktioniert, muß man doch von vorneherein davon ausgehen, daß es um eine metapsychologische und nicht um eine linguistische Bestimmung der tragenden Ausdrücke Freuds geht. (Vgl. Weber, *Rückkehr*, 53 f.). Nichts macht im übrigen die Eigenständigkeit der Sprachauffassung Lacans der Linguistik gegenüber deutlicher als die Tatsache, daß Lacan das Schema Saussures umdreht, den Signifikanten nach oben stellt und durch eine Barriere vom Signifikat trennt; anders gesagt, daß er nicht vom Zeichen ausgeht, sondern vom Signifikanten, gemäß der Aufgabe, die Freud stellt. Wir setzen den metapsychologischen Eingriff Lacans in die Linguistik nur soweit voraus, um verständlich werden zu lassen, daß die Mantik deswegen zum privilegierten Bezugspunkt der *Traumdeutung* werden konnte, weil sie den Traum auf die Möglichkeit einer Sprache bezogen hat, die Sprache der Wunder; weil sie die Mechanismen des Traums auch für das wache Denken hat gelten lassen, um die Einheit des teratoskopischen Feldes zu sichern: in der Idee der Welt als verschwenderischer Signifikanz.

16 Im Totemismusbuch hatte Lévi-Strauss die referentielle Fähigkeit auf die Metapher beschränkt. Aber auch das wilde Zeichen bleibt noch auf die Metapher bezogen gemäß der »Rücksicht auf Darstellbarkeit«, von der Freud spricht. Andererseits schließt das die Kontiguitätsrelation nicht aus, denn auch die

Metonymie verweist auf etwas, das im manifesten Diskurs nicht anwesend ist. Das wilde Denken kann man nicht auf ein metaphorisches Denken reduzieren, denn die Beziehungen zwischen den Zeichen sind nicht mehr bildlicher Natur. Die Zeichen gehen in ihrem Bildwert nicht auf, sondern nur in den Relationen, die sie in den Kontexten ihres Austauschs eingegangen sind. (Vgl. Gasché, *Das wilde Denken*, 376)

II. Die Träume der Philosophie
1. Platon, *Theätet*

1 »Der nach dem Wachen eintretende Schlaf ist die *natürliche* Weise der Rückkehr der Seele aus der Differenz zur unterschiedslosen Einheit mit sich. Insoweit der Geist in den Banden der Natürlichkeit befangen bleibt, stellt diese Rückkehr nichts dar als die leere *Wiederholung* des Anfangs, – einen langweiligen Kreislauf. *An sich* oder dem Begriffe nach ist aber in jener Rückkehr zugleich ein *Fortschritt* enthalten. Denn der Übergang des Schlafs in das Wachen und des Wachens in den Schlaf hat *für uns* das ebenso positive wie negative Resultat, daß sowohl das im Schlafe vorhandene ununterschiedene substantielle Sein der Seele wie das im Erwachen zustande gekommene noch ganz abstrakte, noch ganz leere Fürsichsein derselben sich in ihrer Getrenntheit als einseitige, unwahre Bestimmungen erweisen und ihre konkrete *Einheit* als ihre Wahrheit hervortreten lassen.« (Hegel, *Enzyklopädie*, § 399, Zusatz)
Der oneirokritische Diskurs nimmt die Träume auf, wenn sie aus der festen Ordnung von Tag und Nacht gefallen sind. Für die Traumdeutung der Philosophie ist das Auseinanderfallen der natürlichen Zeit nicht wie für Hegel der Ort, wo Natürlichkeit und Idealität der Seele auseinandertreten, um im Geist aufgehoben zu werden, sondern Ort einer Signifikanz; Augenblick, in dem das Naturverhältnis selbst bezeichnend wird, wo es das Denken aufnimmt, um das Reale zu gliedern.

2 Vgl. dazu: Cushman, *Therapeia*. Im übrigen hält der Titel kaum, was er verspricht, weil die therapeutischen Momente allzu pädagogisch bestimmt sind und sich an ein Ich wenden, das bei Platon noch nicht so konstituiert ist, daß es Adressat dieser Aufklärung sein könnte. Daß sich das platonische Subjekt an den wilden Momenten der Seele und des gesellschaftlichen Seins bildet, entgeht diesem pädagogischen Blick.

3 »Platon weiß z. B. recht wohl, daß der Träumende *als solcher* [...] gar keine Sinneswahrnehmungen hat, sondern nur Phantasien. Er nennt selbst 158 a die Vorstellungen der Träumenden pseudeîs aistéseis, also keine wirklichen Wahrnehmungen. Die Traumvorstellungen entspringen eben nicht aus dem Sinn, sondern aus der Einbildungskraft und eben dies ist das Kriterium ihrer Unwirklichkeit, also ihre Ungültigkeit für die Erkenntnis.« (Apelt, *Anmerkungen*, 163 f.)
Das läßt sich auch von der *Traumdeutung* her nicht rechtfertigen; insbesondere wird so das maieutische Wahrnehmungsexperiment nicht verständlich; das atopische Moment, das es erzeugt, zieht seine Wirkung gerade daraus, daß das, was der sinnlichen Wahrnehmung gegeben ist, verschwindet; und umgekehrt,

daß das, was nie anwesend war, in der sinnlichen Wahrnehmung gegeben ist. Ebensowenig läßt sich auf diese Weise das defiziente Wissen in seinem Verhältnis von logischen und psychologischen Bestimmungen erfassen. Wie an anderen Stellen auch, liest Apelt den *Theätet* von der entfalteten Ideenlehre aus, so daß der Bereich des defizienten Wissens, das doch hier ausdrücklich Thema ist, in seiner konstitutiven Rolle nicht erscheint. Daß sich Apelt gerade auf die pseudeís aistéseis beruft, ist eher merkwürdig. Denn aus dem Dialog geht hervor, zum einen, daß es »falsche Wahrnehmungen« nicht geben kann, zum anderen, daß sich daher die Eigenschaft »falsch« auf den halluzinatorischen Charakter der Traumbilder nicht bezieht; daß sie in ihrer paradoxen Bestimmung festgehalten werden, nicht anwesend und doch wahrnehmbar zu sein, garantiert überhaupt erst den Fortgang des Dialogs.

4 Im *Versuch über Geistersehen und was damit zusammenhängt* will Schopenhauer die Frage, ob der Traum der Wahrnehmung oder der Vorstellung zuzuordnen sei, durch die Einführung eines Traumorgans lösen, worunter er ein Anschauungsvermögen versteht, das von äußeren Eindrücken auf die Sinne unabhängig sein und einer Gehirnfunktion zugerechnet werden soll (Bd. II, 26 f.). Allerdings bleibt der Versuch (der ja für die Metapsychologie nicht ohne Interesse ist wie überhaupt alle Versuche, eine spezifische Tätigkeit der Seele außerhalb von Wahrnehmung und Vorstellung zu bestimmen) wie alle Traumtheorien des 19. Jahrhunderts in sich stecken, weil auch die Annahme dieses besonderen Anschauungsvermögens die Träume nicht deutbar macht; denn Schopenhauer gibt den Effekten dieser Anschauung nicht zugleich auch die Form einer besonderen Existenzweise wie Freud, und er muß daher zum Realismus des Antiken Traumfeldes zurückkehren. Man könnte sich aber vorstellen, daß Schopenhauer weitergekommen wäre, wenn er sich weniger an die Neurologie und mehr an die Ästhetik gehalten hätte, denn gerade für die nähere Bestimmung des »Traumorgans« müßte die *Kritik der Urteilskraft* eigentlich Material genug bieten. Man hätte so etwas wie eine Teleologie der Träume erwarten können.

5 Man muß vielleicht noch einmal daran erinnern, daß der Traum, den wir rekonstruieren, schon der aufs Wissen übertragene Traum ist. Für ihn ist seine Natürlichkeit – die immer vorausgesetzt bleibt – nur eine seiner Eigenschaften, die sein Funktionieren als Traumterm begründen. Darin ist vorausgesetzt, daß dieser Traum über Rede verfügen muß, um das defiziente Wissen bezeichnen zu können. Das berührt die Bindung des Traums an die Wahrnehmung nicht, denn das Traumexperiment ist so eingerichtet, daß wir auch das, was nicht außen anwesend ist, der Wahrnehmung zurechnen müssen. Ebenso vorausgesetzt ist auch, daß alles, was wahrgenommen, auch bezeichnet werden kann. Daß Rede möglich ist, erlaubt es im Rahmen der ersten These keineswegs, zwischen innen und außen zu unterscheiden. In diesem Maße bleibt auch der Status der Rede unbestimmt. Die Elemente des defizienten Wissens sind bezeichnend; seine Defizienz besteht aber darin, daß es über zu viele Signifikanten verfügt, nicht aber über die Regel, diese Signifikanten in einer stabilen Bedeutung zu sichern.

6 Aber dieses »Etwas«, das übrigbleibt, ist immer noch bezeichnend. Man versteht, daß der Rekurs auf den Traum das wilde Denken in seiner Möglichkeit als Modus der Seele begründen kann und ihm in dieser Begründung zugleich

seine Grundlage entzieht, weil es wie der Traum nur in der privaten Seele spielt und ebensowenig wie der Traum über stabile Beziehungen zur Realität verfügt; denn das defiziente Wissen zerfällt wie morgens der Traum, wenn die Maieutik beginnt, es zu institutionalisieren. Tatsächlich sind primäres, sekundäres und wildes Denken noch nicht in ihrem Unterschied bestimmt, sondern nur in der Gemeinsamkeit ihrer Defizienz. Und doch wird Platon all das nicht zum Ungedachten machen, um darin, was nicht gedacht werden kann, das Wissen zu begründen, denn die platonische Metaphysik bleibt auf Wahrnehmbarkeit und Signifikanz des Seins unaufhebbar bezogen.

7 Was deinós ja ebenso zuläßt wie »gewaltig« bei Schleiermacher, »schlimm« bei Apelt, »frightfully difficult« bei Fowler; denn diese Frage bringt nicht nur Theätet mit seiner These in Verlegenheit, sondern gefährdet für einen Augenblick den philosophischen Diskurs selbst: das Sein könne durch die Wahrnehmung gespalten sein.

8 »Wladimir. Habe ich geschlafen, während die anderen litten? Schlafe ich in diesem Augenblick? Wenn ich morgen glaube, wach zu werden, was werde ich dann von diesem Tage sagen? Daß ich mit meinem Freund Estragon an dieser Stelle bis in die Nacht auf Godot gewartet habe? Daß Pozzo mit seinem Träger vorbeigekommen ist und daß er gesprochen hat? Wahrscheinlich. Aber was wird wahr sein von alledem? (Estragon, der sich angestrengt und vergeblich mit seinen Schuhen beschäftigte, ist von neuem eingeschlafen. Wladimir schaut ihn an.) Er wird nichts wissen. Er wird von den Schlägen sprechen, die er bekommen hat, und ich werde ihm eine gelbe Rübe geben. (Pause.) Rittlings über dem Grabe und eine schwere Geburt. Aus der Tiefe der Grube legt der Totengräber träumerisch die Zangen an. Man hat Zeit genug, um alt zu werden. Die Luft ist voll von unseren Schreien. (Er lauscht.) Aber die Gewohnheit ist eine mächtige Sordine. (Er betrachtet Estragon.) Auch mich, auch mich betrachtet ein anderer, der sich sagt: Er schläft, er weiß nichts, laß ihn schlafen.« (*Werkausgabe*, Bd I / 1, 95 f.)
Insofern bezeichnet das Warten auch das Aufschieben des Erwachens zum Ich oder zum Selbstbewußtsein; kurz zu all den Strukturen, in denen sich das Subjekt seit Platon Sinn zu geben versucht hat. Dennoch ist das Werk Becketts weit entfernt vom Absurden, für das, wie Deleuze gesagt hat, das Fehlen von Sinn charakteristisch ist. Man darf die Ironie im Topos des Wartens nicht übersehen: Während Wladimir und Estragon noch auf die Vorstellungen warten, in denen sie sich selbst begreifen könnten, bringen sie unaufhörlich Bedeutungen hervor, die sie sich selbst nicht aneignen können, solange sie warten. Insofern bezeichnet das Warten auch das Träumen: daß wir das Sein außerhalb des Ich bezeichnen.
In *Company* hat Beckett diesen Zusammenhang durchgespielt, indem er sich ein Subjekt selbst »erträumen« läßt. Das heißt kein neues Ich zu erfinden, wie es heute eine ganze Literatur immer noch versucht, sondern zu ergründen, was wir bedeuten könnten, wenn wir des Wachens und all dessen, wofür es im emphatischen Sinn gestanden hat, nicht mehr gewiß sind. Vielleicht kann man auch das platonische Erwachen für einige Augenblicke aufschieben, bevor sich die Geschichte des Selbstbewußtseins darin begründen wird.

9 So daß uns der Fall dieses Wahnsinnigen wie eine metapsychologische Parabel

des Befriedigungserlebnisses erscheint. Auch die Lösung, durch die der Patient am Leben erhalten wird, ist ganz im Sinn dieser Not des Lebens, in der wir die Bedeutungen des Materiellen überspringen können, niemals aber weder die Bedeutungen noch das Materielle selbst; ganz im Sinne Hegels, wenn er in der *Phänomenologie* die Tiere für vernünftiger hält als die Skeptiker, die an der Realität der sinnlichen Gegenstände verzweifeln. Die platonische Realitätsprüfung findet das Sein nicht wieder, um es in der Not des Lebens zu verlieren, sie siedelt es jenseits des Körpers an. Umgekehrt kann die Philosophie dieses Sein nur finden, wenn wir den Körper verloren haben, wenn er schläft, und sei es in einem künstlichen Schlaf. Wenn die Seele in den »Überhimmlischen Ort« zurückkehrt, hat sie nicht nur den Körper übersprungen, sondern auch den Wunsch; im erotischen Wahn erfüllt sich auch der Wunsch nicht mehr nur im Unbewußten, sondern in der Wahrnehmung des Realen.

10 Es kommt darauf an, zu verstehen, daß wir die Realitätsprüfung als Instanz des Ich für die Träume oder allgemein für die Produkte des Unbewußten nicht wiederholen können; anzuerkennen, daß der Wunsch selbst eine Realität geschaffen hat, diese »besondere Existenzform«, wie Freud sagt: Das Psychische. Der Wunsch ist nicht in einem einfachen Verhältnis von Sensiblem und Intelligiblem zu erfassen, sondern nur auf der Ebene dessen, was Freud Vorstellungsrepräsentanzen nennt. Auch die philosophische Realitätsprüfung erschöpft sich nicht auf der Ebene des Sekundärprozesses; auf der Suche nach dem Intelligiblen kreuzt sie die Wünsche, ohne sie doch in der Idee wiederzufinden, nicht einmal in den affektiven Modi, in denen die Idee zugänglich werden kann. Erst von der Metapsychologie aus kann man die Frage stellen, wieviel an Wünschen in den Ideen selbst enthalten ist.

11 Die Fortsetzung der Traummechanismen im sekundären Denken bringt, wie wir gesehen haben, keinen neuen Traum hervor, sondern ein wildes Denken. In diesem (metapsychologischen) Sinn muß man auch den ethnologischen Ausdruck »Traumzeit« verstehen. Man kann die Traumzeit keineswegs von ihrer rationalen Leistung trennen, die verlorene Zeit zu suchen, d. h. den Bestand der historischen Bedeutungen (die toten Ahnen) auf die bestehenden Bedeutungssysteme zu beziehen. Dann ist es auch nicht mehr möglich, wie Duerr es in *Traumzeit* versucht, das wilde Denken aus dem Kontext rationaler Bewältigung des Realen zu nehmen und es als ursprüngliche Form eines Denkens auszugeben, das jeder Wissenschaft überlegen sei. Und man muß sich fragen, ob in dieser Privilegierung des Wilden nicht gerade das ethnozentrische Vorurteil wiederkehrt, das Lévi-Strauss – gegen den sich die *Traumzeit* ja unterschwellig richtet – eben dadurch aufheben wollte, indem er nach äquivalenten Leistungen von wildem und epistemologischem Denken gefragt hat. Sicher hätte auch ein Blick in die *Traumdeutung* genügt, um festzustellen, daß der Primärprozeß kein ursprünglicher Modus der Seele ist, sondern eine der beiden Funktionsweisen des psychischen Apparats; daß die Signifikanz, nach der die Seele funktioniert, Kategorie des Rationalen ist.

12 Tatsächlich sind die eídola Grundelemente des Dialogs; sie gelten als Bezugspunkt für alle drei Definitionsversuche der Erkenntnis und bleiben an die Wahrnehmung gebunden. Die Maieutik setzt sich zum Ziel »zu prüfen, ob die Seele des Jünglings ein Trugbild (eídolon) ist und Falschheit gebärt oder

Fruchtbares und Echtes« (150c). Aber die Realitätsprüfung, die Sokrates dann in Gang setzt, ist keine kategoriale Untersuchung von Wahrheitsbedingungen; vielmehr geht es darum, das Funktionieren der Bilder in den Kontexten, die durch die Thesen gegeben sind, zu überprüfen: einen wilden Umgang mit den Bildern zu provozieren, um auf jeder Ebene des Dialogs dieselbe Erfahrung und das eigentliche Thema des *Theätet* zu wiederholen: daß wir in den Bildern das Reale zugleich bezeichnen und verleugnen. Es ist dieses Wunder, das die Maieutik sich selbst und ihren Klienten immer wieder vorführt; das ist ihre immanente Teratoskopie. Man muß das auch als selbständiges Moment gegenüber dem *Sophistes* festhalten. Dort ist »der Übergang zur Betrachtung der sprachlichen Bestandteile der Rede (motiviert) durch die Reflexion auf die dem Logos als einer bestimmten Gattung eigentümliche Natur« (Wiehl, *Anmerkungen*, 202). Dagegen befragt die Maieutik die Rede nach Modellen, die sie dem wilden Denken selbst entnimmt. Vielleicht wäre das unsere Formel für die sokratische Ironie im *Theätet*.

13 Es geht aber im *Theätet* – wie immer wieder auch im *Sophistes* – nicht um eigentlich kategoriale Eigenschaften, woran daher Wiehl für die Stelle 251b im *Sophistes* erinnert, kann man auch für den *Theätet* in Anspruch nehmen: »Hier ist zunächst nicht an das Kategorien-Verhältnis von Ding und Eigenschaft zu denken, sondern an die semantische Grundbeziehung, die allen Kategorie-Differenzen zuvor- und zugrundeliegt: Grundbeziehung des Seienden zu dem, was von ihm gesagt, bzw. wodurch es bezeichnet ist; mag dies nun ein unmittelbarer Eigenname, oder ein Name für eine seiner Wesensbestimmungen oder sonstigen Eigenschaften sein. [...]. In diesem unmittelbaren semantischen Bereich treiben die Seinsbestimmungen des Einen und Vielen das Spiel der unter ihnen möglichen vieldeutigen Beziehungen, nicht anders als in den mythologischen Ontologien.« (*Anmerkungen*, 193)

Im *Theätet* wird dieses Spiel nicht durch das dialektische Verhältnis von Sein und Schein eingeschränkt, ebenso wenig aber der Willkür überlassen. Wir befinden uns im *Theätet*, wenn wir von Hegel ausgehen, weniger auf der Ebene der *Wissenschaft der Logik* als auf derjenigen der *Phänomenologie*, in dem Sinn, daß es zum einen um die Ordnung des erscheinenden Wissens selbst geht, zum anderen darum, daß dem Schein eine konstitutive Rolle im Begründungsprozeß des Logischen zukommt, um hinter das, was als Schein schon in Anspruch genommen war, zurückzugehen.

Kontrolliert wird das Spiel der Zeichen im *Theätet* durch den Bezug auf die Maieutik, die ihrerseits das wilde Bezeichnen provoziert. Es ist gerade der Bereich zwischen kategorialer und semantischer Ebene, wo die Maieutik selbst ein Spiel ist. Insofern können wir – ganz im dialektischen Sinn, wenn auch im Blick auf eine andere Seinsebene – sagen, daß auch in diesem Spiel schon kategoriale Verhältnisse herrschen; wofür wir die Kategorie der Signifikanz einsetzen, die ja ihrer Funktion nach gerade dort noch Regeln des Bezeichnens wahrnehmbar werden lassen soll, wo die Logik des Diskursiven endet.

14 Die wunderbaren Zeichen (téras) verschwenderischer Signifikanz sind nicht im sophistischen Argument fundiert, sondern in der Traumallegorie. Man kann vielleicht im Übergang von eídolon zu téras den sokratischen Abstand zur sophistischen Argumentation abschätzen. Denn die Funktion dieser Zeichen liegt

nicht darin, die Erkenntnis zu bestreiten oder sie auf eine sinnliche Erfahrung zu beschränken, sondern das Spiel der Seele mit den Zeichen zu kontrollieren, d. h. nicht, es zu untersagen; weil die Metaphysik Platons auf dieses Spiel angewiesen bleibt, wie im erotischen Wahnsinn; dort findet die Seele in den Bildern das wahrhafte Sein wieder. Die Überkreuzung, von der die Rede war, ist immer in der Traumallegorie kontrollierbar, wie groß das Wunder oder der Schrecken auch sein mögen. Es ist immer zugleich die Nähe und die Ferne des Traums zum wachen Seelenleben, die den Traum für die Philosophie interessant werden läßt. (Vgl. Foucault, *Mon Corps*, 585).

15 Auch die drei letzten Fälle der Kombinatorik, in denen die Möglichkeit der Nichtübereinstimmung von innerer und äußerer Wahrnehmung erscheint, berühren das Funktionieren der Metapher nicht. Sokrates schreibt diese Möglichkeit im Rückgriff auf die literarische Tradition der Qualität der Wahrnehmung bzw. des Wachses zu; in diesem Sinn ist der Irrtum keine falsche Vorstellung, sondern Mangel, der dem Körper zugeordnet werden kann: schlechtes Wachs, natürliche Grenzen der Sinnesorgane. (Vgl. Apelt, *Anmerkungen*, 175 f.)

16 Die Spannungen zwischen ihnen, die Platon auf gleichwohl weit auseinanderliegende Ausdrücke verteilt, hält die metapsychologische Metapher vom Wunderblock in sich aus. Sie beschreibt das Bewußtsein ganz analog den Metaphern aus dem *Theätet* als Reaktives oder als Wahrnehmung. Aber die Identifizierung von Wahrnehmung und Bewußtsein soll keinen defizienten Ausdruck darstellen, sondern einen topologischen. Es ist zunächst das Deckblatt, das den Wunderblock vom Wachsblock unterscheidet: Es löscht die Schrift, macht die Oberfläche wieder aufnahmebereit und verbindet sie mit der Periodizität der Wahrnehmbarkeit im seelischen Apparat selbst. (Vgl. Bd. III, 369). Freud kann damit Abschied nehmen von der Suche nach einem Ort, in dem Wahrnehmung und Erinnerung zugleich anwesend wären; und er findet ihn doch im Traum als halluzinatorische Wahrnehmung. (Zur »Schrift der Seele« vgl. den letzten Teil.)

17 Es ist auffällig, daß Platon hier das Gedächtnis thematisiert, ohne die anámnesis zu erwähnen. Das macht noch einmal deutlich, daß die Vermittlung des Wissens, um das es hier geht, auf besondere affektive Zustände der Seele nicht angewiesen ist. Und doch ist sogar der Wachsblock mehr als nur ein mechanisches Modell zur Unterscheidung von Wahrnehmung und Vorstellung, wie Cornford sagt (*Theory*, 127) – was ja sehr viel wäre, wenn er diese Unterscheidung wirklich zustande brächte – sondern immer auch der Versuch, im defizienten Denken Regeln zu entdecken, nach denen es funktioniert: hier die Verknüpfung nach Kontiguitätsbeziehungen. Schließlich sollte man im Auge behalten, daß der »Überhimmlische Ort« nicht weniger als unendlicher Kontiguitätsraum erscheint: »Denn da die ganze Natur in innigem Zusammenhang steht und die Seele mit allem bekannt geworden ist, so hindert nichts, daß man, wenn man sich nur an eines wiedererinnert – was die Leute dann lernen nennen – auch alles andere wieder auffindet, wenn man nur den Mut findet und die Mühe des Forschens nicht scheut.« (*Menon*, 81 d)

18 Für die Frage nach dem Autor ist es ganz im Sinn unserer Traumanalyse, wenn Cornford bezweifelt, daß Antistenes Urheber der im Traum dargestellten

Theorie sei, wie man oft angenommen hat. Es ist wichtig zu sehen, daß die Urelemente, von denen die Rede ist, nicht den Status von Atomen oder Axiomen haben, sondern von konkreten und sensiblen Zeichen, was für das Traumargument in seiner Gesamtheit gilt und woraus gerade die halluzinatorischen Eigenschaften hervorgehen. Man braucht das Problem rationaler Erklärung, das im Traum als Traum eingeführt wird, nicht in der Vermutung aufzulösen, Platon beziehe sich auf eine Diskussion, die nach Sokrates' Tod erst stattgefunden habe (Cornford, *Theory*, 144), sondern kann den Traum an den Dialog zurückgeben.

19 Ginzburg geht in *Spurensicherung* der Entstehung eines semiologischen Paradigmas nach, das er im Übergang von der mesopotamischen zur griechischen Kultur entstehen sieht, »und zwar dadurch, daß sich neue Wissenschaften wie Geschichtsschreibung und Philologie herausbildeten und alte Disziplinen wie die Medizin eine neue soziale und erkenntnistheoretische Autonomie erwarben.« (*Spurensicherung*, 14) Insbesondere ist dieses Paradigma für die (antike) Medizin wichtig geworden. Aufgrund dieser semiologischen Voraussetzungen kann Hippokrates im übrigen die Träume als Zeichen der Krankheit lesen, sie an die Mantik anschließen und zugleich mit einer (im wesentlichen pneumatischen) Theorie der Körperfunktionen verbinden. »Die Hippokraten behaupteten, es sei nur dann möglich, die ›Geschichte‹ der einzelnen Krankheiten präzis herauszuarbeiten, wenn man alle Symptome aufmerksam beobachtet und mit größter Genauigkeit registriert: die Krankheit an sich sei unerreichbar [...]. Weil die Transparenz der Wirklichkeit negiert wurde, erschien ein Indizienparadigma als legitim, das in sehr vielen Anwendungsbereichen wirksam war. Ärzte, Historiker, Politiker, Töpfer, Tischler, Schiffer, Jäger, Fischer und Frauen sind unter den Griechen nur einige Gruppen, die im weiten Feld des vermutenden Wissens wirkten.« (*Spurensicherung*, 14)
Und doch konnte sich das semiologische Paradigma nicht gegen das platonische Erkenntnismodell durchsetzen. Von den Voraussetzungen der antiken Philosophie aus, waren die Zeichen des semiologischen Feldes letzten Endes immer nur Singularitäten im Sinne der »Urelemente« aus Sokrates' Traum und daher weder auf Referenzen im Realen noch im Logischen streng beziehbar. Erst von dem Augenblick an, als die Sprache selbst als autonomes Bedeutungssystem verstanden werden konnte wie in der Frühromantik und damit die Relationen zwischen den Signifikanten selbst signifikant wurden, konnte auch das semiologische Paradigma wieder zur Geltung kommen.

20 Das gilt nicht für alle Hervorbringungen des Wahnsinns gleichermaßen; für alle aber gilt, daß sie nicht dem ídios kósmos angehören, prinzipiell austauschbar sein müssen: in unterschiedlichen Bereichen, aber eben auch im epistemologischen Feld selbst. Auch das Orakel, die Dichtung oder die Heilkunst sind an die Öffentlichkeit gerichtet, wobei keineswegs vorausgesetzt ist, daß die Empfänger der Botschaften oder die Klienten selbst in irgendeiner Weise wahnsinnig sein müssen. Der göttliche Wahnsinn liegt ganz auf einer produktiven, aber nicht technischen Seite, dagegen schließt die Rezeption des Wahnsinns technische Mittel nicht aus.

21 Diese Dezentrierung gehört zwar schon zu den Bedingungen der philosophischen Initiation, aber sie führt keineswegs zu irgendeiner fundamentalen

Evidenz, in der die Erkenntnis sich gliedern, begründen und sichern ließe. Dementsprechend bleiben die Kritik am normalen, in der Lebenswelt verankerten Bewußtsein und der Zugang zu den Formen selbst unterschieden. Und auch die Leistungen des göttlichen Wahnsinns sind keineswegs beschränkt auf die Konstitution des philosophischen Subjekts, die vielmehr nur einer seiner Effekte ist. Insofern bleibt die platonische Metaphysik offen auch für Erfahrungen, die sie nicht erkenntnistheoretisch einholen kann.

22 Es ist, wie Cornford bemerkt hat (*Theory*, 27) auffällig, daß das Anfangsgespräch im *Theätet* (143–148), auf das dann die Einführung der maieutischen Theorie folgt, parallel zum ersten Teil im *Menon* verläuft. Menon wie Theätet begnügen sich damit, dort bestimmte Tugenden, hier bestimmte Wissensgebiete aufzuzählen und dabei die Frage, was Tugend oder Wissen seien, überhaupt unbeantwortet zu lassen. Im *Menon* folgt darauf die Theorie der anámnesis, im *Theätet* die Theorie der Maieutik. Man wird sogleich vermissen, daß weder die Lehre von der anámnesis noch von der Unsterblichkeit der Seele aus dem früheren *Menon* im *Theätet* aufgenommen werden. Daß diese Verweise fehlen, ohne daß man doch sagen könnte, Platon habe die anámnesis inzwischen aufgegeben, versteht sich nicht ohne weiteres schon dadurch, daß der *Theätet* das vor-philosophische Wissen behandelt. Man geht in einer solchen Erklärung allzu sehr vom Telos der platonischen Philosophie aus, vom Wissen und der Form oder der Idee, die ihr Gegenstand sein sollen. So kann der Eindruck entstehen, es handele sich im *Theätet* dem defizienten Wissen entsprechend, selbst um eine defiziente Form der Maieutik. Dennoch hat Platon die Maieutik nirgendwo sonst so ausführlich dargestellt wie im *Theätet*; man sollte die Maieutik nicht ausschließlich nach Leistungen beurteilen, die man von der Dianoetik oder der Dialektik erwarten kann. Hier wollen wir die Maieutik als Verfahren der Realitätsprüfung bestimmen und die anámnesis nach ihrem Anteil an der Traumallegorie befragen.

23 Darin ist der Maieutiker ebenso Überraschungskünstler wie der Schamane, jedoch in umgekehrter Richtung. Der Schamane trifft, wenn wir dem Schema von Lévi-Strauss folgen, auf einen manifesten Mangel an Signifikaten, dem eine Reihe überschüssiger Signifikanten entspricht, die der Patient nicht in den Diskurs des Bewußten integrieren kann. Das Wunderbare der Therapie liegt in den pathologischen Qualitäten des Denkens, die der Schamane investiert und darin einen Überschuß an Signifikaten zur Verfügung stellt. In diesem doppelten Überschuß an Sinn und Unsinn können sich die aus der Reihe des Bewußten gefallenen Signifikanten neu ordnen und bedeuten. Immer aber ist dem Gelingen der Therapie das Moment des Staunens über den unverhofften Sinn eigen, affektives Korrelat des signifikativen Überschusses; und es gibt auch ein pathologisches Korrelat des Staunens, das ist das Trauma: die Wunde des Unsinns. Freud hat die erste Nosologie der Neurosen noch in der Zeit der Zusammenarbeit mit Breuer am Trauma orientiert, später nimmt er die Theorie des exzessiven Erschreckens auf einem anderen Feld wieder auf. In *Jenseits des Lustprinzips* kommt dem Bewußtsein und der Erinnerung die Funktion zu, den psychischen Apparat vor pathogenen Traumen zu schützen.

24 »Man sollte erwarten, daß mit dem Ende des fünften Jahrhunderts der herkömmliche Typus des »göttlichen Traums«, der nun nicht mehr von einem

Glauben an die traditionellen Götter genährt wurde, an Häufigkeit und Bedeutung verloren habe – wobei der weitverbreitete Asklepios-Kult eine wohlbegründete Ausnahme bildet. Und tatsächlich gibt es Anzeichen dafür, daß um diese Zeit andere Weisen, den Traum zu betrachten, modern werden. Religiöse Gemüter sind nun geneigt, in dem bedeutsamen Traum einen Beweis für die eingeborene Kraft der Seele selbst zu sehen, die sie entfalten kann, wenn sie von den Beschwerlichkeiten des Körpers befreit ist. Diese Entwicklung gehört in einen Zusammenhang, der gewöhnlich mit ›Orphik‹ bezeichnet wird.« (Dodds, *Die Griechen*, 69)

25 Z. B. in der Klassifikation der Mantik bei Cicero. »Die Gliederung in natürliche und künstliche Mantik, die in Äußerungen Platons schon angedeutet wird (*Phaidros*, 244), wird in der stoischen Lehre systematisch durchgeführt. Der Bereich der natürlichen Mantik ist seinerseits wieder zweigegliedert in Orakelmantik bzw. mantischen Enthusiasmus und in Traummantik. Grundlage der natürlichen Mantik ist eine eigenartige Tätigkeit der Seele, wenn sie sich loslöst vom Körper und der sinnlichen Wahrnehmung und in Kontakt kommt mit dem göttlichen Geist. Die künstliche Mantik wird ihrerseits aufgegliedert in Haruspizien, zu der Eingeweideschau, Auslegung von Himmels- und Wetterzeichen und Deuten von ›ostenta‹ gehören, und in Auspizien (Vogelschau), ferner in Astrologie und Losorakel.« (Pfeffer, *Mantik*, 57. Vgl. Cicero, *De divinatione*, Buch I,11)

26 In der Barriere, die zwischen Signifikant und Signifikat einen einfachen Übergang nicht zuläßt, wiederholt die Mantik die Trennung von Tag und Nacht, von Sinnlichkeit und Wissen. Es ist dieses Moment, das sich die sinnliche Erfahrung nicht aneignen kann, in dem der Traum unanschaulich ist, nicht in seinem Bildwert aufgeht, wie Freud sagt; es ist diese Nachträglichkeit, in der die Anschauung auf eine Deponie der Bedeutungen verwiesen ist: Es ist die Intellektualisierung der Zeichen, in der die Allegorie ihren Mangel an Sinnlichkeit nicht verdeckt. Darin hat sie die Ablehnung der klassischen Ästhetik heraufbeschworen: So lehnt Goethe sie als nicht kunstgemäß ab (um dann doch im *Faust II* von ihr eingeholt zu werden). Luther spricht davon, daß die Allegorie das Wort Gottes »beliebig teile und verlose« als Gewinne gottferner Grübelei; und Hegel schließlich spricht von ihrer Frigidität:
»In dieser Weise ist die Allegorie nach beiden Seiten hin kahl. Ihre allgemeine Personifikation ist leer, die bestimmte Äußerlichkeit nur ein Zeichen, das für sich genommen keine Bedeutung mehr hat; der Mittelpunkt, der die Mannigfaltigkeit der Attribute in sich zusammenfassen müßte, hat nicht die Kraft einer subjektiven, in ihrem realen Dasein sich selbst gestaltenden und sich auf sich beziehenden Einheit, sondern wird eine bloß abstrakte Form, für welche der Erfüllung mit dergleichen zum Attribut herabgesetzten Besonderheiten etwas Äußerliches bleibt.« (Hegel, *Ästhetik*, Bd. 13, 513)

27 Auch die Mantik hat ja in der Seele des Träumenden keinen Sinn der Traumzeichen entdeckt, sie belegt darum den Träumer mit einer Amnesie: Er muß alles vergessen, was die aktuellen Traumzeichen mit Erinnerungsspuren seines Gedächtnisses verbinden könnte. An die Stelle der individuellen Erinnerung, wie sie die analytische Traumdeutung organisiert, treten die deponierten Signifikate. Sie geben den Traumzeichen einen Platz in der Seele des Träumers zurück,

aber die Seele ist für die Mantik nicht mehr als ein leeres Blatt, auf das Gott seine Botschaften schreibt; das sind Träume, weil Gott ›anders‹ spricht. Die Philosophie setzt ebensowenig wie die Mantik die Seele als Ort für die Träume voraus, im Gegensatz zur Mantik denkt sie das Psychische und schließt doch im Gegensatz zur Psychoanalyse die Träume aus der Seele aus (aus der vernünftigen Seele, wie man vielleicht hinzufügen muß).

II. Die Träume der Philosophie
2. Descartes, *Meditationes de prima philosophia*

1 Für die Analyse des cartesianischen Traums ist es unerläßlich, nicht nur zwischen natürlichem und hyperbolischem Zweifel zu unterscheiden, sondern auch innerhalb der Ökonomie des Zweifels zwischen Irrtum, Traum und Wahnsinn, was auch Foucault in seiner Lektüre der *Meditationes* vorschlägt: »In der Ökonomie des Zweifels gibt es ein fundamentales Ungleichgewicht zwischen einerseits dem Wahnsinn und andererseits dem Traum und dem Irrtum. Ihre Situation ist hinsichtlich ihres Verhältnisses zur Wahrheit und demjenigen, der sie sucht, unterschiedlich. Der Wahnsinn aber wird von dem zweifelnden Subjekt ausgeschlossen. So wie bald ausgeschlossen wird, daß es nicht denkt und nicht existiert.« (*Wahnsinn*, 69) Man kann vermuten, daß die Gleichstellung dieser drei Elemente des Zweifels in den traditionellen Kommentaren der *Meditationes* wesentlich dazu beigetragen hat, den Traum auf seinen sophistischen Ausdruck zu reduzieren.

Derrida verlagert den Akzent, den Foucault durch die Differenzierung in der Struktur des Zweifels gesetzt hat, auf den Wahnsinn zurück. Man muß aber darauf bestehen, daß in der Subversion der Meinungen, gerade in dem Augenblick, in dem die historische Gestalt der Vernunft als Traum erscheint und überwunden werden soll, der Traum dieser Struktur nicht angehört und in seiner Natürlichkeit ein – wenn auch minimales – Band zur Realität garantiert, das dennoch ausreicht, um ein Erwachen zu organisieren. Man darf deswegen nicht ins andere Extrem verfallen, den Traum wohl aus seiner sophistischen Reduzierung herauszunehmen, ihn dann aber ganz dem metaphysischen Ausdruck selbst zuzurechnen. Denn seine metaphysische Funktion besteht in einer Art Asymmetrie: in seinen Bildern die Realität zu überschreiten (oder zu verleugnen, was ohne metapsychologische Bestimmung dasselbe ist) und dennoch unaufhebbar empirischer Zustand der Seele zu sein. In dieser Asymmetrie des Traums schließlich läßt sich die ganze Spannweite seines Ausdrucks darstellen. Zur Diskussion von Traum und Wahnsinn für die Genese des metaphysischen Cogito, in der die Frage nach dem apollinischen oder dionysischen Grund der Philosophie wiederkehrt: Derrida, *Cogito und die Geschichte des Wahnsinns*, in: *Die Schrift*, 53–101.

2 Man muß sehen, wie Foucault betont hat, daß der Wahnsinn auf der vormeditativen Ebene festgehalten und so von der Meditation selbst ausgeschlossen wird: »La différence avec la folie n'a pas à être éprouvée: elle est constatée.« (*Mon corps*, 589) Die komparativen Ausdrücke, in denen Descartes den Wahnsinn bezeichnet, sind von völlig anderer Qualität als der Vergleich zwischen

Träumen und Wachen, der gerade nicht vom Unterschied, sondern von der Gemeinsamkeit ausgeht, in der Träumen und Wachen auf die Wahrnehmung und die Erinnerung bezogen sind, um durch diesen (hyperbolischen) Augenblick des Nicht-Unterschieds hindurch einen Diskurs der Differenzen in Gang zu setzen: »Le rêveur: ce que je me rapelle avoir été moi–même; du fond de ma mémoire monte le rêveur que j'ai été moi-même, que je serai à nouveau [...]. L'imagination onirique s'épingle exactement sur la perception actuelle.« (*Mon corps*, 588)

Der Unterschied zwischen Wachen und Träumen geht durch die »Tathandlung« des meditativen Träumens hindurch und gewinnt durch sie erst die komparativen Ausdrücke, die es dann erlauben, das Cogito vom hyperbolischen Traum zu unterscheiden; während für Descartes, noch bevor er das meditative Experiment beginnt, feststeht, daß ich nicht wahnsinnig bin, wenn ich denke: »Es ist eine nicht dem Gegenstand des Denkens, sondern dem denkenden Subjekt essentielle Unmöglichkeit, verrückt zu sein. Man kann der Annahme sein zu träumen und sich mit dem träumenden Subjekt identifizieren, um einen Grund zu zweifeln zu finden; dennoch erscheint die Wahrheit, und zwar als Bedingung für die Möglichkeit des Traums. Dagegen kann man, sogar durch das Denken, annehmen, daß man irre ist, denn der Wahnsinn ist gerade die Bedingung der Unmöglichkeit des Denkens: ›[...] ich würde selbst nicht weniger verrückt erscheinen.‹ [...] Die Wahrheit wird nicht völlig in die Nacht hineingleiten.« (*Wahnsinn*, 69)

3 Auf dieser Konfrontation des Bildes mit sich selbst beruht auch die theatralische Kur des Wahnsinns, und vielleicht kommt gerade in den ludificationes somniorum das theatralische Moment der Meditation am deutlichsten zum Ausdruck.

»In dem Maß, in dem es zum Wesen des Bildes gehört, sich als Realität darzustellen, gehört es umgekehrt zur Wirklichkeit, ein Bild vorspielen zu können und sich als aus der gleichen Substanz bestehend auszugeben und so zu tun, als verfüge sie über die gleiche Bedeutung. Ohne Stoß, ohne Bruch kann die Wahrnehmung den Traum fortsetzen, seine Lücken füllen, ihn in dem bestätigen, was er an Unsicherem besitzt, und ihn zu einer Erfüllung führen. Wenn die Illusion als ebenso wahr wie die Wahrnehmung erscheinen kann, kann die Wahrnehmung ihrerseits sichtbare Wahrheit der Illusion werden. Das erste Moment der Kur durch ›Theaterdarstellung‹ besteht darin, die Irrealität des Bildes in die perzeptive Wahrnehmung zu integrieren, ohne daß diese jener zu widersprechen oder sie zu bestreiten scheint.« (*Wahnsinn*, 336)

Und was für die Kur gilt, daß die Darstellung im Bild nicht genügt, um ein Erwachen aus den Bildern zu provozieren, gilt auch für die *Meditationes* in der Notwendigkeit, aus der Abfolge der Bilder eine Traumrede zu machen; denn wenn, wie Descartes sagt, im Traum auch das Gedächtnis unterbrochen war, der Diskurs ist es nicht. Man kann sich deswegen die Traumspiele der *Meditationes* auch nicht als Pantomime der Bilder vorstellen, denn die Sprache spielt immer schon mit, so sehr, daß sie am Ende den Träumen vorausgreift.

4 Noch einmal zum Theater der Träume. Allen Traumtheorien ist ein solches theatralisches Moment eigen, wie viel oder wenig sie davon auch Gebrauch machen. Bei Freud ist das theatralische Vokabular noch am deutlichsten, wenn er

vom anderen Schauplatz, vom Inszenieren, Verkleiden, vom Mummenschanz des Ich spricht. Denn der theatralische Raum ist die einfachste Struktur, in der sich die Spaltung zwischen Traum und Ich wiederholen läßt in der Anordnung wie z. B. die Mantik sie benutzt: Die Träume werden außerhalb der Seele produziert, der Träumer schaut nur zu; er tritt selbst nicht auf, und dennoch ist seine eigene Zukunft dargestellt. Derjenige wäre darum der ideale Klient der Mantik, der das prophetische Futur sich selbst in den theatralischen Raum übersetzen könnte. Man muß aber genauer sagen, daß der Ausdruck »den Traum wiederholen« nur unter der Voraussetzung gilt, daß man den Traum als bedeutenden nimmt, der insofern das Sein der Bilder immer schon überschritten hat; erst dann kann man das Verhältnis, das der Traum zur Realität unterhält, auf den theatralischen Raum beziehen, ganz analog der Praxis, in der die Medizin das Theater für die Heilung des Wahnsinns in Anspruch genommen hat.

5 »Supponam igitur non optimum Deum, fontem veritatis, sed genium aliquem malignum eundemque summe potentem et callidum omnem suam industriam in eo posuisse, ut me falleret: putabo caelum, aerem, terram, colores, figuras, sonos cunctaque externa nihil alius esse quam ludificationes somniorum, quibus insidias creduliati meae tetendit: considerabo me ipsum tamquam manus non habentem, non oculos, non carnem, non sanguinem, non aliquem sensum, sed haec omnia me habere falso opinantem [...].« (*MT*, I, 12)
Man sieht, daß die ludificationes somniorum aus dem Verhältnis von meditativer Absicht (supponam, putabo, considerabo) und Aktivität des Betrügers hervorgehen. Man kann den Effekt der Täuschung weder dem einen noch dem anderen zurechnen; nur als Verhältnis läßt sich die Hyperbolie des Zweifels und ihre Zurückweisung als Ergebnis des philosophischen Experiments verstehen, nicht aber durch die Annahme einer fiktiven Instanz außerhalb der meditativen Struktur.

6 Es ist von vornherein deutlich, daß Descartes sich mit Eudoxos identifiziert, wie Buchenau in den Anmerkungen zum Text betont. »Die Übereinstimmung von Descartes und Eudoxos ist augenfällig; denn a) auch Descartes schreibt sich nur einen mittelmäßigen Verstand zu, b) auch er will die Vielwisserei vermeiden, c) auch er lebt in der Einsamkeit, d) auch er ist früher so gereist, wie es hier beschrieben wird.« (*Lumen naturale*, 149)

7 »Bref, la méditation implique un sujet mobile et modifiable par l'effet même des événements discursifs qui se produisent. On peu voir à partir de là ce que serait une méditation démonstrative: un ensemble d'événements discursifs qui constituent à la fois des groupes d'énoncés liés les uns aux autres par des règles formelles de déduction, et des séries de modifications du sujet énonçant, modifications qui s'enchaînent continûment les unes aux autres [...].« (*Mon corps*, 594)

8 Melcolm kommt in *Dreaming und Skepticism* (58 f.) nach der Bestimmung der Aussage »I am sound asleep« als selbstkontradiktorisch zu dem Resultat, daß es nicht wahr, sondern sinnlos sei, zu sagen, daß (tief) schlafen und wachen ununterscheidbar voneinander seien. Für Melcolm bedeutet das, daß sowohl das Argument der Nicht-Unterscheidbarkeit in der ersten als auch die Prinzipien von Kohärenz und Konsistenz als Kriterien der Unterscheidbarkeit von Wachen und Träumen in der letzten Meditation logisch unhaltbar sind. (Zur Descartes-Lektüre der Analytischen Philosophie weiter unten.)

9 »Homologie bezeichnet die Entsprechung zwischen zwei gesellschaftlichen Institutionen, die in ihrer Struktur vergleichbar sind im Unterschied zur Analogie, die Struktur- *und* Inhalts- (Substanz-)gleichheit voraussetzt. Homologe Beziehungen existieren nur zwischen Strukturmodellen, nicht zwischen empirischen Gegebenheiten.« (Gallas, *Strukturalismus*, XIX)

Man kann aber auch homologe Beziehungen innerhalb einer Struktur unterscheiden, sofern sie über distinkte Niveaus verfügt; der Strukturbegriff ist ja keineswegs nur auf die soziologische Analyse beschränkt. Worauf es aber ankommt: noch einmal zu betonen, daß man den Terminus »Traum« nicht außerhalb der Meditation, die für uns hier die Struktur darstellt, verstehen kann, nicht außerhalb der Traumallegorie, in der Descartes nicht anders als Platon den Traum erfunden hat: so daß ihm andere als seine empirischen Eigenschaften zukommen können. Es zeigt sich noch einmal, daß wir es hier mit einem traumhaften Gebrauch der Träume zu tun haben.

10 Wenn man wie Derrida (in *Cogito*) diesen äußersten Punkt des universellen Zweifels »Wahnsinn« nennt, überzieht man die Metaphorologie der meditativen Terme und löst die Möglichkeiten ihres Ausdrucks aus der empirischen Verankerung, die sie in der Erfahrung der Träume haben und der auf der Seite des Wahnsinns nichts entspricht. Dennoch könnte sich Derrida auf den allegorischen oder hier metonymischen Charakter der Träume berufen, auf ihre Verschiebung ins Wachen, so daß man, in dem Maße, wie das sekundäre Denken von dieser Verschiebung betroffen ist, strukturell von der Möglichkeit des Wahnsinns sprechen könnte. Doch müßte daraus folgen, daß wir dann einen empirischen Zustand des Wahnsinns für den Meditierenden in Anspruch nehmen könnten, wenn wir den Bezug auf empirische Zustände der Seele nicht überhaupt aufgeben wollen; was Descartes nicht tut. Das ist im Text Derridas selbst unentschieden, weil er zwischen natürlichen und allegorischen Eigenschaften des Traums nicht unterscheidet. Insofern bleibt sein Diskurs über den cartesianischen Traum auf der Ebene des metaphysischen Ausdrucks. Das wiederholt sich für den Wahnsinn, auch ihn kann Derrida nicht anders als in seinen metaphysischen Bedingungen fassen, ohne sich auf andere Diskurse über den Wahnsinn beziehen zu können; während er Foucaults Diskurs in die Bedingungen zurückholt, cartesianisch über den Wahnsinn reden zu können, zweifellos in der Absicht, die »Archäologie des Wahnsinns« vom Verdacht des Irrationalismus zu befreien. Tatsächlich riskiert Derrida, daß der hyperbolische Augenblick zum Außerhalb des meditativen Prozesses wird.

»Die hyperbolische Kühnheit des cartesianischen Cogito, seine wahnsinnige Kühnheit, die wir vielleicht nicht mehr so sehr als Kühnheit verstehen, weil wir im Unterschied zu den Zeitgenossen Descartes' zu sicher, zu sehr mit seinem Schema vertraut sind, mehr als vielleicht mit seiner scharfen Erfahrung; seine wahnsinnige Kühnheit besteht also darin, zu einem ursprünglichen Punkt zurückzukehren, der nicht mehr dem Paar von *determinierter* Vernunft und *determinierter* Unvernunft, nicht mehr ihrer Opposition oder ihrer Alternative angehört. Ob ich wahnsinnig bin oder nicht: *Cogito, sum.* In jedem Sinne dieses Wortes ist der Wahnsinn also nur ein *Fall* des Denkens (*im* Denken). Es handelt sich also darum, sich zu einem Punkt zurückzuziehen, wo jeder in der Form einer bestimmten historischen Tatsachenstruktur determinierte Widerspruch erscheinen kann und als relativ zu diesem Nullpunkt erscheinen kann, wo der determinierte Sinn und der determinierte Nicht-Sinn sich in einem gemeinsamen Ursprung verbinden.« (*Die Schrift*, 89 f.)

Auf diese Weise sind der wahnsinnige Akt und die meditative Arbeit voneinander getrennt, was paradoxerweise zum Effekt hat, die metaphysischen Eigenschaften des Cartesianismus vom formalen Begriff seiner Rationalität zu spalten, was kaum in Derridas Sinn sein kann. Dagegen erlaubt es die These vom Traum als Welt (die ja nicht weniger radikal ist als die Annahme, ich könnte auch im Akt des Cogito wahnsinnig sein) zu verstehen, daß Descartes die metaphysische Begründung der Rationalität nicht überwindet, sondern daß die Genese seiner Philosophie gerade in ihrem Verhältnis zum Traum, zum wilden Willen, kurz, zum wilden Denken ihre Geltung behält.

Auch Foucault nimmt in seiner Antwort auf den Text Derridas in *Mon corps* die Metapsychologie nicht in Anspruch, er begründet die Funktion der Träume aber im Verhältnis von natürlichen und allegorischen Eigenschaften ganz in dem Sinne, in dem wir das Metaphysische des cartesianischen Traumdiskurses darin sehen, welche Bedeutungen der natürliche Traum annehmen kann; was er bezeichnen kann im Verhältnis zu den Instanzen, in denen sich das rationale Feld beschreiben läßt wie Denken, Wahrnehmung, Bewußtsein, Cogito oder Gott.

11 Man muß in diesem wilden Willen ein cartesianisches Äquivalent für den Primärprozeß sehen. Er ist auf die Regeln der Identitätslogik nicht bezogen und bringt keine eindeutigen Zeichen hervor. Es sind diese Merkmale (man könnte, wenn man diese Äquivalenzbeziehung durchgeht, sicher noch andere finden), die es für Descartes sicherstellen, daß die Vorstellungen (ideae) des wilden Willens nicht dem Verstand (ratio) angehören, ja daß der Verstand sie nicht einmal von sich aus bearbeiten kann. Sie gelten wohl, wie sich zeigen wird, als modi cogitationes, die aber nichts weiter repräsentieren als nur die Ausdehnung selbst, so daß sie immer auf die Eigenschaften von Körpern zurückgeführt werden können. Es genügt darum cartesianisch nicht, den Vorstellungen nachträglich Rationalität zu verschaffen, wie es die Metapsychologie tut. Um zu Gegenständen des Verstandes zu werden, müssen die Vorstellungen schon ontologisch als intelligible ausgezeichnet sein. In der dritten Meditation unternimmt es Descartes, die Vorstellungen nach ihrer Teilhabe am Intelligiblen zu befragen. Die Träume werden diese Prüfung nicht bestehen, und Descartes wird uns nicht ein zweites Mal zurufen: »Age somniemus«.

12 Gleich zu Anfang seines Beitrags zum Traum-Symposium, das die ›Aristotelian Society‹ veranstaltet hat, spricht Thomas davon, er habe »irgendwo« von einem »primitiven« Stamm gelesen, deren Mitglieder keinen Unterschied zwischen Träumen und Wachen machten (*Symposium*, 197). Und es scheint so, daß Thomas den Ausgangspunkt für das meditative Experiment, der ja in dieser Nichtunterscheidung liegt, für einen archaischen Rest der cartesianischen Metaphysik hält, für den es keine vernünftigen Gründe gibt. Wenn Thomas dann die Träume aus der Wahrnehmung herausnimmt, bleibt nur noch die Konfusion der theoretischen Bestimmungen: »Suppose I dream that I am lying in bed asleep, and I am indeed lying in bed asleep, what then? Impossible, it may be said. One cannot dream that one is asleep because one would have to dream one was awake in order to know (or perceive) that one was asleep. But surely what can in fact happen can

also appear to happen in a dream, and it is a fact that I appear to myself to be awake when I am asleep. There is a confusion here, it will be objected. Of course there is a confusion. The hypothetical case is absurd. But so is Descartes' original supposition.« (*Symposion*, 203)

Darin wiederholt sich das Mißverständnis gegenüber der »primitiven« Traumtheorie. Wie die Ethnologie der Träume gezeigt hat, geht aus dem Nichtunterschied von Träumen und Wachen niemals irgendein Zweifel an der Realität des Wahrgenommenen hervor, niemals die Notwendigkeit, das Reale erkenntnistheoretisch zu sichern (was Lévy-Bruhl ausdrücklich hervorgehoben hat, den Manser in seinem Beitrag zum Symposium zitiert, ohne diese ethnologischen Befunde in Anspruch zu nehmen, vgl. *La mentalité primitive*, das Kapitel über die Träume). Die Gleichstellung von Traum- und Wacherfahrung bezieht sich ausschließlich auf die Bedeutung des Realen und nicht auf kategoriale Qualitäten des Seins, wie wir bei Artemidorus gesehen haben, der ja ebenfalls Träumen und Wachen gleichsetzt, um darin die Einheit des teratoskopischen Feldes zu sichern; schließlich geht es immer um bedeutende Träume, die schon vorselektiert und daher niemals außerhalb der kollektiven Bedeutungssysteme sind. Descartes will nicht wie Artemidorus eine Wissenschaft der Wunder begründen; ihm geht es nicht um die Bedeutung des Realen, sondern um seine logischen oder kategorialen Eigenschaften. Für Descartes ist das Verhältnis von Träumen und Wachen nicht außerhalb des erkenntnistheoretischen Feldes und wenn der Traum zum Undenkbaren wird, muß man darin das Ergebnis des meditativen Prozesses sehen, der aber gerade auf dieses Undenkbare angewiesen ist, um zur Evidenz des Cogito zu kommen. Von seinen Voraussetzungen her kann Thomas dieses Verhältnis von Cogito und Ungedachtem nicht erfassen und daher auch das philosophische Problem der Träume nicht, so daß eine ganze Dimension des philosophischen Ausdrucks verschwindet: »[…] so I conclude that there is no specifically philosophical problem about dreams.« (*Symposium*, 207)

13 Darin ist noch einmal das Dilemma der Traumdeutungen des Antiken Traumfeldes benannt, das Freud formuliert, wenn er davon spricht, man müsse so lange in die Irre gehen, wie man die Träume nach ihrem Bildwert und nicht nach ihrer Zeichenbeziehung lese. Das heißt aber auch: Solange man sie als Bewußtseinsbestimmungen nimmt. Und darin läßt sich die *Traumdeutung* weder in ihrem technischen noch in ihrem metapsychologischen Aspekt auf eine intentionale Analyse des Bewußtseins zurückführen; was auch heißt, daß sich das Problem der Bewußtwerdung für die Psychoanalyse außerhalb des phänomenologischen Feldes stellt.

Es zeigt sich noch einmal, daß Descartes den natürlichen Traum überhaupt nur soweit klassifiziert hat, um von seiner metaphysischen Funktion Gebrauch machen zu können, die immer auf der Signifikanz des Traumterms selbst beruht. Das schließt die Reklassifizierung der Träume von der Wahrnehmung zur Vorstellung ein und entsprechend von der Halluzination zur Fiktion; sie ist durch den meditativen Prozeß selbst bedingt; während Descartes den natürlichen Traum keiner Vorstellungsklasse ganz hätte zurechnen können, selbst wenn er sich für ihn interessiert hätte und nicht so sehr für seine metaphysische Funktion.

14 Der zweiten Klassifizierung gemäß kann es sich weder um erworbene Vorstellungen handeln noch um solche, die »von mir selbst gemacht worden sind«. Das

beschwört für einen Augenblick die Gefahr herauf, die Träume von den angeborenen Vorstellungen nicht unterscheiden zu können. Descartes ist gegen diese Gefahr allerdings gewappnet, weil er das Traumexperiment von vornherein auf der Ebene der Sachvorstellungen organisiert, der »imagines rerum«, wofür dann auch die Definition von Vorstellung »im eigentlichen Sinn« (proprie) gilt.

Man muß aber in dieser Umschreibung der Träume von der Wahrnehmung zur Vorstellung die Wirkung der cartesianischen Realitätsprüfung sehen: Die extensive Referenz gibt dem Traum kategoriale Eigenschaften und macht ihn zur Vorstellung, während seine sinnlichen Eigenschaften darin ganz aufgehen. Die Umschreibung verläuft parallel zum Übergang von der halluzinatorischen zur fiktiven Phase: Es ist der Betrüger, der mich täuscht, wenn ich die Welt halluziniere.

15 Man kann darin vielleicht das Apollinische der *Meditationes* sehen. So sehr wir uns auch im Traum einem Verlust an Realität aussetzen, dem Schein, wie wir philosophisch sagen müssen, sind wir doch sicher, das principium individuationis, wie Nietzsche sagt, nicht zu überschreiten: das Maß, in dem wir auch über die extravaganten Erfahrungen im Traum noch sprechen können. Nietzsche hat im Begriff des Appollinischen ja schon die Deutbarkeit der Träume vorausgesetzt, denn Apoll ist zugleich Gott der Träume und Traumdeuter. In dieser Doppelrolle, aus der wesentlich seine rationalen Eigenschaften hervorgehen, sichert er den Träumen ihre Diskursivität. Wenn Descartes die Träume zum Gegenstand der Philosophie macht, nimmt er ihre Diskursivität sehr wohl in Anspruch (was die Analytische Philosophie ihnen gerade bestreitet). Dennoch ist für Descartes die Diskursivität der Träume kein Merkmal ihrer Rationalität. Wir haben darum immer schon einen nicht-cartesianischen Gebrauch von »Diskurs« gemacht (zum metapsychologischen Gebrauch: s. den letzten Teil). Für Descartes bleibt es ohne Konsequenzen, daß die Träume zum Gegenstand seines Diskurses geworden sind; denn für ihn beginnt der wahre Diskurs erst mit der Gewißheit des Cogito. Von diesem Augenblick an kann er damit beginnen, die sinnlichen oder affektiven Qualitäten des Traums durch kategoriale zu ersetzen, um aufgrund dieser Qualitäten dann den Traum von rationalen Gegenständen auszuschließen; den Diskurs auf den Modus seiner kategorialen Begründbarkeit zu reduzieren, d. h. ihn selbst von seinen sinnlichen Qualitäten abzukoppeln wie den Traum.

16 Nämlich auf die zeitliche selbst. »Wir unterscheiden dann eine dreifache Art der Regression: a) eine topische im Sinne des hier entwickelten Schemas der φ-Systeme, b) eine zeitliche, insofern es sich um ein Rückgreifen auf ältere psychische Bildungen handelt, und c) eine formale, wenn primitive Ausdrucks- und Darstellungsweisen die gewohnten ersetzen. Alle drei Arten von Regression sind aber im Grunde eins und treffen in den meisten Fällen zusammen, denn das zeitlich ältere ist zugleich das formal primitive und in der psychischen Topik dem Wahrnehmungsende näher.« (*TD*, 524)

Wie wir schon bei Platon gesehen haben, ist der Traum für die Philosophie nie regressiv genug, um eine Ebene zu erfassen, der sich affektive Modi der Seele zuordnen lassen; so daß der Traum schließlich immer in Abhängigkeit vom Realen gehalten wird, aufs Realitätsprinzip bezogen bleibt. Auch Descartes überspringt auf diese Weise die psychischen Inhalte des Traums, um in dieser (wie wir metapsychologisch sagen müssen) nicht-regressiven Regression das Ungedachte zu finden und zur Progression des meditativen Ablaufs überzugehen.

17 Wir haben die Lücke in der cartesianischen Perzeption für den Traum schon als Amnesie bezeichnet. Leibniz geht so weit anzunehmen, daß diese Beschränkung der Perzeption den Tod des aus der Wahrnehmung Ausgeschlossenen bedeute. »Das hat auch die Cartesianer zu der Meinung veranlaßt, einzig die Geister seien Monaden, Tierseelen aber, geschweige denn andere *Lebensprinzipien*, gebe es nicht. Indem sie den Tieren die Empfindung absprachen, haben sie einerseits die gängige Meinung der Menschen zu sehr verletzt; andererseits und im Gegensatz hierzu sind sie den vulgären Vorurteilen zu weit entgegengekommen, indem sie eine lange *Betäubung*, die von einer großen Verwirrung der Perzeption herrührt, mit dem *Tod im strengen Sinn* verwechselt haben, worin alle Perzeption aufhören würde. Dadurch ist die schlecht begründete Annahme von der Vernichtung einiger Seelen [...] bestärkt worden.« (*Vernunftprinzipien*, 9)

18 Um die Mechanismen von Verschiebung und Verdichtung von bloßen Assoziationsmodi zu unterscheiden, geht Freud von der Annahme aus, der Primärprozeß sei immer schon auf eine Zielvorstellung bezogen, von der er zugleich nicht mehr fordert, sie müsse bewußt sein. Wenn der Primärprozeß dem Anspruch des Rationalismus, alle Zielvorstellungen müßten bewußt (oder wiederholbar sein), nicht genügt, berührt das die Eigenschaft des Primären nicht, Denken zu sein; denn für Freud ergibt sich die Rationalität des Denkens durch den Bezug auf die Gesamtheit der Determinationen der Vorstellungselemente, die unbewußt ist. Die Dezentrierung bezieht sich immer zugleich auf die Vorstellung und auf das Bewußte.

19 Umgekehrt gibt es eine metapsychologische Ratio innerhalb der cartesianischen Philosophie, in der für einen Augenblick die Signifikanz des Traumterms als rationale Kategorie fungiert; einen hyperbolischen Augenblick lang. (Und man hört darin schon den Einwand gegen die Psychoanalyse, Freud habe die Leistungen des Unbewußten übertrieben. »An der Psychoanalyse ist nichts wahr als ihre Übertreibungen«, hat Adorno dem entgegengehalten. *Minima Moralia*, 56). Solange Descartes den Zweifel übertreibt, ist das Subjekt des Denkens abwesend, ist es möglich, daß es ein anderes Subjekt gibt, das jedoch kein anderer Mensch ist. Aber dieser Augenblick, in dem das Cogito nicht im Zentrum seiner selbst ist, in dem es so sein könnte, daß die Welt ein Traum ist, erzeugt keine Angst vor dem Nichts, weil die Welt außerhalb des Cogito zwar nicht gedacht, aber doch bedeutend ist: im Traum selbst, dessen Bedeutung niemals außerhalb des Materiellen ist; und in Gott, dessen Grad an Repräsentation mein eigenes Denken überschreitet. Daher ist allein die Vorstellung Gottes auch außerhalb meines Bewußtseins bedeutend; nur ihr kommt bei Descartes ein signifikativer Wert zu, in dem Sinn, wie wir metapsychologisch davon sprechen: bedeutend zu sein, ohne im bewußten Denken aufzugehen. Auf diese Weise kann Descartes die rationale Lücke schließen: sowohl für die Genesis des Cogito in der hyperbolischen Phase als auch für seine Geltung, indem er die Nachträglichkeit des Cogito der Existenz Gottes gegenüber auf Grade der Perfektion überträgt.

»Denn ganz im Gegenteil sehe ich offenbar ein, daß mehr Sachgehalt (realitas) in der unendlichen Substanz als in der endlichen enthalten ist und daß demnach der Begriff des Unendlichen dem des Endlichen, d. i. der Gottes dem meiner selbst gewissermaßen vorgeht. Wie sollte ich sonst auch begreifen können, daß ich zweifle, daß ich etwas wünsche, d. i. daß mir etwas mangelt und ich nicht ganz vollkommen bin, wenn gar keine Vorstellung von einem vollkommeneren Wesen in mir wäre, womit ich mich vergleiche und so meine Mängel erkenne?« (*MT*, III, 24)

Für Gott fallen Bedeutung und Sein zusammen, für das Cogito gibt es daher immer mehr an Bedeutung als es denken kann. Für Freud sind es schon die natürlichen Träume, die immer mehr Sinn enthalten als das wache Bewußtsein denken kann. Für Descartes gibt es nur diesen einen bedeutenden Traum der Meditation, in der sich der Zweifel selbst bedeuten und überwinden kann: Den Zweifel überwinden, das heißt den Traum überwinden: So endet der cartesianische Traumdiskurs.

III. Die Träume der Romantik
Novalis, *Heinrich von Ofterdingen*

1 Link hat auf den »impressionistischen« Anfang des Romans hingewiesen (*Abstraktion*, 137 f.): »Die Eltern lagen schon und schliefen, die Wanduhr schlug ihren einförmigen Takt, vor den klappernden Fenstern sauste der Wind; abwechselnd wurde die Stube hell von dem Schimmer des Mondes.« (*Heinrich*, 240) Das ist der Stil der »Erwartung«, der in dem Maß potenziert oder romantisiert wird, wie Traum und literarische Diskurse sich für einander öffnen, bis sich der Traum erfüllt und der Träumer selbst zum Dichter geworden ist.

2 Man wird schon von diesem Augenblick an nicht mehr erwarten können, daß der manifeste Trauminhalt auf die Daten der Biographie zurückbezogen werden könnte; daß diese Daten zur Selbstanalyse Heinrichs dienen könnten. Ebenso sehr ist hier schon der einfache Realismus des Ersten mantischen Futurs ausgeschlossen, keineswegs aber die Struktur des Prophetischen selbst, die ja wesentlich in der Zeit des Zweiten Futurs organisiert ist. Zwar kündigt sich im Traum des Vaters Heinrich als Dichter an, und der Roman wird die Erfüllung dieser »Ahndung« darstellen, aber die Ankündigung wird überhaupt erst durch Heinrichs eigenen Traum sichtbar und im Motiv der Sehnsucht und der Blauen Blume bezeichnet. Der Traum wird sich romantisch nur erfüllen, wenn die geträumte Realität neue Träume erzeugt, d. h. in die Innerlichkeit des Träumers zurückgehen und die futurale Amnesie der Mantik vollständig aufgehoben werden kann. Novalis sucht in den Träumen weder die Vergangenheit noch die Zukunft des Träumers, sondern den Anfang des Romans. »Alle Zufälle unseres Lebens sind Materialien, aus denen wir machen können, was wir wollen. Wer viel Geist hat, macht viel aus seinem Leben – Jede Bekanntschaft, jeder Vorfall wäre für den durchaus Geistigen – erstes Glied einer unendlichen Reihe – Anfang eines unendlichen Romans.« (Novalis, *HKA* II, 456)

3 Für die antike wie für die christliche Traummantik, aber auch für die cartesianische Philosophie wäre ein träumender Gott ein ganz und gar ruinöser Term. Daß Gott wacht, während er sich mitteilt und wir träumen, fungiert als Fixpunkt einer Gegenwart, die sich durchhält; von ihm aus organisiert sich die Deutung. Träumte Gott selbst, müßten die Regeln der Traumdeutung auf den Träumer und

auf Gott zugleich angewandt werden; es würde heißen, daß ein Traum einen Traum erzeugt, und man käme demgemäß nicht nur zur Idee eines universellen Traums, sondern auch einer universellen Traumdeutung.

4 Man kann in der provenzialischen Handschrift die konzentrierteste aller poetischen Summen sehen, geradezu ihren Modellfall (vgl. Link, *Abstraktion*, 168f.). Auch die Bergwelt spielt ja noch in der Chronologie der Augsburger Reise und ist realistischer Darstellung verpflichtet. Aus dem Buch aber treten uns Personen der Handlung entgegen als Reflexionszentren, die sich wechselseitig durchdringen und sich Bedeutungen verschaffen, für die es noch gar keine Referenzen gibt; hier finden wir wiederum das Futur II als die eigenartige Zeit der romantischen Abstraktion.

»Allmählich fand er auf den anderen Bildern die Morgenländerin, seine Eltern, den Landgrafen und die Landgräfin von Thüringen, seinen Freund, den Hofkaplan, und manche andere seiner Bekannten; doch waren ihre Kleidungen verändert und schienen aus einer anderen Zeit zu seyn. Eine große Menge Figuren wußte er nicht zu nennen, doch däuchten sie ihm bekannt. Er sah sein Ebenbild in verschiedenen Lagen [...]. Er sah sich am kayserlichen Hofe, zu Schiffe [...]. Die letzten Bilder waren dunkel und unverständlich; doch überraschten ihn einige Gestalten seines Traums mit dem innigsten Entzücken [...].« (*Heinrich*, 312)

Nichts bleibt in der Gegenwart und nichts geht in die Zukunft über, alles aber bleibt Gegenstand der Reflexion; alles wird gewesen sein, um der Reflexion ihre Unendlichkeit zu garantieren. Für eine nähere Bestimmung der Zeitstruktur im *Heinrich* könnte gerade der Rekurs auf das Zweite Futur der Mantik es erlauben, die Rede von der aufgehobenen Zeit mit den ästhetischen Produktionsformen zu verbinden, um schließlich zu zeigen, daß die romantische Verschiebung des natürlichen Traums immer noch in der Natürlichkeit des Gemüths fundiert bleibt. (Vgl. Link, *Abstraktion*, 163f.).

5 In der Genese des Traumterms nimmt die Romantik vorweg, was Freud die Überschreitung des Antiken Traumfeldes erlaubt – die Aufhebung der Amnesie –, indem sie den Primärprozeß des Traums als wildes Denken in die Innerlichkeit des Subjekts hineinnimmt. Für die Mantik war schon deutlich geworden, daß auch sie die Innerlichkeit des Träumenden im Wachen in Anspruch nehmen mußte, ohne daß sie diese Dimension theoretisch hätte abbilden können.

Platon eröffnet mit der Seele einen autonomen (oder symbolischen) Raum der Innerlichkeit, und er fundiert ihn, indem er das wilde Denken als defizienten Modus des Wissens bestimmt; darin hat er an der Stelle der Seele, wo das wilde Denken zum Ungedachten wird, die Grenze zwischen Außen und Innen gezogen. Das Verfahren des poetischen Geistes ist wildes Denken in dem Sinne, wie wir metapsychologisch davon sprechen können, weil es den Raum zwischen Bild und Begriff als Raum einer Bedeutung nimmt; und es ist zugleich Theorie des wilden Denkens, weil es den Sinn des Realen unterhalb des Begriffs abschöpft und als Selbstdarstellung des Gemüths organisiert. Dennoch erfaßt die romantische Theorie der Reflexion nicht auch zugleich das Verhältnis zum Primärvorgang; erst in dieser Relation läßt sich aber das wilde Denken als autonome Produktion erfassen und das Bewußte dezentrieren. Wie sehr die Romantik sich auch dem Unbewußten nähert, so kann sie im Medium der Kunst eine Theorie des Unbewußten gerade überspringen; hierin aber bleibt die Romantik der Metaphysik der Träume verpflichtet.

6 Wie sehr Benjamins Ästhetische Theorie der romantischen Reflexionstheorie folgt, die er in seiner Dissertation zum ersten Mal als eigenständige und eigenartige Bestimmung des Denkens analysiert hat, zeigt die erste Definition der Aura aus dem Kunstwerkaufsatz. »Es empfiehlt sich, den oben für geschichtliche Gegenstände vorgeschlagenen Begriff der Aura an dem Begriff einer Aura von natürlichen Gegenständen zu illustrieren. Diese letztere definieren wir als einmalige Erscheinung einer Ferne, so nah sie auch sein mag. An einem Sommernachmittag ruhend, einem Gebirgszug am Horizont oder einem Zweig folgen, der seinen Schatten auf den Ruhenden wirft – das heißt die Aura dieser Berge, dieses Zweiges atmen.« (Bd. II, 479) In die zweite Definition ist schon die metapsychologische Theorie des Gedächtnisses und des Traums eingegangen, die Benjamin *Jenseits des Lustprinzips* entnommen hat; jetzt ist die Aura bezogen auf einen Unterschied von bewußt und unbewußt, wenn sie auch weniger in metapsychologischen als in den Ausdrücken der *Suche nach der verlorenen Zeit* formuliert ist, in der selbst ja immer noch das Vokabular Bergsons sichtbar bleibt. »Wenn man die Vorstellungen, die, in der mémoire involontaire beheimatet, sich um einen Gegenstand der Anschauung zu gruppieren streben, dessen Aura nennt, so entspricht die Aura am Gegenstand einer Anschauung eben der Erfahrung, die sich an einem Gegenstand des Gebrauchs als Übung absetzt.« (Bd. II, 644)

Dort liegt eigentlich die Möglichkeit, Metapsychologie auf Ästhetik anzuwenden, den topologischen Raum als ästhetischen und darin das wilde Denken für eine Kunstpraxis in Anspruch zu nehmen; viel weniger liegt diese Möglichkeit in den kunsttheoretischen Schriften Freuds selbst. Insofern ist die Romantik noch vor der Metapsychologie Modell ihrer Anwendung auf die Ästhetik.

7 Dem Postulat der Determiniertheit allen psychischen Geschehens gemäß muß der Sinn immanent gegeben sein. Aber das hätte auch schon Platon für die Seele behaupten können. Der metapsychologische Effekt dieses Postulats schließt jedoch die Behauptung ein, daß wir diesen Sinn weder der Einheit des Ich noch der Seele zurechnen können. Die Abwesenheit des Sinns ist darum niemals Mangel an Sinn, sondern Überschuß, wie wir immer schon vorausgesetzt haben. Man sollte daher vielleicht lieber von der Überdeterminiertheit (des psychischen Geschehens) sprechen, um das paradoxe Verhältnis zu bezeichnen, vor das uns die Psychoanalyse stellt: Daß wir uns in dem Maße vom Denk- und Realitätszwang befreien können, indem wir damit rechnen, daß alle psychischen Abläufe determiniert sind. Aufzulösen ist dieses Paradox nur in der Unterscheidung von psychischen Orten, in der die Einheit der Person aufgelöst und doch als psychischer Zusammenhang erhalten bleiben kann.

8 Das gilt nicht ohne Einschränkung. Der Tod Mathildes, der im zweiten Teil für wirklich genommen wird, ist nur in diesem Traum dargestellt und gehört daher direkt dem immanenten literarischen Material an. Es ist der letzte Traum des ersten Teils, der letzte Traum des Romans, der überhaupt noch als natürlicher Traum auftritt. So sehr hat sich das Verhältnis von Traum und Realität schon verschoben, daß dann im zweiten Teil dieser Unterschied aufgehoben werden kann.

9 »Nur in der völlig unintellektuellen Vulgärromantik ist der Träumende schon ein Schöpfer und wird rein als Träumender interessant [...]. Hier liegt der bedeutende Unterschied zwischen Symbolismus und Surrealismus, die sich wohl beide auf Novalis berufen haben, aber ganz verschiedene Wege gehen. Der bewußten, vom wachen Intellekt her bestimmten Symbolfindung des Symbolisten, steht die willenlos dem Unbewußten hingegebene Bildnachzeichnung, das automatische Nachzeichnen gegenüber.« (Vordtriede, *Novalis*, 102)

Wie wenig glücklich der Ausdruck »Vulgärromantik« auch ist, so muß man doch auf der Eigenständigkeit der Frühromantik bestehen. Das ist für die Rede vom Irrationalismus der Romantik ebenso unerläßlich wie für die historischen Einsatzpunkte des Unbewußten, die man ja in der Romantik gefunden hat (und oft als Ausdruck gerade des Irrationalismus). In dem Maße, wie die frühromantische Theorie der Philosophie verpflichtet bleibt, setzt sie weder den Traum noch ein Unbewußtes als das wahre Andere des Verstandes (was man sicher für die spätere Entwicklung der Romantik nicht mehr eindeutig sagen kann).

10 Kuhn bezieht dieses Interesse am »Machen« auf die Form des Fragments und leitet es ab als Verhältnis von Setzen und Aufheben des Ich. »Macht man das Ich konsequent zum ›Prinzip‹, d. h. macht man einerseits ernst mit seiner konkreten Tatsache, die als solche wesentlich praktisch ist – und hält man andererseits doch die theoretische Funktion des Ich fest, die durch Kant fundiert wurde –, dann ergibt sich daraus der kontradiktorische Dualismus einer *Allform*, die zugleich keine Form sein darf: die sich im gleichen Augenblick *selbst setzen und aufheben muß*. Sie enthält in Wirklichkeit nichts mehr, als – das ›Machen‹ selbst, das nur in der blitzhaften Schwebe zwischen Form und Nichtform, zwischen Setzung und Aufhebung seinen Realitätsbezug noch behauptet.« (*Poetische Synthesis*, 367)

Man muß aber doch fragen, ob dieses »Machen« (von Bedeutung, wie wir hinzufügen wollen) nicht auch für den Roman gilt. Was den *Heinrich* betrifft, ist ja der überlieferte Teil, wie Link gezeigt hat, in hohem Maße potenziert; dort finden wir das eingelöst, was wir mit Benjamin die unendliche Synchronie des Zusammenhangs nennen können (vgl. *Kritik*, 22). Man muß sich dann, um die These vom Fragment als der romantischen Allform zu retten, auf den unvollendeten zweiten Teil beziehen und Novalis einen schönen Tod im Fragment sterben lassen (*Poetische Synthesis*, 367). Ob der Roman unvollendbar ist, scheint ja so sicher nicht, wenn man sich, wie Link es vorschlägt, den zweiten Teil als allmähliche Depotenzierung vorstellt und als Rückkehr zur Familie.

Man sollte vielleicht das Interesse am Herstellen von Bedeutung (und weniger an der Bedeutung selbst, an den Signifikaten) zwischen den Gattungen von Fragment und Roman (Montage oder serielle Produktion) einer Tätigkeit zuordnen, die Barthes strukturalistisch genannt hat (vgl. den Mantik-Teil). Dennoch unterscheidet sich diese Tätigkeit von der romantischen durch den Grad an Vollständigkeit, den sie intendiert. Für die Romantik bleibt das Verhältnis von Sein und Bedeutung nicht nur Thema und Aufgabe der poetischen Praxis, sondern immer auch bezogen auf die philosophischen Lösungen ihrer Zeit, während der Strukturalismus schon darauf verzichtet hat, »das Sein hervorzubringen«, wie Kuhn von der Romantik sagt.

Und doch sind beide Tätigkeiten von der »Frivolität gegen die Gegenstände«, wie es bei Schelling heißt, die darin liegt, »daß Aussagen über die Natur z. B. in Wahrheit für ihren Gegenstand gar nichts bedeuten« (*Poetische Synthesis*, 367); in Wahrheit aber doch gerade an der Bedeutung der Natur z. B. interessiert ist, die sie außerhalb ihrer Bestimmung in den positiven Wissenschaften haben kann als Phänomen des Ausdrucks oder der Sprache. Darum kann Novalis die Frivolität an die Sprache zurückgeben, nicht anders als die Strukturalisten; nicht anders als Freud, denn was wäre in Schellings Sinn frivoler als der Traum: »eine Frechheit« heißt es im zitierten Brief von Novalis an Caroline Schlegel, »eine Frechheit, die nur die Flüchtigkeit seynes Daseyns gut macht«. Es kommt auch hier darauf an, daß man die Frivolität der Sprache oder die Frechheit des Traums nicht auf ein Ich bezieht, sondern auf die Möglichkeit des Selbst, sich außerhalb von Ich-Bewußtsein darzustellen und wahrzunehmen. Der Traum, der Witz, die Fehlleistungen sind immer frivol, weil sie, wie es in Freuds Witzbuch heißt, zur Lust an der Sprache zurückkehren; zur »Lust am Text« wie Roland Barthes.

11 Novalis selbst hat den Trennungsort sicher nicht ausreichend bestimmt, dafür aber Benjamin desto überzeugender. Es ist darum nicht mehr nötig, die Frage, wie Novalis es mit Fichte oder Kant hält, ständig in sich kreisen zu lassen; letzten Endes ist diese Frage, wie Kuhn gesagt hat, ohnehin nicht ausreichend, um die philosophische Rezeption von Philosophie zu verstehen, besonders aber im Blick auf Novalis nicht, weil man sein poetisches Verfahren eben auch auf die Aneignung von Theorie übertragen muß. (Vgl. Kuhn, *Poetische Synthesis*, 382). Auch Vietta geht davon aus, das Schema der Darstellung stehe noch »allzu sehr im Bann der systematischen Bewußtseinsphilosophie«; und er findet im Schema wiederum nur »ein logisch-systematisch strukturiertes Subjekt«, das aber für die romantische Poetik nicht mehr verbindlich sei, wie er gleichfalls den *Fichte-Studien* entnimmt (*Sprache*, 32).

Das Schema ist weder in einer transzendentalen Subjektivität begründet noch in der Konventionalität eines Kommunikationsmodells; es begründet selbst die romantische Theorie der Gegenstandserkenntnis als Reflexionsmedium oder als Darstellung. Wenn Darstellung auf Sprache bezogen ist, dann doch nicht mehr im Sinne der alten Sprachtradition als Repräsentation von Gedanken, sondern als Ausdruck der Reflexionsmedien oder des Selbst, das sich darstellt und wahrnimmt. Vietta rechnet das Schema noch dieser Tradition zu, um dann erst in Novalis' späteren Arbeiten, insbesondere im *Monolog*, die Emanzipation vom »ausdrückenden Subjekt« (*Sprache*, 33) zu finden und darin schon die Grundzüge einer Autonomie der Sprache, wie sie für die Sprachtheorie der modernen Lyrik gilt. Wenn man wie Vietta den frühen Novalis noch ganz im Bann der Bewußtseinsphilosophie sieht und erst dem späten Novalis ein eigenständiges Konzept der Poetik zuschreibt, entgeht man der Gefahr kaum, den späten Novalis wieder vom philosophischen Anspruch, den er doch ausdrücklich stellt, abzukoppeln, und man hätte dann nur noch wenig Mittel in der Hand, Novalis' Parole, der Philosoph müsse Poet sein und umgekehrt, theoretische Wahrscheinlichkeit zu geben. Dagegen hat Benjamin gezeigt, daß der frühromantische Eingriff in die Transzendentalphilosophie ausreicht, um die romantische Theorie auf dem Niveau der philosophischen Auseinandersetzung ihrer Zeit zu halten und zugleich einen Gegenstandsbereich in den Blick zu bekommen, zu dem die Philosophie keinen Zugang hatte: Das Reich der Zeichen in seiner Funktion für die Konstituierung des Realen. Dann erlaubt es die Theorie der Gegenstandserkenntnis, alle Terme des romantischen Feldes auf gleicher Ebene zu bestimmen wie Selbst, Wahrnehmung, Darstellung, Aufmerksamkeit, Hieroglyphe oder Traum.

12 Auf Klingsohr trifft Heinrich, wenn er selbst schon Dichter geworden ist. Die Lehrgespräche des 6. Kapitels haben die Aufgabe, die Genese des poetischen Subjekts als Resultat der Poetisierung durchsichtig zu machen und in der Struktur der Selbstreflexion des Romans zu halten. Die realistische und zugleich technische Position Klingsohrs korrigiert die fortschreitende Poetisierung Heinrichs und bereitet schon die Depotenzierung des Mythos vom Dichter vor, die insbesondere der zweite Teil hätte leisten sollen. Man kann aber von keinem eigentlich maieutischen Ort sprechen, weil die Innerlichkeit, die Heinrich in sich vorfindet, auf jeder Stufe seiner Entwicklung ästhetisch organisierbar erscheint und daher das Verhältnis von Innen und Außen sich nur im unterschiedlichen Grad der Selbstreflexion darstellt, in der die Einheit des Gemüths allerdings immer schon vorausgesetzt ist; in der natürlicher und poetischer Traum ineinander übergehen können, ohne daß die Träume Anlaß geben, sie einer Realitätsprüfung zu unterziehen.

13 Novalis kann den Unsinn oder das Fremde der Träume gerade deswegen poetisch verwerten, weil er den Unterschied von Träumen und Wachen weder der Verdrängung (psychischer Inhalte oder des Primärvorgangs selbst) noch dem Nicht-Ich als Natur zuschreibt. Wie Vietta gezeigt hat (*Sprache*, 22), braucht Novalis Natur nicht erst zu deduzieren; er setzt sie als Reflexionsstufe, die wie jedes andere Medium potenziert werden kann. Für Novalis sind die Zeichen des natürlichen Traums schon Hieroglyphen, d. h. schon so bedeutend, daß sie erst im Kunstwerk ihre Referenz finden. Daß der Traum »fremde Zeichen« hervorbringt, macht eben die Qualität seiner natürlichen Poesie aus, denn umgekehrt ist es Kunst, »auf eine angenehme Art zu befremden, einen Gegenstand fremd zu machen und doch anziehend, das ist die romantische Poetik«. An anderer Stelle spricht Novalis vom »Selbstfremdmachen«, um sich selbst darstellen und wahrnehmen zu können, wie wir ergänzen.

Daß dem Traum auf diese Weise schon ästhetische Qualitäten zukommen, läßt sich nicht ohne weiteres auf die Literatur überhaupt übertragen oder für eine ästhetische Theorie in Anspruch nehmen; es zeigt aber, daß ihrerseits die romantische Theorie der Träume nicht in der literarischen Form des Romans aufgeht, sondern selbst theoretisch bestimmt bleibt. (Vgl. Link, *Abstraktion*, 174 f.)

14 Freud hat letzten Endes den Witz weniger ernst genommen als die Romantiker (so spricht etwa Schlegel vom Witz als Prinzip und Organ der Universalphilosophie); dennoch ist dies der Punkt, wo der romantische und der metapsychologische Wille zur Wahrnehmung konvergieren. Strukturell ist die metapsychologische Theorie des Witzes der romantischen Poetik äquivalent und nicht die Phantasie, an der Freud seine Überlegungen zur ästhetischen Produktion orientiert hat.

IV. Die Metapsychologie der Träume
Freud, *Die Traumdeutung*

1 Tatsächlich geht es in der Applikation, von der die Rede war, nicht einfach um die Übertragung von Ergebnissen aus der Psychologie des Individuums auf gesellschaftliche oder kulturelle Leistungen. Was wäre individueller als der Traum, könnte man sagen. Und niemand vor Freud hat sich so sehr auf die konkrete Individualität eingelassen (seiner selbst und seiner Patienten); niemals zuvor war die Innerlichkeit konkreter, als sie Freud erscheinen konnte. Zum ersten Mal wurden die geheimsten Wünsche selbst zum theoretischen Gegenstand und zum Ausgangspunkt einer therapeutischen Praxis, konnten sie sich im klinischen Raum artikulieren. Und doch konnte Freud diese unendlichen Diskurse des Begehrens, des Verdrängten, der Übertragung, der Verführung nur organisieren, indem er sie nicht der konkreten Individualität zurechnete, sondern als »Rede des anderen« nahm (wie die berühmte Formel Lacans lautet): als Artikulation eines Sinns, der nicht im Bewußten repräsentiert ist. Wie sehr auch die Lebenswelt Traumdeutung oder Analyse bindet, so fordert die psychoanalytische Arbeit doch prinzipiell die Auflösung der konkreten Individualität, um die Mechanismen zu erfassen, nach denen das Individuelle funktioniert, und das heißt im strengen Sinn, in dem es sich bezeichnet. Von der Psychoanalyse zur Metapsychologie überzugehen, bedeutet darum nicht, vom Individuellen zum Allgemeinen überzugehen, vielmehr geht es auf beiden Ebenen immer schon darum, das Manifeste aufzulösen und auf einen latenten Sinn zu befragen, der unbewußt ist.

»Wenn man die Unterscheidung annimmt, welche ich kürzlich vorgeschlagen habe, die den seelischen Apparat in ein der Außenwelt zugewendetes, mit Bewußtsein ausgestattetes Ich und ein unbewußtes, von seinen Triebbedürfnissen beherrschtes Es zerlegt, so ist die Psychoanalyse als eine Psychologie des Es (und seiner Einwirkungen auf das Ich) zu bezeichnen. Sie kann also auf jedem Wissensgebiet nur Beiträge liefern, welche aus der Psychologie des Ichs zu ergänzen sind. Wenn diese Beiträge oft gerade das Wesentliche eines Tatbestandes enthalten, so entspricht dies nur der Bedeutung, welche das lange unerkannt gebliebene seelisch Unbewußte für unser Leben beanspruchen darf.« (Freud, *Selbstdarstellung*, 222)

Wie sehr die Psychoanalyse sich auch in der Therapie auf die individuellen Besonderheiten einläßt, ist doch das Unbewußte nicht der »unnennbare Zufluchtsort der individuellen Besonderheiten, der Aufenthaltsort einer einzigartigen Geschichte, die aus jedem von uns ein unersetzliches Wesen macht«. (Lévi-Strauss, *Anthropologie*, 223) Die Möglichkeit der Applikation der Psychoanalyse für die Analyse kultureller Leistungen hängt davon ab, ob es gelingt, die Gegenstände als Bedeutungssysteme zu formulieren und auf einen Sinn zu beziehen, der nicht im Manifesten liegt. Es geht also nicht darum, überall nur die Triebschicksale des Einzelnen wiederzufinden, wie es eine ganze Zeit lang eine psychoanalytisch orientierte Literaturwissenschaft vorgeführt hat (vgl. dazu: Gallas, *Textbegehren*, 106f.), sondern darum, die literarischen Texte (z. B.) auf eine Topologie zu beziehen, in der sich die Rede als unbewußter Sinn artikulieren kann. So muß man die Parole Derridas verstehen, über die

Philosophie hinauszugehen, heiße, die Philosophen auf eine ganz bestimmte Art und Weise zu lesen.

2 Dahmer greift in seinem Buch *Libido und Gesellschaft* den roten Faden Gehlens auf. Er weitet dabei das Modell der Dialektik von Entfremdung und Aufhebung auch auf Hegel und insbesondere – Odo Marquard darin folgend – auf Schelling aus. Die Konstellation Transzendentalphilosophie–Psychoanalyse kehrt im Verhältnis Marxismus–Psychoanalyse wieder, das Dahmer in der Hauptsache behandelt, als Kontroverse über die Geltungsbereiche beider Theorien. Auch Dahmer unterstellt, daß die Psychoanalyse die einzige Theorie ist, die an die Programme des Idealismus anschließt. Und er schreibt dem Terrainwechsel von der Philosophie zur Therapie einen Verlust an gesellschaftlicher Erfahrung zu, insofern in der Praxis der Therapie der Anspruch aufgegeben ist, die Krankheit des Einzelnen als Krankheit des Allgemeinen zu thematisieren oder die Krankheit des Patienten als gesellschaftliche Erfahrung zu organisieren. So nimmt Dahmer ein Stück aus der *Negativen Dialektik* in Anspruch, wenn er davon ausgeht, die verwaltete Welt stehe unter so starkem Identitätszwang, daß sie jede dialektische Theorie, die über die Privatheit und Exklusivität der Therapie hinaus Geltung beansprucht, als Regression zurückweisen müsse.

3 Auch für eine philosophische Analyse der Träume selbst zeigt sich, daß ihre philosophische Relevanz sich überhaupt nur entfalten kann, wenn man davon ausgeht, daß die Metapsychologie über einen eigenen Gegenstand verfügt und damit über eine einheitliche Theorie der Träume. Erst von dieser Voraussetzung aus, in der sich Metapsychologie und Philosophie in ihrer Eigenständigkeit anerkennen, ist es möglich, beide auf ein gemeinsames Feld zu beziehen und ihre Grenzen zu verschieben. Dagegen hat z. B. von Uslar die Träume in der Ontologie verschwinden lassen, Stück für Stück reduziert er die Resultate der *Traumdeutung*: Wenn er die Träume in Schellings *System des transzendentalen Idealismus* einsetzt, kommt das Unbewußte, das zuvor ausdrücklich auf die *Traumdeutung* bezogen war, als das »absolut Identische – das Sein selbst« zurück (*Der Traum*, 43); eingesetzt in Kants *Kritik der Urteilskraft*, kommen die Traumgedanken als Teleologie der Natur zurück (*Der Traum*, 77): Erstaunlich genug für eine Arbeit, die in ihrem Denkstil so offensichtlich Heidegger verpflichtet ist, daß sie am transzendentalphilosophischen Rahmen orientiert bleibt und den Traum auf das Verhältnis von Ich und Nicht-Ich als Natur bezieht.

4 Freuds Selbstanalyse ist von entscheidender Wichtigkeit für die Entwicklung der Psychoanalyse geworden. Was Freud bei sich selbst entdeckt hat, erlaubt es ihm, von der Ätiologie der Verführung zur Bedeutung der frühkindlichen Sexualität überzugehen und schon den Begriff einer psychischen Realität zu formulieren, die dann zum eigentlichen Gegenstand der Topologie wird: »Wenn die Hysteriker ihre Symptome auf erfundene Traumen zurückführen, so ist eben die neue Tatsache die, daß sie solche Szenen phantasieren, und die psychische Realität verlangt neben der praktischen Realität gewürdigt zu werden. Es folgte bald die Einsicht, daß diese Phantasien dazu bestimmt seien, die autoerotische Betätigung der ersten Kinderjahre zu verdecken, zu beschönigen und auf eine höhere Stufe zu heben, und nun kam hinter diesen Phantasien das Sexualleben des Kindes in seinem ganzen Umfange zum Vorschein.« (Freud, *Selbstdarstellung*, 153 f.)

Schließlich entdeckt Freud in seiner Selbstanalyse die ersten Spuren des Ödipuskonflikts. Man kann diese spezifische Art des theoretischen Umgangs mit sich selbst, die Freud zum erstenmal einführt, nicht mehr im Begriff der Selbstreflexion fassen. Tatsächlich besteht zwischen Analyse und Reflexion im metapsychologischen Feld eine Spannung, die mit ihrem Gegenstand selbst zu tun hat. Analyse und Selbstanalyse (als vorausgesetzte Lehranalyse) gehen in die Therapie nur auf der Seite des Analytikers ein, was aber noch nicht dazu berechtigt, wie Habermas zu sagen, die Psychoanalyse sei als »methodisch Selbstreflexion in Anspruch nehmende Wissenschaft relevant«. Für den Therapeuten gilt auch während der Analyse des Patienten, daß er seine Selbstanalyse weiter betreiben muß, um das Spiel von Übertragung und Gegenübertragung zu kontrollieren. Andererseits ist die Selbstreflexion ohne Beziehung auf die Metapsychologie nicht zu denken.

Wenn man in der Beziehung von Selbstanalyse und Metapsychologie ein reflexives Verhältnis sieht, verliert die Selbstanalyse ihre spezifischen Eigenschaften. Man könnte dann kaum noch sagen, worin sich dieses Verhältnis von den Modi methodologischer Selbstreflexion wissenschaftlicher Praxis unterscheiden sollte, während es ja auch Habermas gerade darauf ankommt, die psychoanalytische Selbstreflexion als singuläres Beispiel einzuführen. Mit anderen Worten betrifft diese Reflexion nur die Analytiker und nicht das Ganze der therapeutischen Situation. Analog zur Verschiebung im Begriff der Rationalität, die Freud eingeleitet hat, muß man diese Verschiebung auch für die Reflexion in Anspruch nehmen, um zu zeigen, daß die Metapsychologie einen Begriff von Selbstreflexion gebraucht, der nicht im Ich aufgeht. (Was sich im übrigen ja auch außerhalb der Metapsychologie am frühromantischen Eingriff in die Transzendentalphilosophie zeigen läßt.)

5 In diesem Punkt war die *Traumdeutung* ergänzungsbedürftig, was Freud wohl gesehen hat, wenn er in der *Metapsychologischen Ergänzung zur Traumlehre* von 1915 im wesentlichen das Verhältnis von Sach- und Wortvorstellung einführt. Dennoch ist das Verhältnis von Wort und Sprache in der *Traumdeutung* durch die Metapher der Schrift zusammengehalten, die Traumbilder sind topologisch definiert, so daß sie sich ohne weiteres auf den späteren Begriff der Vorstellungsrepräsentanz beziehen lassen. So wenig auch die sprachliche Beziehung der Bilder und die imaginären Beziehungen der Sprache in der *Traumdeutung* ausreichend bestimmt sind, so wenig ist die Arbeit der Deutung selbst davon berührt. Das gilt für die pathologischen Formen nicht in gleichem Maß und für die Psychosen vielleicht am wenigsten. Man weiß, daß Freud mit dem Fall Schreber seine Schwierigkeiten gehabt hat: »Si l'analyse du cas Schreber a tant d'importance dans l'œuvre freudienne, c'est dans la mesure où jamais la distance n'a été plus réduite entre une psychologie du sens, transcrite en psychologie du langage, et une psychologie de l'image prolongée en une psychologie du fantasme. Mais jamais aussi ne s'assura de manière plus décisive dans la psychanalyse l'impossibilité de trouver le raccord entre les deux ordres d'analyse ou, s'il l'on veut, de traiter avec sérieux, une psychologie de l'Imago, dans la mesure où on peut définir par Imago une structure imaginaire, prise avec l'ensemble de ses implications significatives.« (Foucault, *Préface*, 26)
Für die Seite der Sprache muß man aber doch daran festhalten, daß Freud die

Träume oder die Symptome nicht auf Wortvorstellungen reduziert hat, um sie analysierbar zu machen. Vielleicht war es in diesem Fall die Nähe zu Husserl, in die Foucault die *Traumdeutung* stellt, die ihn eher davon abgehalten hat, Sprache und Bild im metapsychologischen Feld selbst aufeinander zu beziehen (vgl. *Préface*, 17 f.). Das setzt allerdings voraus, die *Traumdeutung* zu ergänzen mit den Mitteln, die Lacan inzwischen bereitgestellt hat.

6 Die Unterscheidung in Signifikant und Signifikat gehört zu den Grundbeständen abendländischer Sprachtheorie und läßt sich schon in der Rhetorik der Stoa finden. (Vgl. Goeppert, *Sprache*, 103, Anm. 125). Es ist auch noch nicht die Bestimmung der Arbitrarität im Verhältnis der beiden Seiten des sprachlichen Zeichens, die für die Metapsychologie an der Linguistik Saussures wichtig ist, denn auch darin unterscheidet sich Saussure noch nicht prinzipiell von der Tradition: »Daß also das Zeichen für Saussure nicht primär Name ist, daß es aus einem Gegensatz von Signifikant und Signifikat besteht und daß dieses Verhältnis inhaltlich arbiträr ist – all das schreibt sich restlos in die Tradition der metaphysischen Sprachtheorie ein. Die radikale Differenz ist anderswo zu suchen! Und zwar gerade in der *Radikalisierung der Differenz als konstitutives und immanentes Prinzip des sprachlichen Zeichens* […] ein Laut kann nur als Signifikant funktionieren, sofern er sich von anderen unterscheidet; und ein Gedanke wird zum Signifikat erst durch einen Gegensatz zu anderen Gedanken. Damit wird der Begriff der Signifikation nicht mehr als Repräsentation gedacht, sondern als *Artikulation*. (Weber, *Rückkehr*, 27 f.; vgl. auch: Saussure, *Grundfragen*, Kapitel IV.)
Lacan dreht die Formel Saussures um und schreibt den Signifikanten nach oben, das Signifikat nach unten. Und er erfüllt auf diese Weise die Forderung Freuds, daß wir die Träume nicht nach ihrem Bildwelt, sondern nach ihrer Zeichenbeziehung lesen müssen; so daß auf diese Weise die Beziehung zwischen den Signifikanten Vorrang erhält vor der Beziehung zwischen Signifikant und Signifikat. Das schließt Bedeutung keineswegs aus, denn auch der Ablauf des Primärprozesses ist in einer Zielvorstellung determiniert, in der die Verschiebung der Signifikanten zum Stehen kommt, was nicht heißt, daß diese Zielvorstellung bewußt sein müsse. Insofern markiert der Strich (barre) im Algorithmus Lacans die Überdetermination der psychischen Elemente (vgl. Barthes, *Elemente*, 42).

7 Ich habe schon gelegentlich – in keinem strengen Sinn – Topologie und Struktur füreinander verwandt. Ich setze voraus, daß beide Begriffe nicht ausschließlich funktionell definiert sind, sondern zugleich der Problemgeschichte des abendländischen Denkens angehören und in dieser zweiten Eigenschaft zum Ensemble der Ausdrücke gehören, in denen sich die Krise der Vernunft oder der Subjektivität nach Hegel bezeichnet, die man mit Eigennamen wie Marx, Nietzsche, Heidegger belegen könnte – und mit dem Namen Freuds. All diese Namen stehen für die Erfahrung, daß wir die Totalität des Seins in der Form einer – wie auch immer vermittelten – Präsenz nicht wiederholen können. Seitdem mußte, wie Derrida dargelegt hat, das Verlangen nach einem Zentrum selbst befragt werden auf seine Leistungen und seine Bestimmungen innerhalb der Geschichte der Wissenschaften. Seitdem konnte man (und das wäre die Pointe in Derridas Überlegungen) die Totalität nur als Struktur wiederholen, in der das Zentrum funktionell definiert ist, indem es den Austausch der Elemente der Struktur garantiert, zugleich aber auch selbst Element dieser Struktur werden kann, was es nötig

macht, das Verlangen nach einem Zentrum auf die Notwendigkeit einer Dezentrierung zu beziehen oder in Derridas Worten: die Strukturalität der Struktur selbst zu denken.

Ich gehe davon aus, daß Freud auf diese Weise versucht hat, die Totalität des Psychischen zu wiederholen: als Topologie, in der das Bewußtsein als Zentrum der Seele zu ihrem Ort werden kann: »Die psychoanalytische Spekulation knüpft an den bei der Untersuchung unbewußter Vorgänge empfangenen Eindruck an, daß das Bewußtsein nicht der allgemeinste Charakter der seelischen Vorgänge, sondern nur eine besondere Funktion derselben sein könne«, lautet daher der topologische Grundsatz Freuds. In diesem philosophischen Sinn, in dem die Topologie ebenso wie die Struktur bezogen bleibt auf die metaphysische Tradition des Abendlands, auf die Möglichkeit sinnlicher Erfahrung, in der sich das Verlangen nach einem Zentrum und einer Präsenz Ausdruck gibt, in diesem Sinn ist auch die Topologie Freuds als Struktur bezeichnet. Derrida hat aus diesem Kontext zwei Möglichkeiten der Interpretation von »Struktur« abgeleitet: »Die eine träumt davon, eine Wahrheit und einen Ursprung zu entziffern, die dem Spiel und der Ordnung des Zeichens entzogen sind, und erlebt die Notwendigkeit der Interpretation gleich einem Exil. Die andere, die dem Ursprung nicht länger zugewandt bleibt, bejaht das Spiel und will über den Menschen und den Humanismus hinaus gelangen, weil Mensch der Name des Wesens ist, das die Geschichte der Metaphysik und der Ontotheologie hindurch, das heißt im Ganzen seiner Geschichte, die volle Präsenz, den versichernden Grund, den Ursprung und das Ende des Spiels geträumt hat. Diese zweite Interpretation der Interpretation, deren Weg uns Nietzsche vorgezeichnet hat, sucht nicht in der Ethnographie, wie Lévi-Strauss es wollte (dessen ›Introduction à l'œuvre de Marcel Mauss‹ ich wiederum zitiere), ›die Inspiration zu einem neuen Humanismus‹.« (Derrida, *Schrift*, 441) Und man findet im Werk Freuds beide Tendenzen wieder: »Das Ich ist nicht mehr Herr im eigenen Haus«/»Wo Es war, soll Ich werden«.

8 Die Bestimmung Saussures, daß Wort und Bedeutung eines sprachlichen Zeichens nicht dasselbe seien, gilt metapsychologisch sowohl für die Theorie der psychischen Produktion als auch für die Theorie der Bedeutung. Sie erlaubt es uns anzunehmen, daß das Denken, um etwas zu bezeichnen, »zweifellos nicht mittels Verknüpfung, sondern, wie wir noch sehen werden, mittels Zerlegung vorgeht: in Wahrheit vereint die Bedeutung (semiosis) nicht eindimensionale Wesenheiten, sie nähert nicht zwei Glieder einander an, und zwar aus dem einfachen Grunde, weil sowohl der Signifikant wie das Signifikat Glied und Beziehung zugleich sind« (Barthes, *Element*, 41). Auf diese Weise kann deutlich werden, daß das, was die Philosophie abwechselnd zum Term einer Defizienz oder eines Surplus gemacht hat, seinen epistemologischen Wert zurückerhalten kann, indem es zum Element einer Artikulation der psychischen Realität wird, die notwendigerweise überdeterminiert sein muß und darum nur topologisch dargestellt werden kann, von der man sich vorstellen könnte, daß sie Anteil hätte an jener zukünftigen Arthrologie, von der Barthes spricht (*Elemente*, 48).

In gewisser Weise hat Freud diese Arthrologie in der Idee der psychischen Lokalität schon vorweggenommen, wenn er den Sinn nicht hinter seiner Manifestation sucht, sondern in der Zerlegung oder Analyse des Manifesten, während die Latenz niemals etwas anderes sein kann als das auf Orte oder Glieder verteilte Manifeste, das immer selbst schon Artikulation des Sinns war. Insofern kann man wie Lacan sagen, Freud fordere, die Traumbilder in ihrem Signifikantenwert zu nehmen. Wenn ich von »Termen« spreche, meine ich articuli, sofern sie der Topologie angehören.

9 Die Metapher der Schrift zieht sich durch das ganze Werk Freuds hindurch. (Vgl. Derrida, *Freud und der Schauplatz der Schrift*, in: *Die Schrift*, 302–350)
Es ist wichtig, zu betonen, daß alle Metaphern der Schrift die Aufgabe haben, die ökonomischen und die semiologischen Aspekte des psychischen Apparats aufeinander beziehbar zu machen. Am deutlichsten wird das im ›Wunderblock‹ (Bd. III. 364–370). Freud illustriert an diesem kleinen Gerät (das – wie die Herausgeber der ›Studienausgabe‹ anmerken – »unter der Bezeichnung ›Printator – Dauerschreibblock‹ in Schreibwarenläden, unter der Bezeichnung ›Zaubertafel‹ in Spielwarenhandlungen erhältlich ist«), die topologische These, daß Bewußtsein und Gedächtnis auf zwei verschiedene Systeme zu verteilen sind, indem er das mechanische Verhältnis von Aufnehmen und Bewahren auf die Erregungsvorgänge im psychischen Apparat überträgt. Aber das ist nur die Hälfte der Analogie, die andere Hälfte bildet die Schrift. Sie illustriert den psychischen Apparat selbst als Schrift-Apparat. Man muß sich darunter im übrigen eine nicht-phonologische Schrift vorstellen, um den semiologischen Effekt dieser Analogie zu verstehen, um ihren sensiblen Charakter zu bewahren, da sie von Wahrnehmungen abstammen: was es erlauben würde, diese Schrift als Sachvorstellung in die metapsychologische Terminologie einzuführen (was Freud in der *Traumdeutung* nicht getan hat). Dennoch ist man angesichts der Kontinuität der Schriftmetapher im Werk Freuds nicht erstaunt, sie auch in der *Traumdeutung* zu finden, ohne daß allerdings ihre ökonomischen und semiologischen Eigenschaften ausreichend geklärt werden.

10 Man muß sehen, daß das psychische Leben durch die Wiederholung, den Wiederholungszwang, wie Freud später sagt, gefährdet bleibt. Denn in der Setzung des Psychischen als Übergang vom Trieb zur Vorstellungsrepräsentanz oder zur differentiellen Artikulation ist die Möglichkeit der primären Regression nicht aufgehoben. Wenn das Unbewußte den unartikulierten Elementen (nach den Mechanismen des Primärprozesses) Strukturgesetze auferlegt »und eine Rede daraus macht« (Lévi-Strauss, *Anthropologie*, 224), so ist diese Rede doch stets gefährdet. In *Jenseits*, wo Freud auch den Wiederholungszwang einführt, kommt er auf die Traumatheorie zurück, die er zwischendurch aufgegeben hatte. Freud nimmt an, daß der psychische Apparat mit einem Reizschutz ausgestattet ist, den er an die Oberfläche des Apparats legt, also ins Bewußtsein. Dieser Reizschutz hat nur eine begrenzte Kapazität (ganz abgesehen davon, daß er gegen Reize von innen ohnehin unwirksam ist), dessen Maß man letzten Endes in den ökonomischen Bedingungen des Konstanzprinzips sehen muß, zunächst aber in den Bedingungen des Lustprinzips. »Solche Erregungen von außen, die stark genug sind, den Reizschutz zu durchbrechen, heißen wir *traumatische*. Ich glaube, daß der Begriff des Traumas eine solche Beziehung auf eine sonst wirksame Reizabhaltung erfordert. Ein Vorkommnis wie das äußere Trauma wird gewiß eine großartige Störung im Energiebetrieb des Organismus hervorrufen

und alle Abwehrmittel in Bewegung setzen. Aber das Lustprinzip ist dabei zunächst außer Kraft gesetzt.« (Bd. III, 239)

Man muß sich vor Augen halten, daß mit der Setzung des Psychischen die ganze Serie der dualen Unterscheidungen (Primär- und Sekundärprozess, Lust- und Realitätsprinzip...) mitgesetzt ist. Daher kann der Sekundärprozess wohl Lust, niemals aber das Lustprinzip aufheben oder gemäß der Unterscheidung von Aufheben und Aufschieben: Der Sekundärprozess kann das Lustprinzip oder den Primärprozess immer nur aufschieben. Denn das Aufheben des Lustprinzips hätte genau das zur Folge, was seine Aufschiebung vermeiden soll: die Wiederholung der ursprünglichen Regression und damit den Zusammenbruch des psychischen Apparats, wozu der Tod dann keine qualitative, sondern nur noch eine quantitative Grenze bildet. Das Maß des Aufschubs, in dem sich das psychische Leben vor traumatischen Schocks schützt, ist weder im Sekundär- noch im Primärprozess gegeben, sondern nur im funktionellen Verhältnis beider, und man kann die Regel dieses Verhältnisses im Konstanzprinzip sehen, wenn man es nicht nur als ökonomische, sondern auch als semiologische Regel nimmt: Konstanz der Bedeutungen / Konstanz der Affekte.

11 Lacan hat diesen verschwindenden Augenblick, in dem das Kind vom Naturwesen, das ganz in der Natürlichkeit der Bedürfnisse des Körpers aufgeht, zum sozialen Wesen, das seine Bedürfnisse nur durch die Hilfe dieses fremden Individuums, von dem Freud spricht, befriedigen kann, im Ausdruck »demand« bestimmt. »Der Befriedigung des Bedürfnisses [...] steht nämlich jene Macht entgegen, über die die Mutter verfügt, indem sie das benötigte Objekt gewähren oder vorenthalten kann. Genau auf diese Macht, die sich vor die Befriedigung des Bedürfnisses stellt und die das Bedürfnis vermöge ihres Privilegs des Schenkens oder der Verweigerung transzendiert, zielt das, was Lacan den Anspruch nennt. Der Anspruch ist somit im wesentlichen nicht auf konkrete Gegenstände gerichtet, sondern ist eigentlich Anspruch auf Liebe, zielt auf Abwesenheit oder Anwesenheit.« (Ruhs, *Die Schrift*, 903; vgl. Lacan, *Schriften* I, 218 f.) Das macht noch einmal deutlich, wie sehr in der Psychoanalyse alles auf der Ebene der Vorstellungsrepräsentanzen spielt und dort, wo der Körper in diesem Spiel erscheint, ist er genau so signifikant wie die Triebe.

12 Es schließt aber umgekehrt auch nicht aus, daß die Wortvorstellungen noch außerhalb der Denkidentität determiniert, also insgesamt überdeterminiert sind. Für die Psychoanalyse ist der Sinn immer überdeterminiert. Sie kann den Sinn nur aus der Kombination von Elementen hervorgehen lassen, die zugleich bedeutend und bedeutet sind. Darin liegt die theoretische Berechtigung der Metapsychologie und ihre methodologische Grenze.

»Die Sprachanalyse Lacans trifft hier auf Folgerungen Freuds, die diese ›mehrfache Determinierung‹ als verbindlich für alle Formationen hinstellten – Formationen, die wir, sei es der Traum, die Pointe des Witzes, die Fehlleistung oder das Symptom der Hysterie, Angst- oder Zwangsneurose, als Resultanten zu verstehen haben. So wenig der Funktion des Wortes das Fehlen eines eindeutigen Bezugs zum Gemeinten abträglich ist, vielmehr diese wesenhafte Vieldeutigkeit sein Sprachleben überhaupt ermöglicht und es nicht zum instrumentellen Zeichen erstarren läßt – so gilt es auch hinsichtlich dieser Phänomene, den positiven Charakter der Überdeterminierung herauszustellen, denn nur er ist Bedingung der Möglichkeit dafür, daß unser Gespräch es vermag, den ›Knotenpunkt‹ Symptom zu entknoten und ihn wieder als Wort (parole) in unsere alltäglichen Sprachspiele eingehen zu lassen. In beiden Fällen begegnet eine entzweiende Schranke (›barre‹) zwischen ›signifiant‹ und ›signifié‹, die sich einer eindeutigen oder adäquaten Beziehung widersetzt.« (Lang, *Die Sprache*, 133)

13 Lacans Eingriff in die Linguistik Saussures betrifft das Theorem der Arbitrarität, genauer aber die binäre Struktur der sprachlichen Zeichen. Lacan schlägt eine ternäre Relation zwischen zwei Signifikanten und einem Signifikat vor. Wenn man Foucaults semiologischer Analyse in *Die Ordnung der Dinge* (vgl. 74 ff.) folgen kann, war die ternäre Struktur bis ins 17. Jahrhundert verpflichtend. Das würde die Nähe der psychoanalytischen Sprachauffassung zu vormodernen Modellen, insbesondere zur Mantik, plausibel machen. (Vgl. dazu den Schlußteil)

14 Auch für Hegel beginnt das Leben des Geistes mit dem Tod. Er hat in der *Phänomenologie des Geistes* gezeigt, daß das Begehren ursprünglich auf den Tod des anderen zielt; daß der Geist aus dem Kampf mit dem Tod hervorgeht. »Und es ist allein das Daransetzen des Lebens, wodurch die Freiheit, wodurch es bewährt wird, daß dem Selbstbewußtsein nicht das *Sein*, nicht die *unmittelbare* Weise, wie es auftritt, nicht sein Versenktsein in die Ausbreitung des Lebens das Wesen, – sondern daß an ihm nichts vorhanden, was für es nicht verschwindendes Moment wäre, daß es nur reines *Fürsichsein* ist. (Hegel Bd. III, 149; vgl. Lacan, *Buch I*, 218) Diese Lektüre müßte man den Kritikern vielleicht empfehlen, besonders den hartnäckigsten unter ihnen, die den Todestrieb mit Freuds Krankheit zusammengebracht haben.

Literaturverzeichnis

Freud zitiere ich in der Regel nach der ›Studienausgabe‹, Frankfurt 1969–75, alle Bandangaben beziehen sich darauf; Platon in der Regel nach der Übersetzung Apelts; Descartes zitiere ich nach dem Text der ›Philosophischen Bibliothek‹; Novalis nach der ›Werkausgabe‹. Bei den fremdsprachlichen Texten halte ich mich an die Übersetzungen und ziehe das Original nur dort heran, wo eine philologische Exegese nötig ist. Die Übersetzungen der Texte Derridas, Foucaults, Lévi-Strauss' scheinen mir – soweit es meinen Kontext betrifft – ohne größere Probleme zu sein. Der Diskurs Lacans schließlich stellt der Übersetzung erhebliche Probleme gerade in den Momenten, in denen er mit dem rhetorischen Arsenal der Träume spielt. Dennoch bleibt die theoretische Aneignung immer gesichert in dem Maße, wie der Diskurs Lacans metapsychologisch ist. Darum ist es nicht nötig, eine Lacan-Exegese ins Leben zu rufen, wie sinnvoll ein solches Unternehmen auch im einzelnen sein kann (vgl. dazu Weber, *Rückkehr*, 5 f.). – Alle Hervorhebungen von den Autoren selbst.

Adorno, Theodor W.: *Minima Moralia – Reflexionen aus dem beschädigten Leben.* Frankfurt 1971
Adorno, Theodor W.: *Dialektik der Aufklärung.* Frankfurt 1971 (zusammen mit M. Horkheimer)
Althusser, Louis: *Ideologie und ideologische Staatsapparate.* Hamburg/West-Berlin 1977
Althusser, Louis: *Freud und Lacan.* Berlin 1970
Althusser, Louis: *Für Marx.* Frankfurt 1969
Artemidor von Daldis: *Das Traumbuch*, hg. von K. Brackertz. München 1979

Barth, Paul: *Die Stoa.* Stuttgart 1908
Barthes, Roland: *Leçon/Lektion.* Frankfurt 1980
Barthes, Roland: *Elemente der Semiologie.* Frankfurt 1979
Barthes, Roland: ›Die strukturalistische Tätigkeit‹, in: *Kursbuch* 5, 1966, S. 190–96
Beckett, Samuel: *Werkausgabe in zehn Bänden*, hg. von E. Tophoven und E. Franzen. Frankfurt 1976
Beckett, Samuel: *Company/Gesellschaft/Compagnie.* Frankfurt 1981
Benjamin, Walter: *Gesammelte Schriften. Werkausgabe*, hg. von R. Tiedemann und H. Schweppenhäuser. Frankfurt 1980
Benjamin, Walter: *Der Begriff der Kunstkritik in der deutschen Romantik.* Frankfurt 1978 (2. Auflage)
Borges, Jorge Luis: *Buch der Träume. Gesammelte Werke* Bd. VII. München 1981

Brelich, Angelo: ›The Place of Dreams in the Religious World Concept of the Greeks‹, in: Grunebaum / Caillois, *The Dream*

Broekman, Jan M.: *Strukturalismus*. Freiburg / München 1971

Büchsenschütz, B.: *Traum und Traumdeutung im Altertum*. Berlin 1868

Capelle, Wilhelm (Hg.): *Die Vorsokratiker*. Stuttgart 1969

Cassirer, Ernst: *Pilosophie der symbolischen Formen*. 3 Bde. Darmstadt 1953 / 54.

Cornford, F. Macdonald: *Plato's Theory of Knowledge*. London 1951

Cicero: *De senectute, de amicitia, de divinatione*, with an English translation by W. A. Falconer. London / Cambridge, Mass. 1964

Dahmer, Helmut: *Libido und Gesellschaft – Studien über Freud und die Freudsche Linke*. Frankfurt 1973

Deleuze, Gilles: ›Woran erkennt man den Strukturalismus?‹ In: Châtelet (Hg.), *Geschichte der Philosophie*, Bd. VIII. Frankfurt / Berlin / Wien 1975

Derrida, Jacques: *Die Schrift und die Differenz*. Frankfurt 1977

Derrida, Jacques: *Grammatologie*. Frankfurt 1974

Descartes, René: *Meditationes de prima philosophia*. Lateinisch-Deutsch hg. von L. Gäbe. Hamburg 1977 (2. Auflage)

Descartes, René: *Discours de la méthode pour bien conduire sa raison, et chercher la vérite dans les sciences*. Französisch-Deutsch hg. von L. Gäbe. Hamburg 1960

Descartes, René: *Lumen naturale, in: Regeln zur Leitung des Geistes / Die Erforschung der Wahrheit durch das natürliche Licht*, hg. von A. Buchenau. Leipzig 1948

Dodds, Eric R.: *Die Griechen und das Irrationale*. Darmstadt 1970

Duerr, Hans Peter: *Traumzeit – Über die Grenze zwischen Wildnis und Zivilisation*. Frankfurt 1978 (2. Auflage)

Fages, Jean-Baptiste: *Geschichte der Psychoanalyse nach Freud*. Frankfurt / Berlin / Wien 1981

Fauteck, H.: *Die Sprache Fr. v. Hardenbergs*. Berlin 1940

Fichte, Johann Gottlieb: *Sämtliche Werke*, hg. von I. H. Fichte, 8 Bde. Berlin 1845–46. Reprint, Berlin 1971

Foucault, Michel: *Wahnsinn und Gesellschaft*. Frankfurt 1977 (2. Auflage)

Foucault, Michel: *Die Ordnung des Diskurses*. Frankfurt / Berlin / Wien 1977

Foucault, Michel: *Die Ordnung der Dinge*. Frankfurt 1974

Foucault, Michel: *Mon corps, ce papier, ce feu*, in: *Histoire de la folie à l'âge classique*. Paris 1972

Foucault, Michel: *Préface à L. Binswanger: Rêve et Existence*. Paris 1954

Freud, Sigmund: *Studienausgabe*, hg. von A. Mitscherlich / A. Richards / J. Strachey. Frankfurt 1969–75

Freud, Sigmund: *Selbstdarstellung – Schriften zur Geschichte der Psychoanalyse*. Frankfurt 1981

Freud, Sigmund: *Zur Psychopathologie des Alltagslebens*. Frankfurt 1977

Freud, Sigmund: *Abriß der Psychoanalyse. Das Unbehagen in der Kultur*. Frankfurt 1970

Freud, Sigmund: *Darstellungen der Psychoanalyse*. Frankfurt 1970

Freud, Sigmund: *Aus den Anfängen der Psychoanalyse 1887–1902*. Frankfurt 1962

Gallas, Helga: *Das Textbegehren des ›Michael Kohlhaas‹ – Die Sprache des Unbewußten und der Sinn der Literatur*. Reinbek 1981

Gallas, Helga (Hg.): *Strukturalismus als interpretatives Verfahren*. Darmstadt und Neuwied 1972

Gasché, Rudolphe: ›Das wilde Denken und die Ökonomie der Repräsentation. Zum Verhältnis von Ferdinand de Saussure und Claude Lévi-Strauss‹, in: Lepenies / Ritter, *Orte*.

Gehlen, Arnold: ›Über die Geburt der Freiheit aus der Entfremdung‹, in: *Archiv für Rechts- und Sozialphilosophie* Bd. 40, 1952/53

Ginzburg, Carlo: ›Spurensicherung‹. *Freibeuter* 4, 1980, S. 11–36

Goeppert, Sebastian und Herma: *Sprache und Psychoanalyse*. Reinbek 1973

von Grunebaum, G. E. und Caillois, R.: *The Dream and Human Societies*. Berkeley and Los Angeles 1966

Habermas, Jürgen: *Erkenntnis und Interesse*. Frankfurt 1973

Hegel, Georg Wilhelm Friedrich: *Werke in zwanzig Bänden*, hg. von E. Moldenhauer und K. M. Michel. Frankfurt 1969 f.

Heim, Robert: ›Lorenzer und/oder Lacan. Das Subjekt zwischen Sinn und Buchstabe‹, in: *Psyche*, Heft 10, 1980, S. 910–944

Hofmann, Werner (Hg.): *Goya – Das Zeitalter der Revolutionen*. Katalog der Hamburger Ausstellung vom 17. 10. 80–4. 1. 81. München 1980

Holz, Hans Heinz: ›Prismatisches Denken‹, in: *Über Walter Benjamin*. Frankfurt 1968 (2. Auflage)

Jauß, Hans Robert: *Die nicht mehr schönen Künste. Grenzphänomene des Ästhetischen*. München 1968

Kant, Immanuel: *Werke in sechs Bänden*, hg. von W. Weischedel. Darmstadt 1966

Koyré, Alexander: *Descartes und die Scholastik*. Darmstadt 1971.

Kristeva, Julia: *Die Revolution der poetischen Sprache*. Frankfurt 1978

Kristeva, Julia: ›Semiologie – Kritische Wissenschaft und/oder Wissenschaftskritik‹, in: Kristeva, Eco, Bachtin u. a., *Textsemiotik als Ideologiekritik*. Frankfurt 1977

Krüger, Gerhard: *Einsicht und Leidenschaft – Das Wesen des platonischen Denkens*. Frankfurt 1948

Kuhn, H.: ›Poetische Synthesis oder ein kritischer Versuch über romantische Philosophie u. Poesie aus Novalis' Fragmenten‹, in: *Zeitschrift für philosophische Forschung*, Bd. V, 1950/51

Lacan, Jacques: *Schriften I/II*. Olten/Freiburg i. B. 1973/1975

Lacan, Jacques: *Écrits I/II*. Paris 1966/1971

Lacan, Jacques: *Das Seminar: Buch I, Freuds technische Schriften*. Olten/Freiburg i. B. 1978

Lacan, Jacques: *Das Seminar: Buch II, Das Ich in der Theorie Freuds und in der Technik der Psychoanalyse*. Olten/Freiburg i. B. 1980

Lacan, Jacques: *Das Seminar: Buch XI, Die vier Grundbegriffe des Psychoanalyse*. Olten/Freiburg i. B. 1978

Lang, Hermann: *Die Sprache und das Unbewußte – Jacques Lacans Grundlegung der Psychoanalyse*. Frankfurt 1973

Lang, Hermann: ›Freud – ein Strukturalist?‹, in: *Psyche*, Heft 10, Jg. 1980, S. 865–884

Lapanche, J./Pontalis, J. B. (Hg.): *Das Vokabular der Psychoanalyse*, 2 Bde. Frankfurt 1973

Leibniz, Gottfried Wilhelm: *Principes de la Nature et de la Grace fondés en Raison/Monadologie*. Französisch-Deutsch hg. von H. Herring. Hamburg 1969

Lepenies, Wolf und Ritter, Hanns (Hg.): *Orte des wilden Denkens – Zur Anthropologie von Claude Lévi-Strauss*. Frankfurt 1974

Lévi-Strauss, Claude: *Mythos und Bedeutung*. Frankfurt 1980

Lévi-Strauss, Claude: *Traurige Tropen*. Frankfurt 1979

Lévi-Strauss, Claude: ›Einleitung in das Werk von Marcel Mauss‹, in: Marcel Mauss, *Soziologie und Anthropologie*, Bd. I. Frankfurt/Berlin/Wien 1978

Lévi-Strauss, Claude: *Das wilde Denken*. Frankfurt 1973

Lévi-Strauss, Claude: *Strukturale Anthropologie*. Frankfurt 1971

Link, Hannelore: *Abstraktion und Poesie im Werk des Novalis*. Stuttgart/Berlin/Köln/Mainz 1971

Mähl, H.-J. (Hg.): *Novalis*. Dichter über ihre Dichtungen, Bd. 15. Heimeran Verlag 1976

Manser, A. R.: ›Dreams II‹, in: *Aristotelian Society*, Supplementary Volume XXX, 1956

Marquard, Odo: ›Zur Bedeutung der Theorie des Unbewußten für eine Theorie der nicht mehr schönen Künste‹, in: Jauß (Hg.), *Künste*.

Marquard, Odo: ›Über einige Beziehungen zwischen Ästhetik und Therapeutik in der Philosophie des neunzehnten Jahrhunderts‹, in: *Materialien zu Schellings philosophischen Anfängen*, hg. von M. Frank und G. Kurz. Frankfurt 1975

Meier, Carl Alfred: ›The Dream in Ancient Greece und its Use in Temple Cures (incubation)‹, in: Grunebaum/Caillois, *The Dream*.

Melcolm, Norman: ›Dreaming and Skepticism‹, in: Willis, *Descartes*.

Nagel, Herbert: ›Claude Lévi-Strauss als Leser Freuds‹, in: Lepenies/Ritter, *Orte*.

Nietzsche, Friedrich: *Werke in drei Bänden*, hg. von K. Schlechta (6. erweiterte Auflage) München 1969

Novalis: *Werke, Tagebücher und Briefe*, 2 Bde. hg. von H.-J. Mähl und R. Samuel, München/Wien 1978

Novalis: *Schriften* (Historisch-Kritische-Ausgabe), hg. von H.-J. Mähl und R. Samuel. Stuttgart 1960f.

Pfeffer, Friedrich: *Studien zur Mantik in der Philosophie der Antike*. Meisenheim am Glan 1976

Platon: *Sämtliche Werke* nach der Übersetzung von F. Schleiermacher. Hamburg 1958

Platon: *Theatetus/Sophist* with an english translation by H. N. Fowler. Cambridge, Mass./London 1977 (6. Auflage)

Platon: *Theätet*, übers. und erl. von O. Apelt. Hamburg 1955

Pohlenz, Max: *Die Stoa*, 2 Bd. Göttingen 1959/1972

Pohlenz, Max: *Kleine Schriften*, Bd. 1, Hildesheim 1965

Pohlenz, Max: (Hg.): *Stoa und Stoiker*. Zürich 1964

Pontalis, J. B.: *Nach Freud*. Frankfurt 1974

Proust, Marcel: *Auf der Suche nach der verlorenen Zeit*. Werkausgabe. Frankfurt 1972

Ricœur, Paul: *Die Interpretation – Ein Versuch über Freud*. Frankfurt 1974

Röd, Wolfgang: *Descartes. Die innere Genesis des cartesianischen Systems*. München, Basel 1964.

Ruhs, August: ›Die Schrift der Seele. Einführung in die Psychoanalyse nach Jacques Lacan‹, in: *Psyche*, Heft 10, Jg. 1980

Safouan, Moustafa: ›Die Struktur in der Psychoanalyse, Beitrag zu einer Theorie des Mangels‹, in: Wahl, *Strukturalismus*.

de Saussure, Ferdinand: *Grundfragen der allgemeinen Sprachwissenschaft*. Berlin 1967 (2. Auflage)

Schelling, Friedrich Wilhelm Joseph: *System des transzendentalen Idealismus*. Hamburg 1957

Schiwy, Günther: *Der französische Strukturalismus*. Reinbek 1969

Schopenhauer, Arthur: *Werke in zehn Bänden*. Zürcher Ausgabe, nach der historisch-kritischen Ausgabe hg. von A. Hübscher. Zürich 1977

Schubert, Gotthilf Heinrich: *Symbolik des Traums*. Bamberg 1814

Summerer, Stephan: *Wirkliche Sittlichkeit und ästhetische Illusion. Die Fichterezeption in den Fragmenten und Aufzeichnungen Friedrich Schlegels und Hardenbergs*. Bonn 1974

Thomas, L. E.: ›Dreams I‹, in: *Aristotelian Society*, Supplementary Volume XXX, 1956

Tschuang-Tse: *Das wahre Buch vom südlichen Blütenland*, übers. von R. Wilhelm. Jena 1912

von Uslar, Detlev: *Der Traum als Welt – Untersuchungen zur Ontologie und Phänomenologie des Traums*. Pfullingen 1964

Vietta, Silvio: *Sprache und Sprachreflexion in der modernen Lyrik*. Bad Homburg/Berlin/Zürich 1970

Wahl, François (Hg.): *Einführung in den Strukturalismus*. Frankfurt 1973

Weber, Samuel M.: *Rückkehr zu Freud – Jacques Lacans Ent-stellung der Psychoanalyse*. Frankfurt/Berlin/Wien 1978

Wiehl, Reiner: *Platon, Der Sophist, Anmerkungen*. Hamburg 1967

Willis, Doney: *Descartes. A Collection of Critical Essays*. London/Melbourne 1968

Philosophie

Fischer Taschenbuch Verlag

Philosophie

Martin Jay
Dialektische Phantasie
*Die Geschichte der Frankfurter
Schule und des Instituts für
Sozialforschung*
Band 6546

Susanne K. Langer
Philosophie auf neuem Wege
*Das Symbol im Denken,
im Ritus und in der Kunst*
Band 7344

Ludger Lütkehaus (Hg.)
„Dieses wahre innere Afrika"
*Texte zur Entdeckung des
Unbewußten vor Freud*
Band 6582

Platon
Sokrates im Gespräch
Vier Dialoge
Band 6550

Jean-Jacques Rousseau
Schriften
*Herausgegeben von
Henning Ritter
2 Bände: 6567/6568*

Bertrand Russell
Das ABC der Relativitätstheorie
Band 6579
Moral und Politik
Band 6573
**Philosophie
Die Entwicklung
meines Denkens**
Band 6572

Joachim Schickel
Philosophie als Beruf
Band 7315

Hans Joachim Störig
**Kleine Weltgeschichte
der Philosophie**
Band 6562

Christoph Türcke
Der tolle Mensch
*Nietzsche und der
Wahnsinn der Vernunft*
Band 6589

Charles Whitney
**Francis Bacon
Die Begründung der Moderne**
Band 6571

Franz Wiedmann
Anstößige Denker
*Die Wirklichkeit als Natur
und Geschichte in der
Sicht von Außenseitern*
Band 6587

Fischer Taschenbuch Verlag

Fischer Wissenschaft
Eine Auswahl

Fischer Taschenbuch Verlag

Fischer Wissenschaft
Eine Auswahl

Fischer Taschenbuch Verlag

fi 513 / 3 b

Sigmund Freud Studienausgabe
in zehn Bänden mit Ergänzungsband
Revidierte Neuausgabe – in der ursprünglichen Ausstattung

Herausgegeben von
Alexander Mitscherlich · Angela Richards · James Strachey
Mitherausgeber des Ergänzungsbandes
Ilse Grubrich-Simitis

An der großen Freud-Rezeption der siebziger Jahre hatte die *Studienausgabe* einen bedeutenden Anteil. Als sie 1969–75 erstmals erschien, erhielt sie begeisterte Pressestimmen:

»Ein Freud für alle. Diese Ausgabe ist wirklich eine Tat.«
Kölner Stadtanzeiger

»... sorgfältig und hervorragend ediert.«   *Die Zeit*

Der umfangreiche kritische Apparat dieser ersten kommentierten deutschen Freud-Ausgabe umfaßt editorische Vorbemerkungen zu den einzelnen Schriften, zahlreiche Fußnoten sowie Anhänge. Die Vorbemerkungen und Fußnoten informieren u.a. über Entstehungszeit und -umstände des betreffenden Werks, über Textveränderungen, die Freud bei Neuauflagen einführte, sie erläutern die vielen literarischen und historischen Anspielungen, machen auf Parallelstellen aufmerksam, wenn Freud ein und dasselbe Thema in unterschiedlichen Zusammenhängen und in verschiedenen Perioden seines langen Forscherlebens behandelte, und regen den Leser durch ein Netz von Querverweisen zu weiterem Studium an. Der Anhang eines jeden Bandes ist mit Bibliographie, Abkürzungsliste, ausführlichem Namen- und Sachregister sowie einem Gesamtinhaltsplan der *Studienausgabe* ausgestattet.

Die *Studienausgabe* – zunächst im Rahmen der Buchreihe *Conditio humana; Ergebnisse aus den Wissenschaften vom Menschen* veröffentlicht – war vorübergehend nur in Taschenbuchform lieferbar. Jetzt wird sie auf vielfachen Wunsch wieder in der ursprünglichen Ausstattung vorgelegt. Gleichzeitig wurden die editorischen Begleittexte und die Bibliographien um Hinweise auf in der Zwischenzeit publizierte Freud-Neuerscheinungen ergänzt. Außerdem wurde das Querverweissystem der bei Erstpublikation nacheinander erschienenen Bände durch Angabe der konkreten Seitenzahlen vervollständigt, was den Gebrauch der *Studienausgabe* zusätzlich erleichtert.

S. Fischer Verlag

Sigmund Freud Studienausgabe
in zehn Bänden mit Ergänzungsband
Revidierte Neuausgabe – in der ursprünglichen Ausstattung

Die Bände sind nach Themen geordnet, wodurch dem Leser eine rasche
Orientierung im vielgestaltigen Werk Freuds ermöglicht wird. Innerhalb
der Bände gilt das chronologische Gliederungsprinzip.

S. Fischer Verlag

fi 81 / 2 b

Sigmund Freud
Einzelbände im Taschenbuch

Fischer Taschenbuch Verlag